"十四五"职业教育国家规划教材

高等职业教育财务会计类专业课程系列教材

审计实务 （第四版）

SHENJI SHIWU

朱明 主编

东北财经大学出版社
Dongbei University of Finance & Economics Press

大连

图书在版编目（CIP）数据

审计实务 / 朱明主编. —4 版. —大连：东北财经大学出版社，2025.6.—
（高等职业教育财务会计类专业课程系列教材）. —ISBN 978-7-5654-
5684-8

Ⅰ.F239.0

中国国家版本馆 CIP 数据核字第 2025FL2590 号

审计实务

SHENJI SHIWU

东北财经大学出版社出版

（大连市黑石礁尖山街217号　邮政编码　116025）

网　　址：http://www.dufep.cn

读者信箱：dufep@dufe.edu.cn

大连天骄彩色印刷有限公司印刷　东北财经大学出版社发行

幅面尺寸：185mm×260mm　　　字数：565千字　　　印张：25

2025年6月第4版　　　　　　　2025年6月第1次印刷

责任编辑：王天华　周　慧　　　　责任校对：那　欣

封面设计：原　皓　　　　　　　　版式设计：原　皓

书号：ISBN 978-7-5654-5684-8　　　定价：59.00元

第四版前言

党的二十大报告指出，高质量发展是全面建设社会主义现代化国家的首要任务。随着我国经济转向高质量发展和数字经济的不断推进，在"共同富裕"思想指导下，我国的税收政策也作出了一些调整。2021年，国务院办公厅颁发了《国务院办公厅关于进一步规范财务审计秩序 促进注册会计师行业健康发展的意见》（国办发〔2021〕30号），对审计规范执业提出了更高的要求；2023年，中国注册会计师协会印发了《〈中国注册会计师审计准则第1101号——注册会计师的总体目标和审计工作的基本要求〉应用指南》等34项应用指南，对审计更好地适应我国经济发展产生了巨大影响。

为了深入贯彻党的二十大精神，及时反映最新财税政策的变化，我们以社会主义核心价值观为指导，坚持校企合作、立德树人原则，以最新审计准则、注册会计师职业道德守则为依据，按照价值引领、知识传授、能力达成的总体要求，在本书第三版的基础上进行了以下方面的修订：

一是在学习目标、案例导入、案例分析和拓展阅读中增加了思政元素，在每个项目中增加"素养目标"。

二是根据2024年中国注册会计师考试教材《审计》，对本书中有关审计目的、营业收入审计、审计报告等进行了整合、修订。

三是根据最新注册会计师职业道德守则，对学习目标进行了修订，进一步深化社会主义核心价值观，将职业道德、工匠精神融入教学。

四是根据用书院校的教学反馈，对非重点教学内容进行了精简。

五是根据最新修订的注册会计师审计准则和应用指南，以及最新审计工作底稿格式，对书中部分内容和个别审计工作底稿进行了修订。

六是对书中存在的错误和不妥之处进行了修订和完善。

七是在书后增加了"数字化教学资源索引"，方便读者查找、观看。

八是增加了在线开放课程。登录"浙江省高等学校在线开放精品课程共享平台"，搜索浙江经贸职业技术学院的"审计实务"课程，可以获取与本教材配套的视频、习题、论坛等资源。在本教材最后一页增加了"浙江省高等学校在线开放课程共享平台申请表"，便于高职院校使用平台上的数字化资源。

通过本次修订，我们尽量使本书与高职教育最新目标、最新审计准则、审计工作标准、注册会计师职业道德守则保持一致，与审计实践工作保持同步，满足社会对审计人才培养的需求。

由于编者水平有限，本书难免存在错误和不当之处，恳请读者批评指正。

编　者

2025年6月

第一版前言

随着市场经济的发展、"互联网+"的广泛使用、社会监督体系的日益完善，社会对审计监督提出了更多、更高的要求，对审计人员的需求日益旺盛。2012年1月1日新审计准则和2017年新审计报告的实施，以及近年来审计准则问题解答的发布，为注册会计师审计提供了更加良好的执业法律环境，也对审计的教学提出了新的要求。

本书由具有丰富审计实践和教学经验的教师、专业带头人执笔，会计师事务所主任会计师提供指导，以最新审计准则及其指南、问题解答等为依据，对审计工作过程进行教学项目和学习任务的设计，以培养学生实践能力为主、理论够用为度，体现高职理实一体化的教育理念。

本书具有以下特点：

（1）体现了新标准和新体系。本书以《高等职业学校专业教学标准（试行）》为依据，融注册会计师职业技能标准和职业鉴定规范为一体，体现注册会计师行业最新法律法规，对接注册会计师审计助理岗位，夯实理论基础，强化审计实践教学。采用新颖的知识精讲和典型工作任务编写体系，配以"动脑筋"、"提示"、"请注意"、"案例分析"、"典型工作业务流程"和"典型工作任务实训"等小栏目，将重点知识、实践技能、操作技巧通过讨论、实践等多种形式，引导、启发学生学习和掌握知识，恰当的典型工作任务实训强化和巩固了学生的知识和技能，知识性和互动性强，提高了审计的教学效果。

（2）具有针对性和实用性。根据当前会计师事务所对审计助理需求的增加，结合会计师事务所人才需求调查，将本书的教学目标确定为培养审计助理人员。本书紧紧围绕培养审计助理人员的专业素质和能力这一核心目标，选择教学内容、设计教学项目、安排学习任务、组织和实施教学方法，针对性强，突出培养职业能力，在激发学生学习兴趣、提高教与学的效果方面成效显著。

（3）知识信息化和教学碎片化。本书采用现代信息技术进行配套教学，为教师和学生提供配套PPT、同步训练、试卷库、案例库和微课等丰富教学资源，便于学生利用零碎时间预习和巩固知识，提高实践操作能力。

本书由浙江经贸职业技术学院朱明副教授担任主编，王章友、高雪平担任副主编，吴燕、包根梅参与编写。具体编写分工如下：项目一、二、三由朱明编写，项目四、五、六由王章友编写，项目七由吴燕编写，项目八由高雪平编写，附录由包根梅编写。与本书配套的微课由朱明、王章友、吴燕、刘学思、高雪平、包根梅和苏婕制作，浙江经贸职业技术学院协助录制。最后由朱明负责修改、总纂并定稿。浙江新中天会计师事务所董事长、主任会计师缪兰娟，浙江耀华会计师事务所审计部经理、注册会计师袁曼审阅了本书的编写大纲并提出了宝贵的意见，在此谨表感谢。

由于编者水平有限，本书难免存在错误和不当之处，恳请读者批评指正。

编　者

2018年1月

目　录

项目一
审计职业认知

【学习目标】 通过本项目的学习之后，你应该：
1. 了解审计是一种经济监督职业及其相关理论知识
2. 了解注册会计师审计的特征
3. 掌握注册会计师财务报表审计的目标、范围和程序
4. 能明确知晓审计学习的目的和目标

【素养目标】 能够以责任、忠诚、清廉、依法、独立、奉献为职业精神，以国计民生为出发点，认知审计职业

【思政点】 社会主义经济秩序的监督者与维护者 爱岗敬业 责任 思诚 清廉 依法 独立 奉献 精益求精 大国工匠精神 文化自信

【知识点】 审计 注册会计师 审计要素 审计程序 管理层认定 财务报表审计目标 审计种类 审计重要性 审计风险 审计方法 审计证据 审计工作底稿

【技能点】 正确判断管理层认定的层次 正确计算和确定审计重要性水平和审计检查风险 能够知晓和选择审计证据收集的方法

思政引入

与时俱进，勇挑"经济警察"重担

审计队伍，又有"经济警察"之称。绥化市审计局铁肩担道义，忠诚铸铁军，尽职尽责贯彻落实市委市政府大事大项部署，并将其落实到审计机关各项工作之中。几年来，该局用对党和审计事业的忠诚和过硬的业务技能，推进审计监督"全覆盖"，维护了全市财经秩序，取得了让人瞩目的审计成就。

与时俱进，不断创新。审计"大数据"，是新时代对审计工作的新要求，绥化市审计局迎"新"而上，实施局域网络系统维护及OA系统改造，不断提升审计人员计算机应用能力，推进审计信息化建设驶入现代化、科技化的快车道，为勇挑"经济警察"重担打下坚实基础。

在全市棚户区改造项目专项审计核查中，2013—2019年，共完成对市区2008年以来全部93个棚改项目的审计核查，依据审计核查结果，棚改项目实现了"四清"。同时，按照市政府要求，对市本级2008年以来31个房地产开发项目容积率及土地出让金缴纳情况进行专项审计调查。

2014年，在全市财经纪律专项整治工作中，按照市委市政府要求，在党的群众路线教育实践活动中，牵头组织实施财经纪律专项整治工作。对675个单位和部门进行了专项检查，查摆问题1 452个，督促整改问题871个，并将专项治理情况全面公开，增强了各单位和部门的财经法纪意识，规范了财务活动，防范了财务风险，还积极落实中央、省委巡视反馈意见的整改责任，连续3年对10个县（市、区）委、政府开展了贯彻落实中央八项规定情况审计。

在优化发展环境工作中，突出强化审计服务职能，抓好审计机关优化发展环境工作，结合优化发展环境和审计"新常态"要求，进一步明确审计工作要以服务为目标，以监督为手段，以创新为突破、以质量为保障，加大审计监督力度，及时全面客观地提供有关事项的基本情况、存在的问题或隐患、解决问题或消除隐患的意见和建议，充分发挥审计在国家治理中的积极作用，为市委市政府当好"千里眼"和"顺风耳"，为市政府决策提供参考依据，为优化发展环境保驾护航。

近年来，绥化市审计局按照上级审计机关"推进对公共资金、国有资产、国有资源的审计监督全覆盖"要求，坚持突出重点、摸清情况、揭示问题、剖析原因、提出建议、督促整改、规范提高的原则，先后开展了财政预算执行审计、固定资产投资审计、民生资金审计、部门预算执行审计、领导干部经济责任审计、地方政府性债务审计、保障性安居工程跟踪审计和重大政策措施落实情况跟踪审计等审计项目，推进审计全覆盖。提出审计建议315条，被采纳257条；向有关部门移送案件线索26条。有7个审计项目被省厅评为优秀审计项目并受到省厅表彰。

6年的锻造、6年的磨砺，6年的探索、6年的创新，将绥化市审计局这支审计铁军打造成一支素质高、能力强、作风硬、纪律严的威武之师，凭借一双"火眼金睛"和一身"钢筋铁骨"，在审计工作中，踏石留印，抓铁有痕，为绥化市经济发展保驾护航作出了审计贡献，为绥化市经济发展环境净化出一片更加清新怡人的蓝天!

　　资料来源:陈驹. 与时俱进,勇挑"经济警察"重担〔N〕. 绥化日报,2020-07-22.

　　【思考】

　　(1) 为什么说审计师是"经济警察"?

　　(2) 作为社会主义国家的"经济警察",你认为审计人员应该具备哪些社会主义核心价值观?

任务一　了解审计

知识精讲

一、审计——市场经济卫士

　　审计是经济监督者。经济的发展,离不开会计,更离不开审计。

　　早在距今 3 000 多年前的西周时期,中国就出现了带有审计职能的官职——宰夫,这是国家审计的萌芽。此时,审计的目的是帮助国家统治者监督官吏对国家财产收支的管理情况,杜绝贪污舞弊行为,但此时并没有独立的审计部门。随着封建社会的形成与发展,经济越来越发达,在隋唐时期,在刑部之下设"比部",建立了比较独立的审计机构。公元 992 年,宋代设立"审计院",这是中国审计机构定名之始,"审计"一词正式出现。审计的权力也涉及军政内外。

　　随着股份制经济的出现和发展,在工业革命后的英国首先出现了注册会计师对上市公司的财务报表进行的审计。自 1721 年英国南海公司事件中第一位注册会计师产生以来,注册会计师行业就伴随着各国上市公司的发展而发展,维护着上市公司的股东利益、各国的市场经济秩序,发挥着"市场经济卫士"的作用。

　　如今在世界经济高速发展的时代,注册会计师不仅在市场经济中发挥着重要作用,而且在协助各国政府廉政、企业内部审计等方面也发挥着巨大的作用。

　　审计产生的根本原因是财产的所有权与经营权的分离。当财产所有者将财产委托给经营者进行经营的时候,经营者对财产所有者就要履行受托经济责任,而经营者受托经济责任履行的情况,需要由与财产所有者和经营者没有利益关系的第三方来进行独立、客观、公正的鉴证与评价,从而产生了对审计的需要。

　　【提示】审计的职能就是经济监督、经济鉴证与经济评价。注册会计师要对被审计单位进行独立、客观、公正的审计和报告。

　　【动脑筋1-1】请列举三个我国经济监督职业。

二、审计要素

审计是由专职机构和人员，对被审计单位的财政、财务收支及其他经济活动的真实性、合法性和效益性进行审查和评价的独立性经济监督活动。审计是一项具有独立性的经济监督活动。

注册会计师通过收集充分、适当的证据来评价财务报表是否在所有重大方面符合会计准则，并出具审计报告，从而提高财务报表的可信性。因此，审计要素包括审计业务的三方关系人、财务报表（鉴证对象）、财务报告编制基础（标准）、审计证据和审计报告。审计证据和审计报告将在本书以后内容中进行介绍。

【请注意】审计旨在增进某一鉴证对象的可信性，维护社会经济发展的秩序。

（一）审计业务的三方关系人

审计业务的三方关系人分别是注册会计师、被审计单位管理层、财务报表预期使用者。

1.注册会计师

注册会计师是指取得注册会计师证书并在会计师事务所执业的人员，通常是指项目合伙人或项目组其他成员，有时也指其所在的会计师事务所。

按照审计准则的规定对财务报表发表审计意见是注册会计师的责任。为履行这一职责，注册会计师应当遵守相关职业道德要求，按照审计准则的规定计划和实施审计工作，获取充分、适当的审计证据，并根据获取的审计证据得出合理的审计结论，发表恰当的审计意见。注册会计师通过签署审计报告确认其责任。

如果审计业务涉及的特殊知识和技能超出了注册会计师的能力，注册会计师可以利用专家协助执行审计业务。在这种情况下，注册会计师应当确信包括专家在内的项目组整体已具备执行该项审计业务所需的知识和技能，并充分参与该项审计业务和了解专家所承担的工作。

2.被审计单位管理层（责任方）

被审计单位管理层是指对被审计单位经营活动的执行负有经营管理责任的人员，对财务报表的编制负责。在某些被审计单位，管理层包括部分或全部的治理层成员，如治理层中负有经营管理责任的人员，或参与日常经营管理的业主，即业主兼经理。治理层是指对被审计单位战略方向以及管理层履行经营管理责任负有监督责任的人员或组织。治理层的责任包括监督财务报告过程。在某些被审计单位，治理层可能包括管理层。

被审计单位管理层和治理层（如适用）认可并理解其应当承担下列责任，构成注册会计师按照审计准则的规定执行审计工作的基础：

（1）按照适用的财务报告编制基础编制财务报表，并使其实现公允反映；

（2）设计、执行和维护必要的内部控制，以使财务报表不存在由于舞弊或错误导致的重大错报；

（3）向注册会计师提供必要的工作条件，包括允许注册会计师接触与编制财务报表相关的所有信息（如记录、文件和其他事项），向注册会计师提供审计所需的其他信息，允许注册会计师在获取审计证据时不受限制地接触其认为必要的内部人员和其他相关人员。

3.财务报表预期使用者

预期使用者是指预期使用审计报告和财务报表的组织或人员。预期使用者主要是指那些与财务报表（鉴证对象）有重要和共同利益的主要利益相关者，例如，在上市公司财务报表审计中，预期使用者主要是指上市公司的股东。注册会计师应当根据法律法规的规定或与委托人签订的协议识别预期使用者。如果审计业务服务于特定的使用者或具有特殊目的，注册会计师可以很容易地识别预期使用者。例如，企业向银行贷款，银行要求企业提供一份反映财务状况的财务报表，那么，银行就是该审计报告的预期使用者。

【提示】注册会计师审计需经财产所有者委托后才能到被审计单位执行审计。

（二）财务报表（鉴证对象）

在财务报表审计中，鉴证对象即财务报表。财务报表是指依据某一财务报告编制基础对被审计单位历史财务信息作出的结构性表述，包括相关附注，旨在反映被审计单位某一时点拥有的经济资源或承担的义务或者某一时期经济资源或义务的变化。相关附注通常包括重要会计政策概要和其他解释性信息。财务报表通常是指整套财务报表，有时也指单一财务报表。

（三）财务报告编制基础（标准）

标准是审计业务和其他鉴证业务中不可或缺的一项要素。运用职业判断对鉴证对象作出评价或计量，离不开适当的标准。标准是对所要发表意见的鉴证对象进行"度量"的"尺子"，责任方和注册会计师可以根据这把"尺子"对鉴证对象进行"度量"。

注册会计师在运用职业判断对鉴证对象作出合理一致的评价或计量时，需要有适当的标准。适当的标准应当具备相关性、完整性、可靠性、中立性和可理解性等特征。注册会计师基于自身的预期、判断和个人经验对鉴证对象进行的评价和计量，不构成适当的标准。

【提示】在财务报表审计中，财务报告编制基础即是标准。适用的财务报告编制基础，是指法律法规要求采用的财务报告编制基础；或者管理层和治理层（如适用）在编制财务报表时，就被审计单位的性质和财务报表目标而言，采用的可接受的财务报告编制基础。

财务报告编制基础分为通用目的编制基础和特殊目的编制基础。通用目的编制基础，是指旨在满足广大财务报告使用者共同的财务信息需求的财务报告编制基础，主要是指会计准则和会计制度。特殊目的编制基础，是指旨在满足财务报告特定使用者对财务信息需求的财务报告编制基础，包括计税核算基础、监管机构的报告要求和合同的约定等。

三、审计的种类

审计可以从不同角度加以考察，从而作出不同的分类。

（一）按主体的不同分类

按主体的不同，审计划分为政府审计、内部审计和注册会计师审计。

政府审计亦称国家审计，是指由政府审计机关代表政府依法进行的审计。政府审计主要监督检查各级政府及其部门的财政收支及公共资金的收支、运用情况。

内部审计是指由部门和单位内部设置的审计机构或专职人员对本部门、本单位及下属单位的财务收支及有关经济活动进行的审计。

注册会计师审计，也称社会审计、民间审计，是指由注册会计师组成的会计师事务所进行的审计。

（二）按目的与内容的不同分类

按目的与内容的不同，审计划分为财务报表审计、经营审计和合规性审计。

财务报表审计是指注册会计师对财务报表是否不存在重大错报提供合理保证，以积极方式提出意见，增强除管理层之外的预期使用者对财务报表信赖的程度。财务报表通常包括资产负债表、利润表、现金流量表、所有者权益变动表以及会计报表附注。本教材主要介绍财务报表审计的知识与技能。

经营审计是指为了评价被审计单位经营活动的效率和效果，而对其经营程序和方法进行的审计。在经营审计结束后，一般要向被审计单位管理层提出经营管理的建议。在经营审计中，审计对象不仅限于会计，还包括对组织机构、计算机信息系统、生产方法、市场营销以及其他能够胜任的领域。在某种意义上，经营审计更像是管理咨询。

合规性审计是确定被审计单位是否遵循了特定的法律、法规、程序或规则，或者是否遵守将影响经营或报告的合同的要求。合规性审计的结果通常报送给被审计单位管理层或外部特定使用者。

（三）按审计技术模式的不同分类

按采用的审计技术模式，审计划分为账项基础审计、系统基础审计和风险基础审计。

账项基础审计是审计技术发展的第一阶段，它是指顺着或逆着会计报表的生成过程，通过对会计账簿和凭证进行详细审阅，进而对会计账表之间的钩稽关系进行逐一核实，来检查是否存在会计舞弊行为的技术性措施。在进行财务报表审计，特别是专门的舞弊审计时，采用这种技术有利于得出可靠的审计结论。

系统基础审计是审计技术发展的第二阶段，它建立在健全的内部控制系统可以提高会计信息质量的基础上。即首先进行内部控制系统的测试和评价，当评价结果表明被审计单位的内部控制系统健全且运行有效、值得信赖时，可以在随后对报表项目的实质性测试工作中仅抽取小部分样本进行审查；反之，则需扩大实质性测试的范围。这样能够提高审计的效率，有利于保证抽样审计的质量。

风险基础审计是审计技术的最新发展阶段。采用这种审计技术时，注册会计师一般从对被审计单位委托审计的动机、经营环境、财务状况等方面进行全面的风险评估出发，利用审计风险模型，规划审计工作，积极运用分析性复核程序，力争将审计风险控制在可以接受的水平上。

上述三种审计代表着审计技术的不同发展阶段，但即使在审计技术十分先进的国家也往往同时采用。而且，无论采用何种审计技术模式，在会计报表审计中最终都要用到许多共同的方法来检查报表项目金额的真实性、公允性。

此外，还有多种按其他标准进行的分类方法，按与被审计单位的关系不同，审计划分为内部审计和外部审计；按范围的不同，审计划分为全面审计和局部审计，综合审计和专题审计；按施行时间的不同，审计划分为事前审计、事中审计和事后审计，定期审计和不定期审计，期中审计和期末审计；按执行地点的不同，审计划分为就地审计和报送审计等。

四、审计监督体系

从国内外审计的发展和现状来看，审计按不同主体划分为政府审计、内部审计和注册会计师审计，并相应地形成了三类审计组织机构，它们之间既相互联系，又各自独立，各司其职，无所谓主导和从属关系，共同构成审计监督体系。

(一) 政府审计

政府审计是由政府审计机关代表政府依法进行的审计。当前，世界各国的政府审计按其组织形式和领导关系，大致可以分为下列几种类型：

1. 由议会直接领导并对议会负责

这类审计机关是在议会的直接领导下，根据国家法律所赋予的权力，对各级政府机关的财政活动和国家企事业单位的财务活动等独立行使审计监督权，直接对议会负责，如美国的审计总局、加拿大的审计总署、法国的会计法庭、西班牙的审计法院等。

2. 在政府内建立审计机构并对政府负责

这类审计机关是在政府的直接领导下，根据国家所赋予的权限，对政府所属各部门、各单位的财政财务活动进行审计监督，直接对政府负责，如菲律宾的审计委员会等。

3. 由财政部领导的审计机构

这类审计机关是在财政部的直接领导下，根据国家规定的政策、法令、财政预算和有关规章制度等，对各部门、各单位的财政、财务活动执行审计监督，如瑞典的国家审计局，由财政部直接领导。匈牙利和波兰等国的财政监督，也由财政部负责，但不设独立的审计机构。

从审计的独立性、权威性来讲，审计机关由议会直接领导较好。我国的国家审计机构属于第二种类型，即在政府内建立审计机构并对政府负责。我国目前的审计机关由政府领导，分中央与地方两个层次。我国政府审计中央层次的机构为审计署。我国《宪法》规定，审计机关独立行使审计监督权，不受其他行政机关、社会团体和个人的干涉。

(二) 内部审计

内部审计是指由各部门、各单位内部设置的专门机构或人员对本部门、本单位及下属单位的财务收支及有关经济活动进行的审计。内部审计部门的类型可以归纳为下列三种：

(1) 属于本单位董事会或其所属审计委员会领导的内部审计部门。

(2) 属于本单位总裁或总经理领导的内部审计部门。

(3) 属于本单位主管财务的副总裁或总会计师领导的内部审计部门。

上述三种类型，从领导层次的权威性和独立性来看，层次越高，越能保证内部审计部门独立、有效地开展审计工作。

（三）注册会计师审计

注册会计师审计是由经政府有关部门审核批准的注册会计师组成的会计师事务所进行的审计。在我国，会计师事务所是注册会计师的工作机构，注册会计师必须加入会计师事务所才能接受委托，办理审计、会计咨询等业务。

【请注意】会计师事务所不附属于任何机构，自收自支、独立核算、自负盈亏、依法纳税，因此在业务上具有较强的独立性、客观性和公正性，为社会公众所认可。

五、审计师的种类

根据不同的审计主体，审计师也有所不同。在我国从事审计工作的人员主要为具有审计专业技术资格的审计师、具有注册会计师执业资格的审计师和具有内部审计师资格的审计师，他们在政府审计、外部审计和内部审计中发挥着重要作用。

（一）审计专业技术资格

审计专业技术资格考试由审计署与人力资源和社会保障部共同负责。审计署负责拟定考试科目，编写考试大纲，组织考试命题，实施考试工作，统一规划并组织或授权组织培训等工作。人力资源和社会保障部负责审定考试科目、考试大纲和试题，会同审计署对考试工作进行检查、监督、确定考试合格标准和制度。各地的考试工作由当地审计部门与人力资源和社会保障部门共同负责，具体职责分工，由各地协商确定。审计专业技术资格包括初级（助理）审计师、中级审计师和高级审计师。

审计专业技术初级资格和中级（审计师）资格实行全国统一考试制度。考试制度实行后，不再进行相应职务任职资格的评审工作。按规定通过全国统一考试获得资格的人员，表明其已具备担任相应审计专业技术职务的水平和能力，用人单位可根据工作需要，按照德才兼备的原则择优聘任。

初、中级审计师考试科目为《审计相关基础知识》（包括宏观经济学基础、企业财务管理、企业财务会计、法律）、《审计理论与实务》（包括审计理论与方法、企业财务审计）。具备下列基本条件者均可报名参加初级审计专业技术资格考试：

（1）遵守国家法律，具有良好职业道德；

（2）认真执行《中华人民共和国审计法》以及有关财经法规和制度，无违反财经纪律的行为；

（3）认真履行岗位职责，热爱本职工作；

（4）从事审计、财经工作；

（5）具备教育部门认可的中专以上学历。

（二）注册会计师执业资格

注册会计师是指取得注册会计师证书并在会计师事务所执业的人员，通常是指项目合伙人或项目组其他成员，有时也指其所在的会计师事务所。我国实行注册会计师全国统一考试制度。根据《中华人民共和国注册会计师法》（以下简称《注册会计师法》）及《注册会计师全国统一考试办法》的规定，凡具有高等专科以上学校毕业的学历，或者已取得会计或者相关专业（指审计、统计、经济）中级以上专业技术职称的中国公民都有资格报考。注册会计师考试划分为两个阶段：第一阶段是专业考试阶段，考试科目包括会计、审计、财务成本管理、公司战略与风险管理、经济法、税法共6科；第二阶段是综合考试阶段，考试科目为职业能力综合测试1科。两个阶段的考试，每年各举行1次。第一阶段的单科合格成绩5年有效。对在连续5年内取得第一阶段6个科目合格成绩的考生，发放专业阶段合格证。第二阶段考试科目应在取得专业阶段合格证后5年内完成。对取得第二阶段考试合格成绩的考生，发放全科合格证。

根据《注册会计师法》的规定，参加注册会计师全国统一考试成绩合格，并从事审计业务工作两年以上者，可以向省、自治区、直辖市注册会计师协会申请注册。省级注册会计师协会负责对注册会计师进行审批。

德技并修

资料：2013年年底，天门市审计局在对市经济开发区工委书记进行经济责任审计时，区机关财务部的一张已核报的大额原始凭证引起了注册会计师的注意。该凭证是一家个体超市出具的手工税务发票，开票金额为9 320元，但仔细甄别，发现千位数中的小写"9"和大写"玖"与其他数位上的字迹轻重不一，疑似经过涂改添加。注册会计师不露声色，共查出14张涂改手法相同的问题发票，比涂改前的金额多出9.4万元。注册会计师对14张发票进行了细致的研究分析，发现14张发票虽有不同的开支事由和证明人，但唯一相同的是经手人为小车司机史某。注册会计师立即展开进一步调查，通过对机关出纳、会计、发票经手人、证明人和审批人的质询，找权威部门进行笔迹核对，最终将嫌疑锁定在史某身上。

注册会计师初步断定，史某在购买物品时向对方索取空白发票，或是从其他途径非法获得空白发票，然后自行填开实际支出金额，同时蓄意将发票中千位数位置空出，小写前没有加上符号"￥"，大写前面也没有写上"零"，等领导签批"同意报销"后，利用发票尚存自己手中之际，采取在实际金额前面添加数字或是将"1改成7"等手段，侵占国家财产9万多元，其行为已构成犯罪。

天门市审计局及时将此案件线索移交市公安局。目前，史某已被公安部门立案批捕，公安局经侦部门正在进一步深入调查之中。

问题：

（1）上述审计按审计内容和审计主体划分，分别属于哪种审计？

（2）上述审计是外部审计还是内部审计？

（3）注册会计师在审计中体现了怎样的职业道德精神？

分析：

（1）审计按内容划分，可分为财务报表审计、经营审计和合规性审计。上述审计属于合规性审计，是合规性审计中的经济责任审计。

审计按主体划分，可分为政府审计、注册会计师审计和内部审计。上述审计是由政府部门审计局执行的，因此是政府审计。

（2）上述审计属于外部审计，是由被审计单位外部人员来执行的审计。

（3）注册会计师在审计中体现了较强的社会责任感，表现出对党、对国家、对人民、对法律、对事业的忠诚，坚守了审计监督者应具备的客观、公正、独立的职业素养和政治素养，积极发挥了审计在反腐倡廉中的利剑作用。

同步训练

一、单项选择题

1.注册会计师审计产生的直接原因是（   ）。

    A.所有权和经营权的分离　　　　　　B.合伙企业制度的产生

    C.股份制企业制度的形成　　　　　　D.资本市场的发展

2.将审计分为财务报表审计、经营审计和合规性审计的分类方法是（   ）。

    A.按审计主体分类

    B.按审计内容分类

    C.按审计主体与被审计单位的关系分类

    D.按审计目的分类

3.为上市公司审计对外报告的财务报表的是（   ）。

    A.高级审计师　　　B.内部审计师　　　C.注册会计师　　　D.会计师

4.审计产生的根本原因是（   ）。

    A.防止差错　　　　　　　　　　　　B.防止舞弊

    C.财产所有权和经营权的分离　　　　D.管理需要

5.上市公司的审计委托人是（   ）。

    A.公司管理层　　　B.公司股东　　　C.公司治理层　　　D.公司内部审计部门

6.审计的根本属性是（   ）。

    A.权威性　　　　　B.独立性　　　　C.客观性　　　　D.合法性

7.审计的最基本职能是（   ）。

    A.经济评价　　　　B.经济监察　　　C.经济监督　　　D.经济司法

8.审计最本质的特性是（   ）。

    A.客观性　　　　　B.公正性　　　　C.完整性　　　　D.独立性

9.在财务报表审计中，下列各项属于审计鉴证对象的是（   ）。

    A.会计凭证　　　　B.会计账簿　　　C.财务报表　　　D.其他资料

10.由经政府有关部门审核批准的注册会计师组成的营业机构是（   ）。

    A.会计咨询公司　　B.会计师事务所　　C.会计服务公司　　D.任何机构

二、多项选择题

1.关于审计的分类可以从不同角度加以考察，下列各项对审计的分类恰当的有（   ）。

    A.审计按主体的不同可分为政府审计、内部审计和注册会计师审计

    B.审计按目的的不同可分为合理保证审计和有限保证审计

C.审计按内容的不同可分为财务报表审计、经营审计和合规性审计

D.审计按与被审计单位的关系不同可分为内部审计和外部审计

2.能够从事企业内部审计工作的人员有（　　　）。

　　A.会计师　　　　　　B.注册会计师　　　　　C.审计师　　　　　　　D.注册内部审计师

3.目前国内外内部审计部门的类型有（　　　）。

　　A.属于本单位董事会或其所属审计委员会领导的内部审计部门

　　B.属于本单位总裁或总经理领导的内部审计部门

　　C.属于本单位主管财务的副总裁或总会计师领导的内部审计部门

　　D.属于本单位财务部门领导的内部审计部门

4.下列各项属于审计关系人的有（　　　）。

　　A.注册会计师　　　　　　　　　　B.有限责任公司董事会

　　C.公司员工　　　　　　　　　　　D.公司管理层

5.下列各项属于按审计技术模式分类的审计有（　　　）。

　　A.账项基础审计　　B.系统基础审计　　　C.风险基础审计　　　D.抽样审计

6.下列各项属于我国从事审计工作的主要审计专业技术人员的有（　　　）。

　　A.审计师　　　　B.内部审计师　　　C.注册会计师　　　D.会计师

7.下列各项属于审计职能的有（　　　）。

　　A.经济监督　　　B.经济司法　　　　C.经济鉴证　　　D.经济评价

8.下列各项属于我国审计监督体系的有（　　　）。

　　A.财务报表审计　　B.政府审计　　　C.注册会计师审计　　D.内部审计

9.下列各项属于注册会计师考试两个阶段的有（　　　）。

　　A.基础知识　　　B.实务操作　　　C.专业考试　　　　D.综合考试

10.下列各项属于注册会计师专业考试阶段的考试科目的有（　　　）。

　　A.审计　　　　　　　　　　　　　B.公司战略与风险管理

　　C.财务成本管理　　　　　　　　　D.经济法

三、判断题

1.取得全科成绩合格证，加入中国注册会计师协会即可成为执业注册会计师。

（　　）

2.内部审计师只能从事内部审计，注册会计师只能从事外部审计。　（　　）

3.审计是一项具有独立性的经济监督活动。　　　　　　　　　　　（　　）

4.我国审计监督体系由政府审计、注册会计师审计和内部审计构成。其中注册会计师审计起主导作用。　　　　　　　　　　　　　　　　　　　　　　（　　）

5.注册会计师考试分为专业考试和综合考试两个阶段。　　　　　　（　　）

6.审计要素包括审计业务的三方关系人、财务报表（鉴证对象）、财务报告编制基础（标准）、审计证据和审计报告。　　　　　　　　　　　　　　　　　（　　）

7.注册会计师通常是指项目合伙人或项目组其他成员，而非注册会计师所在的会计师事务所。　　　　　　　　　　　　　　　　　　　　　　　　　　　（　　）

8.注册会计师通过签署审计报告确认其责任。　　　　　　　　　　（　　）

9.在某些被审计单位，管理层包括部分或全部的治理层成员，如治理层中负有经营管理责任的人员，或参与日常经营管理的业主，即业主兼经理。　　　　　（　　）

10.按照适用的财务报告编制基础编制财务报表，并使其实现公允反映，是注册会计师的责任。　　　　　　　　　　　　　　　　　　　　　　　　　　　（　　）

任务二　财务报表审计概述

知识精讲

一、财务报表审计发展的四个阶段

财务报表审计是现代审计中理论最完备、方法最先进的一种审计方式。其他审计都是由财务报表审计派生出来的。财务报表审计是注册会计师审计的法定业务，也是注册会计师审计的传统核心业务。本教材主要介绍注册会计师财务报表审计。

随着经济的发展，审计环境也发生了很大的变化。注册会计师为了实现审计目标，随着审计环境的变化而调整着审计方法。财务报表审计模式从审计方法的发展历史来看，经历了账项基础审计、制度基础审计、风险导向审计和电子数据审计四个发展阶段。

（一）账项基础审计

账项基础审计是以会计资料为切入点进行查错纠弊式的审计方法，即以检查会计凭证、账簿为主的详细审计。其基本要求为，注册会计师首先取得各个账项的明细表，与总账核对后再核对会计报表，顺向或逆向核对记账凭证和原始凭证。通过检查、观察、函证、询问等具体方法取得证明性材料。在这种审计方法下，注册会计师审计的重心在资产负债表，旨在发现和防止错误与舞弊，审计方法是详细审计，注册会计师将大部分精力投向对会计凭证和账簿的详细检查。账项基础审计现场如图1-1所示。

图1-1　账项基础审计现场

（二）制度基础审计

制度基础审计是以内部控制制度评审为基础所进行抽样检查的审计，其程序设置切入点是被审计单位的内部控制制度。通过对内部控制制度的调查、测试和评价，来确定账表余额检查的深度与广度，最终达到检查证、账、表余额真实性的目的。这种审计方法产生于企业规模日益扩大，经济活动和交易事项内容不断丰富、复杂，审计工作量加大、审计费用增高的情况下；而与此同时，审计职业界逐渐认识到，设计合理并且执行有效的内部控制可以保证会计报表的可靠性，防止重大错误和舞弊的发生。因此，为了进一步提高审计效率，注册会计师将审计的视角转向企业的管理制度，特别是会计信息赖以生成的内部控制，从而将内部控制与抽样审计结合起来进行审计。制度基础审计流程如图1-2所示。

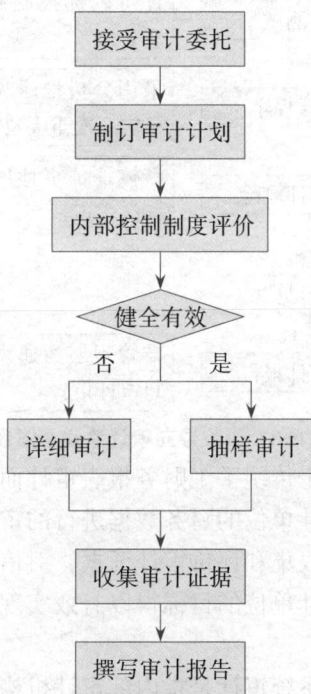

图1-2　制度基础审计流程示意图

（三）风险导向审计

由于审计风险受到企业固有风险因素的影响，如管理人员的品行和能力、行业所处环境、业务性质、容易产生错报的会计报表项目、容易遭受损失或被挪用的资产等导致的风险，又受到内部控制风险因素的影响，即账户余额或各类交易存在错报，内部控制未能防止、发现或纠正的风险，此外，还受到注册会计师实施审计程序未能发现账户余额或各类交易存在错报风险的影响，职业界很快开发出了审计风险模型。审计风险模型的出现，从理论上解决了注册会计师以制度为基础采用抽样审计的随意性，又解决了审计资源的分配问题，要求注册会计师将审计资源分配到最容易导致会计报表出现重大错报的领域。这种以审计风险模型为基础进行的审计，称为风险导向审计。风险导向审计流程如图1-3所示。

（四）电子数据审计

电子数据审计又称计算机审计、电子审计，包括财务数据电子审计、财务数据安全审计和信息系统审计等。电子数据审计是计算机和互联网技术在财务核算和业务中普及的结果，目前对电子数据审计尚无统一的定义。

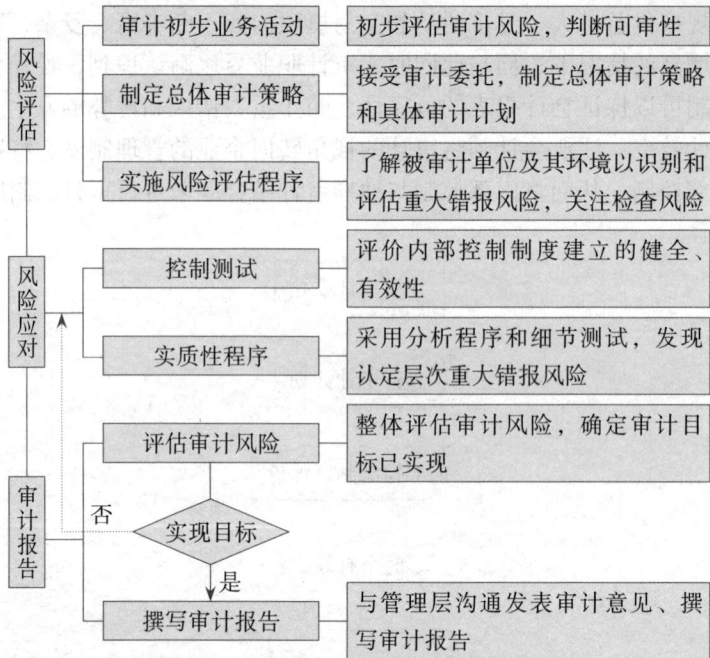

图1-3　风险导向审计流程示意图

　　财务数据电子审计是相对于传统手工财务报表审计而言的，是指审计人员利用计算机软件、互联网技术，对被审计单位的财务数据进行的审计。

　　信息系统审计是一个通过收集和评价审计证据，对信息系统是否能够保护资产的安全、维护数据的完整、使被审计单位的目标得以有效实现、使组织的资源得到高效使用等方面作出判断的过程。

　　对于企业内部而言，信息系统审计是指内部审计机构和内部审计人员对组织的信息系统及相关的信息技术内部控制和流程所进行的审查与评价活动。

二、财务报表审计的方法

（一）财务报表审计方法

　　在执行财务报表审计时，应将财务报表按一定的标准划分为更小的部分，以便于审计小组人员的进一步分工，提高工作效率。在对财务报表的项目进行划分时，既可以按报表项目进行划分，也可以按业务循环进行划分，前者称为项目审计法，后者叫作循环审计法，两者各有优缺点。

1.项目审计法

　　项目审计法按照财务报表的项目来组织财务报表审计，它与被审计单位账户设置体系及会计报表格式相吻合，具有操作方便的优点。但由于内部控制测试通常按照业务循环，采用抽样审计的方法进行，该方法与按业务循环进行的控制测试严重脱节，不利于审计工作的开展。

2.循环审计法

　　循环审计法按照被审计单位的业务循环组织财务报表审计，与按业务循环进行的内部控制测试直接联系，便于注册会计师理解被审计单位的经济业务，有利于审计工作的合理分配，但在汇总审计结果时显得有些麻烦。循环审计法是当前比较流行的审计方法。

3. 电子审计法

随着计算机和网络的广泛使用，一些电子审计软件的开发和推广使审计工作日渐脱离繁重的数据收集工作，取而代之的是软件提取数据、分析数据、风险初评，注册会计师在软件分析的基础上，结合被审计单位的实际情况、控制测试结果和审计经验实施进一步审计程序，所有审计证据和工作底稿电子化，减少了注册会计师的工作量，提高了客观性，这就是电子审计。

（二）制造业企业的业务循环

采用循环审计法时，注册会计师首先应该确定被审计单位业务循环的种类。由于各被审计单位的业务性质和规模不同，其业务循环的划分也应有所不同。以制造业企业为例，注册会计师可以将业务循环划分为：销售与收款循环、采购与付款循环、生产与存货循环、筹资与投资循环。各循环及其所涉及的交易和账户将在后面的章节中阐述。

企业的生产经营过程是由各业务循环共同组成的，各业务循环之间是密不可分的。因此，尽管注册会计师可以相对独立地对各业务循环进行审计，但在最终形成审计结论时，必须综合考虑各业务循环审计所发现的错误对会计报表的影响。而且，在单独执行某一业务循环的审计时，注册会计师也应该经常将该循环与其他循环的审计情况结合起来加以考虑。

三、审计报告

审计报告，是指注册会计师根据审计准则的规定，在执行审计工作的基础上，对财务报表发表审计意见的书面文件。审计报告是注册会计师审计的最终结果，对报告使用者进行决策具有一定的指导意义。

审计报告分为标准审计报告和非标准审计报告。标准审计报告，是指不含有说明段、强调事项段、其他事项段或其他任何修饰性用语的无保留意见的审计报告。非标准审计报告，是指标准审计报告以外的其他审计报告，包括带强调事项段或其他事项段的无保留意见的审计报告和非无保留意见的审计报告。非无保留意见的审计报告包括保留意见的审计报告、否定意见的审计报告、无法表示意见的审计报告。

审计报告应当包括下列要素：①标题；②收件人；③审计意见；④形成审计意见的基础；⑤管理层对财务报表的责任；⑥注册会计师对财务报表审计的责任；⑦按照相关法律法规的要求报告的事项（如适用）；⑧注册会计师的签名和盖章；⑨会计师事务所的名称和地址及盖章；⑩报告日期。上市实体财务报表无保留意见审计报告的格式如下：

【背景信息】
①对上市实体整套财务报表进行审计。该审计不属于集团审计（即不适用《中国注册会计师审计准则第1401号——对集团财务报表审计的特殊考虑》）。

②管理层按照企业会计准则编制财务报表。

③审计业务约定条款体现了《中国注册会计师审计准则第1111号——就审计业务约定条款达成一致意见》关于管理层对财务报表责任的描述。

④基于获取的审计证据，注册会计师认为发表无保留意见是恰当的。

⑤适用的相关职业道德要求为中国注册会计师职业道德守则。

⑥基于获取的审计证据，根据《中国注册会计师审计准则第1324号——持续经营》，注册会计师认为可能导致对被审计单位持续经营能力产生重大疑虑的相关事项或情况不存在重大不确定性。

⑦已按照《中国注册会计师审计准则第1504号——在审计报告中沟通关键审计事项》的规定沟通了关键审计事项。

⑧注册会计师在审计报告日前已获取所有其他信息，且未识别出信息存在重大错报。

⑨负责监督财务报表的人员与负责编制财务报表的人员不同。

⑩除财务报表审计外，按照法律法规的要求，注册会计师负有其他报告责任，且注册会计师决定在审计报告中履行其他报告责任。

审计报告

ABC股份有限公司全体股东：

一、对财务报表出具的审计报告

（一）审计意见

我们审计了ABC股份有限公司（以下简称ABC公司）财务报表，包括20×4年12月31日的资产负债表，20×4年度的利润表、现金流量表、股东权益变动表以及相关财务报表附注。

我们认为，后附的财务报表在所有重大方面按照企业会计准则的规定编制，公允反映了ABC公司20×4年12月31日的财务状况以及20×4年度的经营成果和现金流量。

（二）形成审计意见的基础

我们按照中国注册会计师审计准则的规定执行了审计工作。审计报告的"注册会计师对财务报表审计的责任"部分进一步阐述了我们在这些准则下的责任。按照中国注册会计师职业道德守则，我们独立于ABC公司，并履行了职业道德方面的其他责任。我们相信，我们获取的审计证据是充分、适当的，为发表审计意见提供了基础。

（三）关键审计事项

关键审计事项是我们根据职业判断，认为对本期财务报表审计最为重要的事项。这些事项是在对财务报表整体进行审计并形成意见的背景下进行处理的，我们不对这些事项提供单独的意见。

【按照《中国注册会计师审计准则第1504号——在审计报告中沟通关键审计事项》的规定描述每一关键审计事项。】

（四）其他信息

【按照《中国注册会计师审计准则第1521号——注册会计师对其他信息的责任》的规定报告。】

（五）管理层和治理层对财务报表的责任

管理层负责按照企业会计准则的规定编制财务报表，使其实现公允反映，并设计、执行和维护必要的内部控制，以使财务报表不存在由于舞弊或错误导致的重大错报。

在编制财务报表时，管理层负责评估ABC公司的持续经营能力，披露与持续经营相关的事项（如适用），并运用持续经营假设，除非管理层计划清算ABC公司、停止运营或别无其他现实的选择。

治理层负责监督ABC公司的财务报告过程。

（六）注册会计师对财务报表审计的责任

我们的目标是对财务报表整体是否不存在由于舞弊或错误导致的重大错报获取合理保证，并出具包含审计意见的审计报告。合理保证是高水平的保证，但并不能保证按照审计准则执行的审计在某一重大错报存在时总能发现。错报可能由于舞弊或错误导致，如果合理预期错报单独或汇总起来可能影响财务报告使用者依据财务报表作出的经济决策，则通常认为错报是重大的。

在按照审计准则执行审计工作的过程中，我们运用了职业判断，并保持了职业怀疑。我们同时也执行下列工作：

（1）识别和评估由于舞弊或错误导致的财务报表重大错报风险；对这些风险有针对性地设计和实施审计程序；获取充分、适当的审计证据，作为发表审计意见的基础。由于舞弊可能涉及串通、伪造、故意遗漏、虚假陈述或凌驾于内部控制之上，未能发现由于舞弊导致的重大错报的风险高于未能发现由于错误导致的重大错报的风险。

（2）了解与审计相关的内部控制，以设计恰当的审计程序，但目的并非对内部控制的有效性发表意见。

（3）评价管理层选用会计政策的恰当性和作出会计估计及相关披露的合理性。

（4）对管理层使用持续经营假设的恰当性得出结论。同时，根据获取的审计证据，就可能导致对ABC公司持续经营能力产生重大疑虑的事项或情况存在重大不确定性得出结论。如果我们得出结论认为存在重大不确定性，审计准则要求我们在审计报告中提请报告使用者注意财务报表中的相关披露；如果披露不充分，我们应当发表非无保留意见。我们的结论基于审计报告日可获得的信息。然而，未来的事项或情况可能导致ABC公司不能持续经营。

（5）评价财务报表的总体列报、结构和内容，并评价财务报表是否公允反映相关交易和事项。

我们与治理层就计划的审计范围、时间安排和重大审计发现等事项进行沟通，包括沟通我们在审计中识别的值得关注的内部控制缺陷。

我们还就遵守关于独立性相关的职业道德要求向治理层提供声明，并与治理层沟通可能被合理认为影响我们独立性的所有关系和其他事项，以及相关的防范措施（如适用）。

从与治理层沟通过的事项中，我们确定哪些事项对本期财务报表审计最为重要，因而构成关键审计事项。我们在审计报告中描述这些事项，除非法律法规禁止公开披露这些事项，或者在极其罕见的情况下，如果合理预期在审计报告中沟通某事项造成的负面后果超过在公众利益方面产生的益处，我们确定不应在审计报告中沟通该事项。

二、按照相关法律法规的要求报告的事项

[本部分的格式和内容，取决于法律法规对其他报告责任的性质的规定。其他内容，因篇幅有限，省略]

××会计师事务所	中国注册会计师：×××
（盖章）	（签名并盖章）
	中国注册会计师：×××
	（签名并盖章）
中国××市	20×5年××月××日

【动脑筋1-2】（1）会计与审计的区别与联系是什么？（2）比较一下，我国审计报告的新旧格式，了解审计报告的发展历史，说说审计报告中的"文化自信"体现在哪里？

四、审计责任

财务报表是由被审计单位管理层在治理层的监督下编制的。审计准则不对管理层或治理层设定责任，也不超越法律法规对管理层或治理层责任作出规定。但是在审计过程中，被审计单位管理层和注册会计师所承担的责任是不同的，要顺利完成审计工作，双方需各自承担自己的责任。

管理层和治理层认定的与财务报表相关的责任，是注册会计师执行审计工作的前提，构成注册会计师按照审计准则的规定执行审计工作的基础。

（一）被审计单位管理层的责任

在被审计单位治理层的监督下，按照适用的会计准则和相关会计制度的规定编制财务报表是被审计单位管理层的责任。

管理层对编制财务报表的责任具体包括：

1.选择适用的会计准则和相关会计制度

管理层应当根据会计主体的性质和财务报表的编制目的，选择适用的会计准则和相关会计制度。就会计主体的性质而言，民间非营利组织适合采用《民间非营利组织会计制度》，事业单位通常适合采用《事业单位会计制度》，而企业根据规模或行业性质，分别适合采用企业会计准则、《企业会计制度》和《小企业会计准则》等。

2.选择和运用恰当的会计政策

会计政策是指企业在会计确认、计量和报告中所采用的原则、基础和会计处理方法。管理层应当根据企业的具体情况，选择和运用恰当的会计政策。

3.根据企业的具体情况，作出合理的会计估计

会计估计是指企业对结果不确定的交易或事项以最近可利用的信息为基础所作的判断。财务报表中涉及大量的会计估计，如固定资产的预计使用年限和净残值、应收账款的可收回金额、存货的可变现净值以及预计负债的金额等。管理层有责任根据企业的实

际情况，作出合理的会计估计。

【提示】为了履行编制财务报表的职责，管理层通常设计、实施和维护与财务报表编制相关的内部控制，以保证财务报表不存在由于舞弊或错误导致的重大错报。

（二）注册会计师的责任

按照中国注册会计师审计准则（以下简称审计准则）的规定对财务报表发表审计意见是注册会计师的责任。

注册会计师作为独立的第三方，对财务报表发表审计意见，有利于提高财务报表的可信赖程度。为履行这一职责，注册会计师应当遵守职业道德规范、质量管理准则，按照审计准则的规定计划和实施审计工作，获取充分、适当的审计证据，并根据获取的审计证据，保持职业怀疑态度、合理运用职业判断，得出合理的审计结论、发表恰当的审计意见。注册会计师通过签署审计报告确认其责任。

（三）两种责任不能相互取代

财务报表编制和财务报表审计是财务信息生成链条上的不同环节，两者各司其职。法律法规要求管理层和治理层对编制财务报表承担责任，有利于从源头上保证财务信息质量。同时，在某些方面，注册会计师与管理层和治理层之间可能存在信息不对称。管理层和治理层作为内部人员，对企业的情况更为了解，更能作出适合企业特点的会计处理决策和判断，因此管理层和治理层理应对编制财务报表承担完全责任。尽管在审计过程中，注册会计师可能向管理层和治理层提出调整建议，甚至在不违反独立性的前提下为管理层编制财务报表提供协助，但管理层仍然对编制财务报表承担责任，并通过签署财务报表确认这一责任。

【提示】财务报表审计不能减轻被审计单位管理层和治理层的责任。被审计单位管理层的责任与注册会计师的审计责任不能互相取代。

五、财务报表审计目标

审计的目标是提高财务报表预期使用者对财务报表的信赖程度。财务报表审计的目标对注册会计师的审计工作发挥着导向作用，它界定了注册会计师的责任范围，直接影响注册会计师计划和实施审计程序的性质、时间和范围，决定了注册会计师如何发表审计意见、审计报告如何撰写。审计目标包括审计总体目标和具体审计目标。

《中国注册会计师审计准则第1101号——注册会计师的总体目标和审计工作的基本要求》规定，财务报表审计的总体目标是注册会计师通过执行审计工作，对财务报表的下列方面发表审计意见：

微课：财务报表审计目标

（1）对财务报表整体是否不存在由于舞弊或错误导致的重大错报获取合理保证，使得注册会计师能够对财务报表是否在所有重大方面按照适用的财务报告编制基础编制发表审计意见；

（2）按照审计准则的规定，根据审计结果对财务报表出具审计报告，并与管理层和治理层沟通。

【请注意】财务报表审计目标的确定与被审计单位管理层的认定是紧密相关的。

（一）被审计单位管理层的认定

认定是指管理层对财务报表要素的确认、计量、列报（包括披露）作出一系列明确或隐含的意思表达。注册会计师在识别、评估和应对重大错报风险的过程中，将管理层的认定用于考虑可能发生的不同类型的错报。

管理层在财务报表上的认定有些是明确表达的，有些是隐含表达的。例如，管理层在资产负债表中列报存货及其金额，意味着作出了下列明确的认定：①记录的存货是存在的；②存货以恰当的金额包括在财务报表中，与之相关的计价或分摊调整已恰当记录。同时，管理层也作出了下列隐含的认定：①所有应当记录的存货均已记录；②记录的存货都由被审计单位拥有。

微课：什么
是管理层认定

【请注意】认定与审计目标密切相关，注册会计师的基本职责就是确定被审计单位管理层对其财务报表的认定是否恰当。注册会计师了解了认定，就很容易确定每个项目的具体审计目标。通过考虑可能发生的不同类型的潜在错报，注册会计师认定评估风险，并据此设计审计程序以应对评估的风险。

被审计单位管理层的认定包括与所审计期间各类交易和事项及披露相关的认定、与期末账户余额及披露相关的认定两个层次的内容。

1.关于所审计期间的各类交易、事项及相关披露的认定

注册会计师对所审计期间的各类交易和事项及披露相关的认定通常分为下列类别：

（1）发生。记录或披露的交易和事项已发生且这些交易和事项与被审计单位有关。

（2）完整性。所有应当记录的交易和事项均已记录，所有应当包括在财务报表中的相关披露均已包括。

（3）准确性。与交易和事项有关的金额及其他数据已恰当记录，相关披露已得到恰当计量和描述。

（4）截止。交易和事项已记录于正确的会计期间。

（5）分类。交易和事项已记录于恰当的账户。

（6）列报。交易或事项已被恰当地汇总或分解且表述清楚，相关披露在适用的财务报告编制基础下是相关的、可理解的。

【提示】（1）与所审计期间各类交易和事项相关的认定与会计核算中编制记账凭证有关，即被审计单位在编制记账凭证的时候，应考虑上述认定是否恰当；（2）分类强调的是记账凭证中的会计科目的使用是否恰当；（3）由于利润表各项目期末没有余额，相关的交易和事项的证据均与会计凭证直接相关，因此，利润表各项目认定主要为与所审计期间各类交易和事项相关的认定。

微课：与各类交易或事项相关的认定——发生　　微课：与各类交易或事项相关的认定——完整性　　微课：与各类交易或事项相关的认定——准确性　　微课：与各类交易或事项相关的认定——截止　　微课：与各类交易或事项相关的认定——分类

2.关于期末账户余额及相关披露的认定

注册会计师对期末账户余额及相关披露的认定通常分为下列类别：

（1）存在。记录的资产、负债和所有者权益是存在的。

（2）权利和义务。记录的资产由被审计单位拥有或控制，记录的负债是被审计单位应当履行的偿还义务。

（3）完整性。所有应当记录的资产、负债和所有者权益均已记录，所有应当包括在财务报表中的相关披露均已包括。

（4）准确性、计价和分摊。资产、负债和所有者权益以恰当的金额包括在财务报表中，与之相关的计价或分摊调整已恰当记录，相关披露已得到恰当计量和描述。

（5）分类。资产、负债和所有者权益已记录于恰当的账户。

（6）列报。资产、负债和所有者权益已被恰当地汇总或分解且表述清楚，相关披露在适用的财务报告编制基础下是相关的、可理解的。

【提示】与期末账户余额相关的认定与会计核算中账簿的登记和结账工作有关，即当被审计单位在登记账簿、结算余额的时候，应考虑上述认定是否恰当。

【请注意】所审计期间各类交易和事项及相关披露的认定正确，只是为期末账户余额及相关披露的认定提供了依据，但是在账簿登记过程中还可能因为误解、错误或舞弊等导致期末账户余额及相关披露的认定错误。

【动脑筋1-3】期末账户余额及相关披露的认定和所审计期间各类交易和事项及相关披露的认定的不同在哪里？原因是什么？

微课：与期末账户余额相关的认定——存在

微课：与期末账户余额相关的认定——权利

微课：与期末账户余额相关的认定——完整性

微课：与期末账户余额相关的认定——计价与分摊

微课：与列报相关的认定——发生、权利和义务

微课：与列报相关的认定——完整性

微课：与列报相关的认定——分类和可理解性

微课：与列报相关的认定——准确性和计价

（二）具体审计目标

注册会计师了解了认定，就很容易确定每个项目的具体审计目标，并以此作为评估重大错报风险以及设计和实施进一步审计程序的基础。

1.与所审计期间各类交易和事项及披露相关的审计目标

（1）发生。由"发生"认定推导的审计目标是确认已记录的交易是真实的。例如，如果没有发生销售交易，但在销售日记账中记录了一笔销售，则违反了该目标。"发生"认定所要解决的问题是管理层是否把那些不曾发生的项目记入财务报表，它主要与财务报表组成要素的**高估**有关。

（2）完整性。由"完整性"认定推导的审计目标是确认已发生的交易确实已经记录，所有应包括在财务报表中的相关披露均已包括。例如，如果发生了销售交易，但没有在销售日记账和总账中记录，则违反了该目标。

【提示】发生和完整性两者强调的是相反的关注点。发生目标针对**多计**、虚构交易（**高估**），而完整性目标针对**漏计**交易（**低估**）。

【动脑筋1-4】企业为什么要高估资产或负债？又为什么要低估资产或负债？

（3）准确性。由"准确性"认定推导出的审计目标是确认已记录的交易是按正确金额反映的，相关披露已得到恰当计量和描述。例如，如果在销售交易中，发出商品的数量与账单上的数量不符，或是开账单时使用了错误的销售价格，或是账单中的乘积或加总有误，或是在销售日记账中记录了错误的金额，则违反了该目标。

【请注意】准确性与发生、完整性之间存在区别。例如，若已记录的销售交易是不应当记录的（如发出的商品是寄销商品），则即使发票金额是准确计算的，仍违反了发生目标。再如，若已入账的销售交易是对正确发出商品的记录，但金额计算错误，则违反了准确性目标，但没有违反发生目标。在完整性与准确性之间也存在同样的关系。发生和完整性是就业务是否虚构或隐瞒而言的，不涉及金额问题，准确性强调的是金额计量，但前提是业务已经发生且已记录。

（4）截止。由"截止"认定推导出的审计目标是确认接近于资产负债表日的交易记录于恰当的期间。例如，如果本期交易推到下期记录，或下期交易提到本期记录，均违反截止目标。

（5）分类。由"分类"认定推导出的审计目标是确认被审计单位记录的交易是经过适当分类的。例如，如果将出售经营性固定资产所得的收入记录为营业收入，则导致交易分类的错误，违反了分类的目标。

（6）列报。由"列报"认定推导出的审计目标是确认被审计单位的交易和事项已被恰当地汇总或分解且表述清楚，相关披露在适用的财务报告编制基础下是相关的、可理解的。

2.与期末账户余额及披露相关的审计目标

（1）存在。由"存在"认定推导出的审计目标是确认记录的金额确实存在。例如，如果不存在某顾客的应收账款，在应收账款明细账中却列入了该顾客的应收账款，则违反了存在目标。

（2）权利和义务。由"权利和义务"认定推导出的审计目标是确认资产归属于被审计单位，负债属于被审计单位的义务。例如，将他人寄售商品计入被审计单位的存货中，则违反了权利目标；将不属于被审计单位的债务记入账内，则违反了义务目标。

（3）完整性。由"完整性"认定推导出的审计目标是确认已存在的金额均已记录，所有应包括在财务报表中的相关披露均已包括。例如，如果存在某客户的应收账款，在应收账款明细账中却没有列入，则违反了完整性目标。

（4）准确性、计价和分摊。由"准确性、计价和分摊"认定推导出的审计目标是资产、负债和所有者权益以恰当的金额包括在财务报表中，与之相关的计价或分摊调整已恰当记录，相关披露已得到恰当计量和描述。

（5）分类。由"分类"认定推导出的审计目标是资产、负债和所有者权益已记录于恰当的账户。

（6）列报。由"列报"认定推导出的审计目标是资产、负债和所有者权益已被恰当地汇总或分解且表述清楚，相关披露在适用的财务报告编制基础下是相关的、可理解的。

通过上面的介绍可知，认定是确定具体审计目标的基础。注册会计师通常将认定转化为能够通过审计程序予以实现的审计目标。针对财务报表每一项目所表现出的各项认定，注册会计师相应地确定一项或多项审计目标，然后通过执行一系列审计程序获取充分、适当的审计证据以实现审计目标。认定、审计目标和审计程序之间的关系举例见表1-1。

表1-1　　　　　认定、审计目标和审计程序之间的关系举例

认定	审计目标	审计程序
存在	资产负债表列示的存货存在	实施存货监盘程序
完整性	销售收入包括了所有已发货的交易	检查发货单和销售发票的编号以及销售明细账
准确性	应收账款反映的销售业务是否基于正确的价格和数量，计算是否准确	比较价格清单与发票上的价格、发货单与销售订购单上的数量是否一致，重新计算发票上的金额
截止	销售业务记录在恰当的期间	比较上一年度最后几天和下一年度最初几天的发货单日期与记账日期
权利和义务	资产负债表中的固定资产确实为公司所拥有	查阅所有权证书、合同、结算单和保险单
计价和分摊	以净值记录应收款项	检查应收账款账龄分析表、评估计提的坏账准备是否充足

六、审计重要性与审计风险

审计重要性是审计学的一个基本概念。审计重要性概念的运用贯穿于整个审计过程。在计划审计工作时，注册会计师应当考虑导致财务报表发生重大错报的原因，并应当在了解被审计单位及其环境的基础上，确定一个可接受的重要性水平，即首先为财务报表层次确定重要性水平，以发现在金额上重大的错报。同时，注册会计师还应当评估各类交易与事项、账户余额以及列报与披露认定层次的重要性，以便确定进一步审计程序的性质、时间安排和范围，将审计风险降至可接受的低水平。在确定审计意见类型时，注册会计师也需要考虑重要性水平。

（一）审计重要性

1.重要性的含义

财务报告编制基础通常从编制和列报财务报表的角度阐释重要性概念。财务报告编制基础可能以不同的术语解释重要性，但通常而言，重要性概念可从下列方面进行理解：

（1）如果合理预期错报（包括漏报）单独或汇总起来可能影响财务报告使用者依据财务报表作出的经济决策，则通常认为错报是重大的。

（2）对重要性的判断是根据具体环境作出的，并受错报的金额或性质的影响，或受两者共同作用的影响。

（3）判断某事项对财务报告使用者是否重大，是在考虑财务报告使用者整体共同的财务信息需求的基础上作出的。由于不同财务报告使用者对财务信息的需求可能差异很大，因此不考虑错报对个别财务报告使用者可能产生的影响。

在审计开始时，就必须对重大错报的规模和性质作出一个判断，包括制定财务报表层次的重要性水平和特定交易类别、账户余额和披露层次的重要性水平。当错报金额低于整体重要性水平时，就很可能被合理预期将对使用者根据财务报表作出的经济决策产生影响。

注册会计师使用（财务报表）整体重要性水平的目的有：

（1）确定风险评估程序的性质、时间安排和范围；

（2）识别和评估重大错报风险；

（3）确定进一步审计程序的性质、时间安排和范围。

在整个业务过程中，随着审计工作的进展，注册会计师应当根据所获得的新信息更新重要性。在形成审计结论阶段，要使用整体重要性水平和为特定类别交易、账户余额和披露而制定的较低金额的重要性水平来评价已识别的错报对财务报表的影响和对审计报告中审计意见的影响。

2.重要性水平的确定

在计划审计工作时，注册会计师应当确定一个可接受的重要性水平，以发现在金额上重大的错报。注册会计师在确定计划的重要性水平时，需要考虑对被审计单位及其环境的了解、审计的目标、财务报表各项目的性质及其相互关系、财务报表项目的金额及其波动幅度。

（1）财务报表整体的重要性水平。由于财务报表审计的目标是注册会计师通过执行审计工作对财务报表发表审计意见，因此，注册会计师应当考虑财务报表整体的重要性。只有这样，才能得出财务报表是否公允反映的结论。注册会计师在制定总体审计策略时，应当确定财务报表整体的重要性。确定多大错报会影响到财务报告使用者所作出的决策，是注册会计师运用职业判断的结果。很多注册会计师根据所在会计师事务所的惯例及自己的经验，考虑重要性。通常先选定一个基准，再乘以某一百分比作为财务报表整体的重要性。

注册会计师通常会合理运用重要性水平的判断基础，采用固定比率、变动比率等确定财务报表层次的重要性水平，并根据谨慎性原则，取其最低者作为整个财务报表的重

要性水平。判断基础通常包括资产总额、净资产、营业收入、净利润等。根据审计实务经验，通常有如下几种方法确定重要性水平：①税前净利润的5%～10%；②资产总额的0.5%～1%；③净资产的1%；④营业收入的0.5%～1%；⑤根据资产总额或营业收入两者中较大的一项确定一个百分比。前四种方法统称为固定比率法，后一种方法又称为变动比率法。例如，甲公司2021年净利润为10 000元，营业收入为500 000元，资产总额为1 000 000元，净资产为600 000元。根据判断重要性水平的原则，我们可以选择营业收入作为确定利润表层次重要性水平的判断基础，比率为0.8%，选择资产总额作为确定资产负债表重要性水平的判断基础，比率为0.5%，于是确定利润表的重要性水平为4 000元（500 000×0.8%）、资产负债表的重要性水平为5 000元（1 000 000×0.5%）。又根据从低原则，我们应把整个报表层次的重要性水平定为4 000元。财务报表层次的重要性水平确定后，还要采用平均分配法或非平均分配法将财务报表层次的重要性水平分配到各个账户。

（2）特定类别交易、账户余额或披露的重要性水平。根据被审计单位的特定情况，下列因素可能表明存在一个或多个特定类别的交易、账户余额或披露，其发生的错报金额虽然低于财务报表整体的重要性，但合理预期将影响财务报告使用者依据财务报表作出的经济决策。

① 法律法规或适用的财务报告编制基础是否影响财务报告使用者对特定项目（如关联方交易、管理层和治理层的薪酬）计量和披露的预期；

② 与被审计单位所处行业相关的关键性披露（如制药企业的研究与开发成本）；

③ 财务报告使用者是否特别关注财务报表中单独披露的业务的特定方面（如新收购的业务）。

在根据被审计单位的特定情况考虑是否存在上述交易、账户余额或披露时，注册会计师可能会发现了解治理层和管理层的看法和预期是有用的。

（3）实际执行的重要性。实际执行的重要性，是指注册会计师确定的低于财务报表整体的重要性水平的一个或多个金额，旨在将未更正和未发现错报的汇总数超过财务报表整体的重要性水平的可能性降至适当的低水平。如果适用，实际执行的重要性还指注册会计师确定的低于特定类别的交易、账户余额或披露的重要性水平的一个或多个金额。确定实际执行的重要性并非简单机械地计算，需要注册会计师运用职业判断，并考虑下列因素的影响：①对被审计单位的了解；②前期审计工作中识别出的错报的性质和范围；③根据前期识别出的错报对本期错报作出的预期。通常而言，实际执行的重要性通常为财务报表整体重要性水平的50%～75%。

（4）在审计过程中修改重要性。由于存在下列原因，注册会计师可能需要修改财务报表整体的重要性水平和特定类别的交易、账户余额或披露的重要性水平（如适用）：①如果在审计过程中获知了某项信息，而该信息可能导致注册会计师确定与原来不同的财务报表整体重要性水平或者特定类别的交易、账户余额或披露的一个或多个重要性水平（如适用），注册会计师应当予以修改。②如果认为运用低于最初确定的财务报表整体的重要性水平和特定类别的交易、账户余额或披露的一个或多个重要性水平（如适用）是适当的，注册会计师应当确定是否有必要修改实际执行的重要性，并确定进一步审计程序的性质、时间安排和范围是否仍然适当。例如，注册会计师在审计过程中发现，实际财务成果与最初确定财务报表整体的重要性时使用的预期财务成果相比存在着很大差异，则需要修改重要性。

【动脑筋1-5】审计重要性与会计重要性的区别与联系是什么？

3.错报

（1）错报的定义。**错报，是指某一财务报表项目的金额、分类或列报，与按照适用的财务报告编制基础应当列示的金额、分类或列报之间存在的差异；或根据注册会计师的判断，为使财务报表在所有重大方面实现公允反映，需要对金额、分类、列报或披露作出的必要调整。**

【提示】错报可能是由于错误或舞弊导致的。

错报可能由下列事项导致：①收集或处理用以编制财务报表的数据时出现错误；②遗漏某项金额或披露；③由于疏忽或明显误解有关事实导致作出不正确的会计估计；④注册会计师认为管理层对会计估计作出不合理的判断或对会计政策作出不恰当的选择和运用。

（2）累计识别出的错报。注册会计师应当累计审计过程中识别出的错报，除非错报明显微小。为了帮助注册会计师评价审计过程中累计的错报的影响以及与管理层和治理层沟通错报事项，将错报区分为事实错报、判断错报和推断错报。

① 事实错报。事实错报是毋庸置疑的错报。这类错报产生于被审计单位收集和处理数据的错误，对事实的忽略或误解，或故意舞弊行为。例如，注册会计师在实施测试时发现最近购入存货的实际价值为15 000元，但账面记录的金额为10 000元。因此，存货和应付账款分别被低估了5 000元，这里被低估的5 000元就是已识别的对事实的具体错报。

② 判断错报。由于注册会计师认为管理层对会计估计作出不合理的判断或不恰当地选择和运用会计政策而导致的差异。这类错报产生于两种情况：一是管理层和注册会计师对会计估计值的判断差异，例如，由于包含在财务报表中的管理层作出的估计值超出了注册会计师确定的一个合理范围，导致出现判断差异；二是管理层和注册会计师对选择和运用会计政策的判断差异，由于注册会计师认为管理层选用会计政策造成错报，管理层却认为选用会计政策适当，导致出现判断差异。

③ 推断错报。注册会计师对总体存在的错报作出的最佳估计数，涉及根据在审计样本中识别出的错报来推断总体的错报。推断错报通常指通过测试样本估计出的总体的错报减去在测试中发现的已经识别的具体错报。例如，应收账款年末余额为2 000万元，注册会计师抽查样本发现金额有100万元的高估，高估部分为账面金额的20%，据此注册会计师推断总体的错报金额为400万元（2 000×20%），那么上述100万元就是已识别的具体错报，其余300万元即推断错报。

（3）对审计过程识别出的错报的考虑。错报可能不会孤立发生，一项错报的发生还可能表明存在其他错报。例如，注册会计师识别出由于内部控制失效而导致的错报，或被审计单位广泛运用不恰当的假设或评估方法而导致的错报，均可能表明还存在其他错报。抽样风险和非抽样风险可能导致某些错报未被发现。审计过程中累计错报的汇总数接近按照《中国注册会计师审计准则第1221号——计划和执行审计工作时的重要性》的规定确定的重要性，则表明存在比可接受的低风险水平更大的风险，即未被发现的错报连同审计过程中累计错报的汇总数，可能超过重要性。

（二）审计风险

审计风险是指财务报表存在重大错报时，注册会计师发表不恰当审计意见的可能性。审计风险是一个与审计过程相关的技术术语，并不是指注册会计师执行业务的法律后果，如因诉讼、负面宣传或其他与财务报表审计相关的事项而导致损失的可能性。

【提示】审计风险取决于重大错报风险和检查风险。

1.重大错报风险

重大错报风险是指财务报表在审计前存在重大错报的可能性。重大错报风险与被审计单位的风险相关，且独立于财务报表审计而存在。在设计审计程序以确定财务报表整体是否存在重大错报时，注册会计师应当从财务报表层次和各类交易、账户余额和披露认定层次考虑重大错报风险。重大错报风险分为财务报表层次的重大错报风险和认定层次的重大错报风险。认定层次的重大错报风险由固有风险和控制风险两部分组成。

（1）固有风险。**固有风险是指在考虑相关的内部控制之前，某类交易、账户余额或披露的某一认定易于发生错报（该错报单独或连同其他错报可能是重大的）的可能性。**某些类别的交易、账户余额、披露及其认定，固有风险很高。例如，复杂的计算比简单的计算更可能出错；受重大计量不确定性影响的会计估计发生错报的可能性较大。产生经营风险的外部因素也可能影响固有风险，比如，技术进步可能导致某项产品陈旧，进而导致存货易于发生高估错报（计价认定）。被审计单位及其环境中的某些因素还可能与多个甚至所有类别的交易、账户余额、列报有关，进而影响多个认定的固有风险。这些因素包括维持经营的流动资金匮乏、被审计单位处于夕阳行业等。

（2）控制风险。**控制风险是指某类交易、账户余额或披露的某一认定发生错报，该错报单独或连同其他错报可能是重大的，但没有被内部控制及时防止或发现并纠正的可能性。**控制风险取决于与财务报表编制有关的内部控制制度设计和运行的有效性。由于控制的固有局限性，某种程序的控制风险始终存在。

以上三者的关系是：

$$重大错报风险 = 固有风险 \times 控制风险$$

2.检查风险

检查风险是指如果存在某一错报，该错报单独或连同其他错报可能是重大的，注册会计师为将审计风险降至可接受的低水平而实施程序后没有发现这种错报的风险。由于注册会计师通常并不对所有的交易、账户余额和列报进行检查，以及其他原因，检查风险不可能降低为零。其他原因包括注册会计师可能选择了不恰当的审计程序、审计程序执行不当，或者错误地理解了审计结论。这些其他因素可以通过适当计划、在项目组成员之间进行恰当的职责分配、保持职业怀疑态度以及监督、指导和复核助理人员所执行的审计工作得以解决。

【提示】检查风险取决于审计程序设计的合理性和执行的有效性。

3.职业判断与职业怀疑

职业判断，是指在审计准则、财务报告编制基础和职业道德要求的框架下，注册会计师综合运用相关知识、技能和经验，作出适合审计业务具体情况、有根据的行动决策。

在计划和实施审计工作时，注册会计师应当运用职业判断。

职业怀疑，是指注册会计师执行审计业务的一种态度，包括采取质疑的思维方式，对可能表明由于错误或舞弊导致错报的迹象保持警觉，以及对审计证据进行审慎评价。

在计划和实施审计工作时，注册会计师应当保持职业怀疑，识别出可能存在导致财务报表发生重大错报的情形。

注册会计师在审计过程中始终要保持应有的职业怀疑，作出客观、独立、公正的职业判断，避免和减少审计风险的发生。

4.检查风险与重大错报风险的反向关系

在既定的审计风险水平下，可接受的检查风险水平与认定层次重大错报风险的评估结果存在反向关系。

【提示】评估的重大错报风险越高，可接受的检查风险越低；评估的重大错报风险越低，可接受的检查风险越高。

检查风险与重大错报风险的反向关系用数学模型表示如下：

$$审计风险 = 重大错报风险 \times 检查风险$$

这个模型也就是审计风险模型。在实际审计工作过程中，审计风险是会计师事务所能够接受的风险水平，通常是一个固定值。重大错报风险是注册会计师通过风险评估确定的被审计单位的风险水平，这两者均为已知风险值，只有检查风险是注册会计师可控的风险水平，通过公式计算可知，这是审计工作中需时时加以控制的风险水平。例如，假设针对某一认定，注册会计师将可接受的审计风险水平设定为5%，注册会计师实施风险评估程序后将重大错报风险评估为25%，则根据这一模型，可接受的检查风险为20%。当然，在实务中，注册会计师不一定用绝对数量表达这些风险水平，而选用"高""中""低"等文字描述。

总之，注册会计师应当合理设计审计程序的性质、时间安排和范围，并有效执行审计程序，以控制检查风险。在上例中，注册会计师根据确定的可接受的检查风险（20%），设计审计程序的性质、时间安排和范围。审计计划在很大程度上，围绕确定设计的审计程序的性质、时间安排和范围展开。

（三）重要性与审计风险的关系

重要性与审计风险之间存在反向关系。重要性水平越高，审计风险越低；重要性水平越低，审计风险越高。这里所说的重要性水平高低指的是金额的大小。通常，3 000元的重要性水平比2 000元的重要性水平高。审计风险越高，注册会计师越需要收集更多更有效的审计证据，以将审计风险降至可接受的低水平。因此，重要性和审计证据之间也是反向变动关系。

在理解两者之间的关系时，必须注意，重要性水平是注册会计师从财务报告使用者的角度进行判断的结果。如果重要性水平是3 000元，则意味着低于3 000元的错报不会影响到财务报告使用者的决策，此时注册会计师需要通过执行有关审计程序合理保证能发现高于3 000元的错报。如果重要性水平是2 000元，则金额在2 000元以上的错报就会影响财务报告使用者的决策，此时注册会计师需要通过执行有关审计程序合理保证能发现金额在2 000元以上的错报。显然，重要性水平为2 000元时审计不出同样的重大错报的可能性即审计风险，要比重要性水平为3 000元时的高。

【请注意】注册会计师不能通过不合理地人为调高重要性水平，来降低审计风险：因为重要性是依据重要性概念中所述的判断标准确定的，而不是由主观期望的审计风险水平决定的。

由于重要性和审计风险存在上述反向变动关系，而且这种关系对注册会计师将要执行的审计程序的性质、时间安排和范围有直接的影响，因此，注册会计师应当综合考虑各种因素，合理确定重要性水平。

七、内部控制

内部控制建立、健全、有效，能够起到保证企业财产安全完整，确保财务报表合法公允的作用。在审计中注册会计师往往会对被审计单位的内部控制进行测试，以确定审计的时间、性质和范围。

（一）内部控制的含义和要素

内部控制是被审计单位为了合理保证财务报告的可靠性、经营的效率和效果以及对法律法规的遵守，由治理层、管理层和其他人员设计与执行的政策及程序。

【提示】内部控制是由企业董事会、监事会、经理层和全体员工实施的，旨在实现控制目标的过程。其目标是合理保证企业经营管理合法合规、资产安全、财务报告及相关信息真实完整，提高经营效率和效果，促进企业实现发展战略。

可以从以下几个方面理解内部控制：

（1）内部控制的目标是合理保证。①财务报告的可靠性，这一目标与管理层履行财务报告编制责任密切相关；②经营的效率和效果，即经济有效地使用企业资源，以最优方式实现企业的目标；③在所有经营活动中遵守法律法规的要求，即在法律法规的框架下从事经营活动。

（2）设计和实施内部控制的责任主体是治理层、管理层和其他人员，组织中的每一个人都对内部控制负有责任。

（3）实现内部控制目标的手段是设计和执行控制政策和程序。内部控制包括下列要素：①控制环境；②风险评估过程；③与财务报告相关的信息系统和沟通；④控制活动；⑤对控制的监督。

内部控制包括上述五项要素；控制包括上述一项或多项要素，或要素表现出的各个方面。

（二）控制环境

1.控制环境的含义

控制环境包括治理职能和管理职能，以及治理层和管理层对内部控制及其重要性的态度、认识和措施。控制环境设定了被审计单位内部控制基调，影响员工对内部控制的认识和态度。良好的控制环境是实施有效内部控制的基础。防止或发现并纠正舞弊和错误是被审计单位治理层和管理层的责任。

2.对诚信和道德价值观念的沟通与落实

诚信和道德价值观念是控制环境的重要组成部分，影响重要业务流程的设计和运行。内部控制的有效性直接依赖于负责创建、管理和监控内部控制的人员的诚信和道德价值观念。被审计单位是否存在道德行为规范，以及这些规范如何在被审计单位内部得到沟通和落实，决定了是否能产生诚信和道德的行为。对诚信和道德价值观念的沟通与落实，既包括管理层如何处理不诚实、非法或不道德行为，也包括在被审计单位内部，通过行为规范以及高层管理人员的身体力行，对诚信和道德价值观念的营造和保持。

例如，管理层在行为规范中指出，员工不允许从供货商那里获得超过一定金额的礼品，超过部分都须报告和退回。尽管该行为规范本身并不能绝对保证员工都照此执行，但至少意味着管理层已对此进行明示，它连同其他程序，可能构成一个有效的预防机制。

3.对胜任能力的重视

胜任能力是指具备完成某一职位的工作所应有的知识和能力。管理层对胜任能力的重视包括对特定工作所需的胜任能力水平的设定，以及对达到该水平所必需的知识和能力的要求。注册会计师应当考虑主要管理人员和其他相关人员是否能够胜任承担的工作和职责。例如，财务人员是否对编报财务报表所适用的会计准则和相关会计制度有足够的了解并能正确运用。

注册会计师在就被审计单位对胜任能力的重视情况进行了解和评估时，考虑的主要因素可能包括：

（1）财务人员以及信息管理人员是否具备与被审计单位业务性质和复杂程度相称的足够的胜任能力和培训，在发生错误时，是否通过调整人员或系统来加以处理；

（2）管理层是否配备足够的财务人员以适应业务发展和有关方面的需要；

（3）财务人员是否具备理解和运用会计准则所需的技能。

4.治理层的参与程度

被审计单位的控制环境在很大程度上受治理层的影响。治理层的职责应在被审计单位的章程和政策中予以规定。治理层（董事会）通常通过其自身的活动，并在审计委员会或类似机构的支持下，监督被审计单位的财务报告政策和程序。因此，董事会、审计委员会或类似机构应关注被审计单位的财务报告，并监督被审计单位的会计政策以及内部、外部的审计工作和结果。治理层的职责还包括监督用于复核内部控制有效性的政策和程序设计是否合理，执行是否有效。

治理层对控制环境影响的要素有：治理层相对于管理层的独立性、成员的经验和品德、对被审计单位业务活动的参与程度、治理层行为的适当性、治理层所获得的信息、管理层对治理层所提出问题的追踪程度，以及治理层与内部审计人员和注册会计师的联系程度等。

5.管理层的理念和经营风格

管理层负责被审计单位的运作以及经营策略和程序的制定、执行与监督。控制环境的每个方面在很大程度上都受管理层采取的措施和作出决策的影响，或在某些情况下受管理层不采取某些措施或不作出某种决策的影响。在有效的控制环境中，管理层的理念和经营风格可以创造一种积极的氛围，促进业务流程和内部控制的有效运行，同时创造一个减少错报发生可能性的环境。在管理层以一个或少数几个人为主时，管理层的理念和经营风格对内部控制的影响尤为突出。

6.组织结构及职权与责任的分配

被审计单位的组织结构为计划、运作、控制及监督经营活动提供了一个整体框架。通过集权或分权决策，可在不同部门间进行适当的职责划分、建立适当层次的报告体系。组织结构将影响权利、责任和工作任务在组织成员中的分配。被审计单位的组织结构将在一定程度上取决于被审计单位的规模和经营活动的性质。

7.人力资源政策与实务

政策与程序（包括内部控制）的有效性，通常取决于执行人。因此，被审计单位员工的能力与诚信是控制环境中不可缺少的因素。人力资源政策与实务涉及招聘、培训、考核、晋升和薪酬等方面。被审计单位是否有能力招聘并保留一定数量既有能力又有责任心的员工在很大程度上取决于其人事政策与实务。例如，招聘录用标准要求录用最合适的员工，包括强调员工的学历、经验、诚信和道德，这表明被审计单位希望录用有能力并值得信赖的人员。被审计单位有关培训方面的政策应显示员工应达到的工作表现和业绩水准。通过定期考核的晋升政策表明被审计单位希望具备相应资格的人员承担更多的职责。

（三）被审计单位的风险评估过程

任何经济组织在经营活动中都会面临各种各样的风险，风险对其生存和竞争能力产生影响。很多风险并不为经济组织所控制，但管理层应当确定可以承受的风险水平，识别这些风险并采取一定的应对措施。可能产生风险的事项和情形包括：

1.监管及经营环境的变化

监管和经营环境的变化会导致竞争压力的变化以及重大的相关风险。

2.新员工的加入

新员工可能对内部控制有不同的认识和关注点。

3.新信息系统的使用或对原系统进行升级

信息系统的重大变化会改变与内部控制相关的风险。

4.业务快速发展

快速的业务扩张可能会使内部控制难以应对，从而增加内部控制失效的可能性。

5.新技术

将新技术运用于生产过程和信息系统可能改变与内部控制相关的风险。

6.新生产型号、产品和业务活动

进入新的业务领域和发生新的交易可能带来新的与内部控制相关的风险。

7.企业重组

重组可能带来裁员以及管理职责的重新划分，将影响与内部控制相关的风险。

8.发展海外经营

海外扩张或收购会带来新的风险并且往往是特别风险，进而可能影响内部控制，如外币交易的风险。

9.新的会计准则

采用新的或变化了的会计准则可能会增大财务报告发生重大错报的风险。

风险评估过程的作用是，识别、评估和管理影响被审计单位实现经营目标能力的各种风险。而针对财务报告目标的风险评估过程则包括识别与财务报告相关的经营风险，评估风险的重大性和发生的可能性，以及采取措施管理这些风险。例如，风险评估可能会涉及被审计单位如何考虑对某些交易未予记录的可能性，或者识别和分析财务报告中的重大会计估计发生错报的可能性。与财务报告相关的风险也可能与特定事项和交易有关。

被审计单位的风险评估过程包括识别与财务报告相关的经营风险，以及针对这些风险所采取的措施。注册会计师应当了解被审计单位的风险评估过程和结果。

（四）信息系统与沟通

与财务报告相关的信息系统，包括用以生成、记录、处理和报告交易、事项和情况，对相关资产、负债和所有者权益履行经营管理责任的程序和记录。交易可能通过人工或自动化程序生成。记录包括识别和收集与交易、事项有关的信息。处理包括编辑、核对、计量、估价、汇总和调节活动，可能由人工或自动化程序来执行。报告是指用电子或书面形式编制财务报告和其他信息，供被审计单位用于衡量和考核财务及其他方面的业绩。

与财务报告相关的沟通包括使员工了解各自在与财务报告有关的内部控制方面的角色和职责、员工之间的工作联系，以及向适当级别的管理层报告例外事项的方式。公开的沟通渠道有助于确保例外情况得到报告和处理。沟通可以采用政策手册、会计和财务报告手册及备忘录等形式进行，也可以通过发送电子邮件、口头沟通和管理层的行动来进行。

（五）控制活动

控制活动是指有助于确保管理层的指令得以执行的政策和程序，包括与授权、业绩评价、信息处理、实物控制和职责分离等相关的活动。

1.授权

授权的目的在于保证交易在管理层授权范围内进行，包括一般授权和特别授权。一般授权是指管理层制定的要求组织内部遵守的普遍适用于某类交易或活动的政策。特别授权是指管理层针对特定类别的交易或活动逐一设置的授权，如重大资本支出和股票发行等。特别授权也可能用于超过一般授权限制的常规交易。例如，同意因某些特别原因，对某个不符合一般信用条件的客户赊销商品。

2.业绩评价

被审计单位与业绩评价有关的控制活动，主要包括被审计单位分析评价实际业绩与预算（或预测、前期业绩）的差异，综合分析财务数据与经营数据的内在关系，将内部数据与外部信息来源相比较，评价职能部门、分支机构或项目活动的业绩（如银行客户信贷经理复核各分行、地区和各种贷款类型的审批和收回），以及对发现的异常差异或关系采取必要的调查与纠正措施。

3.信息处理

被审计单位通常执行各种措施，检查各种类型信息处理环境下的交易的准确性、完整性和授权。信息处理控制可以是人工的、自动化的，或是基于自动流程的人工控制。信息处理控制分为两类，即信息技术的一般控制和应用控制。

信息技术一般控制是指与多个应用系统有关的政策和程序，有助于保证信息系统持续恰当地运行（包括信息的完整性和数据的安全性），支持应用控制作用的有效发挥，通常包括数据中心和网络运行控制，系统软件的购置、修改及维护控制，接触或访问权限控制，应用系统的购置、开发及维护控制。

信息技术应用控制是指主要在业务流程层次运行的人工或自动化程序，与用于生成、记录、处理、报告交易或其他财务数据的程序相关，通常包括检查数据计算的准确性，审核账户和试算平衡表，设置对输入数据和数字序号的自动检查，以及对例外报告进行人工干预。

4.实物控制

被审计单位的实物控制，主要包括了解对资产和记录采取的适当的安全保护措施，对访问计算机程序和数据文件设置授权，以及定期盘点并将盘点记录与会计记录相核对。例如，库存现金、有价证券和存货的定期盘点控制。实物控制的效果影响资产的安全，从而对财务报表的可靠性及审计产生影响。

5.职责分离

被审计单位的职责分离，主要包括了解被审计单位如何将交易授权、交易记录以及资产保管等职责分配给不同员工，以防范同一员工在履行多项职责时可能发生的舞弊或错误。当信息技术运用于信息系统时，职责分离可以通过设置安全控制来实现。

（六）对控制的监督

管理层的重要职责之一就是建立和维护控制并保证其持续有效运行，对控制的监督可以实现这一目标。监督是由适当的人员，在适当、及时的基础上，评估控制的设计和运行情况的过程。对控制的监督是指被审计单位评价内部控制在一段时间内运行有效性的过程。对控制的监督涉及及时评估控制的有效性并采取必要的补救措施。例如，管理层对是否定期编制银行存款余额调节表进行复核，内部审计人员评价销售人员是否遵守公司关于销售合同条款的政策，法律部门定期监控公司的道德规范和商务行为准则是否得以遵循等。监督对控制的持续有效运行十分重要。

内部控制制度五要素的关系如图1-4所示。

（七）内部控制的固有局限性

无论内部控制如何有效，都只能为被审计单位实现财务报告目标提供合理的保证。内部控制实现目标的可能性受其固有局限性的影响，这些局限性包括：

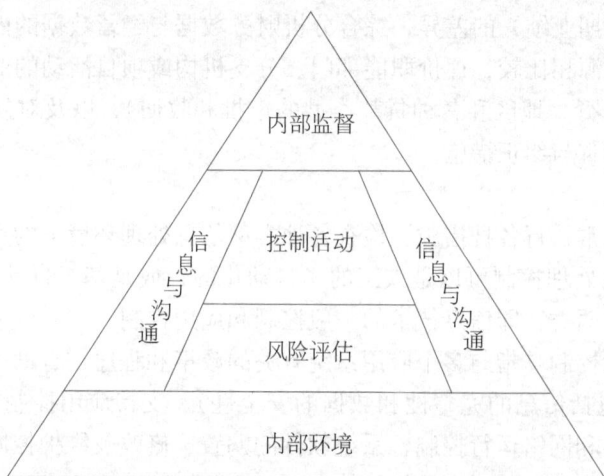

图1-4 内部控制制度五要素的关系图

1.在决策时人为判断可能出现错误和由于人为失误而导致内部控制失效

例如，控制的设计和修改可能存在失误。同样地，控制的运行可能无效，例如，由于负责复核信息的人员不了解复核的目的或没有采取适当的措施，内部控制生成的信息（如例外报告）没有得到有效使用。

2.可能由于两个或更多的人员进行串通或管理层凌驾于内部控制之上而被规避

例如，管理层可能与客户签订"背后协议"，对标准的销售合同作出变动，从而导致收入确认发生错误。再如，软件中的编辑控制旨在发现和报告超过赊销信用额度的交易，但这一控制可能被逾越或规避。

此外，如果被审计单位内部行使控制职能的人员素质不适应岗位要求，也会影响内部控制功能的正常发挥。被审计单位实施内部控制的成本效益问题也会影响其职能：当实施某项控制成本大于控制效果而发生损失时，就没有必要设置控制环节或控制措施。内部控制一般都是针对经常而重复发生的业务而设置的，如果出现不经常发生或未预计到的业务，原有控制就可能不适用。

德技并修

（一）

资料：注册会计师王岚和詹俊接受委托对御香源食品有限公司某年财务报表进行审计。该公司财务报表显示，某年全年实现利润800万元，资产总额4 000万元。王岚和詹俊在审查和阅读该公司财务报表时，发现下列事项：

（1）该公司10月份虚报冒领工资1 820元，被会计人员占为己有。

（2）11月15日收到业务咨询费3 850元，列入小金库。

（3）资产负债表中的存货被低估16万元，原因尚待查明。

上述问题尚未调整。

问题：

（1）请根据上述发现的事项，作出重要性水平的初步判断，并简要说明理由。

（2）注册会计师王岚和詹俊在审计中体现了哪些工匠精神？

分析：

（1）根据资产总额计算的资产负债表重要性水平 = 4 000 × 0.5% = 20（万元）

根据利润计算的利润表重要性水平 = 800 × 5% = 40（万元）

则：财务报表层次的重要性水平确定为20万元。

事项（1）、（2）涉及违反会计准则与会计制度的问题，性质严重，尽管金额不大，但属于重大错报；事项（3），存货低估16万元，达到财务报表层次重要性水平的80%，超过了存货的可容忍误差，属于存货项目的重大错报。

（2）注册会计师王岚和詹俊逐月审阅、核对御香源食品有限公司某年12个月的工资发放表、抽查管理费用相关付款凭证，在审计中体现了精益求精的工匠精神和用户至上的服务精神。

（二）

资料：注册会计师王岚和詹俊接受委托对御香源食品有限公司某年财务报表进行审计，通过测试，王岚和詹俊将御香源食品有限公司重大错报风险评估为25%，会计师事务所确定的审计风险为3%。

问题：

（1）王岚和詹俊在审计御香源食品有限公司时，应将检查风险控制在什么水平？

（2）注册会计师王岚和詹俊在计算御香源食品有限公司某年财务报表审计风险时，涉及的社会主义核心价值观哪些内容？

分析：

（1）检查风险 = 审计风险 ÷ 重大错报风险 = 3% ÷ 25% = 12%

注册会计师王岚和詹俊应将检查风险控制在12%的水平及以下。

（2）注册会计师王岚和詹俊在计算御香源食品有限公司某年财务报表审计风险时，涉及的社会主义核心价值观有爱国、敬业、诚信、友善。任何一家企业都是国家的最小构成单元，企业发展好了，国家才能强大。审计的责任就是维护经济秩序，对企业的不良行为要依据法律和职业道德加以约束，但是也要引导企业向更好、更高的方向发展，因此如实、准确地计算审计风险是注册会计师对工作认真负责、敬业、诚信的态度，对检查风险的客观决策是对会计师事务所和被审计单位向更好方向发展的友善之举。

（三）

资料：东方公司三名会计人员必须分担下列工作：

（1）记录并保管总账；

（2）记录并保管应付账款明细账；

（3）记录并保管应收账款明细账；

（4）记录货币资金日记账；

（5）保管、填写支票；

（6）发出销货退回及折让的贷项通知单；

（7）调节银行存款日记账与银行对账单；

（8）保管并送存现金。

在上述工作中，除（6）、（7）两项工作量较小外，其余各项工作量大体相当。

问题：

（1）假如这三名会计人员的能力相当，而且只需要他们做上面列出的工作。请根据上述资料，说明应如何将这8项工作分配给三名会计人员，才能达到内部控制制度的要求。

（2）合理的岗位分工主要体现了怎样的法律意识？

分析：

（1）根据内部控制职责与权限划分原则和不相容职务分离原则，记录总账的人员不能记录明细账、日记账；负责现金收付的人员不负责日记账之外的账簿记录。东方公司上述工作的（1）、（6）、（7）由一名会计人员承担；工作（4）、（5）、（8）由一名会计人员承担；工作（2）、（3）由一名会计人员承担。

（2）合理的岗位分工主要体现了权利义务相一致的观念。法律最主要的精神即强调权利与义务的统一性。公民要正确对待权利义务关系，既要依法行使法律赋予公民的权利，也要履行法律赋予公民的义务，在享有个人所拥有的权利时，不忘记尊重和承认他人的合法权益，不忘履行对国家、对社会、对他人的义务。当不相容职务由一个人承担的时候，权利和义务则不相一致了，容易导致一个人很难正确对待权利和义务的关系。

同步训练

一、单项选择题

1.审计工作的最终结果是（　　）。

　A.审计意见　　　　B.审计证据　　　　C.审计报告　　　　D.审计工作底稿

2.下列各项与财务报表审计目标紧密相关的是（　　）。

　A.会计目标　　　　B.管理层认定　　　　C.治理层认定　　　　D.审计报告

3.重要性和审计风险之间的关系是（　　）。

　A.反向变动，即重要性水平越高，审计风险就越低

　B.同向变动，即重要性水平越高，审计风险就越高

　C.反比变动，即重要性水平越高，审计风险就越低

　D.同比变动，即重要性水平越高，审计风险就越高

4.财务报表存在重大错报而注册会计师发表不恰当审计意见的可能性是（　　）。

　A.审计风险　　　　B.固有风险　　　　C.控制风险　　　　D.检查风险

5.审计风险模型表明，要想使审计风险保持在某一特定水平上，则需控制的

是（　　）。

A.固有风险和控制风险越高，那么审计风险的可接受水平就越低

B.固有风险和检查风险越高，那么控制风险的可接受水平就越低

C.固有风险和检查风险越高，那么审计风险的可接受水平就越低

D.固有风险和控制风险越高，那么检查风险的可接受水平就越低

6."发生"认定，指记录的交易和事项已发生且与被审计单位有关，其目标主要针对的是（　　）。

A.数量　　　　　　B.低估　　　　　　C.高估　　　　　　D.金额

7.下列有关"完整性"的认定中，表达不正确的是（　　）。

A.该认定是指应在财务报表中列示的所有交易和项目是否都列入了

B.该认定主要与财务报表组成要素的低估有关

C.该认定所要解决的问题是被审计单位管理层是否把应包括的项目遗漏或省略了

D.该认定还涉及所报告的交易和项目的金额是否正确

8.注册会计师在对被审计单位存货监督盘点时，发现存货盘盈，说明会计报表的（　　）认定有错误。

A.存在或发生　　B.完整　　　　C.权利和义务　　　　D.分类

9.审计风险模型中涉及的各风险因素中决定注册会计师将要实施的审计程序的性质、时间和范围的是（　　）。

A.审计风险　　　　　　　　B.抽样风险

C.可接受的检查风险　　　　D.重大错报风险

10."设计、执行和维护必要的内部控制，以使财务报表不存在由于舞弊或错误导致的重大错报"是（　　）。

A.注册会计师的责任　　　　B.被审计单位管理层的责任

C.被审计单位治理层的责任　D.会计师事务所的责任

二、多项选择题

1.下列各项属于管理层对编制财务报表的责任有（　　）。

A.选择适用的会计准则和相关会计制度

B.设计、实施和维护与财务报表编制相关的内部控制

C.根据企业的具体情况，作出合理的会计估计

D.选择和运用恰当的会计政策

2.下列各项属于内部控制要素的有（　　）。

A.控制环境　　B.控制测试　　C.控制活动　　D.风险评估过程

3.下列各项属于管理层认定的有（　　）。

A.与审计期间交易和事项相关的认定　B.与期末账户余额相关的认定

C.与期末会计报表相关的认定　　　　D.与列报相关的认定

4.下列各项属于累计识别出的错报的有（　　）。

A.事实错报　　B.推断错报　　C.判断错报　　D.估计错报

5.下列各项构成重大错报风险的有（　　　）。

    A.估计风险　　　　　B.固有风险　　　　　C.控制风险　　　　　D.测试风险

6.下列各项表明被审计单位可能存在重大错报风险的有（　　　）。

    A.复杂的联营或合资　　　　　　　　B.在高度波动的市场中开展业务

    C.存在未决诉讼　　　　　　　　　　D.重大的关联方交易

7.从审计方法的发展历史来看，下列各项属于财务报表审计模式经历的三个发展阶段的有（　　　）。

    A.账项基础审计　　B.抽样审计　　　　C.制度基础审计　　D.风险导向审计

8.以制造业企业为例，下列属于注册会计师审计业务循环的有（　　　）。

    A.销售与收款　　B.采购与付款　　　C.生产与存货　　　D.筹资与投资

9.下列各项属于具体审计目标的有（　　　）。

    A.与所审计期间各类交易及披露相关的审计目标

    B.与期末账户余额及披露相关的审计目标

    C.与所审计期间各类事项及披露相关的审计目标

    D.与列报相关的审计目标

10.确定实际执行的重要性并非简单机械地计算，需要注册会计师运用职业判断，并考虑的影响因素有（　　　）。

    A.对被审计单位的了解

    B.前期审计工作中识别出的错报的性质和范围

    C.对被审计单位管理层的了解

    D.根据前期识别出的错报对本期错报作出的预期

三、判断题

1.按照"完整性"认定的要求，注册会计师应当关注被审计单位是否把应包括的项目遗漏或省略，而不关注项目的金额是否正确。　　　　　　　　　　　　　（　　）

2.财务报表审计目标的确定与被审计单位管理层的认定是紧密相关的。　（　　）

3.认定与审计目标密切相关，注册会计师的基本职责就是确定被审计单位管理层对其财务报表的认定是否恰当。　　　　　　　　　　　　　　　　　　　（　　）

4.在审计中，被审计单位管理层的责任可以由注册会计师替代。　　　（　　）

5.审计重要性就是会计的重要性。　　　　　　　　　　　　　　　　（　　）

6.错报可能导致收集或处理用以编制财务报表的数据出现错误。　　　（　　）

7.注册会计师必须累积审计过程中识别出的所有错报。　　　　　　　（　　）

8.注册会计师识别出由于内部控制失效而导致的错报，或被审计单位广泛运用不恰当的假设或评估方法而导致的错报，均可能表明还存在其他错报。　　　　　（　　）

9.审计风险是一个与审计过程相关的技术术语，是指注册会计师执行业务的法律后果，如因诉讼、负面宣传或其他与财务报表审计相关的事项而导致损失的可能性。

                                                     （　　）

10.通常情况下，3 000元的重要性水平比2 000元的重要性水平低。　（　　）

四、拓展训练

1.鑫辉会计师事务所注册会计师王韵和陈飞，在制订康嘉股份有限公司某年度财务报表审计计划时，需对其审计重要性和审计风险进行初步评估。对重要性水平评估的两位注册会计师采用了固定比率法。鑫辉会计师事务所的审计风险水平一般控制在5%，在初步业务活动阶段，两位注册会计师将康嘉股份有限公司的重大错报风险水平确定在20%。

康嘉股份有限公司未经审计的有关财务报表项目金额及重要性水平的固定比率见表1-2。

表1-2　　　　　　　　　财务报表项目金额及重要性水平的固定比率

财务报表项目	金额（万元）	固定比率
资产总计	168 000	0.5%
股东权益合计	88 000	1%
主营业务收入	204 000	0.5%
利润总额	34 800	2%
净利润	90 100	5%

要求：

（1）计算康嘉股份有限公司的审计检查风险；

（2）根据表1-2中的资料计算确定康嘉股份有限公司的重要性水平。

2.鑫辉会计师事务所注册会计师王韵和陈飞，在制订仁和股份有限公司某年度财务报表审计计划时，需对其审计风险进行初步评估，选择风险控制方案。

要求：表1-3为仁和股份有限公司的重大错报风险评估情况，请根据鑫辉会计师事务所所能接受的审计风险，计算审计检查风险。

表1-3　　　　　　　　　仁和股份有限公司的重大错报风险评估情况

风险控制方案	方案一	方案二	方案三
重大错报风险	35%	35%	35%
审计风险	5%	4%	3%
检查风险			

3.昌宏公司有以下一些日常工作：

（1）批准物资采购的工作；

（2）执行物资采购的工作；

（3）对采购的物资进行验收的工作；

（4）物资保管和发放的工作；

（5）物资保管账的记录工作；

（6）物资明细账的记录工作；

（7）物资总分类账的记录工作；

（8）物资的定期清查工作；

（9）物资的账实核对工作；

（10）物资明细账和总账的核对工作。

要求：分析该公司上述工作中哪些是不相容职务，并说明理由。

任务三　审计过程、审计证据与审计工作底稿

一、审计过程

审计过程是指审计项目从开始到结束的过程中，注册会计师所采取的系统性工作步骤，大致可分为以下几个阶段：

（一）接受业务委托

会计师事务所应当按照执业准则的规定，谨慎决策是否接受或保持某客户关系和具体审计业务。在接受新客户的业务前，或决定是否保持现有业务或考虑接受现有客户的新业务时，会计师事务所应当执行有关客户接受与保持的程序，以获取如下信息：（1）考虑客户的诚信，没有信息表明客户缺乏诚信；（2）具有执行业务必要的素质、专业胜任能力、时间和资源；（3）能够遵守相关职业道德要求。

【提示】会计师事务所执行客户接受或保持的程序的目的，是识别和评估会计师事务所面临的风险。例如，注册会计师发现潜在客户正面临财务困难，或者发现客户曾经作出虚假陈述，那么可以认为接受或保持该客户的风险是非常高的，甚至是不可接受的。会计师事务所除考虑客户的风险外，还需要考虑自身执行业务的能力，如当工作需要时，能否获得合适的具有相应资格的员工；能否获得专业化协助；是否存在任何利益冲突；能否对客户保持独立性等。

注册会计师需要作出的最重要的决策之一就是接受和保持客户。一项低质量的决策会导致不能准确确定计酬的时间或未被支付的费用，增加项目合伙人和员工的额外压力，使会计师事务所声誉遭受损失，或者涉及潜在的诉讼。

一旦决定接受业务委托，注册会计师应当与客户就审计约定条款达成一致意见。对于连续审计，注册会计师应当根据具体情况确定是否需要修改业务约定条款，以及是否需要提醒客户注意现有的业务约定书。

接受业务委托阶段的主要工作包括：了解和评价审计对象的可审性；决策是否考虑接受委托；商定业务约定条款；签订审计业务约定书等。

【提示】接受审计委托，对客户的可审性进行评价，是注册会计师防范审计风险的第一步。

（二）计划审计工作

计划审计工作十分重要。如果没有恰当的审计计划，不仅无法获得充分、适当的审计证据，影响审计目标的实现，而且还会浪费有限的审计资源，影响审计工作的效率。

因此，对于任何一项审计业务，注册会计师在执行具体审计程序之前，都必须根据具体情况制订科学、合理的计划，使审计业务以有效的方式得到执行。一般来说，计划审计工作主要包括：在本期审计业务开始时开展的初步业务活动；制定总体审计策略；制订具体审计计划等。计划审计工作不是审计业务的一个孤立阶段，而是一个持续的、不断修正的过程，贯穿于整个审计业务的始终。

【提示】有计划的行动可以减少差错和失败。制订严密的审计计划是注册会计师防范和降低审计风险的第二步。

（三）识别和评估重大错报风险

审计准则规定，注册会计师必须实施风险评估程序，以此作为评估财务报表层次和认定层次重大错报风险的基础。**风险评估程序，是指注册会计师为了解被审计单位及其环境，以识别和评估财务报表层次和认定层次的重大错报风险（无论该错报是由于舞弊还是错误导致）而实施的审计程序。**风险评估程序是必要程序，了解被审计单位及其环境为注册会计师在许多关键环节作出职业判断提供了重要基础。了解被审计单位及其环境是一个连续和动态地收集、更新与分析信息的过程，贯穿于整个审计过程的始终。一般来说，实施风险评估程序的主要工作包括：（1）了解被审计单位及其环境；（2）识别和评估财务报表层次以及各类交易、账户余额、列报认定层次的重大错报风险，包括确定需要特别考虑的重大错报风险（即特别风险）以及仅通过实质性程序无法应对的重大错报风险等。

（四）应对重大错报风险

注册会计师实施风险评估程序本身并不足以为发表审计意见提供充分、适当的审计证据，还应当实施进一步审计程序，包括实施控制测试（必要时或决定测试时）和实质性程序。因此，注册会计师评估财务报表重大错报风险后，应当运用职业判断，针对评估的财务报表层次重大错报风险确定总体应对措施，并针对评估的认定层次重大错报风险设计和实施进一步审计程序，以将审计风险降至可接受的低水平。

1.控制测试

控制测试是指用于评价内部控制在防止或发现并纠正认定层次重大错报方面的运行有效性的审计程序。

【提示】测试控制运行的有效性与确定控制是否得到执行所需获取的审计证据是不同的。

在实施风险评估程序以获取控制是否得到执行的审计证据时，注册会计师应当确定某项控制是否存在，被审计单位是否正在使用。而在测试控制运行的有效性时，注册会计师应当从下列方面获取审计证据：（1）控制在所审计期间的相关时点是如何运行的；（2）控制是否得到一贯执行；（3）控制由谁或以何种方式执行。

【请注意】作为进一步审计程序的类型之一，控制测试并非在任何情况下都需要实施。当存在下列情形之一时，注册会计师应当实施控制测试：（1）在评估认定层次重大错报风险时，预期控制的运行是有效的；（2）仅实施实质性程序并不能够提供认定层次充分、适当的审计证据。

控制测试的程序包括询问、观察、检查、重新执行和穿行测试。

（1）询问。注册会计师可以向被审计单位适当员工询问，获取与内部控制运行情况相关的信息。例如，询问信息系统管理人员有无未经授权接触计算机硬件和软件，向负责复核银行存款余额调节表的人员询问如何进行复核，包括复核的要点是什么、发现不符事项如何处理等。然而，仅仅通过询问不能为控制运行的有效性提供充分的证据，注册会计师通常需要印证被询问者的答复，如向其他人员询问和检查执行控制时所使用的报告、手册或其他文件等。因此，虽然询问是一种有用的手段，但它必须和其他测试手段结合使用才能发挥作用。在询问过程中，注册会计师应当保持职业怀疑态度。

（2）观察。**观察是测试不留下书面记录的控制（如职责分离）的运行情况的有效方法。**例如，观察存货盘点控制的执行情况。观察也可运用于实物控制，如查看仓库门是否锁好；空白支票是否妥善保管等。通常情况下，注册会计师通过观察直接获取的证据比间接获取的证据更可靠。但是，注册会计师还要考虑其所观察到的控制在注册会计师不在场时可能未被执行的情况。

（3）检查。对运行情况留有书面证据的控制，检查非常适用。书面说明、复核时留下的记号，或其他记录在偏差报告中的标记都可以被当作控制运行情况的证据。例如，检查销售发票是否有复核人员签字，检查销售发票是否附有客户订购单和出库单等。

（4）重新执行。通常只有当询问、观察和检查程序结合在一起仍无法获得充分的证据时，注册会计师才考虑通过重新执行来证实控制是否有效运行。例如，为了合理保证计价认定的准确性，被审计单位的一项控制是由复核人员核对销售发票上的价格与统一价格单上的价格是否一致。但是，要检查复核人员有没有认真执行核对，仅仅检查复核人员是否在相关文件上签字是不够的，注册会计师还需要自己选取一部分销售发票进行核对，这就是重新执行程序。但是，如果需要进行大量的重新执行，注册会计师就要考虑通过实施控制测试以缩小实质性程序的范围是否更有效率。

（5）穿行测试。**穿行测试是通过追踪交易在财务报告信息系统中的处理过程，来证实注册会计师对控制的了解、评价控制设计的有效性以及确定控制是否得到执行。**除了上述四类控制测试常用的审计程序以外，实施穿行测试也是一种重要的审计程序。值得注意的是，穿行测试不是单独的一种程序，而是将多种程序按特定审计需要进行结合运用的方法。可见，穿行测试更多地在了解内部控制时运用。但在执行穿行测试时，注册会计师可能获取部分控制运行有效性的审计证据。

【请注意】询问本身并不足以测试控制运行的有效性，注册会计师应将询问与其他审计程序结合使用，以获取有关控制运行有效性的审计证据。观察提供的证据仅限于观察发生的时点，本身也不足以测试控制运行的有效性；将询问与检查或重新执行结合使用，通常能够比仅实施询问和观察获取更高的保证。例如，被审计单位针对处理收到的邮政汇款单设计和执行了相关的内部控制，注册会计师通过询问和观察程序往往不足以测试此类控制的运行有效性，还需要检查能够证明此类控制在所审计期间的其他时段有效运行的文件和凭证，以获取充分、适当的审计证据。

2.**实质性程序**

实质性程序是指用于发现认定层次重大错报的审计程序，包括对各类交易、账户余额和列报的细节测试以及实质性分析程序。注册会计师应当针对评估的重大错报风险设计和实施实质性程序，以发现认定层次的重大错报。

实质性程序，包括对各类交易、账户余额、列报的细节测试以及实质性分析程序。

细节测试是对各类交易、账户余额、列报的具体细节进行测试，目的在于直接识别财务报表认定是否存在错报。细节测试被用于获取与某些认定相关的审计证据，如存在、准确性、计价等。

分析程序是指注册会计师通过研究不同财务数据之间、非财务数据之间以及财务数据与非财务数据之间的内在关系，对财务信息作出评价。分析程序还包括对识别出的、与其他相关信息不一致或与预测数据严重偏离的波动和关系的调查。对于异常变动项目，注册会计师应重新考虑其所采用的审计程序是否恰当。必要时，应当追加适当的审计程序。

实质性分析程序从技术特征上仍然是分析程序，主要是通过研究数据间的关系评价信息的，只是将该技术方法用作实质性程序，即用以识别各类交易、账户余额、列报及相关认定是否存在错报。实质性分析程序被用于获取与某些认定相关的审计证据，如存在、准确性、计价等。

【提示】由于细节测试和实质性分析程序的目的、技术手段存在一定差异，因此，各自有不同的适用领域。注册会计师应当根据各类交易、账户余额、列报的性质选择实质性程序的类型。细节测试适用于对各类交易、账户余额、列报认定的测试，尤其是对存在或发生、计价认定的测试；对在一个时期内存在可预期关系的大量交易，注册会计师可以考虑实施实质性分析程序。

注册会计师实施的实质性程序，应当包括下列与财务报表编制完成阶段相关的审计程序：（1）将财务报表与其所依据的会计记录进行核对或调节；（2）检查财务报表编制过程中作出的重大会计分录和其他调整。

注册会计师对会计分录和其他会计调整检查的性质和范围，取决于被审计单位财务报告过程的性质和复杂程度，以及由此产生的重大错报风险。

【请注意】由于注册会计师对重大错报风险的评估是一种判断，可能无法充分识别所有的重大错报风险，并且由于内部控制存在固有局限性，无论评估的重大错报风险结果如何，注册会计师都应当针对所有重大的各类交易、账户余额、列报实施实质性程序。

分析程序用作风险评估程序，可以了解被审计单位及其环境。分析程序可以帮助注册会计师发现财务报表中的异常变化，或者预期发生而未发生的变化，识别存在潜在重大错报风险的领域。分析程序还可以帮助注册会计师发现财务状况或盈利能力发生变化的信息和征兆，识别那些表明被审计单位持续经营能力存在问题的事项。

当使用分析程序比细节测试能更有效地将认定层次的检查风险降至可接受的水平时，分析程序可以用作实质性程序。在针对评估的重大错报风险实施进一步审计程序时，注册会计师可以将分析程序作为实质性程序的一种，单独或结合其他细节测试，收集充分、适当的审计证据。此时，运用分析程序可以减少细节测试的工作量，节约审计成本，降低审计风险，使审计工作更有效率和效果。

在审计结束或临近结束时对财务报表进行总体复核。在审计结束或临近结束时，注册会计师应当运用分析程序，在已收集的审计证据的基础上，对财务报表整体的合理性作最终把握，评价报表仍然存在重大错报风险而未被发现的可能性，考虑是否需要追加审计程序，以便为发表审计意见提供合理基础。

【提示】分析程序运用的不同目的，决定了分析程序运用的具体方法和特点。值得说明的是，注册会计师在风险评估阶段和审计结束时的总体复核阶段必须运用分析程序，在实施实质性程序阶段可选用分析程序。

（五）完成审计工作和编制审计报告

注册会计师在完成财务报表所有循环的进一步审计程序后，还应当按照有关审计准则的规定做好审计完成阶段的工作，并根据所获取的各种证据，合理运用专业判断，形成适当的审计意见。本阶段的主要工作有：审计期初余额、比较数据、期后事项和或有事项；考虑持续经营问题和获取管理层声明书；汇总审计差异，并提请被审计单位调整或披露；复核审计工作底稿和财务报表；与管理层和治理层沟通；评价审计证据，形成审计意见；编制审计报告等。

二、审计证据

（一）审计证据的构成

审计证据是指注册会计师为了得出审计结论、形成审计意见而使用的信息，包括构成财务报表基础的会计记录中含有的信息和其他信息。

【提示】注册会计师应当取得充分、适当的审计证据，以得出合理的审计结论，作为形成审计意见的基础。

1.会计记录中含有的信息

会计记录主要包括原始凭证、记账凭证、总分类账和明细分类账、未在记账凭证中反映的对财务报表的其他调整以及支持成本分配、计算、调节和披露的手工计算表和电子数据表。上述会计记录是编制财务报表的基础，构成注册会计师执行财务报表审计业务所需获取的审计证据的重要部分。会计记录取决于相关交易的性质，它既包括被审计单位内部生成的手工或电子形式的凭证，也包括从与被审计单位进行交易的其他企业获得的凭证。

除此之外，会计记录还可能包括：（1）销售发运单和发票、顾客对账单以及顾客的汇款通知单；（2）附有验货单的订购单、购货发票和对账单；（3）考勤卡和其他工时记录、工薪单、个别支付记录和人事档案；（4）支票存根、电子转移支付记录、银行存款单和银行对账单；（5）合同记录，如租赁合同和分期收款销售协议；（6）记账凭证；（7）分类账账户调节表。

【提示】将会计记录作为审计证据，其来源和被审计单位内部控制的相关强度（对内部生成的证据而言）都会影响注册会计师对这些凭证的信赖程度。

2.其他信息

会计记录中含有的信息本身并不足以提供充分的审计证据作为对财务报表发表审计意见的基础，注册会计师还应当获取用作审计证据的其他信息。可用作审计证据的其他信息包括注册会计师从被审计单位内部或外部获取的会计记录以外的信息，如被审计单位会议记录、内部控制手册、询证函的回函、分析师的报告、与竞争者的比较数据等；通过询问、观察和检查等审计程序获取的信息，如通过检查存货获取存货存在的证据等；自身编制或获取的可以通过合理推断得出结论的信息，如注册会计师编制的各种计算表、分析表等。

财务报表依据的会计记录中包含的信息和其他信息共同构成了审计证据，两者缺一不可。如果没有前者，审计工作将无法进行；如果没有后者，可能无法识别重大错报风险。只有将两者结合在一起，才能将审计风险降至可接受的低水平，为注册会计师发表审计意见提供合理基础。

收集和评价审计证据是注册会计师得出审计结论、支撑审计意见的基础。注册会计师应当获取充分、适当的审计证据，以得出合理的审计结论，作为形成审计意见的基础。

（二）审计证据的种类

审计证据可以按照不同标准进行多种分类。在审计实务中，通常是针对每项财务报表的认定来获取证据的。不同程序可提供不同的审计证据，而不同的审计证据可用来证实不同的报表认定。所以，注册会计师必须了解审计证据的种类，以便针对不同性质的认定来选择最适当的方法，以获取充分、适当的审计证据。这里主要介绍按审计证据的外形特征、按审计证据的来源、按审计证据间的相互关系等所进行的分类。

1.审计证据按其外形特征不同分类

审计证据有不同的外表形式，也就是说被审计事项的客观事实是通过什么形式反映的。审计证据按外形特征的不同，分为实物证据、书面证据、口头证据和环境证据。

（1）实物证据。实物证据是指通过实际观察或盘点所取得的、用以确定某些实物资产是否确实存在的证据。这些实物资产包括固定资产、材料、在产品、库存商品、有价证券、库存现金等。实物证据通常是证明实物资产是否存在及数量多少的非常有说服力的证据，也最可靠。但实物资产的存在并不能完全证实被审计单位对其拥有所有权和实物资产的质量。例如，年终盘点的存货可能包括其他单位寄售或委托加工的部分，或者已经销售而等待发运的商品。再者，通过对某些实物资产的盘点，虽然可以确定其实物数量，但质量好坏（它将影响到资产的价值）有时很难通过实物清点来加以判断。因此，对于取得实物证据的账面资产，还应就其所有权及其价值情况另行审计。

（2）书面证据。书面证据是注册会计师获取的各种以书面形式存在的，并以其记载内容证明审计事项的证据。它包括与审计有关的各种原始凭证、会计记录（记账凭证、会计账簿和各种明细表），各种会议记录和文件，各种合同、通知书、报告书及函件等。书面证据往往是审计证据的主要组成部分，也被称为基本证据。收集书面证据时，应注意其反映内容的真实程度和对证据的整理归类。

（3）口头证据。口头证据也称言辞证据，是指被审计单位人员或其他有关人员对注册会计师的提问进行口头答复所形成的一类证据。通常在审计过程中，注册会计师会向被审计单位有关人员询问会计记录、文件的存放地点，采用特别会计政策和方法的理由，收回逾期应收账款的可能性等。对于这些问题的口头答复就构成了口头证据。但由于其中往往夹杂个人的观点和意见，因此证明力稍差，需要其他相关证据的支持。一般而言，口头证据本身并不足以证明事情的真相，注册会计师也不能单凭言辞证据得出审计结论，但口头证据可提供审计线索，从而有利于对某些需审核的情况做进一步的调查，以搜集到更为可靠的证据。例如，注册会计师在对应收账款进行账龄分析后，可以询问应收账款负责人对收回逾期应收账款可能性的意见。如果其意见与注册会计师自行估计的坏账损失基本一致，则这一口头证据就可成为证实注册会计师有关坏账损失判断的重要依据。

在审计过程中，注册会计师应把各种重要的口头证据尽快做成记录，并注明是何人、何时、在何种情况下所做的口头陈述，必要时还应获得被询问者的签名确认。相对而言，不同人员对同一问题所做的口头陈述相同时，口头证据具有较高的可靠性。但一般情况下，口头证据往往需要得到其他相关证据的支持。

（4）环境证据。**环境证据**也称状况证据，是指对被审计单位产生影响的各种环境事实。具体包括：

① 被审计单位内部控制情况。如果被审计单位有着良好的内部控制，就可增加其会计资料的可信赖程度；此外，被审计单位内部控制的完善程度还决定着注册会计师所需的从其他各种渠道收集到的审计证据的数量。内部控制制度越健全、越严密，所需的其他各类审计证据的数量就越少；否则，注册会计师就必须获取较大数量的其他审计证据。

② 被审计单位管理人员素质。被审计单位管理人员素质越高，其所提供的证据发生差错的可能性就越小。

③ 各种管理条件和管理水平。良好的管理条件和管理水平，也是影响其所提供证据的可靠程度的一个重要因素。

环境证据一般不属于基本证据，但它可帮助注册会计师了解被审计单位及其经济活动所处的环境，是注册会计师进行判断所必须掌握的资料。

2.审计证据按其来源不同分类

审计证据按来源不同可分为外部证据和内部证据。

（1）外部证据。**外部证据**包括由被审计单位以外的组织机构或个人所编制，并由其直接提交给注册会计师的外部证据，以及由被审计单位以外的组织机构或个人所编制，但为被审计单位持有并提交给注册会计师的书面证明两种。前者如应收账款函证回函、被审计单位律师与其他独立的专家关于被审计单位资产所有权和或有负债等的证明函件，保险公司、寄售企业、证券经纪人的证明等；后者如银行对账单、购货发票、应收票据、顾客订货单、有关的契约、合同等。前类证据不仅由完全独立于被审计单位的外界组织或人员提供，而且未经被审计单位有关人员之手，从而排除了伪造、更改凭证或业务记录的可能性，因而其证明性最强；后类证据由于已经过被审计单位职员之手，在评价其可靠性时，注册会计师应考虑其被涂改或伪造的可能性和难易程度。尽管如此，在一般情况下，外部证据仍是较被审计单位内部证据更具证明力的一种书面证据。

（2）内部证据。**内部证据**是由被审计单位内部机构或职员编制和提供的书面证据。它包括被审计单位的会计记录、被审计单位管理层声明书，以及由被审计单位编制和提供的其他各种有关书面文件。

① 被审计单位的会计记录。会计记录是指对初始会计分录形成的记录和支持性记录。例如，支票、电子资金转账记录、发票和合同；总分类账、明细分类账、会计分录以及对财务报表予以调整但未在账簿中反映的其他分录；支持成本分配、计算、调节和披露的手工计算表和电子数据表。

② 被审计单位管理层声明书。被审计单位管理层声明书是注册会计师从被审计单位管理层获取的书面声明，其主要内容是以书面的形式确认被审计单位在审计过程中所做的各种重要的陈述或保证。被审计单位管理层声明书属于可靠性较低的内部证据，不可替代注册会计师实施其他必要的审计程序。

③ 由被审计单位编制和提供的其他各种有关书面文件。其他书面文件是指被审计单位提供的其他有助于注册会计师形成审计结论和意见的书面文件，如被审计单位管理层声明书中所提及的董事会及股东大会会议记录，重要的计划、合同资料，被审计单位的或有损失，关联方交易等。

【请注意】一般而言，内部证据不如外部证据可靠。但如果内部证据在外部流转，并获得其他单位或个人的承认（如销货发票、付款支票等），则具有较强的可靠性。即使只在被审计单位内部流转的书面证据也因被审计单位内部控制的好坏而异。若内部证据（如发料单、收料单）经过了被审计单位不同部门的审核、签章，且所有凭证预先都有连续编号并按序号依次处理，则这些内部证据也具有较强的可靠性；相反，若被审计单位的内部控制不健全，注册会计师就不能过分信赖其内部自制的书面证据。

3. 按审计证据间的相互关系分类

证实某一审计目标需要一系列证据，按这些证据间的关系可将审计证据分为基本证据和辅助证据。

（1）基本证据。**基本证据是指对审计事项的某一审计目标有重要的、直接证明作用的审计证据。** 例如，证明账簿登记的正确性，其基本证据应是据以登记账簿的记账凭证；证明资产负债表各项目数字的真实、正确性，其基本证据应是据以编表的各账户的余额。可见基本证据与所要证实的目标有极其密切的关系。

（2）辅助证据。**辅助证据也称佐证或旁证证据，指能支持基本证据证明力的证据。** 例如，证明账簿登记正确性的基本证据是记账凭证，而记账凭证所附的原始凭证是支持记账凭证证明力的必要补充。因此，在证实被审计事项时，要取得充分、可靠的证据，单靠基本证据是不够的，因为基本证据虽然重要，却未必可靠。假如记账凭证在编制时歪曲原始凭证所反映的经济业务，此时还应收集验证经济业务真实情况的更多的辅助证据。

（三）审计证据的特性

审计证据具有充分性和适当性两个方面的特性。

1. 审计证据的充分性

审计证据的充分性是对审计证据数量的衡量，主要与注册会计师确定的样本量有关。例如，对某个审计项目实施某一选定的审计程序，从200个样本中获得的证据要比从100个样本中获得的证据更充分。

2. 审计证据的适当性

审计证据的适当性是对审计证据质量的衡量，即审计证据在支持审计意见所依据的结论方面具有相关性和可靠性。

【请注意】相关性和可靠性是审计证据适当性的核心内容，只有相关且可靠的审计证据才是高质量的。

（1）审计证据的相关性。**审计证据的相关性**是指用作审计证据的信息与审计程序的目的和所考虑的相关认定之间的逻辑联系。用作审计证据的信息的相关性可能受测试方向的影响。例如，如果某审计程序的目的是测试应付账款的计价高估，则测试已记录的应付账款可能是相关的审计程序。如果某审计程序的目的是测试应付账款的计价低估，则测试已记录的应付账款不是相关的审计程序，相关的审计程序可能是测试期后支出、未支付发票、供应商结算单以及发票未到的收货报告单等。

（2）审计证据的可靠性。**审计证据的可靠性**是指审计证据的可信赖程度。例如，注册会计师亲自检查存货所获得的证据，就比被审计单位管理层提供给注册会计师的存货数据更可靠。

审计证据的可靠性受其来源和性质的影响，并取决于获取审计证据的具体环境。注册会计师在判断审计证据的可靠性时，通常会考虑下列原则：

① 从外部独立来源获取的审计证据比从其他来源获取的审计证据更可靠。从外部独立来源获取的审计证据由完全独立于被审计单位的机构或人士编制并提供，未经被审计单位有关职员之手，从而减少了伪造、更改凭证或业务记录的可能性，因而其证明力最强。此类证据如银行询证函回函、应收账款询证函回函、保险公司等机构出具的证明等。从其他来源获取的审计证据，由于证据提供者与被审计单位存在经济或行政等关系，其可靠性比较差，如被审计单位内部的会计记录、会议记录等。

② 内部控制有效时内部生成的审计证据比内部控制薄弱时内部生成的审计证据更可靠。例如，如果与销售业务相关的内部控制有效，注册会计师就能从销售发票和发货单中取得比内部控制不健全时更加可靠的审计证据。

③ 直接获取的审计证据比间接获取或推论得出的审计证据更可靠。例如，注册会计师观察某项控制的运行得到的证据比询问被审计单位某项内部控制的运行得到的证据更可靠。间接获取的证据有被涂改及伪造的可能性，降低了可信赖程度。推论得出的审计证据，其主观性较强，人为因素较多，可信赖程度也受到影响。

④ 以文件、记录形式（无论是纸质、电子或其他介质）存在的审计证据比口头形式的审计证据更可靠。

⑤ 从原件获取的审计证据比从传真件或复印件获取的审计证据更可靠。

【提示】充分性和适当性是审计证据的两个重要特征，两者缺一不可，只有充分且适当的审计证据才是有证明力的。注册会计师需要获取的审计证据的数量也受审计证据质量的影响。审计证据质量越高，需要的审计证据数量可能越少。也就是说，审计证据的适当性会影响审计证据的充分性。例如，被审计单位内部控制健全时生成的审计证据更可靠，注册会计师只需获取适量的审计证据，就可以为发表审计意见提供合理的基础。

注册会计师需要获取的审计证据的数量受错报风险的影响，并受审计证据质量的影响。例如，注册会计师对某电脑公司进行审计，经过分析认为，受被审计单位行业性质的影响，存货陈旧的可能性相当高，存货计价的错报可能性就比较大。为此，注册会计师在审计中就要选取更多的存货样本进行测试，以确定存货陈旧的程度，从而确认存货的价值是否被高估。

【请注意】注册会计师应当保持职业怀疑态度，运用职业判断，评价审计证据的充分性和适当性。另外，注册会计师在获取审计证据时还应考虑相关性、成本与效益等问题。

（四）获取审计证据的审计程序与方法

1.获取审计证据的审计程序

注册会计师应当通过实施前述风险评估程序、控制测试和实质性程序等审计程序，获取充分、适当的审计证据，得出合理的审计结论，作为形成审计意见的基础。

审计程序的性质和实施时间可能受到财务数据和其他相关信息的生成和储存方式的影响，注册会计师应当提请被审计单位保存某些信息以供查阅，或在信息可获得时执行审计程序。

2.审计证据的获取方法

注册会计师可以采用下列审计方法获取审计证据：

（1）检查。**检查**是指注册会计师对被审计单位内部或外部生成的，以纸质、电子或其他介质形式存在的记录或文件进行检查，或对资产进行实物审查。检查记录或文件，通常采用审阅法、核对法，顺着会计工作的程序，从会计凭证、会计账簿到会计报表（顺查），或逆着会计工作的程序，从会计报表、会计账簿到会计凭证（逆查）逐一进行详细或抽样审查。检查记录或文件可提供可靠程度不同的审计证据。审计证据的可靠性取决于记录或文件的来源和性质（外部记录或文件通常被认为比内部记录或文件可靠），而在检查内部记录或文件时，其可靠性取决于生成该记录或文件的内部控制的有效性。

【请注意】某些文件是表明一项资产存在的直接审计证据，如构成金融工具的股票或债券，但检查此类文件并不一定能提供有关所有权或计价的审计证据。此外，检查已执行的合同可以提供与被审计单位运用会计政策（如收入确认）相关的审计证据。

检查有形资产是指注册会计师对资产实物进行检查。检查有形资产可为其存在提供可靠的审计证据，但不一定能够为权利和义务或计价认定提供可靠的审计证据。注册会计师检查实物资产时，应对其质量及所有权予以关注。检查有形资产通常配合采用实地监盘的方式完成。

【提示】检查既可用于控制测试，也可用于实质性程序。

（2）观察。**观察**是指注册会计师察看相关人员正在从事的活动或执行的程序。例如，对被审计单位执行的存货盘点或控制活动进行观察。

【请注意】观察可以提供执行有关过程或程序的审计证据，但观察所提供的审计证据仅限于观察发生的时点，而且被观察人员的行为可能因被观察而受到影响，这也会使观察提供的审计证据受到限制，因此，注册会计师有必要获取其他类型的佐证证据。

（3）询问。**询问**是指注册会计师以书面或口头方式，向被审计单位内部或外部的知情人员获取财务信息和非财务信息，并对答复进行评价的过程。知情人员对询问的答复可能为注册会计师提供尚未获悉的信息或佐证证据，也可能提供与已获悉信息存在重大差异的信息，如关于被审计单位管理层凌驾于控制之上的可能性的信息。在某些情况下，对询问的答复为注册会计师修改审计程序或实施追加的审计程序提供了基础。作为对其他审计程序的补充，询问广泛应用于整个审计过程中。询问本身不足以发现认定层次存在的重大错报，也不足以测试内部控制运行的有效性，注册会计师还应当实施其他审计程序获取充分、适当的审计证据。

（4）函证。**函证是指注册会计师为直接从第三方（被询证者）获取书面答复以作为审计证据的过程**，书面答复可以采用纸质、电子或其他介质等形式。当针对的是与特定账户余额及其项目相关的认定时，函证常常是相关的程序。但是函证不仅仅用于账户余额。例如，注册会计师可能要求对被审计单位与第三方之间的协议和交易条款进行函证。函证程序还可以用于获取不存在某些情况的审计证据，如不存在可能影响被审计单位收入确认的"背后协议"。

【请注意】当注册会计师不能通过函证获取必要的审计证据时，应实施替代审计程序。

（5）重新计算。**重新计算是指注册会计师以人工方式或使用计算机辅助审计技术，对记录或文件中的数据计算的准确性进行核对**。重新计算通常包括计算销售发票和存货的总金额，加总日记账和明细账，检查折旧费用和预付费用的计算，检查应纳税额、存货发出成本、产品生产成本的计算等。

（6）重新执行。**重新执行是指注册会计师独立执行原本作为被审计单位内部控制组成部分的程序或控制**。例如，注册会计师利用被审计单位的银行存款日记账和银行对账单，重新编制银行存款余额调节表，并与被审计单位编制的银行存款余额调节表进行比较。

（7）分析程序。**分析程序，是指注册会计师通过分析不同财务数据之间以及财务数据与非财务数据之间的内在关系，对财务信息作出评价**。分析程序还包括在必要时对识别出的、与其他相关信息不一致或与预期值差异重大的波动或关系进行调查。

微课：获取
审计证据的
审计程序
——分析程序

在实施风险评估程序、控制测试或实质性程序时，注册会计师可根据需要单独或综合运用上述审计程序和方法，以获取充分、适当的审计证据。审计程序的性质和时间可能受财务数据和其他相关信息的生成和储存方式的影响，注册会计师应当提请被审计单位保存某些信息以供查阅，或在可获得该信息的期间执行审计程序。

某些会计数据和其他信息只能以电子形式存在，或只能在某一时点或某一期间得到，注册会计师应当考虑这些特点对审计程序的性质和时间的影响。当信息以电子形式存在时，注册会计师可以通过使用计算机辅助审计技术实施某些审计程序，以获取充分、适当的审计证据。

三、审计工作底稿

审计工作底稿是指注册会计师对制订的审计计划、实施的审计程序、获取的相关审计证据，以及得出的审计结论作出的记录。

【提示】审计工作底稿是审计证据的载体，是注册会计师在审计过程中形成的审计工作记录和获取的资料。它形成于审计过程，也反映整个审计过程。

（一）审计工作底稿的编制目的

审计工作底稿在计划和执行审计工作中发挥着关键作用。审计工作底稿也可用于质量复核、监督会计师事务所对审计准则的遵循情况以及第三方的检查等。

【请注意】在会计师事务所因执业质量而涉及诉讼或有关监管机构进行执业质量检查时，审计工作底稿能够提供证据，证明会计师事务所是否按照《中国注册会计师审计准则》的规定执行了审计工作。

注册会计师应当及时编制审计工作底稿，以实现以下目的：

（1）提供证据，作为注册会计师得出实现总体目标结论的基础；

（2）提供证据，证明注册会计师已按照审计准则和相关法律法规的规定计划和执行了审计工作。

除上述目的外，编制审计工作底稿还可以实现下列目的：

（1）有助于项目组计划和执行审计工作；

（2）有助于负责督导的项目组成员按照《中国注册会计师审计准则第1121号——对财务报表审计实施的质量管理》的规定，履行指导、监督与复核审计工作的责任；

（3）便于项目组说明其执行审计工作的情况；

（4）保留对未来审计工作持续产生重大影响的事项的记录；

（5）便于会计师事务所实施项目质量复核、其他类型的项目质量复核以及质量管理体系中的监控活动；

（6）便于监管机构和注册会计师协会根据相关法律法规或其他相关要求，对会计师事务所实施执业质量检查。

（二）审计工作底稿的内容

注册会计师在审计中应当就下列事项形成审计工作底稿：针对评估的财务报表层次重大错报风险采取的总体应对措施，以及实施的进一步审计程序的性质、时间安排和范围；实施的进一步审计程序与评估的认定层次重大错报风险之间的联系；实施进一步审计程序的结果，包括在结果不明显时得出的结论。从接受被审计单位审计委托开始，注册会计师就应当填写审计工作底稿了。

审计工作底稿通常包括总体审计策略、具体审计计划、分析表、问题备忘录、重大事项概要、询证函回函、管理层声明书、核对表、有关重大事项的往来信件（包括电子邮件），以及对被审计单位文件记录的摘要或复印件等。此外，审计工作底稿通常还包括业务约定书、管理建议书、项目组内部或项目组与被审计单位举行的会议记录、与其他人士（如其他注册会计师、律师、专家等）的沟通文件及错报汇总表等。

审计工作底稿可以以纸质、电子或其他介质形式存在。

【提示】审计工作底稿通常不包括已被取代的审计工作底稿的草稿或财务报表的草稿、对不全面或初步思考事项的记录、存在印刷错误或其他错误而作废的文本，以及重复的文件记录等。

（三）审计工作底稿的分类

根据审计工作底稿的性质和作用，审计工作底稿可分为以下三类：

1.综合类工作底稿

综合类工作底稿是指注册会计师在审计计划和审计报告阶段，为规划、控制和总结整个审计工作，并发表审计意见所形成的审计工作底稿。该类工作底稿主要包括审计业务约定书、审计计划、审计报告书（未定稿）、审计总结及审计调整分录汇总表等综合性的审计工作记录。

2.业务类工作底稿

业务类工作底稿是指注册会计师在审计实施阶段执行具体审计程序所编制和取得的审计工作底稿。该类工作底稿主要包括注册会计师在执行预备调查、控制测试和实质性测试等审计程序时所形成的审计工作底稿。

【提示】业务类工作底稿是注册会计师在具体执行审计过程中形成的，编制业务类审计工作底稿是本教材实际操作技能的主要训练内容。

3.备查类工作底稿

备查类工作底稿是指注册会计师在审计过程中形成的，对审计工作仅具有备查作用的审计工作底稿。该类工作底稿主要包括与审计约定事项有关的重要法律性文件、重要会议记录与纪要，重要经济合同与协议、企业营业执照、公司章程等原始资料的副本或复印件。

（四）审计工作底稿的要素

通常，审计工作底稿包括下列全部或部分要素：

1.审计工作底稿的标题

每张底稿都应当包括被审计单位的名称、审计项目的名称以及资产负债表日或底稿覆盖的会计期间（如果与交易相关）。

2.审计过程记录

在记录审计过程时，应当特别注意以下几个重点方面：

（1）具体项目或事项的识别特征。**识别特征**是指被测试的项目或事项表现出的征象或标志。识别特征因审计程序的性质和测试的项目或事项不同而不同。对某一个具体项目或事项而言，其识别特征通常具有唯一性，这种特性可以使其他人员根据识别特征在总体中识别该项目或事项并重新执行该测试。例如，在对被审计单位生成的订购单进行细节测试时，注册会计师可以以订购单的日期或其唯一编号作为测试订购单的识别特征。

（2）重大事项及相关重大职业判断。注册会计师应当根据具体情况判断某一事项是否属于重大事项。重大事项通常包括：引起特别风险的事项；实施审计程序的结果表明，财务信息可能存在重大错报，或需要修正以前对重大错报风险的评估和针对这些风险拟采取的应对措施；导致注册会计师难以实施必要审计程序的情形；导致出具非标准审计报告的事项。

（3）针对重大事项如何处理不一致的情况。如果识别出的信息与针对某重大事项得出的最终结论不一致，注册会计师应当记录如何处理不一致的情况。

3.审计结论

审计工作的每一部分都应包含与已实施审计程序的结果及其是否实现既定审计目标相关的结论，还应包括审计程序识别出的例外情况和重大事项如何得到解决的结论。注册会计师恰当地记录审计结论非常重要。注册会计师需要根据所实施的审计程序及获取的审计证据得出结论，并以此作为对财务报表发表审计意见的基础。在记录审计结论时需注意，在审计工作底稿中记录的审计程序和审计证据是否足以支持所得出的审计结论。

4.审计标识及其说明

审计标识被用于与已实施审计程序相关的底稿。每张底稿都应包含对已实施程序的性质和范围所作的解释，以支持每一个标识的含义。审计工作底稿中可使用各种审计标识，但应说明其含义，并保持前后一致。审计标识及其含义示例见表1-4。

表1-4　　　　　　　　　　　审计标识及其含义示例

审计标识	含义	审计标识	含义
∧	纵加核对	<	横加核对
B	与上年结转数核对一致	T	与原始凭证核对一致
G	与总分类账核对一致	S	与明细账核对一致
T/B	与试算平衡表核对一致	C	已发询证函
C\	已收回询证函		

5.索引号及编号

通常，审计工作底稿需要注明索引号及顺序编号，相关审计工作底稿之间需要保持清晰的钩稽关系。为了汇总及便于交叉索引和复核，每个事务所都会制定特定的审计工作底稿归档流程。因此，每张表或记录都应有一个索引号。

在利用计算机编制工作底稿时，可以采用电子索引和链接。随着审计工作的推进，链接还可以自动更新。

在实务中，注册会计师可以按照所记录的审计工作的内容层次进行编号。例如，固定资产汇总表的编号为C1，按类别列示的固定资产明细表的编号为C1-1，房屋建筑物的编号为C1-1-1，机器设备的编号为C1-1-2，运输工具的编号为C1-1-3，其他设备的编号为C1-1-4。相互引用时，需要在审计工作底稿中交叉注明索引号。

6.编制和复核人员姓名及编制和复核日期

为了明确责任，在各自完成与特定工作底稿相关的任务之后，编制者和复核者都应在工作底稿上签名并注明编制日期和复核日期。在记录已实施审计程序的性质、时间安排和范围时，注册会计师应当记录：测试的具体项目或事项的识别特征；审计工作的执行人员及完成审计工作的日期；审计工作的复核人员及复核的日期和范围。在需要项目质量复核的情况下，还需要注明项目质量复核人员及复核的日期。通常，需要在每一张审计工作底稿上注明执行审计工作的人员和复核人员、完成该项审计工作的日期以及完成复核的日期。

（五）编制审计工作底稿的总体要求

注册会计师编制的审计工作底稿，应当使得未曾接触该项审计工作的有经验的专业人士清楚地了解：

（1）按照审计准则的规定实施的审计程序的性质、时间和范围；

（2）实施审计程序的结果和获取的审计证据；

（3）就重大事项得出的结论。

（六）审计工作底稿的归档

《会计师事务所质量管理准则第5101号——业务质量管理》和《中国注册会计师审计准则第1131号——审计工作底稿》对审计工作底稿的归档作出了具体规定，涉及归档工作的性质和期限、审计工作底稿保管期限等方面。

在出具审计报告前，注册会计师应完成所有必要的审计程序，取得充分、适当的审计证据并得出适当的审计结论。在审计报告日后，将审计工作底稿归整为最终审计档案是一项事务性的工作，不涉及实施新的审计程序或得出新的结论。

1.审计档案的分类

审计档案分为永久性档案和当期档案。

（1）永久性档案。**永久性档案是指那些记录内容相对稳定，具有长期使用价值，并对以后审计工作具有重要影响和直接作用的审计档案，主要是综合类审计工作底稿和备查类审计工作底稿。**例如，被审计单位的组织结构、批准证书、营业执照、章程、重要资产的所有权或使用权的证明文件复印件等。若永久性档案中的某些内容已发生变化，注册会计师应当及时予以更新。为保持资料的完整性以便满足日后查阅历史资料的需要，永久性档案中被替换的资料一般也需保留。例如，被审计单位因增加注册资本而变更了营业执照等法律文件，被替换的旧营业执照等文件，可以汇总在一起，与其他有效的资料分开，作为单独部分归整在永久性档案中。

（2）当期档案。**当期档案是指那些记录内容经常变化，主要供当期和下期审计使用的审计档案。**例如，总体审计策略和具体审计计划，主要是业务类审计工作底稿。

2.审计档案的归档与保存期限

《会计师事务所质量管理准则第5101号——业务质量管理》要求会计师事务所制定有关及时完成最终业务档案归整工作的政策和程序。审计工作底稿的归档期限为审计报告日后60天内。如果注册会计师未能完成审计业务，审计工作底稿的归档期限为审计业务中止后的60天内。

如果针对客户的同一财务信息执行不同的委托业务，出具两个或多个不同的报告，会计师事务所应当将其视为不同的业务，根据会计师事务所内部制定的政策和程序，在规定的归档期限内分别将审计工作底稿归整为最终审计档案。

会计师事务所应当自审计报告日起，对审计工作底稿至少保存10年。如果注册会计师未能完成审计业务，会计师事务所应当自审计业务中止日起，对审计工作底稿至少保存10年。

在完成最终审计档案的归档工作后，注册会计师不得在规定的保存期限届满前删除或废弃审计工作底稿。

德技并修

(一)

资料：20×5年2月恒信会计师事务所接受达胜公司委托，对其20×4年财务报表进行审计，恒信会计师事务所派陈勇（项目经理）、韩雪、雷俊三位注册会计师负责该项目。达胜公司第一次委托恒信会计师事务所审计。由于时间紧，恒信会计师事务所接受委托后第二天便进入达胜公司，来到了财务部，从报表入手进行实质性测试。半个月后，陈勇抽查了几份工作底稿，汇总查出的主要问题，并向达胜公司董事会提供了审计报告。

问题：

(1) 上述程序中有哪些不妥之处？

(2) 注册会计师在执行审计程序时，应坚守怎样的工匠精神？

分析：

(1) 陈勇等人所执行的审计程序存在以下不妥之处：

① 没有按规定执行审计业务初步活动。恒信会计师事务所第一次接受审计委托，应该首先对客户的可审性进行评价，对审计风险进行初步评估。陈勇等人未执行审计风险的评估和应对程序就直接执行了审计，会导致审计风险。

② 没有对内部控制进行调查了解和评价，对审计过程没有进行周密的计划，就直接进行实质性程序。

(2) 注册会计师在执行审计程序时，应坚守的工匠精神包括以敬业、精益、专注、创新为基本内容，涵盖追求卓越的创造精神、精益求精的品质精神、用户至上的服务精神。由于每一个被审计单位的具体情况不同，注册会计师需要以独立审计具体准则为指导，严格按照审计的程序要求，在对被审计单位进行内部控制测试和风险评估的基础上，编制和具体实施审计计划，并在审计工作结束前进行审计工作底稿的三级复核、审计差异的汇总、获取管理层声明书、再次评估审计风险之后，才考虑撰写审计报告。在执行审计程序的过程中需要注册会计师根据被审计单位的特点，创新性地设计和执行审计程序，专注于眼下的审计项目，做到兢兢业业、精益求精地完成受托审计业务。

(二)

资料：某会计师事务所对某企业进行审计。审计时发现该企业内部控制制度非常不健全，注册会计师获取了以下审计证据：

(1) 被审计单位编制的各种试算表和汇总表。

(2) 注册会计师在监督库存现金盘点时所取得的库存现金盘点表。

(3) 直接寄给注册会计师的应收账款函证回函。

(4) 被审计单位经理提供的"一切负债均已入账"的管理层声明书。

(5) 注册会计师进行分析性复核后所做的各种计算表、分析表。

(6) 被审计单位销售通知单。

问题：

（1）请根据资料判断（1）~（6）属于哪类审计证据？注册会计师是否可依赖上述审计证据？理由是什么？

（2）收集审计证据是审计的核心工作。注册会计师在收集审计证据时，采用的主要哲学原理是什么？

分析：

（1）审计证据分析见表1-5。

表1-5 审计证据分析

序号	审计证据类型	注册会计师是否可依赖	依赖的理由
1	内部证据	不可依赖	由于该企业内部控制制度非常不健全，因此，注册会计师对内部提供的审计证据不可完全信赖，需从多方面搜集证据加以验证
2	外部证据	可依赖	
3	外部证据	可依赖	
4	内部证据	不可依赖	
5	外部证据	可依赖	
6	内部证据	不可依赖	

（2）注册会计师在收集审计证据时，采用的哲学原理是质量互变规律、事物联系和发展规律。被审计单位会计报表数据的错误并不是体现在某一个项目上，通常是由无数个小错误累积而成的，是一个从量变到质变的过程；财务报表中的数据以及所反映的事实是否合法公允，不仅反映在会计账簿记录中，还反映在被审计单位与相关客户的经济往来中；当被审计单位的利润出现问题的时候，相关的收入、成本、费用账户，以及往来账户、货币资金账户、税金账户都可能发生错误。财务报表反映的是企业经营全过程、全方位相互联系和共同发展的过程。

同步训练

一、单项选择题

1.做好审计工作，合理出具审计报告，达到审计目标的重要条件是（ ）。

　A.审计建议书　　　B.审计资料　　　C.审计证据　　　D.审计约定书

2.下列审计证据属于口头证据的是（ ）。

　A.会计记录　　　B.座谈记录　　　C.付款凭证　　　D.收款凭证

3.下列审计工作底稿的归档期限正确的是（ ）。

　A.审计报告日后的30日内　　　B.审计报告日后的60日内

　C.审计报告日后的90日内　　　D.审计报告日后的180日内

4.对各类交易、账户余额、列报的具体细节进行测试，目的在于直接识别财务报表认定是否存在错报，所指审计程序是（ ）。

　A.分析程序　　　B.细节测试　　　C.实质性分析程序　　　D.实质性程序

5.通过对库存现金进行监盘取得的证据是（　　）。

A.实物证据　　　B.视听证据　　　C.鉴定证据　　　D.环境证据

6.下列属于控制测试的程序之一的是（　　）。

A.细节测试　　　B.实质性程序　　　C.穿行测试　　　D.分析程序

7.下列有关审计证据可靠性的提法中，错误的是（　　）。

A.被审计单位内部控制有效时生成的内部证据比内部控制薄弱时生成的内部证据更可靠

B.从原件获取的证据比从复印件及传真件获取的证据更可靠

C.文件形式的审计证据比口头形式的审计证据更可靠

D.被审计单位提供的审计证据比从被审计单位外部取得的证据更可靠

8.下列属于综合类工作底稿的是（　　）。

A.审计计划　　　B.经济合同　　　C.协议章程　　　D.实质性测试记录

9.下列关于审计工作底稿的说法中，错误的是（　　）。

A.审计工作底稿是控制审计质量的手段

B.审计工作底稿是明确注册会计师责任的依据

C.审计工作底稿是编写审计报告的依据

D.非重大事项的审计工作底稿不需要进行复核

10.财务报表依据的会计记录中包含的信息和其他信息，两者缺一不可、共同构成的是（　　）。

A.审计证据　　　B.审计目标　　　C.审计信息　　　D.审计工作底稿

二、多项选择题

1.收集审计证据的程序有（　　）。

A.检查法　　　B.函证法　　　C.重新计算法　　　D.监盘法

2.一般而言，注册会计师所获取的审计证据可以按其外形特征分为四类，主要有（　　）。

A.环境证据　　　　　　　　B.口头证据和书面证据

C.实物证据　　　　　　　　D.会计资料

3.下列各项属于外部书面证据的有（　　）。

A.注册会计师编制的有关计算表　　　B.应收账款函证回函

C.银行对账单　　　　　　　　D.购货发票

4.下列证据中属于内部书面证据的有（　　）。

A.会计记录　　　　　　　　B.客户盘点表

C.客户律师对审计询问函的回函　　　D.董事会会议纪要

5.审计工作底稿分为（　　）。

A.综合类工作底稿　　　　　　B.业务类工作底稿

C.备查类工作底稿　　　　　　D.拓展类工作底稿

6.下列各项属于实物证据的有（　　）。

A.固定资产　　　B.库存现金盘点表　　C.存货盘点表　　　D.有价证券盘点表

7.审计证据按其外形特征不同分为（　　　）。

　　A.实物证据　　　　B.书面证据　　　　　C.口头证据　　　　　　D.环境证据

8.下列各项属于审计证据具有的特性的有（　　　）。

　　A.充分性　　　　　B.相关性　　　　　　C.可靠性　　　　　　　D.适当性

9.检查记录或文件可提供可靠程度不同的审计证据，影响审计证据可靠性的因素包括记录或文件的（　　　）。

　　A.来源　　　　　　B.性质　　　　　　　C.内容　　　　　　　　D.结构

10.搜集时需要用到重新计算法的审计证据有（　　　）。

　　A.存货发出成本　　B.产品生产成本　　　C.折旧费用　　　　　　D.应纳税额

三、判断题

1.一旦决定接受业务委托，注册会计师应当与客户就审计业务约定条款达成一致意见。　　　　　　　　　　　　　　　　　　　　　　　　　　　　　　　　　（　　　）

2.一般来说，计划审计工作主要包括：在本期审计业务开始时开展的初步业务活动；制定总体审计策略、制订具体审计计划等。　　　　　　　　　　　　　　（　　　）

3.风险评估程序是必要程序，了解被审计单位及其环境为注册会计师在许多关键环节作出职业判断提供了重要基础。　　　　　　　　　　　　　　　　　　　（　　　）

4.在审计过程中，注册会计师应当保持职业怀疑态度。　　　　　　　　　（　　　）

5.观察是测试不留下书面记录的控制（如职责分离）的运行情况的有效方法。通常情况下，注册会计师通过观察直接获取的证据更可靠。　　　　　　　　　　　（　　　）

6.穿行测试不是单独的一种程序，而是将多种程序按特定审计需要进行结合运用的方法。　　　　　　　　　　　　　　　　　　　　　　　　　　　　　　　　（　　　）

7.在审计实务中，通常针对每项财务报表的认定获取证据。　　　　　　　（　　　）

8.注册会计师也可以将口头证据作为得出审计结论的证据。　　　　　　　（　　　）

9.审计证据的充分性是对审计证据质量的衡量。　　　　　　　　　　　　（　　　）

10.审计工作底稿是注册会计师形成审计结论、发表审计意见的直接依据。（　　　）

项目小结

本项目主要知识点和技能点归纳总结见表1-6。

表1-6　　　　　　　　　　　本项目主要知识点和技能点归纳总结

重点学习内容	主要知识点和技能点	
了解审计职业	审计	审计是市场经济卫士
	审计要素	1.审计业务的三方关系人：注册会计师、被审计单位管理层、财务报表预期使用者 2.财务报表（鉴证对象） 3.财务报告编制基础（标准）

重点学习内容	主要知识点和技能点	
了解审计职业	审计的种类	1.按主体的不同，审计划分为政府审计、内部审计和注册会计师审计 2.按目的与内容的不同，审计划分为财务报表审计、经营审计和合规性审计 3.按审计技术模式分类，审计划分为账项基础审计、系统基础审计和风险基础审计
	审计监督体系	我国审计监督体系由政府审计、内部审计和注册会计师审计构成
	审计师种类	1.具有审计专业技术资格的审计师 2.具有注册会计师执业资格的审计师 3.具有内部审计师资格的审计师
财务报表审计基础	财务报表审计	1.财务报表审计发展的四个阶段：账项基础审计、制度基础审计、风险导向审计和电子数据审计 2.财务报表审计的业务循环：循环审计方法与分项审计方法 其中：制造业企业的业务循环包括销售与收款循环、采购与付款循环、生产与存货循环、筹资与投资循环
	审计报告	审计报告是注册会计师根据审计准则的规定，在执行审计工作的基础上，对财务报表发表审计意见的书面文件。审计报告是注册会计师审计的最终结果
	被审计单位管理层与注册会计师的责任	1.被审计单位管理层责任：选择适用的会计准则和相关会计制度；选择和运用恰当的会计政策；根据企业的具体情况，作出合理的会计估计 2.注册会计师的责任：对财务报表发表审计意见 3.两种责任不能相互替代
	财务报表审计目标	1.被审计单位管理层的认定：管理层对财务报表（如：组成要素的确认、计量、列报）作出的明确或隐含的表达，包括与所审计期间各类交易和事项及相关披露相关的认定；与期末账户余额及相关披露相关的认定 2.具体审计目标：与所审计期间各类交易和事项及相关披露相关的审计目标；与期末账户余额及相关披露相关的审计目标 3.认定与审计目标密切相关：管理层对财务报表各组成要素均作出了认定，注册会计师的基本职责就是确定被审计单位管理层对其财务报表的认定是否恰当
	审计重要性与审计风险	1.审计重要性包括财务报表整体的重要性水平；特定类别交易、账户余额或披露的重要性水平；实际执行的重要性水平；审计过程中修改重要性 2.错报包括累计识别出的错报；事实错报；判断错报；推断错报 3.审计风险：审计风险＝重大错报风险×检查风险 4.重要性与审计风险之间存在反向变动关系
	内部控制概述	1.内部控制包括下列要素： （1）控制环境； （2）风险评估过程； （3）与财务报告相关的信息系统和沟通； （4）控制活动； （5）对控制的监督 2.内部控制存在固有局限性，只能为被审计单位实现财务报告目标提供合理的保证

续表

重点学习内容		主要知识点和技能点
审计过程、审计证据、审计工作底稿、审计档案	审计过程	1.接受业务委托 2.计划审计工作 3.识别和评估重大错报风险 4.应对重大错报风险（主程序：控制测试和实质性程序） 其中：控制测试方法有询问、观察、检查、重新执行和穿行测试； 实质性程序方法有对各类交易、账户余额、列报的细节测试以及实质性分析程序 5.完成审计工作和编制审计报告
	审计证据	1.审计证据的构成：构成财务报表基础的会计记录中含有的信息和其他信息 2.审计证据的种类： （1）按其外形特征不同分为实物证据、书面证据、口头证据和环境证据； （2）按审计证据来源不同可分为外部证据和内部证据； （3）按审计证据间的相互关系分为基本证据和辅助证据 3.审计证据的特性：充分性和适当性 4.获取审计证据的审计程序与方法：检查记录或文件、检查有形资产、观察、询问、函证、重新计算、重新执行、分析程序
	审计工作底稿	1.审计工作底稿是审计证据的载体，编制审计报告的基础 2.根据审计工作底稿的性质和作用，可将其分为综合类工作底稿、业务类工作底稿、备查类工作底稿
	审计档案	1.永久性档案 2.当期档案（自审计报告日起保存10年）

拓展阅读

铭记审计历史

财务审计
报告改革

职业道德
基本原则

中国注册会计
师职业道德
守则术语表

项目二
接受审计委托

【学习目标】 通过本项目学习之后，你应该：
1. 了解接受审计委托的基本程序
2. 了解客户评价或保持的基本操作内容
3. 掌握在初步业务活动阶段审计风险评估的基本操作程序
4. 能在明确初步业务活动目的的基础上，执行工作程序
5. 能较熟练地将所执行的初步业务活动程序记录于审计工作底稿
6. 能运用社会主义核心价值观，坚守审计职业道德，以对国家和人民负责任的态度，合法依规接受审计委托

【素养目标】 能够以责任、忠诚、清廉、依法、独立、奉献为职业精神，以国计民生为出发点，接受审计委托

【思政点】 天下兴亡，匹夫有责　大道之行，天下为公　精益求精　用户至上　实事求是　持中守正　公正　法治

【知识点】 客户接受或保持的工作程序　了解评价被审计单位的工作内容和程序　审计业务约定书　总体审计策略　具体审计计划风险评估程序

【技能点】 了解和评价被审计单位的基本情况　初步业务活动审计工作底稿的编制

思政引入

上市公司上演会计师事务所"换师秀"

中国注册会计师协会（以下简称"中注协"）数据显示，截至2012年4月30日，共有312家上市公司变更了会计师事务所，而其中A股上市公司达到306家。据中注协相关工作人员称，其中的绝大多数为更换担任2011年年报外部审计工作的会计师事务所。而去年同期更换会计师事务所的上市公司总数仅为162家。

会计师事务所与上市公司的关系一直处于十分微妙的局面之中。一边是挂着"独立性"的金字招牌去上市公司"纠错"，一边则是付钱让会计师事务所来"找茬"。对于上市公司来说，与会计师事务所的关系就更加受人关注了，一旦有"暧昧不清"的更换出现，立刻会引起市场的猜测。

在这些更换会计师事务所的上市公司中，"前任服务年限较长""前任事务所聘期已满""保持审计独立性"等理由都被提及，虽然表面上看来会计师事务所似乎进行了轮换，但实质上是否真正得到了审计团队的轮换需要打个问号。

而从行业上来看，根据WIND一级分类，工业行业占到306家A股上市公司中的77席，为更换会计师事务所最多的一个行业。而百货、服装、烟花等组成的可选消费行业占到52家，位列第二。金融行业则有34家，位列第四。

值得庆幸的是，如今上市公司更换会计师事务所越来越被监管层和投资者所看重。中注协在2012年就先后两次约谈过会计师事务所提示频繁更换会计师事务所的审计风险。而曾冲刺IPO的无锡上机数控就被媒体曝光频繁更换会计师事务所，最终被证监会否定，折戟IPO。

资料来源：杨倩雯.上市公司上演会计师事务所"换师秀"[N].第一财经日报，2012-05-15.内容有所删减。

【思考】

（1）注册会计师在接受审计委托时应坚持哪些主要的社会主义核心价值观？从哪些方面考虑是否接受审计委托？

（2）在审计过程中注册会计师和被审计单位各自承担什么责任？

任务一　接受业务委托

知识精讲

一、初步业务活动

（一）初步业务活动的目的

1.初步业务活动的含义

自会计师事务所与客户的接触起，审计业务活动就开始了，我们称之为初步业务活动。初步业务活动是指注册会计师在本期审计业务开始时开展的有利于计划和执行审计工作，实现审计目标的活动的总称。注册会计师开展初步业务活动，是为了实现以下三个主要目的：

（1）注册会计师已具备执行业务所需要的独立性和能力；

（2）不存在因管理层诚信问题而可能影响注册会计师承接或保持该项业务意愿的事项；

（3）与被审计单位不存在对业务约定条款的误解。

初步业务活动的内容主要包括以下方面：

2.初步业务活动的内容

（1）针对保持客户关系和具体审计业务实施相应的质量管理程序；

（2）评价遵守职业道德规范的情况；

（3）就业务约定条款与被审计单位达成一致意见。

【提示】初步业务活动是控制和降低审计风险的第一道，也是非常重要的屏障。

3.审计的前提条件

审计的前提条件是指被审计单位管理层在编制财务报告时采用可接受的财务报告编制基础，以及管理层对注册会计师执行审计工作的前提的认可。

（1）财务报告编制基础。根据《中国注册会计师鉴定业务基本准则》的要求，注册会计师应对被审计单位财务报告编制基础进行如下判断：确定财务报告编制基础的可接受性、通用目的的编制基础。

（2）就管理层的责任达成一致意见。按照适用的财务报告编制基础编制财务报表，并使其实现公允反映（如适用）；设计、执行和维护必要的内部控制，以使财务报表不存在舞弊和错误导致的重大错报；向注册会计师提供必要的工作条件，包括允许注册会计师接触与编制财务报表相关的所有信息（如记录、文件和其他事项），向注册会计师提供审计所需要的其他信息，允许注册会计师在获取审计证据时不受限制地接触其认为必要的内部人员和其他相关人员。

（二）初步业务活动的程序

为了预防和降低审计风险，保证审计工作质量，中国注册会计师协会对注册会计师的审计工作提供了各种审计业务活动的程序表，初步业务活动也不例外。初步业务活动程序表见表2-1。

表2-1   初步业务活动程序表

被审计单位：_____	索引号：_____
项目：**初步业务活动**	财务报表截止日/期间：_____
编制：_____	复核：_____
日期：_____	日期：_____

确定是否接受业务委托；如接受业务委托，确保在计划审计工作时达到下列要求：

（1）注册会计师已具备执行业务所需要的独立性和专业胜任能力；

（2）不存在因管理层诚信问题而影响注册会计师承接或保持该项业务意愿的情况；

（3）与被审计单位不存在对业务约定条款的误解。

初步业务活动程序	索引号	执行人
1.如果是首次接受审计委托，实施下列程序：		
（1）与被审计单位面谈，讨论下列事项：		
①审计的目标；		
②审计报告的用途；		
③管理层对财务报表的责任；		
④审计范围；		
⑤执行审计工作的安排，包括出具审计报告的时间要求；		
⑥审计报告格式和对审计结果的其他沟通形式；		
⑦管理层提供必要的工作条件和协助；		
⑧注册会计师不受限制地接触任何与审计有关的记录、文件和所需要的其他信息；		
⑨利用被审计单位专家或内部审计人员的程度（必要时）；		
⑩审计收费。		
（2）初步了解被审计单位及其环境，并予以记录。		
（3）征得被审计单位书面同意后，与前任注册会计师沟通		
2.如果是连续审计，实施下列程序		
（1）了解审计的目标、审计报告的用途、审计范围和时间安排等。		
（2）查阅以前年度审计工作底稿，重点关注非标准审计报告涉及的说明事项，管理建议书的具体内容，重大事项概要等。		
（3）初步了解被审计单位及其环境发生的重大变化，并予以记录。		
（4）考虑是否需要修改业务约定条款，以及是否需要提醒被审计单位注意现有的业务约定条款		
3.评价是否具备执行该项审计业务所需要的独立性和专业胜任能力		
4.完成业务承接评价表或业务保持评价表		
5.签订审计业务约定书（适用于首次接受业务委托，以及连续审计中修改长期审计业务约定书条款的情况）		

二、接受审计委托的程序

（一）客户的接受和保持

1.针对保持客户关系和具体审计业务实施相应的质量管理程序

（1）会计师事务所可以区别首次接受委托和针对连续审计的情况制定不同的质量管理程序，以提高审计工作的效率及效果；

（2）在连续审计的情况下，注册会计师已经积累了一定的审计经验，因此，在决定是否保持与某一客户的关系时，项目负责人通常重点考虑本期或上期审计中发现的重大事项，及其对保持该客户关系及审计业务的影响。

2.评价遵守职业道德规范的情况

（1）中国注册会计师审计准则关于财务报表审计质量管理包括了对保持独立性在内的有关职业道德规范，注册会计师应当按照其规定执行；

（2）中国注册会计师职业道德守则要求项目组成员恪守独立、客观、公正的原则，保持专业胜任能力和应有的关注，并对审计过程中获知的信息保密；

（3）对于保持独立性，质量管理准则要求会计师事务所制定政策和程序，及项目负责人实施相应措施，以保持独立性。例如，会计师事务所应当每年至少一次向所有受独立性要求约束的人员获取其遵守独立性政策和程序的书面确认函。

由于在审计工作中情况会发生变化，注册会计师在审计业务的全过程中均应考虑针对保持客户关系和具体审计业务实施的质量管理程序以及评价遵守职业道德的情况。例如，在现场审计过程中，如果注册会计师发现财务报表存在舞弊，使其对管理层、治理层的胜任能力或诚信产生了极大疑虑，则注册会计师需要针对这一新情况，考虑并在必要时重新实施相应的质量管理程序，以决定是否继续保持客户关系及该项业务。

虽然保持客户关系及具体审计业务和评价职业道德的工作贯穿于审计业务的全过程，但是初始进行这两项活动需要安排在其他重要审计工作之前，以确保注册会计师已具备执行业务所需要的独立性和专业胜任能力，且不存在因管理层诚信问题而影响注册会计师保持该项业务意愿等情况。

3.新客户的接受

（1）通过客户上门、营销人员推销或其他人士推荐，接触客户，了解客户对审计的需求，了解客户的审计目的和审计报告的用途；

（2）通过与客户接触了解客户概况、生产经营基本情况、财务工作基本情况等信息，初步判断客户的审计业务是否具有可审性、是否属于会计师事务所的审计业务范围；

（3）与客户确定进一步到客户生产经营现场进行了解和评价其可审性的时间；

（4）安排前往客户现场进行了解和评价其可审性工作的注册会计师（至少2人）。

4.老客户的保持

（1）每年定期主动与老客户联系，确定是否需要继续提供审计服务业务；

（2）获取客户生产经营变动情况的信息；

（3）与客户确定变化的情况、原因及影响范围；

（4）安排前往客户现场进行了解和评价其持续可审性工作的注册会计师（至少2人）。

【提示】在接受审计委托阶段，注册会计师除了要考察客户的可审性、自身专业胜任能力外，还要特别注意考察自己是否能够保持独立性，做到客观公正地审计。

（二）了解和评价被审计单位

了解和评价被审计单位的目的，是评价被审计单位的可审性，判断注册会计师的业务胜任能力和独立性。因此，了解和评价被审计单位的主要工作内容是了解其基本情况。注册会计师了解被审计单位基本情况，不仅有助于确定是否接受业务委托，还有助于计划和执行审计业务。注册会计师应了解被审计单位的以下基本情况：业务性质、经营规模和组织结构；经营情况和经营风险；以前年度接受审计的情况；财务会计机构和工作组织；其他与签订审计业务约定书相关的事项。

注册会计师在了解被审计单位基本情况后，一般通过"业务承接评价表"或"业务保持评价表"对客户作出评价，从而决定是否接受审计委托，亦即决定是否接受或保持该客户。具体业务流程如下：

（1）注册会计师持"业务承接评价表"或"业务保持评价表"前往客户生产经营所在地进行现场调查；

（2）注册会计师对调查过程和结果进行记录；

（3）注册会计师根据调查结果和记录，评价是否承接或保持该客户。

业务承接评价表的内容与格式见表2-2（业务保持评价表的内容与格式与之相似，略）。

表2-2   业务承接评价表

被审计单位：_____	索引号：_____
项目：初步业务活动	财务报表截止日/期间：_____
编制：_____	复核：_____
日期：_____	日期：_____

1.客户法定名称（中/英文）：
2.客户地址：
电话：   传真：
电子信箱：   网址：
联系人：
3.客户性质（国有/外商投资/民营/其他）：
4.客户所属行业、业务性质与主要业务：

5.最初接触途径（详细说明）：
（1）本所职工引荐
（2）外部人员引荐
（3）其他（详细说明）
6.客户要求我们提供审计服务的目的以及出具审计报告的日期。

7.治理层及管理层关键人员（姓名与职位）：

姓　名	职　位

8.主要财务人员（姓名与职位）：

姓　名	职　位

9.直接控股母公司、间接控股母公司、最终控股母公司的名称、地址、相互关系、主营业务及持股比例：
10.子公司的名称、地址、相互关系、主营业务及持股比例：
11.合营企业的名称、地址、相互关系、主营业务及持股比例：
12.联营企业的名称、地址、相互关系、主营业务及持股比例：
13.分公司的名称、地址、相互关系、主营业务：
14.客户主管税务机关：
15.客户法律顾问或委托律师（机构、经办人、联系方式）：

16.客户常年会计顾问（机构、经办人、联系方式）：

17.前任注册会计师（机构、经办人、联系方式），变更会计师事务所的原因，以及最近三年变更会计师事务所的频率。

18.根据对客户及其环境的了解，记录下列事项：

客户的诚信	
信息来源	审计说明
（1）与为客户提供专业会计服务的现任或前任人员进行沟通，并与其讨论	
（2）向会计师事务所其他人员、监管机构、金融机构、法律顾问和客户的同行等第三方询问	
（3）从相关数据库中搜索客户的背景信息	
考虑因素	审计说明
（1）客户主要股东、关键管理人员、关联方及治理层的身份和商业信誉	
（2）客户的经营性质	
（3）客户主要股东、关键管理人员及治理层对内部控制环境和会计准则等的态度	
（4）客户是否过分考虑将会计师事务所的收费维持在尽可能低的水平	
（5）工作范围受到不适当限制的迹象	
（6）客户可能涉嫌洗钱或其他刑事犯罪行为的迹象	
（7）变更会计师事务所的原因	
（8）关键管理人员是否更换频繁	
⋮	
经营风险	
信息来源	审计说明
（1）从相关数据库中搜索客户的背景信息	
⋮	
考虑因素	审计说明
（1）行业内类似企业的经营业绩	

（2）法律环境	
（3）监管环境	
（4）受国家宏观调控政策的影响程度	
（5）是否涉及重大法律诉讼或调查	
（6）是否计划或有可能进行合并或处置资产	
（7）客户是否依赖主要客户（来自该客户的收入占全部收入的大部分）或主要供应商（来自该供应商的采购占全部采购的大部分）	
（8）管理层是否倾向于异常或不必要的风险	
（9）关键管理人员的薪酬是否基于客户的经营状况确定	
（10）管理层是否在达到财务目标或降低所得税方面承受不恰当的压力	
⋮	
财务状况	
信息来源	**审计说明**
（1）近三年财务报表	
⋮	
考虑因素	**审计说明**
（1）现金流量或营运资金是否能够满足经营、债务偿付以及分发股利的需要	
（2）是否存在对发行新债务和权益的重大需求	
（3）贷款是否延期未清偿，或存在违反贷款协议条款的情况	
（4）最近几年销售、毛利率或收入是否存在恶化的趋势	
（5）是否涉及重大关联方交易	
（6）是否存在复杂的会计处理问题	
（7）客户融资后，其财务比率是否恰好达到发行新债务或权益的最低要求	
（8）是否使用衍生金融工具	
（9）是否经常在年末或临近年末发生重大异常交易	
（10）是否对持续经营能力产生怀疑	
客户的风险级别（高/中/低）：	

续表

19.根据本所目前的情况，考虑下列事项：	
项目组的时间和资源	
考虑因素	审计说明
1.根据本所目前的人力资源情况，是否拥有足够的具有必要素质和专业胜任能力的人员组建项目组	
2.是否能够在提交报告的最后期限内完成业务	
项目组的专业胜任能力	
考虑因素	审计说明
1.初步确定的项目组关键人员是否熟悉相关行业或业务对象	
2.初步确定的项目组关键人员是否具有执行类似业务的经验，或是否具备有效获取必要技能和知识的能力	
3.在需要时，是否能够得到专家的帮助	
4.如果需要项目质量复核，是否具备符合标准和资格要求的项目质量复核人员	
独立性	
经济利益	
考虑因素	审计说明
1.本所或项目组成员是否存在经济利益对独立性的损害	
2.与客户存在专业服务收费以外的直接经济利益或重大的间接经济利益	
3.过分依赖向客户收取的全部费用	
4.与客户存在密切的经营关系	
5.过分担心可能失去业务	
6.可能与客户发生雇佣关系	
7.存在与该项审计业务有关的或有收费	
自我评价	
考虑因素	审计说明
1.本所或项目组成员是否存在自我评价对独立性的损害	
2.项目组成员曾是客户的董事、经理、其他关键管理人员或能够对本业务产生直接重大影响的员工	
3.为客户提供直接影响财务报表的其他服务	
4.为客户编制用于生成财务报表的原始资料或其他记录	

续表

关联关系	
考虑因素	审计说明
1.本所或项目组成员是否存在关联关系对独立性的损害	
2.与项目组成员关系密切的家庭成员是客户的董事、经理、其他关键管理人员或能够对本业务产生直接重大影响的员工	
3.客户的董事、经理、其他关键管理人员或能够对本业务产生直接重大影响的员工是本所的前高级管理人员	
4.本所的高级管理人员或签字注册会计师与客户长期交往	
5.接受客户或其董事、经理、其他关键管理人员或能够对本业务产生直接重大影响的员工的贵重礼品或超出社会礼仪的款待	
外界压力	
考虑因素	审计说明
1.本所或项目组成员是否存在外界压力对独立性的损害	
2.在重大会计、审计等问题上与客户存在意见分歧而受到解聘威胁	
3.受到有关单位或个人不恰当的干预	
4.受到客户降低收费的压力而不恰当地缩小工作范围	

预计收取的费用及可回收比率：

预计审计收费：

预计成本（计算过程）：

可回收比率：

20.其他方面的意见：

项目负责合伙人：   风险管理负责人（必要时）：

基于上述方面，我们＿＿＿（接受   基于上述方面，我们＿＿＿（接受

或不接受）此项业务。   或不接受）此项业务。

签名：   签名：

日期：   日期：

最终结论：

签名：   日期：

【请注意】"业务承接评价表"适用于新客户;"业务保持评价表"适用于老客户。

(三)确定审计业务约定书的条款

当注册会计师决定接受或保持客户的审计委托后,需同客户签订审计业务约定书,才可实施审计。注册会计师如果同意接受客户的审计委托,则可进入签订审计业务约定书阶段,即签订审计业务服务合同:①注册会计师根据客户审计需求拟定或修改审计业务约定书;②注册会计师与客户就审计业务约定书中有关事项进行协商、完善;③双方就审计业务约定书中的条款达成协议,签字盖章生效。

审计业务约定书是指会计师事务所与被审计单位签订的,用以记录和确认审计业务的委托与受托关系、审计目标和范围、双方的责任以及报告的格式等事项的书面协议。

审计业务约定书的含义可从以下几个方面加以理解:①签约主体通常是会计师事务所和被审计单位,但也存在委托人与被审计单位不是同一方的情形,在这种情形下,签约主体通常还包括委托人;②约定内容主要涉及审计业务的委托与受托关系、审计目标和范围、双方责任以及报告的格式;③文件性质属于书面协议,具有委托合同的性质,一经有关签约主体签字或盖章,在各签约主体之间即具有法律约束力。

注册会计师应当在审计业务开始前,与被审计单位就审计业务约定条款达成一致意见,并签订审计业务约定书,以避免双方对审计业务的理解产生分歧。

【请注意】如果被审计单位不是委托人,在签订审计业务约定书前,注册会计师应当与委托人、被审计单位就审计业务约定相关条款进行充分沟通,并达成一致意见。

1.审计业务约定书的必备条款

审计业务约定书的具体内容可能因被审计单位的不同而存在差异,但应当包括下列主要方面:

(1)财务报表审计的目标。财务报表审计的目标是注册会计师通过执行审计工作,对财务报表是否按照适用的会计准则和相关会计制度的规定编制,是否在所有重大方面公允反映被审计单位的财务状况、经营成果和现金流量发表审计意见。

(2)管理层对财务报表的责任。在被审计单位治理层的监督下,按照适用的会计准则和相关会计制度的规定编制财务报表是被审计单位管理层的责任;管理层编制财务报表采用的会计准则和相关会计制度;管理层为注册会计师提供必要的工作条件和协助;管理层对其作出的与审计有关的声明予以书面确认。

(3)审计范围。审计范围包括指明在执行财务报表审计业务时遵守的中国注册会计师审计准则(以下简称审计准则)。**审计范围是指为实现财务报表审计目标,注册会计师根据审计准则和职业判断实施的恰当的审计程序的总和。**

(4)执行审计工作的安排。执行审计工作的安排具体包括出具审计报告的时间要求;审计报告格式和对审计结果的其他沟通形式。

(5)由于测试的性质和审计的其他固有限制,以及内部控制的固有局限性,不可避免地存在着某些重大错报在审计后可能仍然未被发现的风险。

(6)注册会计师不受限制地接触任何与审计有关的记录、文件和所需要的其他信息;注册会计师对执业过程中获知的信息保密。

（7）审计收费。该项包括收费的计算基础和收费安排。在签订审计业务约定书前，注册会计师应当与委托人商定审计收费。在确定收费时，注册会计师应当考虑以下因素：审计服务所需的知识和技能；所需专业人员的数量、水平和经验；每一名专业人员提供服务所需的时间；提供审计服务所需承担的责任；各地有关审计收费标准的规定。

（8）违约责任。

（9）解决争议的方法。

（10）签约双方法定代表人或其授权代表的签字盖章，以及签约双方加盖的公章。

上述条款都是审计业务约定书的必备条款。之所以将这些条款作为审计业务约定书的必备条款，是因为审计工作专业性强，而委托人可能混淆被审计单位管理层与注册会计师的责任，或不了解审计的固有限制而对审计有不恰当的预期。在这种情况下，在审计业务约定书中明确上述条款，有助于避免委托人对审计业务的目标和作用等产生误解。

2.在情况需要时应当考虑增加的业务约定条款

如果情况需要，注册会计师应当考虑在审计业务约定书中列明下列内容：

（1）在某些方面对利用其他注册会计师和专家工作的安排；

（2）与审计涉及的内部审计师和被审计单位其他员工工作的协调；

（3）预期向被审计单位提交的其他函件或报告；

（4）与治理层整体直接沟通；

（5）在首次接受审计委托时，对与前任注册会计师沟通的安排；

（6）注册会计师与被审计单位之间需要达成进一步协议的事项。

注册会计师与被审计单位之间就有关审计的各个事项达成一致后，就可以签订正式的审计业务约定书了。企业年度报表审计的审计业务约定书（适用于单一企业、年报审计）的一般格式如下：

审计业务约定书

编号：

甲方：××公司

乙方：××会计师事务所

兹由甲方委托乙方对20×4年度财务报表进行审计，经双方协商，达成以下约定：

一、业务范围与审计目标

1.乙方接受甲方委托，对甲方按照企业会计准则编制的20×4年12月31日的资产负债表，20×4年度的利润表、现金流量表、所有者权益（或股东权益）变动表以及财务报表附注（以下统称财务报表）进行审计。

2.乙方审计工作的目标是对财务报表整体是否不存在由于舞弊或错误导致的重大错报获取合理保证，并出具包含审计意见的审计报告。合理保证是高水平的保证，但并不能保证按照审计准则执行的审计在某一重大错报存在时总能发现。错报可能由于舞弊或错误导致，如果合理预期错报单独或汇总起来可能影响财务报表使用者依据财务报表作出的经济决策，则通常认为错报是重大的。

3.乙方通过执行审计工作，对财务报表的下列方面发表审计意见：

（1）财务报表是否按照企业会计准则的规定编制；

（2）财务报表是否在所有重大方面公允反映甲方20×4年12月31日的财务状况以及20×4年度经营成果和现金流量。

二、甲方的责任

1.根据《中华人民共和国会计法》及《企业财务会计报告条例》，甲方及甲方负责人有责任保证会计资料的真实性和完整性。因此，甲方管理层有责任妥善保存和提供会计记录（包括但不限于会计凭证、会计账簿及其他会计资料），这些资料必须真实、完整地反映甲方的财务状况、经营成果和现金流量。

2.按照企业会计准则的规定编制和公允反映财务报表是甲方管理层的责任，这种责任包括：（1）按照企业会计准则的规定编制财务报表，并使其实现公允反映；（2）设计、执行和维护必要的内部控制，以使财务报表不存在由于舞弊或错误而导致的重大错报。

3.在编制财务报表时，甲方管理层负责评估甲方的持续经营能力，必要时披露与持续经营相关的事项，并运用持续经营假设，除非管理层计划清算、终止运营或别无其他现实的选择。甲方治理层负责监督甲方的财务报告过程。

4.及时为乙方的审计工作提供与审计有关的所有记录、文件和所需的其他信息（在20×5年×月×日之前提供审计所需的全部资料，如果在审计过程中需要补充资料，亦应及时提供），并保证所提供资料的真实性和完整性。

5.确保乙方不受限制地接触其认为必要的甲方内部人员和其他相关人员。

6.甲方管理层对其作出的与审计有关的声明予以书面确认。

7.为乙方派出的有关工作人员提供必要的工作条件和协助，乙方将于外勤工作开始前提供主要事项清单。

8.按照本约定书的约定及时足额支付审计费用以及乙方人员在审计期间的交通、食宿和其他相关费用。

9.乙方的审计不能减轻甲方及甲方管理层的责任。

三、乙方的责任

1.乙方按照中国注册会计师审计准则（以下简称审计准则）的规定执行审计工作。审计准则要求注册会计师遵守中国注册会计师职业道德守则，在执行审计的过程中，乙方需要运用职业判断，保持职业怀疑。

2.乙方识别和评估由于舞弊或错误导致的财务报表重大错报风险，设计和实施审计程序以应对这些风险，并获取充分、适当的审计证据，作为发表审计意见的基础。由于舞弊可能涉及串通、伪造、故意遗漏、虚假陈述或凌驾于内部控制之上，未能发现由于舞弊导致的重大错报的风险高于未能发现由于错误导致的重大错报的风险。

3.乙方了解与审计相关的内部控制，以设计恰当的审计程序，但目的并非对内部控制的有效性发表意见。

4.乙方评价管理层选用会计政策的恰当性和作出会计估计及相关披露的合理性。

5.乙方对甲方管理层使用持续经营假设的恰当性得出结论。同时，根据获取的审计证据，就可能导致对甲方持续经营能力产生重大疑虑的事项或情况是否存在重大不确定性得出结论。如果乙方得出结论认为存在重大不确定性，应当在审计报告中提请报表使用者注意财务报表中的相关披露；如果披露不充分，乙方应当发表非无保留意见。乙方的结论基于截至审计报告日可获得的信息。然而，未来的事项或情况可能导致甲方不能持续经营。

6. 乙方评价财务报表的总体列报、结构和内容，并评价财务报表是否公允反映相关交易和事项。

7. 乙方从与甲方治理层沟通过的事项中，确定对本期财务报表审计最为重要的事项（关键审计事项），并在审计报告中描述这些事项（如适用）。这些事项的应对以对财务报表整体进行审计并形成审计意见为背景，乙方不对这些事项单独发表意见。

8. 在审计过程中，乙方若发现甲方存在乙方认为值得关注的内部控制缺陷，应以书面形式向甲方治理层或管理层通报。但乙方通报的各种事项，并不代表已全面说明所有可能存在的缺陷或已提出所有可行的改进建议。甲方在实施乙方提出的改进建议前应全面评估其影响。未经乙方书面许可，甲方不得向任何第三方提供乙方出具的沟通文件，除非法律法规另有要求。

9. 由于审计和内部控制的固有限制，即使按照审计准则的规定适当地计划和执行审计工作，仍无法避免财务报表的某些重大错报可能未被乙方发现的风险。

10. 按照约定时间完成审计工作，出具审计报告。乙方应于20×5年×月×日前出具审计报告。

11. 除下列情况外，乙方应当对执行业务过程中知悉的甲方信息予以保密：（1）法律法规允许披露，并取得甲方的授权；（2）根据法律法规的要求，为法律诉讼、仲裁准备文件或提供证据，以及向监管机构报告发现的违法行为；（3）在法律法规允许的情况下，在法律诉讼、仲裁中维护自己的合法权益；（4）接受注册会计师协会或监管机构的执业质量检查，答复其询问和调查；（5）向注册会计师协会或监管机构进行报备；（6）法律法规、执业准则和职业道德规范规定的其他情形。

四、审计收费

1. 本次审计服务的收费是以乙方各级别工作人员在本次工作中所耗费的时间为基础计算的。乙方预计本次审计服务的费用总额为人民币×元。

2. 甲方应于本约定书签署之日起×日内支付×%的审计费用，其余款项于［审计报告草稿完成日］结清。

3. 如果由于无法预见的原因，致使乙方从事本约定书所涉及的审计服务实际时间较本约定书签订时预计的时间有明显增加或减少时，甲乙双方应通过协商，相应调整本部分第1段所述的审计费用。

4. 如果由于无法预见的原因，致使乙方人员抵达甲方的工作现场后，本约定书所涉及的审计服务中止，甲方不得要求退还预付的审计费用；如上述情况发生于乙方人员完成现场审计工作，并离开甲方的工作现场之后，甲方应另行向乙方支付人民币×元的补偿费，该补偿费应于甲方收到乙方的收款通知之日起×日内支付。

5. 与本次审计有关的其他费用（包括交通费、食宿费等）由甲方承担。

五、审计报告和审计报告的使用

1.乙方按照审计准则规定的格式和类型出具审计报告。

2.乙方向甲方出具审计报告一式××份。

3.甲方在提交或对外公布乙方出具的审计报告及其后附的已审计财务报表时，不得对其进行修改。当甲方认为有必要修改会计数据、报表附注和所作的说明时，应当事先通知乙方，乙方将考虑有关的修改对审计报告的影响，必要时，将重新出具审计报告。

六、本约定书的有效期间

本约定书自签署之日起生效，并在双方履行完本约定书约定的所有义务后终止。但其中第三项第11段、第四、五、七、八、九、十项并不因本约定书终止而失效。

七、约定事项的变更

如果出现不可预见的情况，影响审计工作如期完成，或需要提前出具审计报告时，甲乙双方均可要求变更约定事项，但应及时通知对方，并由双方协商解决。

八、终止条款

1.如果根据乙方的职业道德及其他有关专业职责，适用的法律、法规或其他任何法定的规定，乙方认为已不适宜继续为甲方提供本约定书约定的审计服务，乙方可以向甲方提出终止履行本约定书。

2.在本约定书终止的情况下，乙方有权就其于终止之日前对约定的审计服务项目所做的工作收取合理的费用。

九、违约责任

甲乙双方按照《中华人民共和国民法典》的规定承担违约责任。

十、适用法律和争议解决

本约定书的所有方面均应适用中华人民共和国法律进行解释并受其约束。本约定书履行地为乙方出具审计报告所在地，因本约定书所引起的或与本约定书有关的任何纠纷或争议（包括关于本约定书条款的存在、效力或终止，或无效之后果），双方选择以下第_____种解决方式：

1.向有管辖权的人民法院提起诉讼；

2.提交××仲裁委员会仲裁。

十一、双方对其他有关事项的约定

本约定书一式两份，甲乙双方各执一份，具有同等法律效力。

甲方：　　　（盖章）　　　　　　　乙方：××会计师事务所（盖章）

授权代表：（签章）　　　　　　　　授权代表：（签章）

电话：　　　　　　　　　　　　　　电话：

传真：　　　　　　　　　　　　　　传真：

联系人：　　　　　　　　　　　　　联系人：

20×5年××月××日　　　　　　　　20×5年××月××日

德技并修

资料：20×5年1月5日，恒信会计师事务所业务一部注册会计师韩山的大学密友郑平，拟将自己亲叔叔开办的华讯科技公司20×4年度财务报表委托韩山所在的会计师事务所审计。郑平希望韩山能够承接对该公司的审计业务。出于一方面受朋友所托，另一方面可以开拓一个新客户的考虑，韩山非常痛快地答应了，通过电话与华讯科技公司达成业务约定，同时韩山考虑该项业务的复杂性和特殊性，除按规定标准收取审计费外，另提出增加1万元赶工费，并于20×5年2月6日亲自带领审计小组直接到华讯科技公司实施报表审计。

2月12日韩山带领的审计小组结束了审计工作，并于2月15日按华讯科技公司的要求提交了审计报告。由于华讯科技公司有一处对财务报表有重大影响的会计核算与所采用的会计准则和会计制度不相符，韩山要求华讯科技公司进行调整，但遭到该公司拒绝，韩山出具了保留意见的审计报告。华讯科技公司对审计报告的意见表示不满意，告知郑平。郑平以密友的身份强迫韩山将审计意见改为无保留意见。但是由于华讯科技公司的这一处重大问题引发了经济纠纷，恒信会计师事务所被牵连其中，韩山的执业资格也被吊销，且华讯科技公司以没有合同、韩山额外收费等各种理由一直拖欠审计费用。

华讯科技公司属于私营公司，主营计算机软件开发，兼营计算机硬件、配件销售等，自开业5年来业务发展得不错，但从没有接受过注册会计师审计。韩山是恒信会计师事务所的出资人之一，业务专长是对工业企业，尤其是国有工业企业进行财务报表审计。

问题：

（1）请问韩山带领审计小组辛辛苦苦工作了一番，为什么得到一个被吊销执业资格的结果？

（2）韩山在执业中应当注意坚持哪些价值观念？

分析：

（1）中国注册会计师审计准则要求注册会计师在接受客户审计委托时，首先要对客户的可审性进行了解和评价，并评估自身的业务胜任能力和独立性。韩山不仅没有了解和评价客户的可审性，而且也没有对自己的业务胜任能力和独立性进行评估，就在不签订审计业务约定书的情况下贸然地接受密友的亲友公司审计业务委托，接手自己不熟悉的行业的公司审计业务，严重违反了中国注册会计师审计准则的规定。

（2）韩山在执业中应当坚持的价值观念主要有：天下兴亡，匹夫有责；大道之行，天下为公；实事求是；公正；法治。

典型工作任务实训

一、实训要求

1.阅读并熟悉实训资料、实训材料。

2.在教师指导下，根据实训资料填写"业务承接评价表"。

3.在教师指导下，完成"审计业务约定书"的签订。

4.在教师指导下，进行接受审计委托的角色模拟情景实训（可选）。

二、实训条件

1.实训环境：上课教室或审计实训室。

2.实训材料：业务承接评价表、审计业务约定书、角色模拟情景实训剧本。

3.实训学时：2～4学时。

4.实训操作：首先由教师引导学生阅读、熟悉实训资料和审计工作底稿，然后由学生自主编写、讨论、总结，教师现场指导，最后由教师讲解答案、分析问题。

5.实训方式：可采用小组手工实训方式、单人手工实训方式或分组角色模拟情景实训方式。

三、实训资料

（一）会计师事务所基本资料

北京明城会计师事务所有限责任公司（以下简称明城事务所），为全国百强会计师事务所，是一家具有一定规模的集团化公司；拥有注册会计师200名，其中50名同时具有注册税务师、注册资产评估师、期货证券师资格。事务所主要业务部门包括审计业务部5个、税务业务部2个、咨询业务部2个、资产评估部2个。

（二）客户基本资料

北京经纬股份有限公司（以下简称经纬公司）一直聘请北京佳兴会计师事务所（经办人田军，13811089426）对其财务报表进行审计，该事务所20×5年1月1日由于机构重组不能再为经纬公司服务，经纬公司欲重新选择会计师事务所对其20×4年财务报表进行审计并在20×5年4月10日前出具财务报表审计报告。

明城事务所接到经纬公司的业务请求后，于20×4年11月20日安排审计二部姜云燕和王立华两名注册会计师（王立华为项目经理，姜云燕为审计二部经理），对经纬公司的基本情况进行了调查了解；北京明城会计师事务所地址：北京市东城区380号；联系电话：010-88232923；传真：010-88232936。

角色模拟：接受审计委托

明城事务所审计二部经理姜云燕与经纬公司总经理为五代以外表兄弟关系。明城事务所审计三部注册会计师马浩3年前曾经以私人名义为经纬公司进行会计内部控制制度设计咨询和指导。

（三）北京经纬股份有限公司资料

截至20×4年11月20日，北京经纬股份有限公司的资料如下：

1.公司基本情况简介

公司名称：北京经纬股份有限公司

英文名称：BEIJING JINGWEI COMPANY LIMITED

法定代表人：徐进

注册资本：678 000 000元

实收资本：678 034 200元

注册地址：北京市大兴区1320号

办公地址：北京市大兴区1320号

邮政编码：100213

电　　话：010-85232586

传　　真：010-85232584

公司国际互联网网址：http://www.bjjwgf.com.cn

公司电子信箱：jwgf@bjjwgf.com.cn

公司统一社会信用代码：11331200567849468X

公司经营范围：化工及化纤材料产品的生产和销售，机械，机电，五金，金属材料的批发、零售、代购代销；经营企业自产产品及技术的出口业务，进口本企业所需的原辅材料、仪器仪表、机械设备及技术（涉及行业审批的凭许可证经营）。业务分布国内各个省份及美国、日本、法国、德国、英国等国家。

公司是于1993年3月22日由经纬集团独家发起设立的股份有限公司，成立时公司总股本34 000万股，控股股东经纬集团持股65.91%，公司股票于1996年6月2日在上海证券交易所上市。2004年，公司实施了送红股、资本公积转增股本的利润分配后，总股数增至63 200万股。公司在2006年2月完成股权分置改革工作，2011年8月完成非公开发行后，总股数增至67 800万股，国有法人股权由实际控制人天津天纺集团和控股股东经纬集团分别持有，持股比例合计68.71%。

经纬公司目前是全球最大的包芯棉纺织品供应商之一，专门致力于高附加值时尚棉纺织品的制造与销售，目前已成为中国棉纺织行业竞争力前10强企业。公司拥有216万纱锭及572台喷气织机的生产能力，投资总规模超过80亿元。公司雇佣员工超过20 000人。拥有中国市场及全球主要市场全覆盖的销售办事处，逾千个国内外客户，客户基础雄厚，年销售额超过100亿元。产品主要为纱线、坯布、面料和服装，行销世界各地。

2.公司控制关系，实际控制人、控股股东情况介绍

公司实际控制人天津天纺集团有限公司（地址：天津市塘沽工业园区120号；主营：涤纶、锦纶及丙纶长丝的包芯棉纺织品等）持有公司控股股东北京经纬集团有限公司56%的股权。实际控制人持有本公司股份15 322 800股，占公司总股本22.6%。截至20×4年11月30日，天津天纺集团总资产为211.34亿元、净资产为63.61亿元（归属于母公司的为41.46亿元）。

公司控股股东北京经纬集团有限公司持有公司股份325 440 000股，占公司总股本48%。截至20×4年11月30日，北京经纬集团总资产为101.66亿元、净资产为25.21亿元（归属于母公司的为10.63亿元）。

3.公司主要子公司情况介绍

公司主要子公司情况见表2-3。

表2-3 公司主要子公司情况表

单位名称	出资金额（万元）	持股比例（%）
天津天纺银龙有限公司	75 417.68	90.91
苏州经纬纺织有限公司	13 912.68	54.80

（1）天津天纺银龙有限公司主营金属丝、涤纶、丙纶的包芯棉纺织品。地址：天津市塘沽工业园区120号。

（2）苏州经纬纺织有限公司主营坯布、面料产品。公司持有其54.80%的股份，处于控股地位。地址：苏州市昆山工业园区1208号。

4.主要会计政策

（1）经纬公司会计核算执行的是企业会计准则、企业会计制度；记账本位币为人民币；外汇收入按当月1日的汇率计算。

（2）交易性金融资产期末按市价计价，无其他短期投资。

（3）坏账采用应收账款年末余额百分比法，计提比率为1%；存货一律采用实际成本法进行核算，发出计价采用加权平均法；产品成本采用逐步结转法；在产品按约当产量法计算期末成本；在产品期末成本包括料、工、费；周转材料采用五五摊销法；期末存货分类别按成本高于可变现净值的差额计提存货跌价准备。

（4）长期股权投资按会计准则的规定进行核算，期末计提减值准备。

（5）固定资产采用直线法计提折旧，期末净残值率为5%；固定资产折旧年限分别为：房屋建筑物30年、机器设备10年、运输工具8年、电子设备5年。

（6）固定资产建设贷款利息均按规定进行了资本化和非资本化会计核算；固定资产、在建工程、无形资产计提减值准备；无形资产只有一项专利权，按10年平均摊销；无长期待摊费用。

（7）收入、成本、费用严格按照会计准则和企业会计制度的要求进行会计核算。

（8）各种税率及附加率：所得税25%、增值税13%、城市维护建设税5%、教育费附加3%。

（9）法定盈余公积计提比例为10%、任意盈余公积计提比例为5%。

5.治理层及管理层关键人员（职位与姓名）

董事长：徐进

总经理：朱燕青

副总经理：魏正贤、卢奇峰、郭志伟

6.主要财务人员（职位与姓名）

总会计师：季青青

财务经理：柴云梅

会计主管：吴美立（业务联系人）

7.律师及联系方法

经纬公司长期聘用北京常青律师事务所律师韩伟担任其法律顾问。

韩伟律师的联系电话是13801018116。

8.信用情况

通过信用北京网查知该公司信用等级为AAA。通过前任会计师事务所了解到该公司财务报表一直无重大差错和舞弊。

9.其他情况

通过经纬公司三年财务报表和现有经济、社会环境因素分析，经纬公司在未来三年内暂无经营风险。该公司未发行任何债券，也无其他融资行为。该公司财务报表按照企业会计准则和《企业会计制度》的规定编制（三年财务报表略）。

按北京市物价局：京价〔收〕字〔2001〕335号《中介服务收费管理办法》的规定标准计算，经纬公司此次审计费用应为25 000元。经纬公司承诺在审计约定书签署之日起30日内预付10%的定金，剩余款项于审计报告送达之日起7日内结清。如有任何纠纷选择在北京市仲裁委员会解决。

经纬公司对外业务联络员为公司经理办公室职员金奇范，联系电话：010-85232580、手机：13501013448。

【动脑筋2-1】在接受审计委托阶段，对客户除了评价其可审性、注册会计师的独立性以外，还要评价什么风险？注册会计师在接受审计委托时应坚守哪些社会主义核心价值观？

同步训练

一、单项选择题

1.注册会计师在本期审计业务开始时开展的有利于计划和执行审计工作，实现审计目标的活动总称指的是（　　）。

A.接受客户委托　　B.初步业务活动　　C.保持客户　　D.评价客户

2.对新客户进行了解和评价，注册会计师应记录的工作底稿是（　　）。

A.企业基本情况调查表　　　　　　B.业务保持评价表

C.业务承接评价表　　　　　　　　D.初步业务活动表

3.了解和评价被审计单位需要了解的主要情况是（　　）。

A.历史　　　　　B.现在　　　　　C.未来　　　　　D.基本

4.当注册会计师决定接受或保持客户的审计委托后，需同客户签订的合同是（　　）。

A.审计业务约定书　　　　　　　　B.销售合同

C.审计委托书　　　　　　　　　　D.审计通知书

5.在审计初步业务活动阶段，了解和评价被审计单位的目的，是评价被审计单位的（　　）。

A.独立性　　　　B.可审性　　　　C.专业胜任能力　　D.可靠性

6.下列各项中，不属于初步业务活动内容的是（　　）。

A.运用分析程序评估重大错报风险

B.在承接业务前与前任注册会计师沟通

C.评价遵守相关职业道德要求的情况

D.就审计业务约定条款达成一致意见

7.下列各项中，不属于审计项目初步业务活动的是（　　　）。

A.针对接受或保持客户关系和业务委托的评估程序

B.编制货币资金审计工作底稿

C.征得被审计单位书面同意后，与前任注册会计师沟通

D.签署审计业务约定书

8.会计师事务所要降低审计风险，避免审计失败，必须审慎选择客户，可以接受的客户是（　　　）。

A.会计师事务所与其缺乏独立性的客户

B.明显不讲诚信的客户，即公司管理层或大股东缺乏起码的诚信和正直

C.持续经营和财务支付能力受到质疑的客户，其经营目标、战略措施和财务活动
整体上存在严重问题而易遭到起诉

D.大股东或高管层为了达到某种目的而执意歪曲财务报表或没有公开披露信息

9.在独立审计实务中，不属于签订审计业务约定书作用的是（　　　）。

A.增进了解，加强合作

B.明确义务，划分责任

C.避免委托人对审计业务的目标产生误解

D.避免双方对审计业务的理解产生分歧

10.下列各项不是审计业务约定书必要内容的是（　　　）。

A.财务报表审计的目标

B.管理层对财务报表的责任

C.在某些方面对利用其他专家工作的安排

D.审计范围

二、多项选择题

1.下列各项属于注册会计师开展初步业务活动要实现的主要目的有（　　　）。

A.注册会计师已具备执行业务所需要的独立性和专业胜任能力

B.弄清客户审计目的

C.不存在因管理层诚信问题而影响注册会计师保持该项业务意愿的情况

D.与被审计单位不存在对业务约定条款的误解

2.下列各项属于注册会计师审计初步业务活动内容的主要有（　　　）。

A.针对保持客户关系和具体审计业务实施相应的质量管理程序

B.评价遵守职业道德规范的情况，包括评价独立性

C.就业务约定条款与被审计单位达成一致理解

D.控制测试

3.下列各项不属于接受审计委托的程序的有（　　　）。

A.客户的接受和保持　　　　　　　　B.了解和评价被审计单位

C.确定审计业务约定书的条款　　　　　D.评估注册会计师的独立性

4.下列各项属于审计业务约定书含义的有（　　　）。

　A.签约主体通常是会计师事务所和被审计单位，也包括审计委托人

　B.约定内容主要涉及审计业务的委托与受托关系、审计目标和范围、双方责任以及报告的格式

　C.签约主体通常是会计师事务所和被审计单位，不包括审计委托人

　D.文件性质属于书面协议，具有委托合同的性质，一经签署即具有法律约束力

5.下列各项属于审计业务约定书必备条款的有（　　　）。

　A.财务报表审计的目标　　　　　　　B.管理层对财务报表的责任

　C.审计范围　　　　　　　　　　　　D.审计收费

6.注册会计师开展初步业务活动有助于确保在计划审计工作时达到的要求有（　　　）。

　A.注册会计师已具备执行业务所需要的独立性和专业胜任能力

　B.不存在因管理层诚信问题而影响注册会计师保持该项业务意愿的情况

　C.与被审计单位不存在对业务约定条款的误解

　D.风险评估程序的合理运用

7.下列各项属于注册会计师应了解的被审计单位基本情况有（　　　）。

　A.业务性质、经营规模和组织结构　　B.经营情况和经营风险

　C.以前年度接受审计的情况　　　　　D.财务会计机构及工作组织

8.一般来说，在初步业务活动阶段评估可接受的审计风险时应考虑的因素有（　　　）。

　A.被审计单位的财务状况及经营发展预期

　B.会计师事务所的专业胜任能力

　C.审计报告的意见类型

　D.审计工作底稿的编制

9.下列各项不属于注册会计师开展初步业务活动应了解的企业主要会计政策的有（　　　）。

　A.会计核算执行的是企业会计准则、企业会计制度

　B.存货核算和发出计价方法，坏账准备计提方法和计提比率等，流动资产核算、计价、分摊的会计估计和方法

　C.人事录用方法和程序、薪酬制度

　D.收入、成本、费用严格按照企业会计准则和企业会计制度的要求进行会计核算

10.在初步业务活动中，属于注册会计师和被审计单位就签订审计业务约定书的条件有（　　　）。

　A.注册会计师已具备执行业务所需要的独立性和专业胜任能力

　B.不存在因管理层诚信问题而影响注册会计师保持该项业务意愿的情况

　C.与被审计单位不存在对业务约定条款的误解

　D.被审计单位具有可审性

三、判断题

1.初步业务活动是控制和降低审计风险的第一道，也是非常重要的屏障。（　　　）

2.会计师事务所应当每月向所有受独立性要求约束的人员获取其遵守独立性政策和程序的书面确认函。　　　　　　　　　　　　　　　　　　　　　　　　　　（　　）

3.在接受审计委托阶段，注册会计师除了要考察客户的可审性、自身专业胜任能力外，还要特别注意考察自己是否能够保持独立性，做到客观公正的审计。　（　　）

4.了解和评价被审计单位的目的，是评价被审计单位的可审性。因此，了解和评价被审计单位的主要工作内容是了解其全部生产经营情况。　　　　　　　（　　）

5.注册会计师应当在审计业务开始前，与被审计单位就审计业务约定条款达成一致意见，并签订审计业务约定书，以避免双方对审计业务的理解产生分歧。　（　　）

6.如果是连续接受委托，注册会计师在第二年可以不与被审计单位签订审计业务约定书，直接开展审计工作。　　　　　　　　　　　　　　　　　　　　　（　　）

7.如果会计师事务所不具备专业胜任能力，可以通过聘请专家的方式弥补。（　　）

8.注册会计师应区别首次接受委托和连续审计的情况制定不同的质量管理程序，以提高审计工作效率及效果。　　　　　　　　　　　　　　　　　　　　　　（　　）

9.注册会计师在审计业务全过程均应考虑针对保持客户关系和具体审计业务实施的质量管理程序以及评价遵守职业道德的情况。　　　　　　　　　　　　　（　　）

10.在进行初步业务活动时，参观被审计单位的经营场所主要是获得对被审计单位的一个初步的感性认识，需要关注生产是否正常进行，员工工作热情是否饱满，工作压力是否适当，设备利用是否合理，产、供、销是否独立完整等情况。　　　　　（　　）

四、拓展训练

上市公司美达商贸公司20×5年更换会计师事务所，拟委托中天会计师事务所审计其20×4年度财务报表。中天会计师事务所委派注册会计师辛睿、蔡莉与美达商贸公司洽谈业务，辛睿首先从信用中国和上市公司披露信息的媒体中收集了一些关于美达商贸公司的信息，了解到美达商贸公司主营百货文化用品、五金交电、油墨及印刷器材、家具、食品、纺织品、日用杂品、烟酒等，该公司自2005年上市以来，业务迅速扩张，股价也不断攀升。蔡莉索要了美达商贸公司20×3年和20×4年两年的财务报表，及其前任注册会计师的审计报告，了解到美达商贸公司20×3年和20×4年分别实现主营业务收入34.82亿元和70.46亿元，同比增长152.69%和102.35%，同时，总资产也分别增长了178.25%和60.43%，但利润率从20×3年开始出现明显的下降，由20×3年的2%下降到20×4年的0.69%，远远低于商贸类上市公司的平均水平3.77%。另外，20×4年公司利润总额中40%为投资收益，据辛睿询问美达商贸公司相关人员得知，投资收益系美达商贸公司利用银行承兑汇票（承兑期长达6个月）进行账款结算，从回笼货款到支付货款之间3个月的时间差，把这笔巨额资金委托华南证券进行短期套利所得。

当辛睿询问美达商贸公司更换会计师事务所的理由时，美达商贸公司说明仅仅是由于公司董事会不满意前任注册会计师的工作效率。辛睿主动与前任注册会计师沟通，前任注册会计师表示更换的原因在于双方在某些重大会计、审计问题上存在严重分歧。

要求：以社会主义核心价值观为指导，完成初步业务活动的各项工作，并在此基础上，完成审计风险初步评估。

任务二　编制审计计划

知识精讲

注册会计师在对被审计单位实施审计之前，为了确保审计工作质量，防范审计风险，需针对被审计单位的情况，结合审计目标编制审计计划。在此过程中，需要作出很多关键决策，包括确定可接受的审计风险水平和重要性、配置项目组人员等。

【提示】在计划审计工作时，注册会计师需要进行初步业务活动、制定总体审计策略和具体审计计划。

审计计划分为总体审计策略和具体审计计划两个层次。

一、制定总体审计策略应考虑的事项

总体审计策略用以确定审计范围、时间和方向，并指导制订具体审计计划。在制定总体审计策略时，应考虑以下主要事项。

（一）确定审计范围

注册会计师应当确定审计业务的特征，包括采用的会计准则和相关会计制度、特定行业的报告要求以及被审计单位组成部分的分布等，以确定审计范围。

具体来说，在确定审计范围时，注册会计师需要考虑下列事项：

1.编制拟审财务信息所依据的财务报告编制基础，包括是否需要将财务信息调整至按照其他财务报告编制基础编制；

2.特定行业的报告要求，如某些行业的监管部门要求提交的报告；

3.预期的审计工作涵盖范围，包括需审计的集团内组成部分的数量及所在地点；

4.母公司和集团内其他组成部分之间存在的控制关系的性质，以确定如何编制合并财务报表；

5.由组成部分注册会计师审计组成部分的范围；

6.拟审计的业务分部性质，包括是否需要具备专门知识；

7.外币折算，包括外币交易的会计处理、外币财务报表的折算和相关信息的披露；

8.除对合并目的执行审计工作之外，对个别财务报表进行法定审计的需求；

9.内部审计工作的可获得性及注册会计师拟信赖内部审计工作的程度；

10.被审计单位使用服务机构的情况，及注册会计师如何取得有关服务机构内部控制设计、执行和运行有效性的证据；

11.对利用在以前审计工作中获取的审计证据（如获取的与风险评估程序和控制测试相关的审计证据）的预期；

12.信息技术对审计程序的影响，包括数据的可获得性和预期使用计算机辅助审计

技术的情况；

13.协调审计工作与中期财务信息审阅的预期涵盖范围和时间安排，以及中期审阅所获取的信息对审计工作的影响；

14.被审计单位的人员和相关数据的可获得性。

（二）确定报告目标、时间安排及所需沟通的性质

为确定报告目标、时间安排和所需沟通，注册会计师需要考虑下列事项：

1.被审计单位对外报告的时间表，包括中间阶段和最终阶段；

2.与管理层和治理层举行会谈，讨论审计工作的性质、时间安排和范围；

3.与管理层和治理层讨论注册会计师拟出具的报告的类型和时间安排以及沟通的其他事项（口头或书面沟通），包括审计报告、管理建议书和向治理层通报的其他事项；

4.与管理层讨论预期就整个审计业务中审计工作的进展进行的沟通；

5.与组成部分注册会计师沟通拟出具的报告的类型和时间安排，以及与组成部分审计相关的其他事项；

6.项目组成员之间沟通的预期性质和时间安排，包括项目组会议的性质和时间安排，以及复核已执行工作的时间安排；

7.预期是否需要和第三方进行其他沟通，包括与审计相关的法定或约定的报告责任。

（三）确定审计方向

总体审计策略的制定应当包括考虑影响审计业务的重要因素，以确定项目组工作方向，包括确定适当的重要性水平，初步识别可能存在较高的重大错报风险的领域，初步识别重要的组成部分和账户余额，评价是否需要针对内部控制的有效性获取审计证据，识别被审计单位、所处行业、财务报告要求及其他相关方面最近发生的重大变化等。

在确定审计方向时，注册会计师需要考虑下列事项：

1.重要性方面，具体包括：为计划目的确定重要性；为组成部分确定重要性且与组成部分的注册会计师沟通；在审计过程中重新考虑重要性；识别重要的组成部分和账户余额。

2.重大错报风险较高的审计领域。

3.评估的财务报表层次的重大错报风险对指导、监督及复核的影响。

4.项目组成员的选择（在必要时包括项目质量复核人员）和工作分工，包括向重大错报风险较高的审计领域分派具备适当经验的人员。

5.项目预算，包括考虑为重大错报风险可能较高的审计领域分配适当的工作时间。

6.向项目组成员强调在收集和评价审计证据过程中保持职业怀疑必要性的方式。

7.以往审计中对内部控制运行有效性评价的结果，包括所识别的控制缺陷的性质及应对措施。

8.管理层重视设计和实施健全的内部控制的相关证据，包括这些内部控制得以适当记录的证据。

9.业务交易量规模，以基于审计效率的考虑确定是否信赖内部控制。

10.管理层对内部控制重要性的重视程度。

11.管理层用于识别和编制适用的财务报告编制基础所要求的披露（包括从总账和明细账之外的其他途径获取的信息）的流程。

12.影响被审计单位经营的重大发展变化，包括信息技术和业务流程的变化，关键管理人员变化，以及收购、兼并和分立。

13.重大的行业发展情况，如行业法规变化和新的报告规定。

14.会计准则及会计制度的变化，该变化可能涉及作出重大的新披露或对现有披露作出重大修改。

15.其他重大变化，如影响被审计单位的法律环境的变化。

二、编写总体审计策略

注册会计师在确定好审计范围、时间和方向以后，就可以编写总体审计策略了。总体审计策略的编制通过填制总体审计策略工作底稿来完成。

注册会计师应当在总体审计策略中清楚地说明下列内容：

1.向具体审计领域调配的资源，包括向高风险领域分派有适当经验的项目组成员，就复杂的问题利用专家工作等；

2.向具体审计领域分配资源的数量，包括安排到重要存货存放地观察存货盘点的项目组成员的数量，对其他注册会计师工作的复核范围，对高风险领域安排的审计时间预算等；

3.何时调配这些资源，包括是在期中审计阶段还是在关键的截止日期调配资源等；

4.如何管理、指导、监督这些资源的利用，包括预期何时召开项目组预备会和总结会，预期项目负责人和经理如何进行复核，是否需要实施项目质量复核等。

【请注意】总体审计策略应能恰当地反映注册会计师考虑审计范围、时间和方向的结果。

三、制订具体审计计划

注册会计师应当为审计工作制订具体审计计划。具体审计计划比总体审计策略更加详细，其内容包括为获取充分、适当的审计证据以将审计风险降至可接受的低水平，项目组成员拟实施的审计程序的性质、时间和范围。

（一）具体审计计划的内容

具体审计计划应当包括风险评估程序、计划实施的进一步审计程序和其他审计程序。

1.风险评估程序

具体审计计划应当包括按照《中国注册会计师审计准则第1211号——重大错报风险的识别和评估》的规定，为了足够识别和评估财务报表重大错报风险，注册会计师应计划实施的风险评估程序的性质、时间和范围。

2.计划实施的进一步审计程序

具体审计计划应当包括按照《中国注册会计师审计准则第1231号——针对评估的重大错报风险采取的应对措施》的规定，针对评估的认定层次的重大错报风险，注册会计师计划实施的进一步审计程序的性质、时间和范围。进一步审计程序包括控制测试和实质性程序。

为达到编制具体审计计划的要求，注册会计师需要完成风险评估程序，识别和评估重大错报风险，并针对评估的认定层次的重大错报风险，计划实施进一步审计程序的性质、时间和范围。通常，注册会计师计划的进一步审计程序可以分为进一步审计程序的总体方案和拟实施的具体审计程序（包括进一步审计程序的具体性质、时间和范围）两个层次。进一步审计程序的总体方案主要是指注册会计师针对各类交易、账户余额和列报决定采用的总体方案（包括实质性方案或综合性方案）。具体审计程序则是对进一步审计程序的总体方案的延伸和细化，它通常包括控制测试和实质性程序的性质、时间和范围。完整、详细的进一步审计程序的计划会包括对各类交易、账户余额和列报实施的具体审计程序的性质、时间和范围，包括抽取的样本量等。

【提示】为获取充分、适当的审计证据，确定审计程序的性质、时间和范围的决策是具体审计计划的核心。

3.计划实施的其他审计程序

具体审计计划应当包括根据中国注册会计师审计准则的规定，注册会计师针对审计业务需要实施的其他审计程序。计划实施的其他审计程序可以包括上述进一步审计程序的计划中没有涵盖的、根据其他审计准则的要求注册会计师应当执行的既定程序，如针对特定项目在审计计划阶段应执行的审计程序。

（二）编制具体审计计划

具体审计计划的制订一般通过"具体审计计划"工作底稿来完成，其格式见表2-4。

表2-4   具体审计计划

被审计单位：_____   索引号：_____
项目：初步业务活动   财务报表截止日/期间：_____
编制：_____   复核：_____
日期：_____   日期：_____

序号	内　　容	是否执行	执行人	执行时间
一、风险评估程序				
1-1	了解被审计单位及其环境（不包括内部控制）			
1-1-1	行业状况、法律环境与监管环境以及其他外部因素			
1-1-2	被审计单位的性质			
1-1-3	会计政策的选择和运用			
1-1-4	目标、战略及相关经营风险			
1-1-5	财务业绩的衡量和评价			
1-2	了解被审计单位内部控制			
1-2-1	在被审计单位整体层面了解内部控制			

续表

序号	内　　容	是否执行	执行人	执行时间
1-2-1-1	了解和评价整体层面内部控制汇总表			
1-2-1-2	了解和评价控制环境			
1-2-1-3	了解和评价被审计单位风险评估过程			
1-2-1-4	了解和评价控制信息系统与沟通			
1-2-1-5	了解和评价被审计单位对控制的监督			
1-2-2	在业务流程层面了解和评价内部控制			
1-2-2-1	了解内部控制——采购与付款循环			
1-2-2-2	了解内部控制——工薪与人事循环			
1-2-2-3	了解内部控制——生产与存货循环			
1-2-2-4	了解内部控制——销售与收款循环			
1-2-2-5	了解内部控制——筹资与投资循环			
1-2-2-6	了解内部控制——固定资产循环			
1-3	项目组讨论			
1-4	风险评估结果汇总			
1-4-1	识别的重大错报风险汇总			
1-4-2	财务报表层次风险应对方案			
1-4-3	特别风险应对措施及结果汇总			
1-4-4	对重要账户和交易采取的进一步审计程序方案（计划矩阵）			
⋮				
二、计划实施的进一步审计程序				
2-1	内控测试			
2-1-1	控制测试——采购与付款循环			
2-1-2	控制测试——工薪与人事循环			
2-1-3	控制测试——生产与存货循环			
2-1-4	控制测试——销售与收款循环			
2-1-5	控制测试——筹资与投资循环			
2-1-6	控制测试——固定资产循环			
2-2	实质性程序			

序号	内　　容	是否执行	执行人	执行时间
三、计划实施的其他审计程序				
3-1	舞弊风险评估与应对			
3-2	关联方及关联方交易审计			
3-3	持续经营审计			
3-4	首次接受委托时对期初余额的审计			
3-5	或有事项审计			
3-6	期后事项审计			
3-7	比较数据审计			
3-8	含有已审计财务报表的文件中的其他信息审计			

四、审计过程中对计划的更改

计划审计工作并非审计业务的一个孤立阶段，而是一个持续的、不断修正的过程，贯穿于整个审计业务的始终。

审计过程可以分为不同阶段，通常前一阶段的工作结果会对后一阶段的工作计划产生影响，而在后一阶段的工作过程中又可能发现需要对已制订的相关计划进行相应的更新和修改。通常来讲，这些更新和修改涉及比较重要的事项。例如，对重要性水平的修改，对某类交易、账户余额和列报的重大错报风险的评估和进一步审计程序（包括总体方案和拟实施的具体审计程序）的更新和修改等。一旦计划被更新和修改，审计工作也就应当进行相应修正。

【提示】审计具体计划制订好后，并不是一成不变的。由于未预期事项、条件的变化或在实施审计程序中获取的审计证据等原因，注册会计师应当在审计过程中对总体审计策略和具体审计计划作出必要的更新和修改。

五、与治理层和管理层的沟通

与治理层和管理层的沟通有助于注册会计师协调某些计划的审计程序与被审计单位人员工作之间的关系，从而使审计业务更易于执行和管理，提高审计效率与效果。注册会计师可以就计划审计工作的基本情况与被审计单位治理层和管理层进行沟通。对此，注册会计师应当按照《中国注册会计师审计准则第1151号——与治理层的沟通》中的有关规定执行。沟通的内容可以包括审计的时间安排和总体策略、审计工作中受到的限制及治理层和管理层对审计工作的额外要求等。

当就总体审计策略和具体审计计划中的内容与治理层、管理层进行沟通时，注册会计师应当保持职业谨慎，以防止由于具体审计程序易于被管理层或治理层所预见而损害审计工作的有效性。

【请注意】虽然注册会计师可以就总体审计策略和具体审计计划的某些内容与治理层和管理层沟通，但是制定总体审计策略和具体审计计划仍然是注册会计师的责任。

六、总体审计策略与具体审计计划的关系

制定总体审计策略和具体审计计划的过程紧密联系，并且两者的内容也紧密相关。

总体审计策略一经制定，注册会计师应当针对总体审计策略中所识别的不同事项，制订具体审计计划，并考虑通过有效利用审计资源以实现审计目标。值得注意的是，虽然编制总体审计策略的过程通常在具体审计计划之前，但是两项计划活动并不是孤立、不连续的过程，而是内在紧密联系的，对其中一项的决定可能会影响甚至改变对另外一项的决定。例如，注册会计师在了解被审计单位及其环境的过程中，注意到被审计单位对主要业务的处理依赖复杂的自动化信息系统，因此计算机信息系统的可靠性及有效性对其经营、管理、决策以及编制可靠的财务报告具有重大影响。对此，注册会计师可能会在具体审计计划中制定相应的审计程序，并相应调整总体审计策略的内容，作出利用信息技术专家的工作的决定。因此，注册会计师应当根据实施风险评估程序的结果，对总体审计策略的内容予以调整。

【提示】在实务中，注册会计师将制定总体审计策略和具体审计计划相结合进行，可能会使计划审计工作更有效率及效果，并且注册会计师也可以采用将总体审计策略和具体审计计划合并为一份审计计划文件的方式，提高编制及复核工作的效率，增强其效果。

【动脑筋2-2】你认为审计总体策略与具体审计计划哪一个对控制审计风险更有用？

同步训练

一、单项选择题

1.用以确定审计范围、时间和方向，并指导制订具体审计计划的是（   ）。

　A.审计目标　　　　B.总体审计策略　　　C.审计目标　　　　D.审计范围

2.注册会计师应当确定审计业务的（   ），包括采用的会计准则和相关会计制度、特定行业的报告要求以及被审计单位组成部分的分布等，以确定审计范围。

　　A.特征　　　　　　B.要求　　　　　　C.计划　　　　　　D.目标

3.总体审计策略的编制通常需填制的审计工作底稿是（   ）。

　　A.总体审计策略书　　　　　　　B.总体审计策略报告

　　C.审计计划表　　　　　　　　　D.总体审计策略工作底稿

4.审计计划分为总体审计策略和（   ）。

　　A.具体审计程序　　B.具体审计计划　　C.总体审计策略　　D.具体审计目标

5.注册会计师可以就计划审计工作的基本情况与被审计单位治理层和管理层进行沟

通等工作，所在的审计阶段是（　　）。

  A.接受审计委托 B.实施审计   C.审计计划   D.结束审计

6.制定总体审计策略和具体审计计划是（　　）的责任。

  A.注册会计师   B.被审计单位管理层

  C.股东   D.内部审计师

7.注册会计师可以就计划审计工作的基本情况与（　　）沟通。

  A.被审计单位管理层   B.股东

  C.银行   D.税务部门

8.在制订具体审计计划时，注册会计师应当考虑的内容是（　　）。

  A.计划实施的风险评估程序的性质、时间安排和范围

  B.计划与管理层和治理层沟通的日期

  C.计划向高风险领域分派的项目组成员

  D.计划召开项目组会议的时间

9.下列各项关于审计计划的说法，错误的是（　　）。

  A.审计计划是对审计工作的一种预先规划

  B.执行过程中可随时根据情况对审计计划做必要的修改、补充

  C.注册会计师在整个审计过程中，应按照审计计划执行审计业务

  D.在完成外勤审计工作之后，必须再对审计计划做修改

10.通常情况下，审计计划阶段的主要工作不包括（　　）。

  A.初步评估被审计单位的内部控制

  B.调查了解被审计单位的基本情况

  C.确定重要性，分析审计风险

  D.复核审计工作底稿，审计期后事项

二、多项选择题

1.在计划审计工作的过程中，需要作出很多关键决策的有（　　）。

  A.确定可接受的审计风险水平 B.重要性

  C.配置项目组人员   D.安排审计时间

2.下列各项属于审计计划两个层次的有（　　）。

  A.总计划   B.详细计划   C.总体审计策略 D.具体审计计划

3.下列各项属于在确定审计范围时，注册会计师需要考虑的事项的有（　　）。

  A.其他注册会计师参与组成部分审计的范围

  B.拟审计的业务分部性质，包括是否需要具备专门知识

  C.特定行业的报告要求，如某些行业的监管部门要求提交的报告

  D.预期的审计工作涵盖范围，包括需审计的集团内组成部分的数量及所在地点

 4.总体审计策略的制定应当包括明确审计业务的报告目标，以计划审计的时间安排和所需沟通的性质，下列各项属于总体审计策略的有（　　）。

  A.被审计单位的会计政策   B.预期与管理层和治理层沟通的重要日期

  C.被审计单位的生产经营特点   D.提交审计报告的时间要求

5.注册会计师在编写总体审计策略之前，应确定的事项有（　　）。
　　A.审计时间　　　　　　B.审计方向　　　　　C.审计范围　　　　　D.审计目标

6.注册会计师应当在总体审计策略中清楚说明的内容有（　　）。
　　A.向具体审计领域调配的资源
　　B.向具体审计领域分配资源的数量
　　C.何时调配这些资源
　　D.如何管理、指导、监督这些资源的利用

7.具体审计计划应当包括的内容有（　　）。
　　A.为了足够识别和评估财务报表层次重大错报风险，注册会计师计划实施的风险
　　　评估程序的性质、时间和范围
　　B.针对评估的认定层次的重大错报风险，注册会计师计划实施的进一步审计程序
　　　的性质、时间和范围
　　C.总体审计策略
　　D.注册会计师需要对审计业务实施的其他审计程序

8.总体审计策略的制定应当包括（　　）。
　　A.确定审计业务的特征　　　　　　B.明确审计业务的报告目标
　　C.考虑影响审计业务的重要因素　　D.具体审计计划

9.为了做好审计计划工作，注册会计师需要查阅上一年的工作底稿，了解（　　）。
　　A.被审计单位内部控制薄弱点　　　B.上年度重要会计问题
　　C.上年度审计差异调整事项　　　　D.上年度审计报告意见类型

10.在编制审计计划前，了解被审计单位经营及所属行业基本情况的方法包括（　　）。
　　A.查阅去年的工作底稿　　　　　　B.审阅行业业务经营资料
　　C.确定关联方及交易方　　　　　　D.询问管理层和内部审计人员

三、判断题

1.计划审计工作是一个持续的、不断修正的过程。　　　　　　　　　　（　　）

2.信息技术对审计程序的影响，在注册会计师制订审计计划时，可以不考虑。
　　　　　　　　　　　　　　　　　　　　　　　　　　　　　　　　（　　）

3.总体审计策略的制定应当包括考虑影响审计业务的重要因素，以确定项目组工作
方向。　　　　　　　　　　　　　　　　　　　　　　　　　　　　　（　　）

4.具体审计计划应当包括风险评估程序、计划实施的进一步审计程序和其他审计
程序。　　　　　　　　　　　　　　　　　　　　　　　　　　　　　（　　）

5.为达到编制具体审计计划的要求，注册会计师需要完成风险评估程序，识别和评
估重大错报风险，并针对评估的认定层次的重大错报风险，计划实施进一步审计程序的
性质、时间和范围。　　　　　　　　　　　　　　　　　　　　　　　（　　）

6.会计师事务所对任何一个审计委托项目，不论其业务繁简程度和规模大小，都应
制订审计计划。　　　　　　　　　　　　　　　　　　　　　　　　　（　　）

7.为保证审计计划的严肃性，审计计划一旦制订，在执行中就不能作出任何修改。
　　　　　　　　　　　　　　　　　　　　　　　　　　　　　　　　（　　）

8.注册会计师可以同被审计单位就总体审计策略进行讨论，并协调工作，因此，总体审计策略可以由注册会计师和被审计单位共同编制。   （   ）

9.审计人员只在确定实质性程序的性质、时间和范围时，才应该考虑重要性和审计风险之间的关系。   （   ）

10.注册会计师在审计小规模企业时，应当通过专业判断，合理确定审计重要性水平和审计风险水平，并可根据实际情况适当简化审计计划。   （   ）

四、拓展训练

A公司成立于2000年，自进入市场以来，从单一产品发展到多品牌、全方位、多元化的产品定位。甲会计师事务所承接了A公司20×7年度财务报表审计业务，在审计过程中作出如下论断：

（1）制订完审计计划后，应按照计划执行审计程序，不能改变计划；

（2）重要性取决于在具体环境下对错报金额和性质的判断；

（3）对在重要性水平之下的小额错报，无须关注；

（4）财务报表项目的金额及其波动幅度可能促使财务报告使用者作出不同的反应，基于谨慎性原则，注册会计师应按最近几年的最低金额确定重要性；

（5）如果评估结果的重要性水平在数量上小于初步评估的重要性水平，则说明以前所执行的审计工作是充分的。

要求：根据上述资料，请替注册会计师判断以上观点是否正确。如不正确，请简要说明理由。

任务三　审计风险评估

知识精讲

在风险导向审计模式下，注册会计师以重大错报风险的识别、评估和应对为审计工作的主线，最终将审计风险控制在可接受的低水平。风险的识别和评估是审计风险控制流程的起点。

风险识别和评估是指注册会计师通过设计、实施风险评估程序，识别和评估财务报表层次和认定层次的重大错报风险。

风险识别是指找出财务报表层次和认定层次的重大错报风险；风险评估是指对重大错报风险发生的可能性和后果严重程度进行评估。

一、了解被审计单位及其环境和适用的财务报告编制基础

（一）总体要求

注册会计师应当实施风险评估程序，以了解下列三个方面：

1.被审计单位及其环境

了解被审计单位及其环境，包括以下内容：

（1）组织结构、所有权和治理结构、业务模式（包括该业务模式利用信息技术的程度）；

（2）行业形势、法律环境、监管环境和其他外部因素；

（3）财务业绩的衡量标准，包括内部和外部使用的衡量标准。

2.财务报告编制基础及会计政策

了解适用的财务报告编制基础、会计政策，以及会计政策变更的原因。

3.被审计单位内部控制体系各要素

注册会计师在对上述各个方面进行了解和评价时，应当考虑各要素之间的相互关系。

（二）组织结构、所有权和治理结构、业务模式

被审计单位复杂的组织结构、所有权结构以及所有者与其他人员或实体之间的关系、治理结构、业务模式等，通常更有可能导致某些特定的重大错报风险。

（三）行业形势、法律环境、监管环境及其他外部因素

被审计单位所处行业的形势、法律环境和监管环境，以及诸如总体经济情况、利率、融资的可获得性、通货膨胀水平或币值变动等因素，及其对被审计单位经营活动可能产生的一些重大影响，导致重大错报风险。

（四）被审计单位财务业绩的衡量标准

被审计单位的关键业绩指标（财务的或非财务的）、关键比率、趋势和经营统计数据；同期财务业绩比较分析；预算、预测、差异分析，分部信息与分部、部门或其他不同层次的业绩报告；员工业绩考核与激励性报酬政策；被审计单位与竞争对手的业绩比较等，财务业绩衡量将会影响管理层的管理决策，从而导致重大错报风险。

（五）适用的财务报告编制基础、会计政策及变更会计政策的原因

注册会计师应当了解适用的财务报告编制基础、会计政策及变更会计政策的原因，并评价被审计单位的会计政策是否适当、是否与适用的财务报告编制基础一致。

（六）了解固有风险因素如何影响认定易于发生错报的可能性

了解被审计单位及其环境和适用的财务报告编制基础，有助于注册会计师识别可能导致各类交易、账户余额和披露的认定易于发生错报的固有风险因素。固有风险因素可能通过影响错报发生的可能性，以及错报发生时其可能的严重程度，来影响认定易于发生错报的可能性。

了解固有风险因素如何影响认定易于发生错报的可能性，有助于注册会计师初步了解错报发生的可能性和严重程度，并帮助注册会计师按照审计准则的规定识别认定层次的重大错报风险。了解固有风险因素在何种程度上影响认定易于发生错报的可能性，还有助于注册会计师在按照审计准则的规定评估固有风险时，评估错报发生的可能性和严重程度。

二、了解被审计单位内部控制体系各要素

对被审计单位的内部控制体系各要素的了解，有助于注册会计师识别和评估财务报表层次以及认定层次的重大错报风险。具体包括：①识别与审计相关的控制方法；②了解内部控制的性质和程度；③内部控制的人工和自动化成分；④与财务报表编制相关的内部环境。

三、识别和评估重大错报风险

注册会计师了解被审计单位及其环境，目的是识别和评估财务报表重大错报风险。为了解被审计单位及其环境而实施的程序称为"风险评估程序"。注册会计师应当依据实施这些程序所获取的信息，评估重大错报风险。

注册会计师应当实施下列风险评估程序，以了解被审计单位及其环境：

（一）询问被审计单位管理层和内部其他相关人员

询问被审计单位管理层和内部其他相关人员是注册会计师了解被审计单位及其环境的一个重要信息渠道。

1.询问管理层和财务负责人的事项

注册会计师可以考虑向管理层和财务负责人询问下列事项：

（1）管理层所关注的主要问题，如新的竞争对手、主要客户和供应商的流失、新的税收法规的实施以及经营目标或战略的变化等。

（2）被审计单位最近的财务状况、经营成果和现金流量。

（3）可能影响财务报告的交易和事项，或者目前发生的重大会计处理问题，如重大的购并事宜等。

（4）被审计单位发生的其他重要变化，如所有权结构、组织结构的变化，以及内部控制的变化等。

2.询问不同的人员所起的作用不同

尽管注册会计师通过询问管理层和财务负责人可获取大部分信息，但是询问被审计单位内部的其他人士可能为注册会计师提供不同的信息，有助于识别重大错报风险。注册会计师询问不同的人员可获得不同的信息，所起的作用也有所不同：

（1）询问治理层，有助于注册会计师理解财务报表编制的环境。

（2）询问内部审计人员，有助于注册会计师了解其针对被审计单位内部控制设计和运行有效性而实施的工作，以及管理层对内部审计发现的问题是否采取适当的措施。

（3）询问参与生成、处理或记录复杂或异常交易的员工，有助于注册会计师评估被审计单位选择和运用某项会计政策的适当性。

（4）询问内部法律顾问，有助于注册会计师了解有关法律法规的遵循情况、产品保证和售后责任、与业务合作伙伴的安排（如合营企业）、合同条款的含义以及诉讼情况等。

（5）询问营销或销售人员，有助于注册会计师了解被审计单位的营销策略及其变化、销售趋势以及与客户的合同安排。

（6）询问采购人员和生产人员，有助于注册会计师了解被审计单位的原材料采购和产品生产等情况。

（7）询问仓库人员，有助于注册会计师了解原材料、产成品等存货的进出、保管和盘点等情况。

（二）实施分析程序

分析程序是指注册会计师通过研究不同财务数据之间、非财务数据之间以及财务数据与非财务数据之间的内在关系，对财务信息作出评价。分析程序还包括调查识别出的、与其他相关信息不一致的或与预期数据严重偏离的波动和关系。

【提示】注册会计师实施分析程序有助于识别异常的交易或事项，以及对财务报表和审计产生影响的金额、比率和趋势。

（三）观察和检查

观察和检查程序可以印证对管理层和其他相关人员的询问结果，并可提供有关被审计单位及其环境的信息，注册会计师应当实施下列观察和检查程序：

1.观察被审计单位的生产经营活动

例如，观察被审计单位人员正在从事的生产经营活动和内部控制活动，可以增加注册会计师对被审计单位人员如何进行生产经营活动及实施内部控制的了解。

2.检查文件、记录和内部控制手册

例如，检查被审计单位的章程，与其他单位签订的合同、协议，各业务流程操作指引和内部控制手册等，可以帮助注册会计师了解被审计单位组织结构和内部控制制度的建立健全情况。

3.阅读由管理层和治理层编制的报告

例如，阅读被审计单位年度和中期财务报告，股东大会、董事会会议、高级管理层会议的会议记录或纪要，管理层的讨论和分析资料，经营计划和战略，对重要经营环节和外部因素的评价，被审计单位内部管理报告以及其他特殊目的报告（如新投资项目的可行性分析报告）等，可以帮助注册会计师了解自上一审计期间结束至本审计期间被审计单位发生的重大事项。

4.实地察看被审计单位的生产经营场所和设备

通过现场访问和实地察看被审计单位的生产经营场所和设备，可以帮助注册会计师了解被审计单位的性质及其经营活动。

5.追踪交易在财务报告信息系统中的处理过程（穿行测试）

这是注册会计师了解被审计单位业务流程及其相关控制时经常使用的审计程序。通过追踪某笔或某几笔交易在业务流程中如何生成、记录、处理和报告，以及相关内部控制如何执行，注册会计师可以确定被审计单位的交易流程和相关控制是否与之前通过其他程序所获得的了解一致，并确定相关控制是否得到执行。

除了采用上述程序从被审计单位内部获取信息以外，如果根据职业判断认为从被审计单位外部获取的信息有助于识别重大错报风险，注册会计师应当实施其他审计程序以获取这些信息。例如，询问被审计单位聘请的外部法律顾问、专业评估师、投资顾问和财务顾问等。阅读外部信息也可能有助于注册会计师了解被审计单位及其环境。注册会计师应当考虑在承接客户或续约过程中获取的信息，以及向被审计单位提供其他服务所获得的经验是否有助于识别重大错报风险。

典型工作业务流程

一、了解、测试和评价被审计单位的内部控制并记录于工作底稿

内部控制的目标旨在合理保证财务报告的可靠性、经营的效率和效果以及对法律法规的遵守。注册会计师审计的目标是对财务报表是否不存在重大错报发表审计意见，因此，在财务报表审计中应考虑与财务报表编制相关的内部控制，是否能够合理保证财务报告的可靠性。为此，注册会计师往往要对被审计单位的内部控制进行了解、测试和评价，以防止和减少审计风险。

（一）了解和评价被审计单位的内部控制的内容

注册会计师需要了解和评价的内部控制只是与财务报表审计相关的内部控制，并非被审计单位所有的内部控制，主要包括为实现财务报告可靠性目标设计和实施的控制及其他与审计相关的控制。

与审计相关的控制，包括被审计单位为实现财务报告可靠性目标设计和实施的控制。注册会计师应当运用职业判断，考虑一项控制单独或连同其他控制是否与评估重大错报风险以及针对评估的风险设计和实施进一步审计程序有关。

如果用以保证经营效率、效果的控制以及对法律法规遵守的控制与实施审计程序时评价或使用的数据相关，注册会计师应当考虑这些控制可能与审计相关。例如，对于某些非财务数据（如生产统计数据）的控制，如果注册会计师在实施分析程序时使用这些数据，这些控制就可能与审计相关。又如，某些法规（如税法）对财务报表存在直接和重大的影响（影响应交税费和所得税费用）。为了遵守这些法规，被审计单位可能设计和执行相应的控制，这些控制也与注册会计师的审计相关。

（二）了解和评价被审计单位的内部控制的操作与记录方法

注册会计师主要在整体层面和业务流程层面对被审计单位的内部控制的设计与执行情况进行了解和评价。其过程均记录于相应的工作底稿中，见表2-5和表2-6。

表2-5　　　　　　　　　了解被审计单位内部控制

在被审计单位整体层面了解内部控制

被审计单位：＿＿＿＿＿＿＿＿＿＿＿	索引号：SE-3
项目：风险评估	财务报表截止日/期间：＿＿＿＿＿＿＿
编制：＿＿＿＿＿＿＿＿＿＿＿	复核：＿＿＿＿＿＿＿＿＿＿＿
日期：＿＿＿＿＿＿＿＿＿＿＿	日期：＿＿＿＿＿＿＿＿＿＿＿

在被审计单位整体层面了解和评价内部控制的工作包括：
1.了解被审计单位整体层面内部控制的设计，并记录所获得的了解
2.针对被审计单位整体层面内部控制的控制目标，记录相关的控制活动
3.执行询问、观察和检查程序，评价控制的执行情况
4.记录在了解和评价整体层面内部控制的设计和执行过程中存在的缺陷以及拟采取的应对措施
了解被审计单位整体层面内部控制形成下列审计工作底稿：
1.（BB-1）了解整体层面内部控制汇总表
2.（BB-2）了解和评价控制环境
3.（BB-3）了解和评价被审计单位的风险评估过程
4.（BB-4）了解和评价信息系统与沟通
5.（BB-5）了解和评价被审计单位对控制的监督

表2-6　　　　　　　　　　　　　　了解和评价控制环境

被审计单位：	索引号：BB-2
项目：风险评估	财务报表截止日/期间：
编制：	复核：
日期：	日期：

一、对诚信和道德价值观念的沟通与落实								
索引号	控制目标	拟实施的风险评估程序	被审计单位的控制	询问	观察	检查	结论	存在的缺陷
	使员工行为守则及其他政策得到执行	询问、检查	●公司制定了员工的行为守则，行为守则内容完备，涉及利益冲突、不法或不当支出、对公平竞争的保障、内幕交易等问题 ●员工定期承诺遵守这些制度 ●行为守则可供公开查阅（如可在公司的内网上查阅） ●指定专人回答关于行为守则中的问题 ●行为守则中充分描述了违反规定的内部汇报系统，指明向适当的人汇报违规行为 ●行为守则没有规范的地方，通过企业文化强调操守及价值观的重要性。采取在员工大会上口头传达、通过一对一谈话或在处理日常事务中通过实例示范	于20 年 月 日询问人力资源部经理	N/A	《员工行为守则》、员工定期遵守制度的承诺，以及员工大会的会议纪要		

索引号	控制目标	拟实施的风险评估程序	被审计单位的控制	询问	观察	检查	结论	存在的缺陷
	建立信息传达机制，使员工能够清晰了解管理层的理念	询问	●将对诚信和道德规范应当严格遵循的观念，通过文字和实际行动有效地灌输给所有员工 ●鼓励员工行为端正 ●当出现存在问题的迹象时，特别是当发现和解决问题的成本可能较高时，管理层能予以恰当地处理	于20 年 月 日询问人力资源部经理				
	与公司的利益相关者（如投资者、债权人等）保持良好的关系	询问	●管理层在处理交易业务时保持高度诚信，并要求其员工和客户同样保持诚信 ●当不诚信的行为发生时，能尽快并严肃处理	于20 年 月 日询问 部经理				
	对背离公司规定的行为及时采取补救措施，并将这些措施传达至相应层次的员工	询问	●管理层能立即对违反规定的行为作出反应 ●对违反规定的员工的处理结果及时让全体员工知晓 ●对违反规定的管理人员采取撤职处理	于20 年 月 日询问 部经理				
	对背离公司现有控制的行为进行调查和记录	询问	●明确地禁止管理人员逾越既定控制 ●任何与既定政策不一致的事件都会被调查并记录 ●鼓励员工举报任何企图逾越控制的情况	于20 年 月 日询问 部经理				
	员工和管理层的工作压力恰当	询问、检查	●公司设计合理的激励机制，员工的报酬和升职并不完全建立在实现短期目标的基础上 ●薪酬体系的设计着眼于调动员工个人及团队的积极性	于20 年 月 日询问 部经理		激励机制相关文件		

续表

索引号	控制目标	拟实施的风险评估程序	被审计单位的控制	询问	观察	检查	结论	存在的缺陷
二、对胜任能力的重视								
	公司保持岗位责任明确、任职条件清晰	询问、检查	●管理层对所有岗位的工作都有正式的书面描述，任职条件规定了履行特定职责所需的知识和技能 ●岗位职责在组织内予以清晰地传达 ●每位员工的岗位责任与分派的权限相关	于20 年月 日询问人力资源部经理	N/A	岗位说明书		
	持续培训员工	询问	●定期对员工培训，更新员工的知识	于20 年月 日询问人力资源部经理		培训记录		
三、治理层的参与程度								
	在董事会内部建立监督机制	询问、检查	●在董事会内部建立审计委员会，审计委员会与总会计师、内部及外部注册会计师讨论财务报告程序、内部控制体系、管理层的业绩、重要观点和建议等的合理性，每年审查内外部注册会计师的审计活动范围	于20 年月 日询问 部经理	N/A	董事会会议纪要		
	保证董事会成员具备适当的经验和资历，并保持成员相对的稳定性	询问、检查	●对董事会成员的经验和资历有明确的书面规定，股东在提名董事会成员时严格按照规定进行，不合格的提名无效 ●每届任期3年，可以连任	于20 年月 日询问 部经理		董事任职文件		

索引号	控制目标	拟实施的风险评估程序	被审计单位的控制	询问	观察	检查	结论	存在的缺陷
	董事会、审计委员会或类似机构独立于管理层	询问、检查	●管理层的提案需要经过董事会审议 ●董事会监督经营成果，检查预算与实际的差异，并要求管理层作出解释 ●董事会不是仅由部门领导和员工组成的，董事会保持至少3位独立董事	于20　年　月　日询问　　部经理		董事会会议纪要		
	审计委员会正常运作	询问、检查	●董事会、审计委员会每年召开3次会议，定期收到诸如财务报表、主要的市场营销活动、重要协议或谈判等的关键性信息，监督编制财务报告的过程	于20　年　月　日询问　　部经理		董事会会议纪要		
	管理层不能由一人或少数几人控制		●董事会、审计委员会对管理层实施有效监督					
四、管理层的理念和经营风格								
	对非经常的经营风险，管理层采取稳妥措施	询问、检查	●管理层在承担经营风险、选择会计政策和作出会计估计时必须保守，并需要在内部民主讨论，对当事人规定明确的个人责任	于20　年　月　日询问　　部经理		检查公司章程		
	管理层对信息技术的控制给予适当关注	询问	●定期召开信息技术工作会议，研究制定发展规划，安排足够的资金和人员	于20　年　月　日询问　　部经理				
	高级管理层对业务分支机构保持有效控制	询问、检查	●高级经理经常深入到附属机构或分支机构视察其运作情况 ●经常召开集团或区域管理人员会议	于20　年　月　日询问　　部经理		检查信息技术工作会议纪要		

索引号	控制目标	拟实施的风险评估程序	被审计单位的控制	询问	观察	检查	结论	存在的缺陷
	管理层对财务报告的态度合理	询问	●管理层对财务报告的基本态度是财务报告应反映实际情况，反对收入最大化、平滑盈利增长曲线、纳税收入最小化等行为；愿意因错报金额重大而调整财务报表	于20 年月 日询问 部经理				
	管理层对于重大的内部控制和会计事项，征询注册会计师的意见	询问、检查	●管理层和注册会计师经常就会计和审计问题进行沟通 ●在审计调整和内部控制方面达成一致意见	于20 年月 日询问 部经理		检查沟通记录		
五、组织结构								
	组织结构合理，具备提供管理各类活动所需信息的能力	询问、检查	●根据经营活动的性质，恰当地采用集权或者分权的组织结构 ●组织结构的设计便于由上而下、由下而上或横向地传递信息	于20 年月 日询问 部经理		检查组织结构文件		
	对交易授权的控制建立在适当的层次上	询问、检查	●董事会对董事长、总经理授予不同的权利 ●总经理对副总经理授权	于20 年月 日询问 部经理		检查授权文件		
	对于分散（分权）的交易存在适当的监控	询问	●经理层密切关注该类交易，经常听取汇报	于20 年月 日询问 部经理				
	管理层制定和修订会计系统和控制活动的政策	询问、检查	●管理层已经制定了会计系统和控制活动的标准并予以记录 ●管理层依其职责和权限从现有的报告系统中得到适当的信息 ●业务经理可通过沟通渠道接触到负责经营的高级主管	于20 年月 日询问 部经理		检查会计系统和控制活动的标准		

续表

索引号	控制目标	拟实施的风险评估程序	被审计单位的控制	询问	观察	检查	结论	存在的缺陷
	保持员工，特别是负有监督和管理责任的员工数量充足	询问、检查	●对加班严格审批 ●工作压力大时，及时招聘人员	于20　年　月　日询问　部经理		检查加班记录		
	管理层定期评估组织结构的恰当性	询问、检查	●董事会每年召开1次会议，讨论组织结构的设置	于20　年　月　日询问　部经理		检查董事会会议纪要		
六、职权与责任的分配								
	员工的岗位职责，包括具体任务、报告关系及所受限制等，明确制定并传达到本人	询问、检查	●公司制定管理层及负有监督责任员工的职务说明书，以及各级员工的职务说明书 ●职务说明书明确规定了与控制有关的责任	于20　年　月　日询问　部经理		检查职务说明书		
	在被审计单位内部有明确的职责划分和岗位分离	询问、检查	●将业务授权、业务记录、资产保管和维护，以及业务执行的责任尽可能地分离	于20　年　月　日询问　部经理		检查业务分离的文件		
	保持权利和责任的对等	询问、检查	●完成工作所需权利与高级管理人员的参与程度保持适当的平衡 ●授予合适级别的员工纠正问题或实施改进的权利，并且此授权也明确了所需的能力水平和权限	于20　年　月　日询问　部经理		检查职务说明书		
	对授权交易及系统改善的控制有适当的记录，对数据处理的控制适当记录	询问	●建立授权交易及系统改善的控制制度	于20　年　月　日询问　部经理				

索引号	控制目标	拟实施的风险评估程序	被审计单位的控制	询问	观察	检查	结论	存在的缺陷
七、人力资源的政策与实务								
	关键管理人员具备岗位所需的丰富知识和经验	询问、检查	●招聘业务主管需要具备执行任务、履行职责的知识及经验 ●对关键管理人员提供适当的培训	于20　年　月　日询问　部经理		检查关键管理人员培训记录		
	人事政策中强调员工需保持适当的伦理和道德标准	询问、检查	●评估业绩时将员工的操守和价值观纳入评估标准	于20　年　月　日询问　部经理		检查员工评价文件		
	人力资源政策与程序清晰，定期发布和更新	询问、检查	●每年检查人力资源政策与程序，对不恰当的进行调整 ●对更新的文件及时传达	于20　年　月　日询问　部经理		检查人力资源政策与程序		

由于篇幅和可操作性所限，其他工作底稿不能逐一介绍。总之，为了控制风险评估程序的质量，中国注册会计师协会对风险评估的工作程序做了严格规定，并要求注册会计师在审计时严格将过程记录于相应的工作底稿。

二、评估重大错报风险

（一）识别和评估重大错报风险的审计程序

在识别和评估重大错报风险时，注册会计师应当实施下列审计程序：

1.在了解被审计单位及其环境的整个过程中识别风险，并考虑各类交易、账户余额、列报；

2.将识别的风险与认定层次可能发生错报的领域相联系；

3.考虑识别的风险是否重大；

4.考虑识别的风险导致财务报表发生重大错报的可能性。

（二）识别两个层次的重大错报风险

在对重大错报风险进行识别和评估后，注册会计师应当确定，识别的重大错报风险是与特定的某类交易、账户余额、列报的认定相关，还是与财务报表整体广泛相关，进而影响多项认定。

某些重大错报风险可能与特定的交易、账户余额和披露的认定相关。例如，被审计单位存在复杂的联营或合资，这一事项表明长期股权投资账户的认定可能存在重大错报风险。又如，被审计单位存在重大的关联方交易，该事项表明关联方及关联方交易的披露认定可能存在重大错报风险。

某些重大错报风险可能与财务报表整体广泛相关，进而影响多项认定。例如，在经济不稳定的国家和地区开展业务、资产的流动性出现问题、重要客户流失、融资能力受到限制等，可能导致注册会计师对被审计单位的持续经营能力产生重大疑虑。又如，管理层缺乏诚信或承受异常的压力可能引发舞弊风险，这些风险与财务报表整体相关。

（三）控制环境对评估财务报表层次重大错报风险的影响

财务报表层次的重大错报风险很可能源于薄弱的控制环境。薄弱的控制环境带来的风险可能对财务报表产生广泛影响，难以限于某类交易、账户余额、列报，注册会计师应当采取总体应对措施。

例如，被审计单位治理层、管理层对内部控制的重要性缺乏认识，没有建立必要的制度和程序，或管理层经营理念过于激进，又缺乏实现激进目标的人力资源等，这些缺陷源于薄弱的控制环境，可能对财务报表产生广泛影响，需要注册会计师采取总体应对措施。

【动脑筋2-3】你能举例说明还有哪些控制环境会影响注册会计师正确评估财务报表层次的重大错报风险吗？

（四）控制对评估认定层次重大错报风险的影响

在评估重大错报风险时，注册会计师应当将所了解的控制与特定认定相联系。这是由于控制有助于防止或发现并纠正认定层次的重大错报。在评估重大错报发生的可能性时，除了考虑可能的风险外，还要考虑控制对风险的抵销和遏制作用。有效的控制会减少错报发生的可能性，而控制不当或缺乏控制，错报就会由可能变成现实。

（五）考虑财务报表的可审性

注册会计师在了解被审计单位内部控制后，可能对被审计单位财务报表的可审性产生怀疑。例如，对被审计单位会计记录的可靠性和状况的担心可能会使注册会计师认为可能很难获取充分、适当的审计证据，以支持对财务报表发表意见。再如，管理层严重缺乏诚信，注册会计师认为管理层在财务报表中作出虚假陈述的风险高到无法进行审计的程度。因此，如果通过对内部控制的了解发现下列情况，并对财务报表局部或整体的可审性产生疑问，注册会计师应当考虑出具保留意见或无法表示意见的审计报告：（1）被审计单位会计记录的状况和可靠性存在重大问题，不能获取充分、适当的审计证据以发表无保留意见；（2）对管理层的诚信存在严重疑虑。必要时，注册会计师应当考虑解除业务约定。

（六）需要特别考虑的重大错报风险

作为风险评估的一部分，注册会计师应当运用职业判断，确定识别的风险中哪些是需要特别考虑的重大错报风险（以下简称特别风险）。

1.确定特别风险时应考虑的事项

在确定风险的性质时，注册会计师应当考虑下列事项：①风险是否属于舞弊风险；②风险是否与近期经济环境、会计处理方法和其他方面的重大变化有关；③交易的复杂程度；④风险是否涉及重大的关联方交易；⑤财务信息计量的主观程度，特别是对不确定事项的计量存在较大区间；⑥风险是否涉及异常或超出正常经营过程的重大交易。

2.非常规交易和判断事项导致的特别风险

日常的、不复杂的、经正规处理的交易不太可能产生特别风险。特别风险通常与重大的非常规交易和判断事项有关。

非常规交易是指由于金额或性质异常而不经常发生的交易，如企业购并、债务重组、重大或有事项等。由于非常规交易具有下列特征，与重大非常规交易相关的特别风险可能导致更高的重大错报风险：①管理层更多地干预会计处理；②数据收集和处理涉及更多的人工干预；③复杂的计算或会计处理方法；④非常规交易的性质可能使被审计单位难以对由此产生的特别风险实施有效控制。

判断事项通常包括作出的会计估计，如对资产减值准备金额的估计、需要运用复杂估值技术确定的公允价值计量等。由于下列原因，与重大判断事项相关的特别风险可能导致更高的重大错报风险：①对涉及会计估计、收入确认等方面的会计原则存在不同的理解；②所要求的判断可能是主观和复杂的，或需要对未来事项作出假设。

3.考虑与特别风险相关的控制

了解与特别风险相关的控制，有助于注册会计师制订有效的审计方案予以应对。对于特别风险，注册会计师应当评价相关控制的设计情况，并确定其是否已经得到执行。由于与重大非常规交易或判断事项相关的风险很少受到日常控制的约束，因此注册会计师应当了解被审计单位是否针对该特别风险设计和实施了控制。

对重大错报风险的评估，注册会计师一般记录于"风险评估结果汇总表"工作底稿中。

同步训练

一、单项选择题

1.为了解被审计单位及其环境而实施的程序是（　　）。

    A.控制测试程序　　　　　　　　　　B.风险评估程序

    C.分析程序　　　　　　　　　　　　D.实质性程序

2.检查文件、记录和内部控制手册，可以了解的情况一是被审计单位的组织结构；二是（　　）。

    A.文件档案管理制度的建立健全情况　B.会计账簿的建立健全情况

    C.会计核算制度的建立健全情况　　　D.内部控制制度的建立健全情况

3."了解被审计单位及其环境"主要收集和记录的信息需要填列的工作底稿是（　　）。

    A.客户评价表　　　　　　　　　　　B.了解被审计单位及其环境

    C.审计初步业务活动表　　　　　　　D.审计调查表

4.注册会计师审计需要了解和评价的内部控制是（　　）。

    A.所有内部控制　　　　　　　　　　B.与财务报表审计相关的内部控制

C.与生产相关的内部控制　　　　　　　　D.与审计目标相关的内部控制

5.下列各项属于注册会计师通常应作出的会计估计事项是（　　）。

A.判断事项　　　　B.常规事项　　　　C.非常规事项　　　　D.交易事项

6.注册会计师实施（　　）程序，有助于识别异常的交易或事项以及对财务报表产生影响的金额、比率和趋势。

A.分析　　　　　　B.阅读　　　　　　C.观察　　　　　　D.询问

7.控制测试所需确定的是（　　）。

A.财务报表认定是否正确　　　　　　　B.内部控制执行的有效性

C.内部控制是否得到执行　　　　　　　D.内部控制设计的合理性

8.控制测试的对象是（　　）。

A.被审计单位的内部控制　　　　　　　B.被审计单位的财务报表

C.被审计单位的账簿与凭证记录　　　　D.被审计单位的经济业务

9.注册会计师针对评估的重大错报风险实施的直接用以发现认定层次的重大错报而实施的审计程序是（　　）。

A.重新执行　　　　B.了解内部控制　　　C.控制测试　　　　D.实质性程序

10.实质性分析程序通常针对的是（　　）。

A.在一段时间内的各类交易　　　　　　B.在一段时间内存在预期关系的大量交易

C.在一段时间内的各类账户余额　　　　D.在一段时间内的各类列报

二、多项选择题

1.注册会计师为了解被审计单位及其环境应当实施的风险评估程序有（　　）。

A.询问被审计单位管理层和内部其他相关人员

B.实施分析程序

C.观察

D.检查

2.了解被审计单位及其环境包括（　　）。

A.了解行业状况

B.了解被审计单位的性质

C.了解被审计单位对会计政策的选择和运用

D.了解被审计单位的目标、战略

3.在识别和评估重大错报风险时，注册会计师应当实施的审计程序有（　　）。

A.在了解被审计单位及其环境的整个过程中识别风险，并考虑各类交易、账户余额、列报

B.将识别的风险与认定层次可能发生错报的领域相联系

C.考虑识别的风险是否重大

D.考虑识别的风险导致财务报表发生重大错报的可能性

4.下列各项属于评估重大错报风险的程序有（　　）。

A.识别和评估重大错报风险的审计程序

B.控制环境对评估财务报表层次重大错报风险的影响

C.识别两个层次的重大错报风险

D.控制对评估认定层次重大错报风险的影响

5.由于非常规交易具有的特征，与重大非常规交易相关的特别风险可能导致更高的重大错报风险，下列各项属于非常规交易具有的特征的有（　　　）。

A.管理层更多地干预会计处理

B.数据收集和处理涉及更多的人工干预

C.复杂的计算或会计处理方法

D.非常规交易的性质可能使被审计单位难以对由此产生的特别风险实施有效控制

6.注册会计师在了解被审计单位的内部控制时，需要了解的被审计单位的控制活动主要有（　　　）。

A.风险评估　　　　B.授权和业绩评价　　C.实物控制　　　　　　D.职责分离

7.注册会计师在确定审计程序的范围时，下列说法正确的有（　　　）。

A.评估的重大错报风险越高，对拟获取审计证据的相关性、可靠性的要求越高，因此注册会计师实施进一步审计程序的范围可以适当地缩小

B.确定的重要性水平越低，注册会计师实施进一步审计程序的范围越广

C.评估的重大错报风险越高，注册会计师实施进一步审计程序的范围越广

D.确定的重要性水平越高，注册会计师实施进一步审计程序的范围越广

8.控制测试并非在任何情况下都需要实施。实施控制测试的情形有（　　　）。

A.在评估认定层次重大错报风险时，预期控制的运行是有效的

B.仅实施实质性程序不足以提供认定层次充分、适当的审计证据

C.控制本身的设计是合理的，但没有得到执行时

D.控制本身的设计就是无效的

9.控制测试的程序类型有（　　　）。

A.检查文件记录　　B.重新执行　　　　　　C.询问与观察　　　　D.重新计算

三、判断题

1.《中国注册会计师审计准则第1211号——重大错报风险的识别和评估》作为专门规范风险评估的准则，规定注册会计师应当了解被审计单位及其环境，以足够识别和评估财务报表重大错报风险，设计和实施进一步审计程序。（　　　）

2.在风险评估程序中，注册会计师了解被审计单位及其环境，目的是识别和评估被审计单位的可审性。（　　　）

3.观察和检查程序可以印证对管理层和其他相关人员的询问结果，并可提供有关被审计单位及其环境的信息。（　　　）

4.除了从被审计单位内部获取信息以外，如果根据职业判断认为从被审计单位外部获取的信息有助于识别重大错报风险，注册会计师可不再实施其他审计程序以获取这些信息。（　　　）

5.了解与特别风险相关的控制，有助于注册会计师制订有效的审计方案予以应对。

对于特别风险，注册会计师应当评价相关控制的设计情况，并确定其是否已经得到执行。　　　　　　　　　　　　　　　　　　　　　　　　　　　（　　）

6.在审计过程中，注册会计师只要询问被审计单位管理层和财务人员就能获取审计所需信息，所以不需要再向被审计单位其他部门人员询问。　　　　（　　）

7.注册会计师应当针对评估的认定层次重大错报风险确定总体应对措施。（　　）

8.注册会计师为了解被审计单位及其环境而实施的程序称为"控制测试"。（　　）

9.控制测试是每次审计中必定执行的测试。　　　　　　　　　　　　（　　）

10.在确定实质性程序的范围时，注册会计师应当考虑评估的认定层次重大错报风险和实施控制测试的结果。注册会计师评估的认定层次的重大错报风险越低，需要实施实质性程序的范围越广。如果对控制测试结果不满意，注册会计师应当考虑缩小实质性程序的范围。　　　　　　　　　　　　　　　　　　　　（　　）

项目小结

本项目主要知识点和技能点归纳总结见表2-7。

表2-7　　　　　　　　　　　　本项目主要知识点和技能点归纳总结

重点学习内容	主要知识点和技能点			
	工作内容	工作程序	典型工作任务	工作底稿
初步业务活动	接受业务委托	（1）客户的接受或保持 （2）了解和评价被审计单位 （3）确定审计业务约定书的条款 （4）签订审计业务约定书	（1）客户的接受和保持 （2）了解和评价被审计单位 （3）签订审计业务约定书	（1）业务承接评价表 （2）业务保持评价表
	编制审计计划	（1）审计计划分为总体审计策略和具体审计计划两个层次 （2）制定总体审计策略应考虑的事项（审计范围、时间、方向） （3）编写总体审计策略 （4）制订具体审计计划 （5）审计过程中对计划的更改 （6）与治理层和管理层的沟通 （7）总体审计策略与具体审计计划的关系		（1）总体审计策略 （2）具体审计计划

续表

重点学习内容	主要知识点和技能点			
	工作内容	工作程序	典型工作任务	工作底稿
初步业务活动	审计风险评估	（1）实施风险评估程序，了解被审计单位及其环境 （2）了解被审计单位及其环境的步骤	（1）了解、测试和评价被审计单位的内部控制并记录于工作底稿 （2）评估重大错报风险	（1）了解被审计单位及其环境（不包括内部控制） （2）了解被审计单位内部控制（在被审计单位整体层面了解内部控制） （3）了解和评价控制环境 （4）风险评估结果汇总表

拓展阅读

提供专业服务
的具体要求

审计和审阅
业务对独立
性的要求

与时俱进勇
挑经济警察
重担

项目三

销售与收款循环审计

【学习目标】 通过本项目学习之后，你应该：

1. 了解销售与收款循环业务特性
2. 了解销售与收款循环审计目标与程序
3. 掌握销售与收款循环控制测试、实质性程序的操作步骤
4. 能在明确审计目标要求的前提下，结合该循环业务特点，按审计程序要求执行控制测试的基本操作
5. 能在明确审计目标要求的前提下，结合该循环业务特点，按审计程序要求执行实质性程序的基本操作
6. 能较熟练地将所搜集的审计证据记录于审计工作底稿

【素养目标】 能够以责任、忠诚、清廉、依法、独立、奉献为职业精神，以国计民生为出发点，执行销售与收款循环审计取证、判断、评价和报告

【思政点】 爱国 敬业 诚信 精益 专注 创新 公正 法治 质量 互变规律 事物的联系和发展 "五牛"精神 工匠精神

【知识点】 销售与收款循环业务特点与控制程序 销售与收款业务的主要凭证、记录与控制程序 应收账款函证 主营业务收入实质性程序 应收账款实质性程序 坏账准备实质性程序

【技能点】 销售与收款循环常见错弊的审查 各种销售与收款循环审计常见审计工作底稿的编制 销售与收款循环审计常见会计调整分录的编制

思政引入

虚构利润　无信不立

南纺股份于2012年3月23日收到证监会下发的"调查通知书"。经查，该公司于2006年至2010年，分别虚构利润3 109.15万元、4 223.33万元、15 199.83万元、6 053.18万元和5 864.12万元，占其披露利润的127.39%、151.22%、962.40%、382.43%和5 590.73%，即连续5年共虚构利润34 449.61万元，平均每年虚构利润6 889.92万元，扣除虚构的利润，该公司实际共亏损20 786.12万元，平均每年亏损4 157.22万元。

据了解，南纺股份以往年度重大会计差错的原因主要为：虚增合同收入；将境外融资业务虚构为转口贸易，虚增营业收入和营业成本；少结转营业成本；利用转口贸易回款，调节客户往来款，达到调节坏账准备等目的；长期挂账不符合出口退税条件的应收出口退税款，以及不符合确认条件的递延所得税资产等。

证监会表示，南纺股份虚构利润的行为违反了《证券法》第六十三条关于上市公司依法披露的信息，必须真实、准确、完整，不得有虚假记载、误导性陈述或者重大遗漏的规定，构成了《证券法》第一百九十三条所述的上市公司报送的报告有虚假记载、误导性陈述或者重大遗漏的违法行为。南纺股份原董事长单晓钟被判定为证券市场终身禁入者，另两名原任高管丁杰、刘盛宁也被禁入，与此同时，13名责任人为南纺股份造假案埋单。

资料来源：滕飞. 南纺股份连续五年造假，累计虚构利润3.44亿元［N］. 上海证券报，2014-05-17.

【思考】

（1）上市公司虚构利润的目的是什么？上市公司虚构利润从哪里入手？如何能够发现公司利润造假？

（2）在审计上市公司时，注册会计师应坚守哪些社会主义核心价值观？

任务一　销售与收款循环控制测试

知识精讲

一、销售与收款循环业务主要活动与控制程序

根据财务报表项目与业务循环的相关程度，销售与收款循环涉及的报表项目见表3-1。

表3-1 销售与收款循环涉及的报表项目

业务循环	资产负债表项目	利润表项目
销售与收款	应收账款　应收票据　长期应收款 预收款项　应交税费	营业收入 税金及附加

销售与收款循环审计程序包括控制测试和实质性程序。控制测试包括销售交易控制测试和收款交易控制测试。在销售与收款循环审计时，注册会计师要先通过了解被审计单位内部控制中获取的资料来评价该业务循环的内部控制风险，然后决定控制测试、实质性程序的性质、时间和范围。

为了做好销售与收款循环内部控制测试，注册会计师有必要首先了解被审计单位销售与收款循环的主要业务活动和控制程序。

（一）销售与收款业务主要业务活动

销售与收款循环是指随着商品销售或劳务的提供而发生的商品所有权转让及已收或应收货款的业务过程，是企业最主要的业务循环之一，也是审计风险较大的环节。

销售与收款循环的主要业务活动包括以下方面：

1.接受客户订单

客户提出订货要求是整个销售与收款循环的起点，是购买某种货物或接受某种劳务的一项申请。客户订单只有在符合企业管理层的授权标准时才被接受。销售部门在接受客户订单后，以此编制一式多联的销售通知单，并以此作为生产、信用、仓库、运输、开票、收款等有关部门履行职责的依据。

客户订单是证明企业管理层有关销售交易的"发生"认定的凭证之一，也是某笔销售交易轨迹的起点。

【提示】业务循环中的每一张在交易过程中记录的原始凭证，无论是从企业外部取得的还是企业内部编制的，都是一个内部控制的关键点，都对管理层认定的恰当性起着证明作用，因此，每张原始凭证都要及时、真实、正确、完整地填写，并且按业务流程顺序传递、保管。审计则是审查这些原始凭证在记录、传递、保管过程中是否遵循了企业内部控制制度的规定，管理层对经济业务的认定是否恰当，从而保证了财务报表的合法性和公允性。

2.批准赊销信用

对赊销业务的批准是由信用管理部门根据管理层的赊销政策在每个客户的已授权的信用额度内进行的。信用管理部门的员工在收到销售部门的销售单后，应将销售单与该客户已被授权的赊销信用额度以及至今尚欠的账款余额加以比较。执行人工赊销信用检查时，还应合理划分工作职责，以避免销售人员为扩大销售而使企业承受不适当的信用风险。企业的信用管理部门通常应对每个新客户进行信用调查，包括获取信用评审机构对客户信用等级的评定报告。无论是否批准赊销，都要求被授权的信用管理部门人员在销售单上签署意见，然后将已签署意见的销售单送回销售部门。

设计赊销信用批准控制的目的是降低信用损失风险，因此，这些控制与应收票据/应收款项融资/应收账款/合同资产账面余额的**"准确性""计价和分摊"**认定有关。

在使用信息系统实现自动控制的企业，诸如订购单涉及的客户是否已被列入经批准的客户名单，以及赊销金额是否仍在信用额度内这类控制往往通过系统设置得以实现。对于不满足条件的情形则要求管理层特别批准。

3.根据销售通知单编制发运凭证并装运、发货

按销售通知单发运商品是确认收入实现的标志。商品仓库只有在收到经批准的销售通知单时才能发出商品。将按经批准的销售通知单供货与按销售通知单装运货物的职务进行分离，有助于避免装运人员在未经授权的情况下装运商品。装运单是正式销售交易"**发生**"认定的另一种形式的凭证。而定期检查核对发票、装运单有助于保证销售交易"**完整性**"认定的正确性。

4.向客户开具销售发票

会计部门将销售订单、销售通知单、出库单（提货单）核对无误后，应及时开出事先连续编号的销售发票，并将其中一联提供给客户。向客户开具销售发票具有以下作用：（1）对所有装运的货物开具销售发票，是证明销售业务记录"**完整性**"认定的证明；（2）只对实际装运的货物才开具销售发票，重复或虚构交易不开发票，是销售业务的"**发生**"认定的证明；（3）按已授权批准的商品价目表所列价格计价并开具销售发票，是商品的"**准确性**""**计价和分摊**"认定的证明。

为了降低开具发票过程中出现遗漏、重复、错误计价或其他差错的风险，企业通常需要设立以下控制：（1）负责开发票的员工在开具每张销售发票之前，检查是否存在发运凭证和相应的经批准的销售通知单；（2）依据已授权批准的商品价目表开具销售发票；（3）将发运凭证上的商品总数与相对应的销售发票上的商品总数进行比较。

上述控制与销售交易（即营业收入）的"**发生**"、"**完整性**"以及"**准确性**"认定有关。

5.记录销售业务

会计部门开出销售发票后，应及时编制记账凭证，并据此登记相关货币资金日记账、销售明细账、应收账款明细账等。记录销售业务与"**发生**""**完整性**""**准确性**""**计价和分摊**"认定有关。注册会计师对这一业务流程主要关心的问题是销售发票是否正确记录、是否归属于适当的会计期间。

6.办理和记录货币资金收入

这项活动涉及有关货款收回，库存现金、银行存款的记录以及应收账款的减少等。在办理库存现金、银行存款收入时，要特别关注货币资金失窃的可能性。货币资金失窃可能发生在货币资金收入登记入账之前或登记入账之后。处理货币资金收入时，要保证全部货币资金必须如数、及时地记入库存现金、银行存款日记账和应收账款明细账，库存现金如数、及时地存入银行。办理和记录货币资金收入与"**完整性**""**准确性**""**计价和分摊**"认定有关。

7.确认和记录可变对价的估计和结算情况

如果合同中存在可变对价，企业需要对计入交易价格的可变对价进行估计，并在每一资产负债表日重新估计应计入交易价格的可变对价金额，以如实反映报告期期末存在的情况以及报告期内发生的情况变化。

8.提取坏账准备

企业一般定期对应收账款的信用风险进行评估，并根据预期信用损失计提坏账准备。提取坏账准备与"发生"、"完整性"以及"计价和分摊"认定有关。

9.注销坏账

不管赊销部门的工作如何主动，客户因经营不善、宣告破产、死亡等原因而不支付货款的事仍可能发生。在有确凿证据确认应收账款无法收回时，经批准，企业应将其转为坏账注销，并冲减相应的应收账款总账和明细账记录。注销坏账与"发生"、"完整性"以及"计价和分摊"认定有关。

【动脑筋3-1】上述业务流程的第7~9项，与哪些管理层认定有关？为什么？

（二）销售与收款业务的主要凭证、记录与控制程序

处理销售与收款业务，在内部控制比较健全的企业，通常需要使用很多凭证，进行相应的会计记录，这些凭证和会计记录是企业业务活动和控制程序的记录，也是注册会计师进行该业务循环审计需收集的审计证据的主要来源。典型的销售与收款循环中主要业务活动、所涉及的凭证及记录和控制程序见表3-2。

表3-2 销售与收款循环中主要业务活动所涉及的凭证、记录和控制程序

主要业务活动	涉及的凭证及记录	相关的主要部门	相关的认定	重要控制程序
1.接受客户订单	客户订货单、销售通知单	销售通知单管理部门	发生	客户名单已被授权审批
2.批准赊销信用	销售通知单	信用管理部门	准确性、计价和分摊	信用部门签署意见，目的是降低坏账风险
3.按销售通知单编制发运凭证装运及发货	销售通知单、发运凭证	仓库、装运部门	发生、完整性	防止未授权装运商品、发货
4.向客户开具销售发票	销售通知单、装运凭证、商品价目表、销售发票	开具账单部门	完整性、发生、准确性	确保销售发票的正确性
5.记录销售业务	销售发票及附件，转账凭证，库存现金、银行存款收款凭证，应收账款明细账，销售明细账及库存现金、银行存款明细账，客户月末对账单	会计部门	发生、完整性、计价和分摊	主要关心销售发票是否记录正确，并归属适当的会计期间
6.办理和记录货币资金收入	汇款通知单、收款凭证、库存现金日记账、银行存款日记账	会计部门	发生、完整性、计价和分摊	最应关心的是货币资金失窃的可能性
7.确认和记录可变对价的估计和结算情况	贷项通知单	会计部门、仓库	发生、完整性、计价和分摊	必须授权批准，控制实物流和会计处理
8.提取坏账准备	计提坏账准备计算表	赊销部门、会计部门	发生、完整性、计价和分摊	坏账准备计提方法和比例是否正确
9.注销坏账	应收账款对账单、账龄分析表、坏账审批表	赊销部门、会计部门	发生、完整性、计价和分摊	应收账款记录是否均已入账及其正确性、应该获取货款无法收回的确凿证据，适当审批

二、销售交易内部控制目标、内部控制与控制测试的关系

在审计实务中，为了确保审计质量、审计效果，注册会计师会对被审计单位的行业、规模、内部控制制度的健全程度和执行结果、以前接受审计的情况，考虑审计时间、审计成本，尽可能地消除重复的测试程序，保证检查某一凭证时能够一次性完成对该凭证的全部控制测试程序，并按最有效的顺序实施控制测试，从实际出发，将其转换为更实用、更高效的审计计划，并通过"销售交易的内部控制目标、关键内部控制与控制测试一览表"来完成。销售交易内部控制目标、关键内部控制与控制测试三者的关系见表3-3。

表3-3　　　　　销售交易的内部控制目标、关键内部控制与控制测试一览表

内部控制目标	关键内部控制	常用的控制测试
登记入账的销售交易确系已经发货给真实的顾客（发生）	•销售交易是以经过审核的发运凭证及经过批准的客户订货单为依据登记入账的 •在发货前，客户的赊购已经被授权批准 •销售发票均经事先编号，并已恰当地登记入账 •每月向客户寄送对账单、对客户提出的意见作专门追查	•检查销售发票副联是否附有发运凭证（或提货单）及客户订货单 •检查客户的赊购是否经授权批准 •检查销售发票连续编号的完整性 •观察是否寄发过对账单，并检查客户回函档案
所有销售交易均已登记入账（完整性）	•发运凭证（或提货单）均经事先连续编号并已登记入账 •销售发票均经事先连续编号，并已登记入账	•检查发运凭证连续编号的完整性 •检查销售发票连续编号的完整性
登记入账的销售数量确系已发货的数量，已正确开具账单并登记入账（计价和分摊）	•销售价格、付款条件、运费和销售折扣的确定已经适当的授权批准 •由独立人员对销售发票的编制作内部核查	•检查销售是否经适当的授权批准 •检查有关凭证上的内部核查标记
销售交易的分类恰当（分类）	•采用适当的会计科目表 •内部复核和核查	•检查会计科目表是否适当 •检查有关凭证上内部复核和核查的标记
销售交易的记录及时（截止）	•采用尽量能在销售发生时开具收款账单和登记入账的控制方法 •内部核查	•检查尚未开具收款账单的发货和尚未登记入账的销售交易 •检查有关凭证上内部核查的标记
销售交易已经正确地记入明细账，并经正确汇总（准确性、计价和分摊）	•每月定期向客户寄送对账单 •由独立人员对应收账款明细账作内部核查 •将应收账款明细账余额合计数与其总账余额进行比较	•观察对账单是否已经寄出 •检查内部核查标记 •检查将应收账款明细账余额合计数与其总账余额进行比较的标记

【动脑筋 3-2】销售与收款循环的关键控制点是什么？举两个例子说明，如果这些关键控制点不存在会发生哪些问题？

三、销售交易内部控制和控制测试

（一）销售与收款内部控制和控制测试

1.销售与收款内部控制监督检查的主要内容

财政部发布的《企业内部控制应用指引第9号——销售业务》中，不仅明确了单位应当建立对销售与收款循环内部控制的监督检查制度，单位监督检查机构或人员应通过实施控制测试和实质性程序检查销售与收款业务内部控制制度是否健全，各项规定是否得到有效执行，而且明确了销售与收款循环内部控制监督检查的主要内容，包括：

（1）销售与收款业务相关岗位及人员的设置情况。重点检查是否存在销售与收款业务不相容职务混岗的现象。

（2）销售与收款业务授权批准制度的执行情况。重点检查授权批准手续是否健全，是否存在越权审批行为。

（3）销售的管理情况。重点检查信用政策、销售政策的执行是否符合规定。

（4）收款的管理情况。重点检查单位销售收入是否及时入账，应收账款的催收是否有效，坏账核销和应收票据的管理是否符合规定。

（5）销售退回的管理情况。重点检查销售退回手续是否齐全，退回货物是否及时入库。

2.控制测试的工作过程及内容

（1）了解被审计单位销售与收款循环和财务报告相关的内部控制的设计，并记录获得的了解。

（2）针对销售与收款循环的控制目标，记录相关控制活动，以及受该控制活动影响的交易和账户余额及其认定。

（3）执行穿行测试，证实对交易流程和相关控制的了解，并确定相关控制是否得到执行。

（4）记录在了解和评价销售与收款循环的控制设计和执行过程中识别的风险，以及拟采取的应对措施。

3.内部控制测试

下面以内部控制目标为起点的控制测试为例，来说明销售与收款循环的内部控制测试：

（1）对于职责分离，注册会计师通常通过观察被审计单位有关人员的活动，以及与这些人员进行讨论，来实施职责分离的控制测试。

（2）对于授权审批，内部控制通常存在前述销售交易内部控制的四个关键点上的审批程序，注册会计师主要通过检查凭证在这四个关键点上是否经过审批，可以很容易地测试出授权审批方面的内部控制效果。

（3）对于充分的凭证和记录以及凭证预先编号这两项控制，常用的控制测试程序是清点各种凭证。比如，从主营业务收入明细账中选取样本，追查至相应的销售发票存根，进而检查其编号是否连续，有无不正常的缺号发票和重号发票。视检查顺序和范围的不同，这种测试程序往往可同时提供有关发生和完整性目标的证据。

（4）对于按月寄出对账单这项控制，观察指定人员寄送对账单，并检查客户复函档案和管理层的审阅记录，是注册会计师十分有效的一项控制测试。

（5）对于内部核查程序，注册会计师可以通过检查内部审计师的报告，或检查其他独立人员在他们核查的凭证上的签字等方法实施控制测试。

【提示】内部控制程序和活动是企业针对需要实现的内部控制目标而设计和执行的，控制测试则是注册会计师针对企业的内部控制程序和活动而实施的，因此，在审计实务中，注册会计师可以考虑以被审计单位的内部控制目标为起点实施控制测试。

4.收款交易的内部控制和控制测试

尽管因每家企业的性质、所处行业、规模以及内部控制健全程度等不同，与销售与收款交易相关的内部控制内容也有所不同，但以下与收款交易相关的内部控制内容是通常应当共同遵循的：

（1）企业应当按照《中华人民共和国现金管理暂行条例》《支付结算办法》等的规定，及时办理销售收款业务。

（2）企业应将销售收入及时入账，不得账外设账，不得擅自坐支现金。销售人员应当避免接触销售现款。

（3）企业应当建立应收账款账龄分析制度和逾期应收账款催收制度。销售部门应当负责应收账款的催收，财会部门应当督促销售部门加紧催收。对催收无效的逾期应收账款可通过法律程序予以解决。

（4）企业应当按客户设置应收账款台账，及时登记每一客户应收账款余额增减变动情况和信用额度使用情况。对长期往来客户应当建立完善的客户资料，并对客户资料实施动态管理，及时更新。

（5）企业对于可能成为坏账的应收账款应当报告有关决策机构，由其进行审查，确定是否确认为坏账。企业发生的各项坏账，应查明原因，明确责任，并在履行规定的审批程序后作出会计处理。

（6）企业注销的坏账应当进行备查登记，做到账销案存。已注销的坏账又收回时应当及时入账，防止形成账外资金。

（7）企业应收票据的取得和贴现必须经由保管票据以外的主管人员的书面批准。应由专人保管应收票据，对于即将到期的应收票据，应及时向付款人提示付款；已贴现票据应在备查簿中登记，以便日后追踪管理；应制定逾期票据的冲销管理程序和逾期票据追踪监控制度。

在确定被审计单位的内部控制中可能存在的薄弱环节，并且对其控制风险作出评价后，注册会计师应当判断继续实施控制测试的成本是否会低于因此而减少对交易、账户余额实施实质性程序所需的成本。如果被审计单位的相关内部控制不存在，则注册会计师不应再继续实施控制测试，而应直接实施实质性程序。

（二）评估重大错报风险

被审计单位可能有各种各样的收入来源，处于不同的控制环境，存在复杂的合同安排，这些情况对收入交易的会计核算可能存在诸多影响，比如不同交易安排下的收入确认的时间和依据可能不尽相同。

注册会计师应当考虑影响收入交易的重大错报风险，并对被审计单位经营活动中可能发生的重大错报风险保持警觉。收入交易和余额存在的固有风险主要包括：

（1）收入的舞弊风险。收入是利润的来源，直接关系到企业的经营成果。有些企业往往为了达到粉饰财务报表的目的而采用虚增或隐瞒收入等方式实施舞弊。在财务报表舞弊案件中，涉及收入确认的舞弊占有很大比例，收入确认已成为注册会计师审计的高风险领域。中国注册会计师审计准则要求注册会计师基于收入确认存在舞弊风险的假定，评价哪些类型的收入、收入交易或认定导致舞弊风险。

（2）收入的复杂性导致的错误。例如，被审计单位可能针对一些特定的产品或者服务提供一些特殊的交易安排（如特殊的退货约定、特殊的服务期限安排等），但管理层可能对这些不同安排下所涉及的交易风险的判断缺乏经验，收入确认上就容易发生错误。

（3）期末收入交易和收款交易的截止错误。

（4）收款未及时入账或记入不正确的账户。

（5）应收账款坏账准备的计提不准确。

某些重大错报风险可能与财务报表整体广泛相关，进而影响多项认定，比如舞弊风险；某些重大错报风险可能与特定的某类交易、账户余额和披露的认定相关，比如会计期末的收入交易和收款交易的截止错误（截止），或应收账款坏账准备的计提（计价）。

（三）涉及的审计工作底稿

在执行本工作的过程中，注册会计师将形成的工作底稿包括：

（1）了解内部控制汇总表；

（2）了解内部控制——控制流程；

（3）评价内部控制设计——控制目标及控制活动；

（4）确定控制是否得到执行（穿行测试）；

（5）销售与收款循环控制执行情况的评价结果。

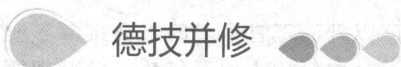

德技并修

资料：注册会计师郑铭于某年12月1日至7日对宏远公司销售和收款循环的内部控制进行了解和测试，并在相关审计工作底稿中记录了了解和测试的事项，摘录如下：

（1）宏远公司产成品发出时，由销售部填制一式四联的出库单。第一联为存根联，留存销售部备查；第二联为提货联，客户提货后，交由仓库发货并作为出库登记和统计依据；第三联为记账联，交给财务部门登记库存商品明细账，由会计人员张莉据此登记库存商品总账和明细账；第四联为出门联，客户提货后携带货物离开公司时，交给门卫存查。

（2）另一名会计人员吴娇娇负责开具销售发票。吴娇娇根据仓库的发货记录和销售商品价目表填写销售发票中商品或服务的数量、单价和金额。

问题：

请代注册会计师郑铭指出宏远公司在销售与收款循环内部控制方面的缺陷，并提出改进建议。

分析：

宏远公司销售与收款循环的内部控制缺陷有：

（1）会计人员张莉同时登记库存商品总账和明细账，不相容职务未进行分离。应建议宏远公司安排不同的会计人员登记库存商品总账和明细账。

（2）会计人员吴娇娇开具销售发票时不能只依据发货单和价目表，因为实际销售的数量和结算价格可能会与发货单上的数量和价目表上的价格不一致。应建议宏远公司要求会计人员首先核对合同、装运凭证和相应的经批准的销售通知单，然后根据已授权批准的商品价格填写销售发票中商品或服务的价格，根据装运凭证中商品或服务的数量填写销售发票中商品或服务的数量，最后根据数量和价格计算出金额。

典型工作任务实训

一、实训要求

（1）阅读并熟悉实训资料、实训材料。

（2）在教师指导下，根据实训资料填写"评价内部控制设计——控制目标及控制活动"。

（3）在教师指导下，完成"评价内部控制设计——控制目标及控制活动"工作底稿中"被审计单位的控制活动""控制活动对实现控制目标是否有效（是/否）"等内容的编写。

二、实训条件

（1）实训工具：评价内部控制设计——控制目标及控制活动审计工作底稿（见表3-4）。

表3-4　　　　　　　　　评价内部控制设计——控制目标及控制活动

被审计单位：	索引号：XSB-3
项目：内部控制评价	财务报表截止日/期间：
编制：	复核：
日期：	日期：

续表

主要业务活动	控制目标	受影响的相关交易和账户余额及其认定	常用的控制活动	被审计单位的控制活动	控制活动对实现控制目标是否有效（是/否）
销售	仅接受在信用额度内的订单	应收账款：计价和分摊	管理层审核批准信用额度	如果是新客户，销售经理_____将对其进行客户背景调查，获取包括信用评审机构对客户信用等级的评定报告等，填写"新客户基本情况表"，并附相关资料交至信用管理经理_____审批。信用管理经理_____将在"新客户基本情况表"上签字注明是否同意赊销。通常情况下，给予新客户的信用额度不超过人民币_____元；若高于该标准，应经总经理_____审批	
				如果是现有客户，业务员_____将订单金额与该客户已被授权的信用额度以及至今尚欠的账款余额进行检查，经销售经理_____审批后，交至信用管理经理_____复核。如果是超过信用额度的采购订单，应由总经理_____审批	
	管理层核准销售订单的价格、条件	应收账款：存在 主营业务收入：发生	管理层必须审批所有销售订单，超过特定金额或毛利异常的销售应取得较高管理层核准	对于新客户的初次订单，不允许超过经审批的信用额度。如新客户能够及时支付货款，信用良好，则可视同"现有客户"进行交易。收到现有客户的采购订单后，业务员_____将订单金额与该客户已被授权的信用额度以及至今尚欠的账款余额进行检查，经销售经理_____审批后，交至信用管理经理复核。如果是超过信用额度的采购订单，应由总经理_____审批	
	已记录的销售订单的内容准确	应收账款：计价和分摊 主营业务收入：准确性、分类	由不负责输入销售订单的人员比较销售订单数据与支持性文件是否相符	信息管理员_____负责将客户采购订单和销售合同信息输入系统，由系统自动生成连续编号的销售订单（此时系统显示为"待处理"状态）。每周，信息管理员_____核对本周内生成的销售订单，对任何不连续编号的情况进行检查 每周，应收账款记账员_____汇总本周内所有签订的销售合同，并与销售订单核对，编制销售信息报告。如有不符，应收账款记账员将通知信息管理员_____，与其共同调查该事项	
	销售订单均已得到处理	应收账款：完整性 主营业务收入：完整性	销售订单、销售发票已连续编号、顺序已被记录	信息管理员_____负责将客户采购订单和销售合同信息输入系统，由系统自动生成连续编号的销售订单（此时系统显示为"待处理"状态）。每周，信息管理员_____核对本周内生成的销售订单，对任何不连续编号的情况进行检查	

续表

主要业务活动	控制目标	受影响的相关交易和账户余额及其认定	常用的控制活动	被审计单位的控制活动	控制活动对实现控制目标是否有效（是/否）
记录应收账款	已记录的销售均确已发出货物	应收账款：存在、权利和义务 主营业务收入：发生	销售发票需与出库单证核对，如有不符应及时调查和处理	船运公司在货船离岸后，开出货运提单，通知公司货物离岸时间 信息管理员_____将商品离岸信息输入系统，系统内的销售订单状态由"已完工"自动更改为"已离岸" 应收账款记账员_____根据系统显示的"已离岸"销售订单信息，将销售发票所载信息和报关单、货运提单等进行核对。如所有单证核对一致，应收账款记账员_____在发票上加盖"相符"印戳并将有关信息输入系统，此时系统内的采购订单状态即由"已离岸"自动更改为"已处理"	
	已记录的销售交易计价准确	应收账款：计价和分摊 主营业务收入：准确性、分类	定期与客户对账，如有差异应及时进行调查和处理	月末，会计主管_____编制应收账款账龄报告，其内容还应包括应收账款总额与应收账款明细账合计数以及应收账款明细账与客户对账单的核对情况。如有差异，应立即进行调查	
	与销售货物相关的权利均已记录至应收账款	应收账款：完整性 主营业务收入：完整性	销售订单、销售发票已连续编号、顺序已被记录	信息管理员_____根据系统显示的"已完工"销售订单信息和销售合同约定的交货日期，开具连续编号的销售发票（出口发票为一式六联发票），交销售经理_____审核，发票存根联由销售部留存，其他联次分别用于报关、出口押汇、税务核销、外汇核销以及财务记账等 应收账款记账员_____根据系统显示的"已离岸"销售订单信息，将销售发票所载信息和报关单、货运提单等进行核对。如所有单证核对一致，应收账款记账员_____在发票上加盖"相符"印戳并将有关信息输入系统，此时系统内的采购订单状态即由"已离岸"自动更改为"已处理"	

主要业务活动	控制目标	受影响的相关交易和账户余额及其认定	常用的控制活动	被审计单位的控制活动	控制活动对实现控制目标是否有效（是/否）
记录应收账款	销售货物交易均已适当于期间进行记录	应收账款：存在、完整性 主营业务收入：截止	检查资产负债表日前后发出的货物，以确保记录于适当期间	如果期末存在商品已经发出但尚未离岸，则应收账款记账员＿＿＿＿＿＿根据货运提单等单证记录应收账款，并于下月初冲回，当系统显示"已离岸"销售订单信息时，记录销售收入实现	
	已记录的销售退回、折扣与折让为真实发生的	应收账款：完整性 主营业务收入：完整性	管理层制定有关销售退回、折扣与折让的政策和程序，并监督其执行	公司销售业务以出口销售为主，与客户签订的销售合同中不允许退货，若发生质量纠纷，应采取索赔方式，根据双方确定的金额调整应收账款。业务员＿＿＿＿＿＿接到客户的索赔传真件等资料后，编制连续编号的客户索赔处理表，交至生产部门和技术部门，由生产经理＿＿＿＿＿＿和技术经理＿＿＿＿＿＿确定是否确属产品质量问题，并签字确认。如确属公司的责任，应收账款记账员在客户索赔处理表注明货款结算情况。对于索赔金额不超过人民币＿＿＿＿＿＿元的，由销售经理＿＿＿＿＿＿批准，如超过该标准，应经总经理＿＿＿＿＿＿审批	
	已发生的销售退回、折扣与折让均确已记录	应收账款：存在 主营业务收入：发生	定期与客户对账，如有差异应及时进行调查和处理	月末，会计主管＿＿＿＿＿＿编制应收账款账龄报告，其内容还应包括应收账款总额与应收账款明细账合计数以及应收账款明细账与客户对账单的核对情况。如有差异，应立即进行调查	
	已发生的销售退回、折扣与折让均于恰当期间进行记录	应收账款：存在、完整性 主营业务收入：截止	用以记录销售退回、折扣与折让事项的表单连续编号，顺序已被记录	业务员＿＿＿＿＿＿接到客户的索赔传真件等资料后，编制连续编号的客户索赔处理表。应收账款记账员＿＿＿＿＿＿编制应收账款调整分录，后附经适当审批的客户索赔处理表，交会计主管＿＿＿＿＿＿复核后进行账务处理	
	已发生的销售退回、折扣与折让均确确准记录	应收账款：计价和分摊 主营业务收入：准确性、分类	管理层复核和批准对应收账款的调整	业务员＿＿＿＿＿＿接到客户的索赔传真件等资料后，编制连续编号的客户索赔处理表，交至生产部门和技术部门，由生产经理＿＿＿＿＿＿和技术经理＿＿＿＿＿＿确定是否确属产品质量问题，并签字确认。如确属公司的责任，应收账款记账员＿＿＿＿＿＿在客户索赔处理表注明货款结算情况。对于索赔金额不超过人民币＿＿＿＿＿＿元的，由销售经理＿＿＿＿＿＿批准，如超过该标准，应经总经理＿＿＿＿＿＿审批	

主要业务活动	控制目标	受影响的相关交易和账户余额及其认定	常用的控制活动	被审计单位的控制活动	控制活动对实现控制目标是否有效（是/否）
记录应收账款	准确计提坏账准备和核销坏账，并记录于恰当期间	应收账款：存在、完整性、权利和义务 坏账准备：计价和分摊、完整性、存在	管理层复核坏账准备费用，包括考虑是否记录于适当期间	公司董事会制定并批准应收账款坏账准备计提方法和计提比例 每年年末，销售经理_____根据以往的经验、债务单位的实际财务状况和现金流量的情况，以及其他相关信息，编写应收账款可收回性分析报告，交财务部复核 会计主管_____核对应收账款可收回性分析报告，分析坏账准备的计提比例是否较原先的估计发生较大变化。如发生较大变化，会计主管_____编写会计估计变更建议，经财务经理_____复核后报董事会批准 公司坏账准备由系统自动计算生成，对于需要计提特别坏账准备以及拟核销的坏账，由业务员_____填写连续编号的坏账变更申请表，并附客户破产等相关资料，经销售经理_____审批后，金额在人民币_____元以下的，由财务经理_____审批，金额在人民币_____元以上的，由总经理_____审批，应收账款记账员_____根据经适当批准的更改申请表进行账务处理	
收款	收款是真实发生的	应收账款：完整性、权利和义务	管理层复核收款记录	信用证到期或收到客户已付款通知，由出纳员_____前往银行办理托收。款项收妥后，应收账款记账员_____将编制收款凭证，并附相关单证，如银行结汇水单、银行到款通知单等，提交会计主管_____复核。在完成对收款凭证及相关单证的复核后，会计主管_____在收款凭证上签字作为审批证据，并在所有单证上加盖"核销"印戳	
	准确记录收款	应收账款：计价和分摊	管理层复核收款记录	应收账款记账员_____将编制收款凭证，并附相关单证，如银行结汇水单、银行到款通知单等，提交会计主管_____复核。在完成对收款凭证及相关单证的复核后，会计主管_____在收款凭证上签字，作为复核证据，并在所有支持文件上加盖"核销"印戳 出纳员_____根据经复核无误的收款凭证及时登记库存现金和银行存款日记账	

主要业务活动	控制目标	受影响的相关交易和账户余额及其认定	常用的控制活动	被审计单位的控制活动	控制活动对实现控制目标是否有效（是/否）
收款	收款均已记录	应收账款：完整性	定期将日记账中的收款记录与银行对账单进行核对	每月月末，由会计主管_____指定出纳员以外的人员核对银行存款日记账和银行对账单，编制银行存款余额调节表，并提交给财务经理_____复核，财务经理_____在银行存款余额调节表中签字作为其复核的证据	
	收款均已于恰当期间进行记录	应收账款：存在、完整性	定期将日记账中的收款记录与银行对账单进行核对	每月月末，由会计主管_____指定出纳员以外的人员核对银行存款日记账和银行对账单，编制银行存款余额调节表，并提交给财务经理_____复核，财务经理_____在银行存款余额调节表中签字作为其复核的证据	
	监督应收账款及时收回	应收账款：权利和义务	定期编制与分析应收账款账龄报告	月末，会计主管_____编制应收账款账龄报告	
维护客户档案	对客户档案的变更均为真实有效的	应收账款：完整性、存在 主营业务收入：完整性、发生	变更客户档案申请应连续编号，编号顺序已被记录	信息管理员_____负责对更改申请表预先连续编配号码并在系统内进行更改 财务经理_____核对月度客户更改信息报告、检查实际更改情况和更改申请表是否一致、所有变更是否得到适当审批以及编号记录表是否正确，在月度客户信息更改报告和编号记录表上签字作为复核的证据。如发现任何异常情况，将进一步调查处理	
	对客户档案的变更均为准确的	应收账款：计价和分摊 主营业务收入：准确性、分类	核对客户档案变更记录和原始授权文件，确定已正确处理	如需对系统内的客户信息作出修改，业务员_____填写更改申请表，经销售经理审批后交信息管理员_____负责对更改申请表预先连续编配号码并在系统内进行更改 财务经理_____核对月度客户更改信息报告、检查实际更改情况和更改申请表是否一致、所有变更是否得到适当审批以及编号记录表是否正确，在月度客户信息更改报告和编号记录表上签字作为复核的证据。如发现任何异常情况，将进一步调查处理 每半年，销售经理_____复核客户档案	
	对客户档案的变更均已于适当期间进行处理	应收账款：权利和义务、存在、完整性 主营业务收入：完整性、发生	变更客户档案申请应连续编号，编号顺序已被记录	信息管理员_____负责对更改申请表预先连续编配号码并在系统内进行更改 财务经理_____核对月度客户更改信息报告、检查实际更改情况和更改申请表是否一致、所有变更是否得到适当审批以及编号记录表是否正确，在月度客户信息更改报告和编号记录表上签字作为复核的证据。如发现任何异常情况，将进一步调查处理	
	确保客户档案数据及时更新	应收账款：权利和义务、存在、完整性 主营业务收入：完整性、发生	管理层定期复核档案的正确性并确保其及时更新	信息管理员_____每月复核客户档案。对两年内未与公司发生业务往来的客户，通知业务员_____由其填写更改申请表，经销售经理_____审批后交信息管理部删除该客户档案 每半年，销售经理_____复核客户档案	

（2）实训学时：2学时。

（3）实训方式：可采用小组手工实训方式、单人手工实训方式。

三、实训资料

浙江羽裳服装股份有限公司（以下简称羽裳公司）是一家设计、生产和销售服装的中型制造业企业，其现行的销售政策和程序已经董事会批准，如果需对该项政策和程序作出任何修改，均应经董事会批准后方能执行。本年度各项政策和程序没有发生变化。

羽裳公司的产品主要为各式流行服装，通用性较强。所有产品按订单生产，其中约85%的产品销售给国外中间商，全部采用海运方式，以货物离岸作为风险、报酬转移的时点。通常情况下，这些客户于每年年初与公司签订一份包含全年预计所需商品数量、基本单价等条款的一揽子采购意向。客户采购意向的重要条款由董事会审批，并授权总经理签署。羽裳公司根据客户采购意向总体安排采购原材料及生产计划，实际销售业务发生时，还需要与客户签订出口销售合同。对于向国内销售的部分，羽裳公司根据订单金额和估算毛利情况，分别授权不同级别人员确定是否承接。

羽裳公司使用用友系统处理销售与收款交易，自动生成记账凭证和客户清单，并过至主营业务收入和应收账款明细账和总账。销售与收款业务涉及的主要人员见表3-5。

表3-5 销售与收款业务涉及的主要人员

职　务	姓　名	职　务	姓　名	职　务	姓　名	职　务	姓　名
总经理	金永祥	出纳员	常俊	业务员	胡家豪	技术经理	周周
副总经理	魏利	应收账款记账员	林敏	信息管理员	方瑞丰	供应运输经理	金海燕
财务经理	秦军	办税员	宋柯	生产计划经理	陈桂芳	仓库保管员	马海燕
会计主管	江娜	销售经理	冯建华	生产经理	张雅茹	单证员	刘丽英

注册会计师孙丹菲、魏秋月于20×5年1月14日采用询问、观察和检查等方法，了解并记录了羽裳公司20×4年度销售与收款循环的主要控制流程，并已与财务经理秦军、销售经理冯建华确认下列所述内容。同时，因对销售与收款循环涉及的税金实施实质性程序更为有效，故以下控制程序中将不涉及税金。

（一）有关职责分工的政策和程序

羽裳公司建立了下列职责分工政策和程序：

（1）不相容职务相分离。主要包括：订单的接受与赊销的批准、销售合同的订立与审批、销售与运货、实物资产保管与会计记录、收款审批与执行等职务相分离。

（2）各相关部门之间相互控制并在其授权范围内履行职责，同一部门或个人不得处理销售与收款业务的全过程。

（二）主要业务活动介绍

1.销售

（1）新客户。如果是新客户，他们需要先填写"客户申请表"，销售经理冯建华将进行客户背景调查，获取包括信用评审机构对客户信用等级的评定报告等，填写"新客户基本情况表"，并附相关资料交至副总经理魏利审批。副总经理魏利将在"新客户基本情况表"上签字注明是否同意赊销。通常情况下，给予新客户的信用额度不超过人民币30万元。若高于该标准，即信用额度在人民币30万元以上的，应经由总经理金永祥审批。

根据经恰当审批的新客户基本情况表，信息管理员方瑞丰将有关信息输入用友系统，系统将自动建立新客户档案。完成上述流程后，新客户即可与公司进行业务往来，向羽裳公司发出采购订单。

对于新客户的初次订单，不允许超过经审批的信用额度。如新客户能够及时支付货款，信用良好，则可视同"现有客户"进行交易。

（2）现有客户。收到现有客户的采购订单后，业务员胡家豪将对订单金额与该客户已被授权的信用额度以及至今尚欠的账款余额进行检查，经销售经理冯建华审批后，交至副总经理魏利复核。如果是超过信用额度的采购订单，应由总经理金永祥审批。

（3）签订合同。经审批后，授权业务员胡家豪与客户正式签订销售合同。

信息管理员方瑞丰负责将客户采购订单和销售合同信息输入用友系统，由系统自动生成连续编号的销售订单（此时系统显示为"待处理"状态）。每周，信息管理员方瑞丰核对本周内生成的销售订单，将销售订单和合同存档管理，对任何不连续编号的情况进行检查。

每周，应收账款记账员林敏汇总本周内所有签订的销售合同，并与销售订单核对，编制销售信息报告。如有不符，应收账款记账员林敏将通知信息管理员方瑞丰，与其共同调查该事项。

业务员胡家豪根据系统显示的"待处理"销售订单信息，与技术经理周周、生产经理张雅茹、财务经理秦军分别确认技术、生产和质量标准以及收款结汇方式，由生产计划经理陈桂芳制定生产通知单。如果客户以信用证方式付款，则在收到信用证后开始投入生产；如果采用预收货款电汇方式，则在收到30%的预付货款后投入生产。

开始生产后，系统内的销售订单状态即由"待处理"自动更改为"在产"。

2.确认、记录应收账款

（1）记录确认应收账款。产品生产完工入库后，用友系统内的销售订单状态由"在产"自动更改为"已完工"。

信息管理员方瑞丰根据系统显示的"已完工"销售订单信息和销售合同约定的交货日期，开具连续编号的销售发票（出口发票为一式六联发票），交销售经理冯建华审核，发票存根联由销售部留存，其他联次分别用于报关、出口押汇、税务核销、外汇核销以及财务记账等。

报关部单证员刘丽英收到销售发票后办理报关手续，办妥后通知业务员办理后续手续。同时，业务员胡家豪在系统内填写出运通知单，确定装船时间。出运通知单的编号在业务员胡家豪输入销售订单编号后自动生成。根据系统的设置，如输入错误或输入了不存在的销售订单编号，则无法生成相对应的出运通知单。

供应运输经理金海燕根据系统显示的出运通知单信息，安排组织或通知安排组织成品出库运输。

船运公司在货船离岸后，开出货运提单，通知羽裳公司货物离岸时间。

信息管理员方瑞丰将商品离岸信息输入系统，系统内的销售订单状态由"已完工"自动更改为"已离岸"。

应收账款记账员林敏根据系统显示的"已离岸"销售订单信息，将销售发票所载信息和报关单、货运提单等进行核对。如所有单证核对一致，应收账款记账员林敏编制销售确认会计凭证，后附有关单证，交会计主管江娜复核。

若核对无误，会计主管江娜在发票上加盖"相符"印戳，应收账款记账员林敏据此确认销售收入实现，并将有关信息输入系统，此时系统内的采购订单状态即由"已离岸"自动更改为"已处理"。

如果期末商品已经发出但尚未离岸，则应收账款记账员林敏根据货运提单、出库单等单证记录应收账款，并于下月初冲回，当系统显示"已离岸"销售订单信息时，记录销售收入实现。

国内销售除无须办理出口报关手续外，其他与出口销售流程基本一致。以下控制流程记录中将不再涉及国内销售。

（2）调整应收账款销售退回、折扣与折让。羽裳公司产品若发生质量纠纷等，客户主要应采取索赔方式，根据双方确定的金额调整应收账款。业务员胡家豪接到客户的索赔传真件等资料后，编制连续编号的客户索赔投诉处理表，先传递至生产部门和技术部门，由生产经理张雅茹与技术经理周周确定是否确属产品质量问题，并签字确认。如确属羽裳公司的责任，财务部门应收账款记账员林敏在客户索赔投诉处理表上注明货款结算情况。对于索赔金额不超过人民币10万元的，由销售经理冯建华批准；如超过该标准，即索赔金额人民币10万元以上的，应由总经理金永祥批准。索赔的方式为调整应收货款金额。

如果发生国内销售退货，其处理与索赔流程基本相同，对退回的商品应由供应运输部成品库验收并单独存放。

应收账款记账员林敏编制应收账款调整分录，后附经适当审批的客户索赔投诉处理表，交会计主管江娜复核后进行账务处理。

（3）对账及差异处理。月末，会计主管江娜编制应收账款账龄报告，其内容还应包括应收账款总额与应收账款明细账合计数以及应收账款明细账与客户对账单的核对情况。如有差异，会计主管江娜将立即进行调查。如调查结果表明需调整账务记录，会计主管江娜将编制应收账款调节表和调整建议，连同应收账款账龄分析报告交至财务经理秦军批准后方可进行账务处理。

（4）计提坏账准备和核销坏账。羽裳公司董事会制定并批准应收账款坏账准备计提方法和计提比例。

每年年末，销售经理冯建华根据以往的经验、债务单位的实际财务状况和现金流量的情况，以及其他相关信息，编写应收账款可收回性分析报告，交财务部门复核。

会计主管江娜复核应收账款可收回性分析报告，分析坏账准备的计提比例是否较原先的估计发生较大变化。如发生较大变化，会计主管江娜编写会计估计变更建议，经财务经理秦军复核后报董事会批准。

　　羽裳公司坏账准备由系统自动计算生成，对于需要计提特别坏账准备以及拟核销的坏账，由业务员胡家豪填写连续编号的坏账变更申请表，并附客户破产等相关资料，经销售经理冯建华审批后，金额在5万元以下的，由财务经理秦军审批，金额在5万元以上的，由总经理金永祥审批。

　　应收账款记账员林敏根据经适当批准的坏账变更申请表进行账务处理。

　　3.记录税金

　　报关部单证员刘丽英负责收集出口销售的相关单据，每月月末汇总交由财务部门办税员宋柯复核，前往主管税务部门办理出口退税手续。办税员宋柯还负责编制国内销售部分的增值税纳税申报表。每月将增值税纳税申报表和由税务部门盖章确认的出口退税汇算清缴明细表交由财务经理秦军审核无误后签字确认。如发现任何异常情况，进一步调查处理。

　　实际收到税务部门的退税款时，由会计主管江娜将实际收到的退税款与退税申报表数字进行核对，并由财务经理秦军复核，无误后在凭证上签字作为复核证据。

　　4.收款

　　信用证到期或收到客户已付款通知时，由出纳员常俊前往银行办理托收。

　　款项收妥后，应收账款记账员林敏将编制收款凭证，并附相关单证，如银行结汇单、银行到款通知单等，提交会计主管江娜复核审批。

　　在完成对收款凭证及相关单证的复核后，会计主管江娜在收款凭证上签字，作为复核证据，并在所有单证上加盖"核销"印戳。

　　出纳员常俊根据经复核无误的收款凭证及时登记银行存款日记账。

　　5.维护顾客档案

　　如需对用友系统内的客户信息作出修改，业务员胡家豪填写更改申请表，经销售经理冯建华审批后交信息管理员方瑞丰对更改申请表预先连续编配号码并在系统内进行更改。

　　信息管理部执行更改程序。信息管理员方瑞丰每月复核客户档案。对两年内未与羽裳公司发生业务往来的客户，通知业务员胡家豪并由其填写更改申请表，经销售经理冯建华审批后交信息管理部删除该客户档案。

　　每月月末，信息管理员方瑞丰编制月度客户信息更改报告，后附更改申请表的编号记录交由财务经理秦军复核。

　　财务经理秦军核对月度客户信息更改报告、检查实际更改情况和更改申请表是否一致、所有变更是否得到适当审批以及编号记录表是否正确，在月度客户信息更改报告和编号记录表上签字作为复核证据。如发现任何异常情况，进一步调查处理。

　　应收账款记账员林敏每月复核客户档案的准确性和真实性。

　　每半年，销售经理冯建华复核客户档案。

　　注册会计师孙丹菲、魏秋月在测试后认为：羽裳公司的内部控制活动对实现控制目标是有效的、控制活动也得到了较好的执行且该控制活动运行均具有有效性。

　　20×5年1月20日该审计项目组组长何冰娇对该工作底稿进行了复核。

同步训练

一、单项选择题

1.注册会计师在对被审计单位销售与收款循环不相容职责的划分情况进行检查时,可实施的审计程序是 （   ）。

　A.观察信用管理部门与应收账款记账部门是否相互独立

　B.询问是否按期编制并向客户寄出对账单

　C.审查有关凭证上内部检查的标记,评价内部检查的有效性

　D.检查坏账准备的计提比例是否合理

2.销售与收款循环的主要凭证和记录按业务顺序依次是 （   ）。

　A.订货单、贷项通知单、库存现金日记账

　B.发货单、销货合同、订货单

　C.销售日记账、发票、贷项通知单、收款凭证

　D.订货单、销售通知单、销货合同、发运单、发票

3.注册会计师根据主营业务收入明细账中的记录抽取部分销售发票,追查至销售合同、发货单等资料,其目的是 （   ）。

　A.证实主营业务收入的完整性　　　　B.证实主营业务收入的总体合理性

　C.证实主营业务收入的真实性　　　　D.证实主营业务收入的披露充分性

4.审查所有销售业务是否均已登记入账,最有效的程序是 （   ）。

　A.从销售通知单追查至销售收入明细账

　B.从货运文件追查至销售收入明细账

　C.从销售通知单追查至货运文件

　D.从货运文件追查至销售发票

5.设计信用授权批准控制的目的是降低坏账风险,与该控制有关的认定是 （   ）。

　A.应收账款净额的"计价和分摊"

　B.应收账款的"发生"

　C.坏账准备的"准确性"

　D.应收账款的"完整性"

6.注册会计师在检查销售发票时,不需要核对的项目是 （   ）。

　A.相关的销售通知单　　　　　　　　B.相关的客户订购单

　C.相关的货运文件　　　　　　　　　D.有关往来函件

7.按照内部控制的要求,下列人员中可以登记应收账款明细账的是 （   ）。

　A.会计　　　　　B.出纳员　　　　　C.销售人员　　　　D.仓库保管员

8.下列各项中,预防员工贪污、挪用销售款的最有效的方法是 （   ）。

　A.记录应收账款明细账的人员不得兼任出纳

　B.收取客户支票与收取客户现金的职务由不同人员担任

C.请客户将货款直接汇入公司指定的银行账户

D.公司收到客户支票后立即寄送收据给客户

9.下列与销售相关的内部控制中,与销售收入的发生认定直接相关的是（　　　）。

A.仓库只有在收到经批准的发货通知单时才能供货

B.负责开具发票的人员无权修改开票系统中已设置好的商品价目表

C.销售交易以经过审核的发运凭证及经过批准的客户订购单为依据登记入账

D.每月月末,由独立人员对应收账款明细账和总账进行调节

10.下列与销售相关的内部控制中,选出一项针对收入的发生认定最应当测试的控制是（　　　）。

A.每笔销售业务均需与客户签订销售合同

B.财务人员根据核对一致的销售合同、客户签收单和销售发票编制记账凭证并确认销售收入

C.销售发票连续编号

D.现金折扣必须经过适当的授权审批

二、多项选择题

1.销售与收款循环涉及的资产负债表项目有（　　　）。

A.应收账款　　　　　B.营业收入　　　　　C.应收票据　　　　　D.应交税费

2.向客户开具销售发票这一业务活动能证明的销售业务认定有（　　　）。

A.发生　　　　　　　B.完整性　　　　　　C.计价和分摊　　　　D.权利与义务

3.销售业务循环中与销售业务"计价和分摊"认定有关的主要业务活动有（　　　）。

A.接受客户订单　　　　　　　　　　B.批准赊销信用

C.向客户开具销售发票　　　　　　　D.记录销售业务

4.销售与收款循环主要涉及的凭证有（　　　）。

A.客户订货单　　　　　　　　　　　B.销售通知单

C.客户月末对账单　　　　　　　　　D.贷项通知单

5.财政部发布的《企业内部控制应用指引第9号——销售业务》明确规定了销售与收款内部控制监督检查的主要内容,主要有（　　　）。

A.销售与收款业务相关岗位及人员的设置情况。重点检查是否存在销售与收款业务不相容职务混岗的现象

B.销售与收款业务授权批准制度的执行情况。重点检查授权批准手续是否健全,是否存在越权审批行为

C.销售的管理情况。重点检查信用政策、销售政策的执行是否符合规定

D.销售退回的管理情况。重点检查销售退回手续是否齐全,退回货物是否及时入库

6.被审计单位开具并向客户寄送事先连续编号的销售发票的内部控制,主要用于防范的问题有（　　　）。

A.是否对所有装运的货物都开具了销售发票

B.是否只对实际装运的货物才开具销售发票

C.是否按已授权批准的销售通知单所列的数量开具销售发票

D.是否按已授权批准的商品价目表所列的价格计价开具销售发票

7.被审计单位会计部门根据发货通知单和出库单在系统中手工录入相关信息并开具销售发票，系统自动生成确认主营业务收入的会计分录并过入相应的账簿。下列选项中，属于与该内部控制相关的认定的有（　　　　）。

A.营业收入的"发生"认定　　　　　　B.应收账款的"发生"认定

C.营业收入的"完整性"认定　　　　　D.应收账款的"存在"认定

8.企业设计的以下针对收款交易的内部控制，存在缺陷的有（　　　　）。

A.企业应当建立应收账款账龄分析制度和逾期应收账款催收制度，财务部门应当负责应收账款的催收，销售部门应当督促财务部门加紧催收

B.企业应当按产品设置应收账款台账，及时登记每一客户应收账款余额增减变动情况和信用额度使用情况

C.企业发生的各项坏账，应查明原因，明确责任，并在履行规定的审批程序后作出会计处理

D.企业注销的坏账应当进行备查登记，做到账销案存

9.下列各项属于对被审计单位销售退回、折让、折扣的控制测试的程序的有（　　　　）。

A.检查销售退回和折让是否附有按顺序编号并经主管人员核准的贷项通知单

B.检查所退回的商品是否及时入库

C.获取或编制折扣折让明细表，复核加计是否正确，并与明细账合计数核对

D.销售折让与折扣是否及时足额提交对方，有无虚设中介、转移收入等情况

10.被审计单位设计的下列内部控制中，能够防止客户使用支票支付货款，收取后可能未被存入银行而被挪用的有（　　　　）。

A.任何可用于流通的支票必须被严格控制，由收款人在收到款项清单上签字

B.如果存款清单没有在收取支票时自动生成，由负责生成存款清单的人员在支票签收清单上签字，以证明收到了这些款项

C.由出纳以外的人员检查所有收到的支票是否都被存入银行

D.由出纳以外的人员定期独立编制银行存款余额调节表

三、判断题

1.作为进一步审计程序的类型之一，控制测试并非在任何情况下都需要实施。

（　　）

2.按销售通知单装运及发货与销售业务的"计价和分摊"认定相关。　　（　　）

3.企业在销售合同订立之前，应当指定专门人员就销售价格、信用政策、发货及收款方式等具体事项与客户进行谈判。谈判人员至少应有两人，并与订立合同的人员相分离。

（　　）

4.由负责现金出纳和销售及应收账款记账的人员按月向客户寄发对账单，能促使客户在发现应付账款余额不正确后及时反馈有关信息。　　　　　　　　（　　）

5.企业规定负责主营业务收入和应收账款记账的会计人员不得经手货币资金，这也是防止舞弊的一项重要控制。

（　　）

6.由出纳员定期向客户寄出对账单，能够促使客户履行合约。（　　）

7.销售发票是营业收入的主要凭证。因此审计时，对其采用详查法进行审查。（　　）

8.对于未曾发货却将销货交易登记入账的情况，注册会计师可以从主营业务收入明细账中抽取几笔，追查有无发运凭证及其他凭证。（　　）

9.在平时的会计工作中，担任应收账款客户对账单寄发工作的人员是出纳。（　　）

10.企业对销售交易中销售价格实施审批控制，其目的在于保证销售交易按照企业定价政策规定的价格开票收款。（　　）

任务二　销售与收款循环实质性程序

知识精讲

一、销售与收款交易的实质性程序

通常，注册会计师在对交易和余额实施细节测试前实施实质性分析程序，符合成本效益原则。销售与收款交易的实质性分析程序具体包括：

1.识别需要运用实质性分析程序的账户余额或交易。主要涉及销售交易、收款交易、营业收入项目和应收账款项目。

2.确定期望值。注册会计师通过对被审计单位的相关预算情况、行业发展状况、市场份额、可比的行业信息、经济形势和发展历程的了解，确定期望值。

3.确定可接受的差异。注册会计师首先要考虑的是所涉及的重要性和计划的保证水平的影响。

4.识别需要进一步调查的差异并调查差异数据关系。注册会计师应当计算实际和期望值之间的差异，这涉及一些比率和比较，包括：①观察月度（每周）的销售记录趋势，与往年或预算或者同行业公司的销售情况相比较；②将销售毛利率与以前年度或预算或者同行业公司的销售毛利率相比较；③计算应收账款周转率和存货周转率，并与以前年度或预算或者同行业公司的相关指标相比较；④检查异常项目，对临近年末的异常销售记录应予以特别关注。

5.调查重大差异并作出判断。

6.评价分析程序的结果。

注册会计师应当就收集的审计证据是否支持其试图证实的审计目标和认定形成结论。

二、销售交易的细节测试

(一)评价销售业务"发生"认定的恰当性

测试登记入账的销售交易是不是真实的。不真实的销售登记入账的情况虽然极少，但其后果会导致高估资产和收入，需谨慎对待。对于这一目标，注册会计师一般关注发生以下三类错误的可能性：(1)未曾发货却已将销售交易登记入账；(2)销售交易重复入账；(3)向虚构的客户发货，并作为销售交易登记入账。

前两类错误有有意和无意之分，第三类错误肯定是有意的。对"发生"这一目标而言，注册会计师通常只在认为内部控制有弱点时，才实施实质性程序，因此，测试的性质取决于潜在的控制弱点的性质。注册会计师的审计策略往往是追查应收账款明细账中贷方发生额的记录。

【请注意】应收账款科目的贷方表示欠款的收回情况。如果应收账款收回或者有合理理由的退货，或者将发生额注销为坏账，则表明记录的销售交易是真实的；如果直到审计时所发生的欠款仍未收回，就必须详细追查相应的发运凭证和客户订货单等，因为这些迹象都说明可能存在虚构的销售交易。

(二)评价销售业务"完整性"认定的恰当性

测试已发生的销售交易是否均已登记入账。注册会计师首先应通过检查凭证的编号顺序来查明全部发运凭证是否均已归档。然后从发货部门的档案中选取部分发运凭证，并追查至有关的销售发票副本和主营业务收入明细账，以测试未开发票的发货。

【请注意】在执行本程序时应注意的事项包括：(1)以主营业务收入明细账为起点，从中抽取一个发票号码样本，追查至销售发票存根、发运凭证以及客户订货单，是测试发生目标的程序；(2)以发运凭证为起点，从中选取样本追查至销售发票存根和主营业务收入明细账，以确定是否存在遗漏事项，是测试完整性目标的程序。在设计发生目标和完整性目标的审计过程中，确定追查凭证的起点即测试方向是很重要的。

(三)评价销售业务"计价和分摊"认定的恰当性

测试登记入账的销售交易是否均经正确计价。销售交易计价的准确性包括：按订货数量发货、按发货数量准确地开具账单以及将账单上的数额准确地记入会计账簿。

典型的实质性程序包括复算会计记录中的数据。通常的做法是：

1.以主营业务收入明细账中的会计分录为起点，将所选择的交易业务的合计数与应收账款明细账和销售发票存根进行比较核对；

2.销售发票存根上所列的单价，通常还要与经过批准的商品价目表进行比较核对，其金额小计和合计数也要进行复算；

3.发票中列出的商品的规格、数量和客户代号等，则应与发运凭证进行比较核对；

4.往往还要审核客户订货单和销售通知单中的同类数据。

【动脑筋3-3】试以某个产品销售为例来说明如何审查"登记入账的销售交易均经正确计价"。

(四)评价销售业务"分类"认定的恰当性

测试登记入账的销售交易分类是否恰当。销售分类恰当的测试一般可与计价准确性测试一并进行。

【动脑筋3-4】结合前面所学管理层认定和审计具体目标相关知识，思考一下，通过审查被审计单位的什么资料可以证明"登记入账的销售交易分类恰当"？

（五）评价销售业务"截止"认定的恰当性

测试销售交易的记录是否及时。

【动脑筋3-5】结合所学会计学专业知识和管理层认定和审计具体目标相关知识，思考一下，通过审查被审计单位的什么资料可以证明"销售交易的记录及时"？

（六）评价销售业务"准确性"认定的恰当性

测试销售交易是否已正确地记入明细账并正确地汇总。

【动脑筋3-6】结合所学会计学专业知识和管理层认定和审计具体目标相关知识，思考一下，通过审查被审计单位的什么资料可以证明"销售交易已正确地记入明细账并正确地汇总"？

三、营业收入的审计

（一）营业收入的审计目标

营业收入项目反映企业在销售商品、提供劳务业务活动中所产生的收入，以及企业确认的除主营业务活动以外的其他经营活动实现的收入，包括出租固定资产、无形资产、包装物和商品，以及销售材料等实现的收入。营业收入的审计目标与财务报表认定的对应关系见表3-6。

表3-6　　　营业收入的审计目标与财务报表认定的对应关系表

审计目标	发生	完整性	准确性	截止	分类	列报
A.利润表中记录的营业收入已发生，且与被审计单位有关	√					
B.应当记录的营业收入均已记录		√				
C.与营业收入有关的金额及其他数据已恰当记录			√			
D.营业收入已记录于正确的会计期间				√		
E.营业收入已记录于恰当的账户					√	
F.营业收入已按照企业会计准则的规定在财务报表中作出恰当的列报						√

（二）主营业务收入的实质性程序

在主营业务收入审计中，注册会计师为了实现审计目标而实施的实质性程序主要包括以下内容：

1.获取主营业务收入明细表

获取主营业务收入明细表，并执行以下工作：

（1）复核加计是否正确，并与总账数和明细账合计数核对是否相符；

（2）检查以非记账本位币结算的主营业务收入的折算汇率及折算是否正确。

【动脑筋3-7】结合所学会计学专业知识回答企业会计准则中对收入的确认原则和条件。

2.实施实质性分析程序

（1）针对已识别需要运用分析程序的有关项目，并基于对被审计单位及其环境的了解，通过进行以下比较，同时考虑有关数据间关系的影响，以建立有关数据的期望值：a.将账面销售收入、销售清单和销售增值税销项清单进行核对；b.将本期销售收入金额与以前可比期间的对应数据或预算数进行比较；c.分析月度或季度销售量、销售单价、销售收入金额、毛利率变动趋势；d.将销售收入变动幅度与销售商品及提供劳务收到的现金、应收账款/合同资产、存货、税金等项目的变动幅度进行比较；e.将销售毛利率、应收账款/合同资产周转率、存货周转率等关键财务指标与可比期间数据、预算数或同行业其他企业数据进行比较；f.分析销售收入等财务信息与投入产出率、劳动生产率、产能、水电能耗、运输数量等非财务信息之间的关系；g.分析销售收入与销售费用之间的关系，包括销售人员的人均业绩指标、销售人员薪酬、广告费、差旅费，以及销售机构的设置、规模、数量、分布等。

（2）确定可接受的差异额。

（3）将实际的情况与期望值相比较，计算差异。

（4）如果其差额超过可接受的差异额，调查并获取充分的解释和恰当的佐证审计证据（如通过检查相关的凭证等）。

（5）评估实质性分析程序的结果。

3.检查主营业务收入的确认方法

检查主营业务收入的确认方法是否符合企业会计准则的规定。

根据《企业会计准则第14号——收入》的规定，企业应当在履行了合同中的履约义务，即在客户取得相关商品控制权时确认收入。取得相关商品控制权，是指能够主导该商品的使用并从中获得几乎全部的经济利益。

注册会计师通常对所选取的交易，追查至原始的销售合同及与履行合同相关的单据和文件记录，以评价收入确认方法是否符合企业会计准则的规定。本书假定被审计单位在某一时点履行履约义务，在商品发运至客户并签收时确认收入（客户在该时点取得对商品的控制权）。

4.检查交易价格、核对收入交易的原始凭证及会计分录

注册会计师通过询问管理层、选取和阅读部分合同、检查管理层处理的恰当性等方式确定交易价格；以主营业务收入明细账中的会计分录为起点，检查相关原始凭证如订购单、销售通知单、发运凭证、发票等，以评价已入账的营业收入是否真实发生。检查订购单和销售通知单，以确认存在真实的客户购买要求，销售交易已经过适当的授权批准。

5.确定是否存在遗漏事项

从发运凭证（客户签收联）中选取样本，追查至主营业务收入明细账，以确定是否存在遗漏事项（完整性认定）。也就是说，如果注册会计师测试收入的"完整性"这一

目标，起点应是发运凭证。为使这一程序成为一项有意义的测试，注册会计师需要确认全部发运凭证均已归档，这一点一般可以通过检查发运凭证的顺序编号来查明。

6.实施函证程序

对应收账款实施函证程序，选择主要客户函证本期销售额。

7.销售的截止测试及其审计路线

（1）销售的截止测试。

① 选取资产负债表日前后若干天的发运凭证，与应收账款和收入明细账进行核对；同时，从应收账款和收入明细账中选取资产负债表日前后若干天的凭证，与发货单据核对，以确定销售是否存在跨期现象。

② 复核资产负债表日前后销售和发货水平，确定业务活动水平是否异常，并考虑是否有必要追加截止测试程序。

③ 取得资产负债表日后所有的销售退回记录，检查是否存在提前确认收入的情况。

④ 结合对资产负债表口应收账款/合同资产的函证程序，检查有无未取得对方认可的大额销售。

（2）截止测试的审计路线。

进行销售截止测试的目的主要在于确定被审计单位主营业务收入业务的会计记录归属期是否正确；应计入本期或下期的主营业务收入是否被推迟至下期或提前至本期。检查三个与主营业务收入确认有着密切关系的日期是否归属于同一适当会计期间是营业收入截止测试的关键所在。**这三个重要日期是**：发票开具日期或者收款日期、记账日期和发货日期（服务业则是提供劳务的日期）。围绕这三个重要日期，注册会计师往往采用三条审计路线实施营业收入的截止测试：

①以**账簿记录**为起点。从报表日前后若干天的账簿记录追查至记账凭证，检查发票存根与发运凭证，目的是证实已入账收入是否在同一期间已开具发票并发货，有无多计收入。使用这种方法主要是为了**防止多计收入**。

②以**销售发票**为起点。从报表日前后若干天的发票存根追查至发运凭证与账簿记录，确定已开具发票的货物是否已发货并于同一会计期间确认收入。使用这种方法主要是为了**防止少计收入**。

【请注意】在以销售发票为起点的方法下，要注意检查：发运凭证是否齐全，是否在下期期初用红字冲回；发票存根是否全部提供。

③以**发运凭证**为起点。从报表日前后若干天的发运凭证追查至发票开具情况与账簿记录，确定营业收入是否已计入恰当的会计期间，还应考虑被审计单位的会计政策。使用这种方法主要也是为了**防止少计收入**。

上述三条审计路线可以在同一被审计单位财务报表审计中运用，甚至可以在同一主营业务收入项目审计中并用。

8.检查销货退回及其会计处理是否符合规定

对于销货退回，检查相关手续是否符合规定，结合原始销售凭证检查其会计处理是否正确。结合存货项目审计关注其真实性。

9.检查可变对价的会计处理

注册会计师针对可变对价的实质性程序可能包括：①获取可变对价明细表，选取项目与相关合同条款进行核对，检查合同中是否确定存在可变对价；②检查被审计单位对可变对价的估计是否恰当，例如，是否在整个合同期间一致地采用同一种方法进行估计；③检查计入交易价格的可变对价金额是否满足限制条件；④检查资产负债表日被审计单位是否重新估计了计入交易价格的可变对价金额。如果可变对价金额发生变动，是否按照《企业会计准则第14号——收入》的规定进行了恰当的会计处理。

10.检查主营业务收入是否符合规定

检查主营业务收入在财务报表中的列报和披露是否符合企业会计准则的规定。

【动脑筋3-8】营业收入包括哪些？具体核算的内容是什么？营业收入对利税的影响是什么？对财务报表的影响是什么？重点审计什么内容？

（三）主营业务收入的主要审计工作底稿

1.营业收入审定表

营业收入审定表属于营业收入的汇总类底稿，汇总了主营业务收入、其他业务收入未经审计的金额、审计调整的金额、审定的金额。营业收入审定表见表3-7。

表3-7　　　　　　　　　　　　　营业收入审定表

被审计单位：＿＿＿＿＿＿　索引号：＿＿＿＿＿＿

项目：＿＿＿＿＿＿　财务报表截止日/期间：＿＿＿＿＿＿

编制：＿＿＿＿＿＿　复核：＿＿＿＿＿＿

日期：＿＿＿＿＿＿　日期：＿＿＿＿＿＿

项目类别	本期未审数	账项调整借方	账项调整贷方	本期审定数	上期审定数	索引号
一、主营业务收入						
⋮						
小计						
二、其他业务收入						
⋮						
小计						
营业收入合计						
审计结论：						

2.主营业务收入明细表

主营业务收入明细表记录了被审计单位各月营业收入的明细情况，底稿中列示的"变动额""变动比例"是为了从中找到异常或重大的情况，以便进一步查证。主营业务收入明细表见表3-8。

表3-8　　　　　　　　　　　　　　主营业务收入明细表

被审计单位：＿＿＿＿＿＿＿＿＿＿＿　索引号：＿＿＿＿＿＿＿＿＿＿
项目：＿＿＿＿＿＿＿＿＿＿＿＿＿＿　财务报表截止日/期间：＿＿＿＿＿
编制：＿＿＿＿＿＿＿＿＿＿＿＿＿＿　复核：＿＿＿＿＿＿＿＿＿＿＿
日期：＿＿＿＿＿＿＿＿＿＿＿＿＿＿　日期：＿＿＿＿＿＿＿＿＿＿＿

月份	主营业务收入明细项目				
	合计				
1					
2					
⋮					
12					
合计					
上期数					
变动额					
变动比例					
审计说明：					

3.业务/产品销售分析表和月度毛利率表

业务/产品销售分析表和月度毛利率表记录了注册会计师执行实质性分析程序的情况，目的在于寻找主营业务收入确认中存在的异常或重大情况。

4.主营业务收入截止测试表

主营业务收入截止测试表是注册会计师查证收入确认是否跨期的工作底稿。

四、应收账款与坏账准备的审计

（一）应收账款的审计目标

审计目标往往与管理层认定相对应。应收账款的审计目标与认定的对应关系见表3-9。

表3-9 应收账款的审计目标与认定的对应关系表

审计目标	财务报表认定				
	存在	完整性	权利和义务	计价和分摊	列报
A.资产负债表中记录的应收账款是存在的	√				
B.所有应当记录的应收账款均已记录		√			
C.记录的应收账款由被审计单位拥有或控制			√		
D.应收账款以恰当的金额包括在财务报表中，与之相关的计价调整已恰当记录				√	
E.应收账款已按照企业会计准则的规定在财务报表中作出恰当列报					√

（二）应收账款的实质性程序

1.获取或编制应收账款明细表

（1）复核加计是否正确，并与总账数和明细账合计数核对是否相符；结合"坏账准备"科目与报表数核对是否相符。

（2）检查非记账本位币应收账款的折算汇率及折算是否正确。

（3）分析有贷方余额的项目，查明原因，必要时，作重分类调整。

（4）结合其他应收款、预收账款等往来项目的明细账余额，调查有无同一客户多处挂账、异常余额或与销售无关的其他款项（如代销账户、关联方账户或雇员账户）。如有，应作出记录，必要时作调整。

2.分析与应收账款相关的财务指标

（1）复核应收账款借方累计发生额与主营业务收入是否合理，并将当期应收账款借方发生额占销售收入净额的百分比与管理层考核指标和被审计单位相关赊销政策比较，如存在差异查明原因。

（2）计算应收账款周转率、应收账款周转天数等指标，并与被审计单位相关赊销政策、以前年度指标、同行业同期相关指标对比分析，分析是否存在重大异常并查明原因。

【动脑筋3-9】结合所学财务管理知识，回答：反映应收账款周转情况的指标是什么？公式是什么样的？

3.对应收账款实施函证程序

函证应收账款的目的在于证实应收账款账户余额是否真实、准确。通过第三方提供的函证回复，可以比较有效地证明被询证者的存在和被审计单位记录的可靠性。

注册会计师应当考虑被审计单位的经营环境、内部控制的有效性、应收账款账户的性质、被询证者处理询证函的习惯做法及回函的可能性等，以确定应收账款函证的范围、对象、方式和时间。

（1）函证的范围和对象。函证数量的多少、范围是由诸多因素决定的，主要有：

①应收账款在全部资产中的重要性。如果应收账款在全部资产中所占的比重较大，则函证的范围应相应大一些。

②被审计单位内部控制的有效性。如果内部控制制度有效，则可以缩小函证范围；反之，则应扩大函证范围。

③ 以前期间的函证结果。如果以前期间函证中发现过重大差异，或欠款纠纷较多，则扩大函证范围。

【请注意】一般情况下，注册会计师应选择以下项目作为函证对象：大额或账龄较长的项目；与债务人发生纠纷的项目；关联方项目；主要客户（包括关系密切的客户）项目；交易频繁但期末余额较小甚至为零的项目；可能产生重大错报或舞弊的非正常项目。

（2）函证的方式。

函证方式分为积极的函证方式和消极的函证方式。

如果采用积极的函证方式，则可以相应减少函证量；若采用消极的函证方式，则要相应增加函证量。

【提示】除非有充分证据表明应收账款对被审计单位财务报表而言是不重要的或函证很可能无效，否则，注册会计师应对应收账款进行函证。如果不对应收账款进行函证，应在审计工作底稿中说明理由。如果认为函证很可能无效，注册会计师应当实施替代审计程序获取充分、适当的审计证据。

①积极的函证方式。积极的函证方式，也称肯定式函证，就是向债务人发出询证函，要求他证实所查证的欠款是否正确，无论对错都要求复函。当债务人符合下列情况时，采用肯定式函证较好：个别账户欠款金额较大；有理由相信欠款可能存在争议、差错等问题。

积极的函证方式有两种。一种是在询证函中列明函证的账户余额或其他信息，要求被询证者确认所函证的款项是否正确。通常认为，对这种询证函的回复能够提供可靠的审计证据。但是，其缺点是被询证者可能对所列示的信息根本不加验证就予以回函确认，存在一定的审计风险。另一种是在询证函中不列明账户余额或其他信息，而要求被询证者填写有关信息或提供进一步的信息。由于这种询证函要求被询证者作出更多努力，可能会导致回函率降低，进而导致注册会计师执行更多的替代程序。

积极式询证函（格式一）见表3-10。

表3-10　　　　　　　　　　　　企业询证函

编号：

×× （公司）：

本公司聘请的××会计师事务所正在对本公司20×4年度财务报表进行审计，按照中国注册会计师审计准则的要求，应当询证本公司与贵公司的往来账项等事项。下列数据出自本公司账簿记录，如与贵公司记录相符，请在本函下端"信息证明无误"处签章证明；如有不符，请在"信息不符"处列明不符项目。回函请直接寄至××会计师事务所。

回函地址：

邮编：　　　　　电话：　　　　　传真：　　　　　联系人：

1.本公司与贵公司的往来账项列示如下：

单位：元

截止日期	贵公司欠	欠贵公司	备注

续表

2. 其他事项。

本函仅为复核账目之用，并非催款结算。若款项在上述日期之后已经付清，仍请及时函复为盼。

(被审计单位盖章)

20×5年　　月　　日

结论：

1. 信息证明无误。	2. 信息不符，请列明不符项目及具体内容。
(被询证公司盖章) 年　月　日 经办人：	(被询证公司盖章) 年　月　日 经办人：

积极式询证函（格式二）见表3-11。

表3-11　　　　　　　　　　企业询证函

编号：

××（公司）：

本公司聘请的××会计师事务所正在对本公司20×4年度财务报表进行审计，按照中国注册会计师审计准则的要求，应当询证本公司与贵公司的往来账项等事项。请列示截至20×4年××月××日贵公司与本公司往来款项余额。回函请直接寄至××会计师事务所。

回函地址：

邮编：　　　　电话：　　　　传真：　　　　联系人：

本函仅为复核账目之用，并非催款结算。若款项在上述日期之后已经付清，仍请及时函复为盼。

(被审计单位盖章)

20×5年　　月　　日

1. 贵公司与本公司的往来账项列示如下：

单位：元

截止日期	贵公司欠	欠贵公司	备注

2. 其他事项。

(被询证公司盖章)

20×5年　　月　　日

经办人：

②消极的函证方式。**消极的函证方式，也称否定式函证，是向债务人发出询证函，但在所函证的款项相符时不必复函**，只有在所函证的款项不符时才要求债务人向注册会计师复函。积极的函证方式通常比消极的函证方式提供的审计证据可靠。当同时存在下列情况时，注册会计师可考虑采用消极的函证方式：重大错报风险评估为低水平；涉及大量余额较小的账户；预期不存在大量的错误；没有理由相信被询证者不认真对待函证。

消极式询证函（格式三）见表3-12。

表3-12   企业询证函

编号：

××（公司）：

本公司聘请的××会计师事务所正在对本公司20×4年度财务报表进行审计，按照中国注册会计师审计准则的要求，应当询证本公司与贵公司的往来账项等事项。下列信息出自本公司账簿记录，如与贵公司记录相符，则无须回复；如有不符，请直接通知会计师事务所，并请在空白处列明公司认为是正确的信息。

回函地址：

邮编：   电话：   传真：   联系人：

1.本公司与贵公司的往来账项列示如下：

单位：元

截止日期	贵公司欠	欠贵公司	备注

2.其他事项。

本函仅为复核账目之用，并非催款结算。若款项在上述日期之后已经付清，仍请及时函复为盼。

（被审计单位盖章）
20×5年　月　日

××会计师事务所：

上面的信息不正确，差异如下：

（被询证公司盖章）
20×5年　月　日
经办人：

由于消极的函证方式只有在所函证的款项不符时才要求债务人向注册会计师复函。对于存在函证款项不符而不回函的情况，注册会计师无法判断，因此在实际操作中，消极的函证方式很少使用，除非注册会计师认为函证对象会认真对待函证。

在审计实务中，注册会计师也可将积极的、消极的函证方式结合使用，当应收账款余额是由少量的大额应收账款和大量的小额应收账款构成时，注册会计师可以对所有的或抽取的大额应收账款样本采用积极的函证方式，而对抽取的小额应收账款样本采用消极的函证方式。

（3）函证时间的选择。为了充分发挥函证的作用，应恰当选择函证的实施时间。注册会计师通常以资产负债表日为截止日，在资产负债表日后适当时间实施函证。如果重大错报风险评估为低水平，注册会计师可选择资产负债表日前适当的日期为截止日实施函证，并对所函证项目自该截止日起至资产负债表日止发生的变动实施实质性程序。

（4）函的控制。注册会计师通常利用被审计单位提供的应收账款明细账户名称及客户地址等资料编制询证函，但注册会计师应当对需要确认或填列的信息、选择被询证者、设计询证函以及发出和跟进（包括收回）询证函保持控制。注册会计师可通过填制函证结果汇总表的方式对询证函的收回情况加以控制。

（5）对不符事项的处理。收回的询证函若有差异，即函证出现了不符事项，注册会计师应当首先提请被审计单位查明原因，并作进一步分析和核实。对应收账款而言，登记入账的时间不同而产生的不符事项主要表现为：

① 询证函发出时，债务人已经付款，而被审计单位尚未收到货款；

② 询证函发出时，被审计单位的货物已经发出并已作销售记录，但货物仍在途中，债务人尚未收到货物；

③ 债务人由于某种原因将货物退回，而被审计单位尚未收到；

④ 债务人对收到的货物的数量、质量及价格等方面有异议而全部或部分拒付货款等。

如果不符事项构成错报，注册会计师应当重新考虑所实施审计程序的性质、时间和范围。

（6）对未回函项目实施替代程序。如果未收到被询证方的回函，注册会计师应当实施替代审计程序。例如：

① 检查资产负债表日后收回的货款，值得注意的是，注册会计师不能仅查看应收账款的贷方发生额，而是还要查看相关的收款单据，以证实付款方确为该客户且确与资产负债表日的应收账款相关。

② 检查相关的销售合同、销售通知单、发运凭证等文件。注册会计师需要根据被审计单位的收入确认条件和时点，确定能够证明收入发生的凭证。

③ 检查被审计单位与客户之间的往来邮件，如有关发货、对账、催款等事宜的邮件。

4.对应收账款余额实施函证以外的细节测试

在未实施应收账款函证的情况下（如由于实施函证不可行），注册会计师需要实施其他审计程序获取有关应收账款的审计证据。这种程序通常与上述未收到回函情况下实施的替代程序相似。

5.检查坏账的冲销和转回

（1）注册会计师应检查有无债务人破产或者死亡的，以及以破产资产或以遗产清偿后仍无法收回的，或者债务人长期未履行清偿义务的应收账款；

（2）注册会计师应检查被审计单位坏账的处理是否经授权批准，有关会计处理是否正确。

6.确定应收账款的列报是否恰当

除了企业会计准则要求的披露之外，如果被审计单位为上市公司，注册会计师还要评价其披露是否符合证券监管部门的特别规定。

（三）应收账款主要审计工作底稿

应收账款审计主要涉及以下工作底稿：

1.应收账款审定表

应收账款审定表属于应收账款的汇总类工作底稿，汇总了应收账款未经审计的金额、审计调整的金额、审定的金额。应收账款审定表见表3-13。

表3-13　　　　　　　　　　应收账款审定表

被审计单位：＿＿＿＿＿＿＿＿＿　　索引号：＿＿＿＿＿＿＿＿＿

项目：＿＿＿＿＿＿＿＿＿　　财务报表截止日/期间：＿＿＿＿＿＿＿＿＿

编制：＿＿＿＿＿＿＿＿＿　　复核：＿＿＿＿＿＿＿＿＿

日期：＿＿＿＿＿＿＿＿＿　　日期：＿＿＿＿＿＿＿＿＿

项目名称	期末未审数	账项调整		重分类调整		期末审定数	上期期末审定数	索引号
		借方	贷方	借方	贷方			
一、账面余额合计								
1年以内								
1~2年								
⋮								
二、坏账准备合计								
1年以内								
1~2年								
⋮								
三、账面价值合计								
1年以内								
1~2年								
⋮								
审计结论：								

2.应收账款明细表

应收账款明细表是按客户单位列示应收账款期末余额的工作底稿。

3.应收账款询证函

应收账款询证函见表3-10、表3-11和表3-12。函证结果汇总表（略）。它们是反映应收账款整个函证过程的工作底稿。

4.应收账款替代程序测试表

应收账款替代程序测试表是对未收到回函的应收账款实施替代程序形成的工作底稿。

（四）坏账准备的实质性程序

企业会计准则规定，企业应当在期末对应收款项进行检查，并合理地预计可能产生的坏账损失。应收款项包括应收票据、应收账款、预付款项、其他应收款和长期应收款等。下面以应收账款的坏账准备为例，阐述坏账准备审计的常用程序：

1.取得坏账准备明细表，复核加计是否正确，与坏账准备总账数、明细账合计数核对是否相符。

2.将应收账款坏账准备本期计提数与信用减值损失相应明细项目的发生额核对是否相符。

3.检查应收账款坏账准备计提和核销的批准程序，取得书面报告等证明文件，评价计提坏账准备所依据的资料、假设及方法。

【请注意】企业应合理预计信用损失并计提坏账准备，不得多提或少提，否则应视为滥用会计估计，按照前期差错更正的方法进行会计处理。

4.实际发生坏账损失的，检查转销依据是否符合有关规定，会计处理是否正确。对于被审计单位在被审计期间内发生的坏账损失，注册会计师应检查其原因是否清楚，是否符合有关规定，有无授权批准，有无已做坏账处理后又重新收回的应收账款，相应的会计处理是否正确。对于有确凿证据表明确实无法收回的应收账款，如债务单位已撤销、破产、资不抵债、现金流量严重不足等，企业应根据管理权限，经股东（大）会或董事会，或经理（厂长）办公室或类似机构批准作为坏账损失，冲销提取的坏账准备。

【提示】采用账龄分析法时，收到债务单位当期偿还的部分债务后，剩余的应收账款，不应改变其账龄，仍应按原账龄加上本期应增加的账龄确定；在存在多笔应收账款且各笔应收账款账龄不同的情况下，收到债务单位当期偿还的部分债务，应当逐笔认定收到的是哪一笔应收账款；如果确实无法认定，按照先发生先收回的原则确定，剩余应收账款的账龄按上述同一原则确定。

5.已经确认并转销的坏账重新收回的，检查其会计处理是否正确。

6.确定应收账款坏账准备的披露是否恰当。如企业是否在财务报表附注中清晰地说明坏账的确认标准、坏账准备的计提方法等内容。

微课：应收账款坏账准备计算表填制方法

应收账款坏账准备审计一般应填制的工作底稿是"应收账款坏账准备计算表"，其格式见表3-14。

表3-14 应收账款坏账准备计算表

被审计单位：＿＿＿＿＿＿＿＿＿＿＿＿ 索引号：**ZD7**

项目：**应收账款**＿＿＿＿＿＿＿＿＿＿ 财务报表截止日/期间：＿＿＿＿＿＿＿

编制：＿＿＿＿＿＿＿＿＿＿＿＿＿＿＿ 复核：＿＿＿＿＿＿＿＿＿＿＿＿＿＿＿

日期：＿＿＿＿＿＿＿＿＿＿＿＿＿＿＿ 日期：＿＿＿＿＿＿＿＿＿＿＿＿＿＿＿

计 算 过 程					索引号
一、坏账准备本期期末应有金额①＝②+③					①
1.期末有客观证据表明发生了减值的应收账款对应坏账准备应有余额					
单位名称	应收账款余额	预期信用损失率（%）	预期信用损失率计量方法及依据	坏账准备应有余额	
小 计				②	
2.期末按组合计提坏账准备的应收账款对应坏账准备应有余额（③=④+⑤）					③

续表

计算过程					索引号
（1）账龄组合					

账龄	应收款项余额	预期信用损失率（%）	预期信用损失率计量方法及依据	坏账准备应有余额	
1年以内（含1年）					
1~2年（含2年）					
2~3年（含3年）					
3年以上					
小计				④	

（2）其他组合					

组合	应收账款余额	预期信用损失率（%）	预期信用损失率计量方法及依据	坏账准备应有余额	
小计				⑤	

二、坏账准备账面余额					⑥
三、差额	⑦=①-⑥				

注：

①　对于由《企业会计准则第14号——收入》规范的交易形成的不含重大融资成分的应收账款，公司应运用简化计量方法，按照相当于整个存续期内的预期信用损失金额计量损失准备，具体计算过程可参照上表。

②　估计应收账款预期信用损失率的过程应根据需要另行开列底稿。

③　若被审计单位应收账款坏账准备政策与本底稿描述有差异，应根据情况进行修改。

德技并修

（一）

资料：20×5年2月15日，注册会计师马良、张超在审计浙江羽裳服装股份有限公司20×4年度主营业务收入时发现下列凭证。注册会计师马良、张超发现其存在问题。该公司适用的增值税税率为13%。相关原始凭证见表3-15至表3-17。

表3-15

记账凭证

20×4 年 12 月 28 日　　　　　　　　　　　　　转字第 20 号

摘要	会计科目		借方金额	贷方金额	记账√
	总账科目	明细账科目	千百十万千百十元角分	千百十万千百十元角分	
销售商品一批	应收账款	东方贸易公司	8 0 3 4 3 0 0 0		
	主营业务收入	3632#服装		3 7 1 0 0 0 0 0	
		3633#服装		3 4 0 0 0 0 0 0	
	应交税费	应交增值税(销项税额)		9 2 4 3 0 0 0	
附件2张		合计	￥8 0 3 4 3 0 0 0	￥8 0 3 4 3 0 0 0	

表3-16

浙江增值税专用发票　　No.568497235

340002115　　　　　　　　　　　　　　　　开票日期：20×4年12月28日

购买方	名　称：东方贸易公司 纳税人识别号：32185683010343 地址、电话：苏州中山路350号　0512-86473237 开户行及账号：中行中山办　62455770012892	密码区	03*306/*20*182*3>->891893247 *8>45>*7+78/2/-/1>4>>3/489-+1 85817<>1438<67>9/0><*1721/4 6-89+770/701379306*92/7+5447

货物或应税劳务、服务名称	规格型号	单位	数量	单价	金额	税率	税额
3632#服装		件	7 000	53.00	371 000.00	13%	48 230.00
3633#服装		件	5 000	68.00	340 000.00	13%	44 200.00
合　计					￥711 000.00		￥92 430.00

价税合计（大写）　⊗捌拾万叁仟肆佰叁拾元整　　　　　小写￥803 430.00

销售方	名　称：浙江羽裳服装股份有限公司 纳税人识别号：326647823904234 地址、电话：杭州德胜东路30号　0571-88439027 开户行及账号：中行德胜办　68350013014567	备注	326647823904234　发票专用章

收款人：韩汉丽　　复核：张平　　开票人：方芳　　销售方：（章）

表3-17　　邮　托收承付凭证（回单）　1　　第3号

委托日期：20×5年1月2日　　　　　　　　托收号码：3782

付款人	全　称	东方贸易公司	收款人	全　称	浙江羽裳服装股份有限公司
	账号或地址	62455770012892		账号或地址	68350013014567
	开户银行	中行中山办		开户银行	中行德胜办

人民币（大写）　捌拾万叁仟肆佰叁拾元整　　　￥8 0 3 4 3 0 0 0

中国银行 20×5.01.02 转账 转讫

附件	商品发运情况	合同名称号码
附寄单证1张数或册数	已发运 No.121068	12-1564
备注 验单付款	款项收妥日期　年　月　日	（收款人开户行盖章）　月　日

单位主管　　会计　　复核　　记账

　　假设该笔业务的销售成本为 356 800 元，也已在 20×4 年 12 月份结转。该公司所得税税率25%，盈余公积提取比例共计15%。

　　问题：

　　（1）请分析该笔业务的错误在什么地方？如何进行审计处理？

　　（2）要收集适当充分的审计证据，需要注册会计师发扬哪些工匠精神？

　　分析：

　　（1）上述凭证显示，浙江羽裳服装股份有限公司在收入确认时违反了"截止"认定，将 20×5 年的销售收入提前确认在 20×4 年，导致 20×4 年销售收入虚增 711 000 元。按照有关规定，在托收承付结算方式下，以办妥托收手续的时间作为确认销售收入入账的时间。注册会计师应要求被审计单位将该笔销售收入调整至 20×5 年度，调整分录如下：

　　①冲回原会计分录。

借：以前年度损益调整	711 000
应交税费——应交增值税（销项税额）	92 430
贷：应收账款——东方贸易公司	803 430
借：库存商品	356 800
贷：以前年度损益调整	356 800

　　②冲回多交所得税。

　　（711 000−356 800）×25% = 88 550（元）

借：应交税费——应交所得税	88 550
贷：以前年度损益调整（所得税费用）	88 550

　　③冲回多结转利润和多计提的盈余公积。

借：利润分配——未分配利润（354 200−88 550）	265 650
贷：以前年度损益调整	265 650
借：盈余公积（265 650×15%）	39 847.50
贷：利润分配——未分配利润	39 847.50

"以前年度损益调整"科目

　　（2）要收集适当充分的审计证据，需要注册会计师从国家、人民利益出发，以相关法律为依据，客观、独立、公正地专注于审计证据的收集，并不断创新工作方法，通过科学计算，准确收集适当、充分的审计证据，做到精益求精。

　　【动脑筋3-10】假设：上述业务的销售发票比实际发货单上的服装数量各多1 000件，托收手续是在 20×4 年 12 月 30 日办妥的。那么羽裳服装股份有限公司违反了什么认定？针对错误应该如何调整？

（二）

　　资料：嘉禾会计师事务所注册会计师萧然于 20×5 年 2 月 18 日对浙江泰磊股份有限公司 20×4 年应收账款进行审计，浙江泰磊股份有限公司应收账款部分明细账见表3-18。

表3-18　　　　　　浙江泰磊股份有限公司应收账款部分明细账　　　　金额单位：万元

客户名称	年初余额	年末余额	账龄	本年度交易额/年交易次数
广西佳茜公司	120	115	2个月	350/8
福建富华公司	120	60	3个月	100/3
浙江花苑公司	10	10	27个月	0/0
江苏永和公司	0	20	3个月	80/1
吉林浩航公司	0	200	15天	200/1
四川峨眉公司	60	60	2个月	130/5
陕西新林公司	360	0		600/2

浙江泰磊股份有限公司本年销售总额为5 600万元。公司和客户的内部控制较为有效。

问题：

（1）请选择需要函证的对象和函证方式。

（2）你认为在函证环节，注册会计师应当发扬哪些工匠精神，把函证工作做得更好？

分析：

（1）应对浙江花苑公司（欠款时间较长，2年零3个月）、陕西新林公司（交易额大，余额为零）、吉林浩航公司（账龄15天，且期末余额较大，有违背截止认定的可能性）等三家公司进行函证。

由于客户的内部控制有效，因此，函证方式采取以消极式为主，结合积极式。

（2）在函证环节，注册会计师应在坚持人民和国家利益最大化的前提下，发扬工匠精神，通过科学的统计分析和计算选择函证对象，严格遵守审计准则的规定，独立、公正、合法地进行函证操作，以获取真实、客观、公正且适当、充分的函证证据，并对函证结果进行客观分析、判断，对未回函的函证，及时采取替代程序收集审计证据，以确保审计质量。

典型工作任务实训

主营业务收入细节测试

一、实训要求

1.阅读并熟悉实训资料、实训材料。

2.在教师指导下，根据实训资料编制记账凭证测试表，编制审计调整分录。

二、实训条件

1. 实训工具：记账凭证测试表（见表3-19）。

表3-19   记账凭证测试表

被审计单位：_____ 索引号：_____

项目：_____ 财务报表截止日/期间：_____

编制：_____ 复核：_____

日期：_____ 日期：_____

测试序号	日期	凭证号	内容	金额	与原始凭证相符	会计处理正确	所属时间无误	备 注
1								
2								
3								
4								
5								
6								
7								
8								
9								
10								

2. 实训学时：2学时。

3. 实训方式：个人手工实训。

三、实训资料

20×5年2月15日，嘉禾会计师事务所注册会计师张铭在审查光远设备公司20×4年12月主营业务收入时，发现如下记录：

（1）12月23日记账凭证235号，会计分录为：

借：应收账款——东海公司   305 100

    贷：主营业务收入   270 000

        应交税费——应交增值税（销项税额）   35 100

后附增值税专用发票一张，日期为20×4年12月23日，与库存商品出库单核对，发现出库单时间为20×5年1月3日；与主营业务成本明细账和计算单核对，未见该笔业务结转销售成本。

（2）12月28日记账凭证458号，会计分录为：

借：应收账款——明华公司   203 400

    贷：主营业务收入   180 000

        应交税费——应交增值税（销项税额）   23 400

记账凭证后面无附件。经核实也无明华公司这一客户。

（3）12月28日记账凭证468号，会计分录为：

借：应收账款——剑兰公司   101 700

    贷：主营业务收入   90 000

          应交税费——应交增值税（销项税额）   11 700

后附增值税专用发票一张。经核实，剑兰公司实际购买设备2台，货款已支付，发票分两次开具，其中一张发票日期为20×5年1月3日。

（光远设备公司为增值税一般纳税人，所得税税率为25%，法定盈余公积计提比例为10%，任意盈余公积计提比例为5%）

应收账款细节测试

一、实训要求

1.阅读并熟悉实训资料、实训材料。

2.在教师指导下，根据实训资料编制应收账款坏账准备计算表。

二、实训条件

1.实训工具：应收账款坏账准备计算表。

2.实训学时：2学时。

3.实训方式：个人手工实训。

三、实训资料

嘉禾会计师事务所注册会计师叶咏雨于20×5年2月18日对高强公司20×4年应收账款和坏账准备进行审计时了解到如下情况：

（1）高强公司坏账准备本期期末账面金额为2 000万元。

（2）期末无单项金额重大且有客观证据表明发生了减值的应收款项。

（3）高强公司董事会决定的坏账计提比例分别为：1年以内（含1年）3%，1~2年（含2年）5%，2~3年（含3年）10%，3年以上20%。该公司年末应收款项余额情况为：1年以内（含1年）20 000万元，1~2年（含2年）8 800万元，2~3年（含3年）1 500万元，3年以上800万元。

（4）坏账准备上期审定数为1 200万元。

（5）坏账准备本期转出（核销）金额：甲壳公司20万元；启能公司30万元。

【动脑筋3-11】假设该公司所得税税率为25%，盈余公积总的计提比例为15%。请完成上述"应收账款坏账准备计算表"中的调整分录。

同步训练

一、单项选择题

1.审查被审计单位坏账准备余额占应收账款余额的比例并和以前期间的相关比例比

较，其评价的目的主要是核对（　　　）。

    A.应收账款计提的坏账准备金额是否正确

    B.应收账款计提坏账准备的合理性

    C.应收账款期末余额是否正确

    D.应收账款的可收回性

  2.销售业务的截止测试，主要检查目的是（　　　）。

    A.年底应收账款的真实性　　　　　　　B.是否存在过多的销售折扣

    C.销售业务的入账时间是否正确　　　　D.销售退回是否已经核准

  3.对未予函证的应收账款，应当执行的最有效的审计程序是（　　　）。

    A.重新测试相关的内部控制制度　　　　B.审查与应收账款有关的销售凭证

    C.实施分析程序　　　　　　　　　　　D.审查资产负债表日后的收款情况

  4.对于积极式函证没有复函的，应采用追查程序，如仍得不到答复应考虑的是（　　　）。

    A.扩大对其他应收账款的函证范围

    B.获取管理层声明书

    C.按客户提供的地址直接询问

    D.检查销售合同、销售发票及发运凭证等

  5.在确定函证对象时，下列各项应当进行函证的是（　　　）。

    A.函证很可能无效的应收款项

    B.交易频繁但期末余额较小的应收款项

    C.执行其他审计程序可以确认的应收款项

    D.应收纳入审计范围内子公司的款项

  6.下列各项销售交易的错报中，可以直接认定为舞弊的情形是（　　　）。

    A.未曾发货却已将销售交易登记入账

    B.向虚构的客户发货，并作为销售交易登记入账

    C.销售交易重复入账

    D.未开发票却已将销售交易登记入账

  7.注册会计师获取主营业务收入明细表，复核加计是否正确，并与总账数和明细账合计数核对是否相符主要是针对营业收入项目的（　　　）认定。

    A.发生　　　　　　B.完整性　　　　　　C.准确性　　　　　　D.分类

  8.如果注册会计师在审计被审计单位过程中发现收入增长是由于销售量增加所致，注册会计师采用的下列调查方法中最适当的是（　　　）。

    A.比较本期和上期的毛利率　　　　　　B.询问销售经理

    C.调查与市场需求相关的情况　　　　　D.分析本期和上期存货的单位成本

  9.会计师在确定应收账款的函证时间时，下列最需要以较低的重大错报风险评估水平为前提的策略是（　　　）。

    A.以资产负债表日为截止日，充分考虑对方的复函时间

    B.以资产负债表日前适当时间为截止日，并对资产负债表日与该截止日之间的变

　　动实施实质性程序

　　C.在期后适当时间实施，并在审计结束前取得全部资料

　　D.以资产负债表日后适当时间为截止日，并对资产负债表日与该截止日之间的变
　　　动实施实质性程序

10.在对被审计单位20×5年度财务报表实施审计时，如果发现其20×5年年末2~3年
账龄的应收账款余额为200万元，而注册会计师可能怀疑20×5年年末应收账款存在重
大错报的原因是20×4年年末应收账款账龄和余额情况是（　　　　）。

　　A.账龄为1年以内的应收账款余额为100万元

　　B.账龄为1~2年的应收账款余额为150万元

　　C.账龄为2~3年的应收账款余额为200万元

　　D.账龄为3年以上的应收账款余额为250万元

二、多项选择题

1.销售与收款循环涉及的凭证有（　　　　）。

　　A.装运单　　　　　　　　　　　B.销售通知单

　　C.出库单（提货单）　　　　　　D.贷项通知单

2.审计人员在确定应收账款函证数量的大小、范围时，应考虑的主要因素有（　　　　）。

　　A.应收账款在全部资产中的重要性　　B.被审计单位内部控制的强弱

　　C.以前年度的函证结果　　　　　　　D.函证方式的选择

3.与主营业务收入确认有着密切关系的日期有（　　　　）。

　　A.登账日期　　　　　　　　　　B.收款日期

　　C.记账日期　　　　　　　　　　D.发货日期（或提供劳务的日期）

4.围绕三个重要日期，注册会计师实施营业收入截止测试时，往往采用的三条审计
路线有（　　　　）。

　　A.以账簿记录为起点　　　　　　B.以出库日为起点

　　C.以销售发票为起点　　　　　　D.以发运凭证为起点

5.主营业务收入审计的常用审计工作底稿有（　　　　）。

　　A.营业收入审定表　　　　　　　B.主营业务收入明细表

　　C.主营业务收入截止测试表　　　D.业务/产品销售分析表和月度毛利率表

6.被审计单位的赊销收入占其年度销售收入的50%。注册会计师实施的下列审计程
序中，能够直接发现被审计单位营业收入违反发生认定的有（　　　　）。

　　A.从营业收入明细账追查到发运凭证

　　B.从营业收入明细账追查到应收账款明细账

　　C.从营业收入明细账追查到销售合同

　　D.从营业收入明细账追查到银行存款日记账

7.一般，注册会计师针对主营业务收入实施截止测试时可以考虑选择的审计路
径有（　　　　）。

　　A.从资产负债表日前后若干天的账簿记录追查至记账凭证和发运凭证

　　B.从资产负债表日前后若干天的销售发票追查至账簿记录和发运凭证

C.从资产负债表日前后若干天的发运凭证追查至账簿记录

D.从资产负债表日前的销售发票追查至账簿记录和发运凭证

8.下列审计程序中，与应收账款的存在认定相关的有（　　）。

A.向客户函证

B.检查销售合同、销售发票和发运凭证

C.检查发运凭证编号的完整性

D.选取发运凭证，追查至发票和银行存款日记账、应收账款明细账

9.在销售与收款循环中，除"应收账款"和"坏账准备"账户外，其他相关账户审计的范围一般还包括（　　）。

A.预付账款　　　　B.应收票据　　　　C.销售费用　　　　D.预收账款

10.下列各项审计程序中，能够发现被审计单位低估应收账款的有（　　）。

A.从发运凭证追查至应收账款明细账

B.向被审计单位客户发出不列明余额的积极式询证函

C.检查应收账款记账凭证是否后附销售发票、发运凭证等原始凭证

D.检查发运凭证连续编号的完整性

三、判断题

1.销售与收款循环的特性主要包括两个部分的内容：一是本循环所涉及的主要凭证和会计记录；二是本循环中的主要业务活动。　　　　　　　　　　　　（　　）

2.注册会计师可通过编制函证结果汇总表的方式对询证函的收回情况加以控制。

（　　）

3.收款交易的实质性程序的范围在一定程度上取决于关键控制点是否存在。（　　）

4.应收账款函证的样本由注册会计师和客户共同商定，但正式的询证函由客户签发。　　　　　　　　　　　　　　　　　　　　　　　　　　　　（　　）

5.三个与主营业务收入确认有着密切关系的日期是发票开具日期或者收款日期、记账日期、发货日期（服务业则是提供劳务的日期）。　　　　　　　　　　（　　）

6.对主营业务收入实施截止测试，其目的主要在于确定主营业务收入的会计记录归属期是否正确。　　　　　　　　　　　　　　　　　　　　　　　　（　　）

7.注册会计师应当对应收账款实施函证，除非有充分证据表明应收账款对财务报表不重要，或函证很可能无效。　　　　　　　　　　　　　　　　　　（　　）

8.函证应收账款的目的在于证实应收账款账户余额的真实性和完整性，防止或发现被审计单位及其有关人员在销售交易中发生的错误或舞弊行为。　　　　（　　）

9.如果对应收账款实施函证不能获取充分、适当的审计证据，注册会计师应当实施替代审计程序。　　　　　　　　　　　　　　　　　　　　　　　（　　）

10.应收账款的询证函应由被审计单位签章和寄发。　　　　　　　　　（　　）

四、拓展训练

请结合本项目任务2案例分析（二）以及下面所给的资料确定函证对象，书写询证函。假设案例中注册会计师对所有公司都进行了函证，请根据回函结果编制应收账款函证结果汇总表。

嘉禾会计师事务所地址：浙江省杭州市江干区 22 号大街 1280 号，邮政编码：310018，联系电话：0571-86685490，联系人：齐妙瑞。询证函于 20×5 年 2 月 13 日由嘉禾会计师事务所收发员寄发。

截至 20×5 年 3 月 10 日函证回函有差异的情况如下：

（1）江苏永和公司：函件所述金额中有 20 万元，已于 20×4 年 9 月 10 日汇往贵公司账户。

（2）吉林浩航公司：查无此单位，无法投递。

（3）陕西新林公司：函证两次均未收到回函。

（4）浙江花苑公司：所欠款项为未解决的质量纠纷，有 8 万元产品存在质量问题。

各个公司的联系方式见表 3-20。

表3-20　　　　　　　　　　　　各个公司的联系方式

客户名称	地址	联系人
广西佳茜公司	广西壮族自治区桂林市高新技术开发区 1200 号	黄丽丽
福建富华公司	福建省厦门市新区福山路 256 号	康　源
浙江花苑公司	浙江省金华市经济开发区 18 号	朱建勇
江苏永和公司	江苏省徐州市彭城路 232	赵梦飞
吉林浩航公司	吉林省公主岭市铁西六道街 333 号	陈艳杰
四川峨眉公司	四川省达州市罗江镇 1052 号	康梦瑶
陕西新林公司	陕西省西安市迎宾路 230	王海英

项目小结

本项目主要知识点和技能点归纳总结见表 3-21。

表3-21　　　　　　　　　　本项目主要知识点和技能点归纳总结

重点学习内容	主要知识点和技能点		
	主要业务活动	主要凭证	相关认定
涉及的主要业务活动和主要凭证	接受客户订单	订货单、销售通知单	发生
	批准赊销信用	销售通知单、销售合同	计价和分摊
	按销售订单供货	销售通知单、生产派工单	发生
	按销售订单装运货物	销售通知单、装运单	发生、完整性
	向客户开具账单	销售通知单、装运凭证、商品价目表、销售发票	发生、完整性、计价和分摊
	记录销售业务	销售发票及附件、记账凭证、应收账款明细账、销售明细账及日记账、客户月末对账单	

重点学习内容			主要知识点和技能点	
涉及的主要业务活动和主要凭证	办理和记录货币资金收入		汇款通知单、收款凭证、日记账	发生、完整性、计价和分摊
	办理和记录销货退回、折扣与折让		贷项通知单	
	注销坏账		应收账款对账单、账龄分析表、坏账审批表	
	提取坏账准备		计提坏账准备计算表	
内部控制	适当的职责分离、恰当的授权审批、充分的凭证和记录、凭证的预先编号、按月寄出对账单、内部核查程序			
主要项目的实质性程序	主要项目	审计依据	实质性程序	审计工作底稿
	主营业务收入	会计准则之收入确认原则、条件、方法	获取或编制营业收入明细表	营业收入明细表、营业收入审定表、主营业务收入截止测试表、业务/产品销售分析表、业务/产品销售毛利率表
			分析程序（趋势分析）	
			截止测试（3个日期、3条路线）	
			销售退回、折扣、折让检查	
			特殊业务检查	
	应收账款	会计准则之应收账款确认原则、条件、方法	获取或编制应收账款明细表	应收账款明细表、应收账款审定表、应收账款账龄分析表、应收账款函证结果汇总表、应收账款替代程序测试表
			分析程序（应收账款周转分析、账龄分析、回函结果分析）	
			函证（积极式、消极式；对象、范围）	
	坏账准备	会计准则之坏账准备确认原则、条件、方法	获取或编制坏账准备明细表	坏账准备明细表、应收账款审定表、应收账款坏账准备计算表
			分析程序（比例分析）	
			重复计算	

拓展阅读

万福生科财
务造假审计
案例

科龙电器财
务造假审计
案例

美国南方保
健审计失败
案例

康美药业审
计失败案例
分析

康得新审计
失败案例
分析

强化监督铸
就纪律严明
铁军

项目四

采购与付款循环审计

【学习目标】 通过本项目的学习之后，你应该：
1. 了解采购与付款循环业务特性
2. 了解采购与付款循环审计目标与程序
3. 掌握采购与付款循环控制测试、实质性程序的操作步骤
4. 能按审计程序要求执行控制测试的基本操作
5. 能按审计程序要求执行实质性程序的基本操作
6. 能较熟练地将所搜集的审计证据记录于审计工作底稿

【素养目标】 能够以责任、忠诚、清廉、依法、独立、奉献为职业精神，以国计民生为出发点，执行采购与付款循环审计取证、判断、评价和报告

【思政点】 爱国 敬业 诚信 专注 创新 公正 法治 质量互变规律 事物的联系和发展 "五牛"精神 工匠精神

【知识点】 采购与付款业务特点与控制程序 采购与付款业务的主要凭证、记录与控制程序 固定资产及累计折旧、应付账款、预付账款、在建工程、无形资产、应付票据、管理费用等账户的实质性程序

【技能点】 审查采购与付款循环常见错弊 编制采购与付款循环审计常见工作底稿 编制采购与付款循环审计常见会计调整分录

思政引入

万福生科的九个"账套"

万福生科（湖南）农业开发股份有限公司（以下简称万福生科）注册资本5 000万元，是湖南常德一家以大米产品的精细化生产、销售和研发为主业的农产品加工企业。2011年万福生科在深交所挂牌上市，公开发行1 700万股，发行价格25元/股。本次发行方案实施完成后，公司注册资本增至人民币6 700万元。

2012年8月，湖南证监局在对万福生科进行例行检查时发现，万福生科存在九个账套，并假冒银行流水和对账单，利用公司自有资金进行体外循环，虚构交易，虚增收入和利润。通过对比2012年和2011年公司财务报告数据发现，其在建工程项目账面余额由8 675万元增高到1.8亿元，净增高额接近0.9亿元。通过查阅其2012年中报相关科目发现，公司由于采购固定资产等项目导致的资金流出达5 833万元。基于以上财务数据我们分析其应付科目金额应当增高或是预付科目金额应当降低，而实际情况是预付科目金额由1.19亿元增高到了1.46亿元，增高额度达0.27亿元，而应付科目金额只增高了不到38万元。其次，我们还发现淀粉糖生产线扩建项目2012年的投资额是2011年的12.5倍，但是该项目的完成度由90%减少到30%，但并未在中报中给出合理解释。最后，通过对其公开披露信息深入发掘，我们发现其保荐机构平安证券在募集资金实际使用情况的公告中声称，该公司在2011年和2012年分别向大米精深加工生产线设备技术改进工程投入0.7亿元和1.16亿元。但是，通过查阅万福生科披露的2012年的年报信息发现其投入额分别为151万元、6 973万元。

资料来源：孙旭东. 万福生科预付账款造假［J］. 证券市场周刊，2012（43）：48-49.

【思考】

（1）分析万福生科的舞弊动机。如何发现采购与付款循环相关账户的舞弊？

（2）注册会计师基于哪些社会主义核心价值观，发扬了怎样的工匠精神，将万福生科的九套会计账簿找出来的呢？

（3）请您结合案例谈谈诚信做账和诚信审计的重要意义。

任务一　采购与付款循环控制测试

知识精讲

一、采购与付款循环业务主要活动

根据财务报表项目与业务循环的相关程度，采购与付款循环所涉及的报表项目见

表4-1。

表4-1　　　　　　　　　　　　　采购与付款循环的报表项目

业务循环	资产负债表项目	利润表项目
采购与付款	预付款项、持有待售资产、固定资产、在建工程、生产性生物资产、无形资产、开发支出、长期待摊费用、应付票据、应付账款和长期应付款等	管理费用、研发费用、其他收益

　　在正常的审计中，如果忽视采购与付款循环的控制测试及相应的交易实质性程序，仅仅依赖于对这些具体财务报表项目余额实施实质性程序，则可能不利于审计效率和审计质量的提高。如果被审计单位具有健全并且运行良好的相关内部控制，注册会计师就可以把审计重点放在控制测试和交易的实质性程序上，这样既可以降低审计风险，又可以大大减少报表项目实质性程序的工作量，提高审计效率。因此，在实施采购与付款循环审计时，注册会计师需要先了解被审计单位采购与付款循环的内部控制情况，并根据了解过程中获取的资料来评价该业务循环的内部控制风险，然后决定控制测试、实质性程序的性质、时间和范围。采购与付款循环审计过程如图4-1所示。

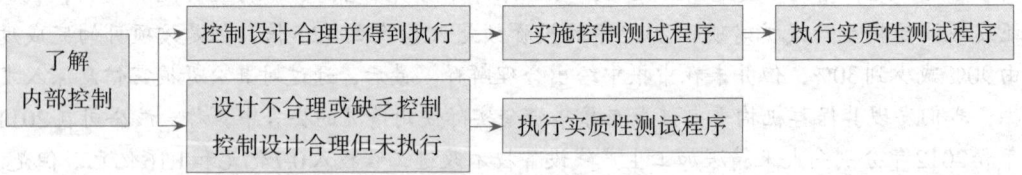
图4-1　采购与付款循环审计过程示意图

（一）采购与付款业务主要活动

　　采购与付款业务包括存货的采购与付款、非流动资产的采购与付款。下面以采购原材料为例，分别阐述采购与付款循环所涉及的主要业务活动及其适当的控制程序和相关的认定：

　　1.请购商品或劳务

　　通常情况下，仓库根据已通过审批的用料计划结合库存情况填写请购单，用料计划之外的请购需经特殊授权。请购单可由手工或计算机编制，每张请购单必须经过对这类支出预算负责的主管人员签字批准。请购单是证明有关采购交易的"发生"认定的凭据之一，也是采购交易轨迹的起点。

　　2.编制订购单

　　采购部门在收到请购单后，只能对经过批准的请购单发出订购单。对每张订购单，采购部门应确定最佳的供应来源，对供应商事先进行资质等审核，形成完整的供应商清单。对一些大额、重要的采购项目，应采取竞价方式来确定供应商，以保证供货的质量、及时性和成本的低廉。

　　订购单应正确填写所需要的原材料的品名、数量、价格、厂商名称和地址等，预先予以顺序编号并经过被授权的采购人员签名。其正联应送交供应商，副联则送至企业内部的验收部门、应付凭单部门和编制请购单的部门。随后，应独立检查订购单的处理，以确定是否确实收到原材料并正确入账，这项检查与采购交易的"完整性"和"发生"认定有关。

3.验收商品

有效的订购单代表企业已授权验收部门接受供应商发运来的商品。验收部门首先应比较所收原材料与订购单上的要求是否相符，如商品的品名、摘要、数量、到货时间等，然后再盘点并检查原材料的质量。

验收后，验收部门应对已收货的每张订购单编制一式多联、预先按顺序编号的验收单，作为验收和检验原材料的依据。验收人员将原材料送交仓库或其他请购部门时，应取得经过签字的收据，或要求其在验收单的副联上签收，以确定他们对所采购原材料应负的保管责任。验收人员还应将其中的一联验收单送交应付凭单部门。

验收单是支持资产或费用以及与采购有关的负债的"**存在或发生**"认定的重要凭证。定期独立检查验收单的顺序以确定每笔采购交易都已编制凭单，与采购交易的"**完整性**"认定有关。

4.储存已验收的商品

将已验收原材料的保管与采购的其他职责相分离，可减少未经授权的采购和盗用原材料的风险。存放原材料的仓储区应相对独立，限制无关人员接近。这些控制与商品的"**存在**"认定有关。

5.确认与记录负债

正确确认已验收商品和已接受劳务的债务，对企业财务报表和实际现金支出具有重大影响。在记录采购交易前，财务部门需要检查订购单、验收单和供应商发票的一致性，确定供应商发票的内容是否与相关的验收单、订购单一致，以及供应商发票的计算是否正确。在检查无误后，会计人员编制转账凭证/付款凭证，经会计主管审核后据以登记相关账簿。如果月末尚未收到供应商发票，财务部门就需根据验收单和订购单暂估相关的负债。这些控制与应付账款的"**存在**""**发生**""**完整性**""**权利和义务**""**准确性**""**计价和分摊**"等认定有关。

6.付款

企业通常根据国家有关支付结算的规定和企业生产经营的实际情况选择付款结算方式，以支票结算方式为例，编制和签署支票的有关控制包括：

（1）应由被授权的财务部门的人员负责签署支票；

（2）被授权签署支票的人员应确定每张支票都附有一张已经适当批准的未付款凭单，并确定支票收款人姓名和金额与凭单内容的一致性；

（3）支票一经签署就应在其凭单和支持性凭证上用加盖印戳或打洞等方式将其注销，以免重复付款；

（4）支票签署人不应签发无记名甚至空白的支票；

（5）支票应预先顺序编号，保证支出支票存根的完整性和作废支票处理的恰当性；

（6）应确保只有被授权的人员才能接触未经使用的空白支票。

7.记录现金、银行存款支出

仍以支票结算方式为例，在手工系统下，会计部门应根据已签发的支票编制付款凭证，并据以登记银行存款日记账及其他相关账簿。以记录银行存款支出为例，有关控制包括：

（1）会计主管应独立检查记入银行存款日记账和应付账款明细账的金额的一致性，以及与支票汇总记录的一致性；

（2）通过定期比较银行存款日记账记录的日期与支票副本的日期，独立检查入账的及时性；

（3）独立编制银行存款余额调节表。

（二）涉及的主要凭证、会计记录与控制程序

采购与付款交易通常要经过**请购→报批→订货→验收→储存→编制付款凭单→记账→付款**的程序，在内部控制比较健全的企业，处理采购与付款业务通常也需要使用很多凭证和会计记录。这些凭证和会计记录是企业进行业务活动和实施控制程序的记录，也是注册会计师进行该业务循环审计时所需收集的重要审计证据。典型的采购与付款业务活动及其对应的凭证、记录和控制程序见表4-2。

表4-2　　　　　典型的采购与付款业务活动及其对应的凭证、记录和控制程序

主要业务活动	涉及的凭证及记录	相关的主要部门	相关的认定	内部控制要点
1.请购商品（或劳务）	请购单	仓库、资产使用部门填写	发生	请购单由相关支出预算负责人签字批准
2.编制订购单	订购单、已经批准的请购单	采购部门编制	发生、完整性	根据已经批准的请购单编制，并预先编号
3.验收商品	验收单、订购单	验收部门编制	存在、发生、完整性	将商品与订购单核对；验收单预先编号
4.储存已验收的存货	验收单	仓库保管部门签字	存在	商品采购与保管分离（以减少未经授权的采购发生和盗用商品的风险）
5.编制付款凭单	付款凭单、请购单、订购单、验收单和卖方发票	应付凭单部门填制	存在、发生、完整性、权利和义务、计价和分摊	核查请购单、订购单、卖方发票和验收单，并据以编制付款凭单；凭单经适当批准并预先编号
6.确认与记录负债	卖方发票及相关凭证、应付凭单登记簿、转账凭证、付款凭证、应付账款明细账	会计部门	发生、完整性、计价和分摊、权利和义务	记录前执行必要的核查程序，核对请购单、订购单、卖方发票、付款凭单、验收单等，确保记录的正确性
7.付款	付款凭单登记簿、支票、卖方月末对账单	会计部门	权利和义务、发生、完整性、计价和分摊	付款时，对采购发票、结算凭证、验收单等相关凭证进行审核，并核对付款凭单是否经批准；一旦付款，应注销付款凭单（在付款凭单上做标记），以免重复付款；按月获取卖方对账单；支票连续编号
8.记录库存现金、银行存款支出	付款凭证、库存现金和银行存款日记账、应付账款明细账	会计部门	权利和义务、发生、完整性、计价和分摊	定期盘点库存现金，独立编制银行存款余额调节表

二、采购与付款循环的内部控制目标、内部控制与控制测试的关系

采购与付款循环的控制目标、内部控制及相关的测试程序见表4-3。

表4-3 采购交易的控制目标、内部控制和控制测试一览表

内部控制目标	关键的内部控制	常用内部控制测试	常用交易实质性测试
所记录的采购都已收到物品或已接受劳务，并符合购买方的最大利益（存在）	请购单、订货单、验收单和卖方发票一应俱全，并附在付款凭单后；购货按正确的级别批准；注销凭证以防止重复使用；对卖方发票、验收单、订货单和请购单作内部核查	检查付款凭单后是否附有应有的单据；检查购货审批标记；检查注销凭证标记；检查内部核查标记	复核采购明细账、总账及应付账款明细账，注意是否有大额或不正常的金额；检查卖方发票、验收单、订货单和请购单的合理性和真实性；追查存货的采购至存货永续盘存记录；检查取得的固定资产
已发生的采购业务均已记录（完整性）	订货单均经事先编号并已登记入账；验收单均经事先编号并已登记入账	检查订货单连续编号的完整性；检查验收单连续编号的完整性	从验收单追查至采购明细账；从卖方发票追查至采购明细账
所记录的采购业务估价正确（准确性、计价和分摊）	计算和金额的内部核查；控制采购价格和折扣的批准	检查内部核查的标记；检查采购价格和折扣的审批标记	将采购明细账中记录的业务同卖方发票、验收单和其他证明文件比较；复算包括折扣和运费在内的卖方发票书写的准确性
采购业务的分类正确（分类）	采用适当的会计科目表；分类的内部核查	检查工作手册和会计科目表；检查有关凭证上内部核查的标记	参照卖方发票，比较会计科目表上的分类
采购业务按正确的日期记录（截止）	要求一收到商品或接受劳务就记录购货业务；内部核查	检查工作手册并观察有无未记录的卖方发票存在；检查内部核查标记	将验收单和卖方发票上的日期与采购明细账中的日期进行比较
采购业务被正确记入应付账款和存货等明细账中，并被准确汇总（准确性、计价和分摊）	应付账款明细账的内部查核	检查内部核查的标记	通过加计采购明细账，追查过入采购总账和应付账款、存货明细账的数额是否准确，来测试过账和汇总的准确性

三、采购与付款交易内部控制和控制测试

采购与付款循环的控制测试包括采购交易控制测试、付款交易控制测试以及固定资

产的控制测试。需要强调的是，是否执行上述控制测试程序，取决于对这些内部控制的了解和初步评价结果。结合具体审计实务，并考虑采购交易与付款交易的关联性，建议将采购交易和付款交易的控制测试结合起来进行。

（一）采购与付款交易在内部控制方面的特殊之处

对于采购与付款循环的内部控制，可以结合表4-2和表4-3进行了解，以下仅就采购与付款交易在内部控制方面的特殊之处予以说明。

1.适当的职责分离

与销售与收款业务一样，采购与付款交易也需要适当的职责分离。采购与付款业务的不相容岗位至少包括：请购与审批；询价与确定供应商；采购合同的订立与审批；采购与验收；采购、验收与相关会计记录；付款审批与付款执行。对于上述不相容岗位应当在采购与付款交易内部控制测试中予以关注。

2.内部核查程序

企业应当建立对采购与付款业务内部控制的监督检查制度。采购与付款业务内部控制监督检查的内容，主要包括：

（1）采购与付款业务相关岗位及人员的设置情况。重点检查是否存在采购与付款业务不相容职务混岗的现象。

（2）采购与付款业务授权批准制度的执行情况。重点检查大宗采购与付款业务的授权批准手续是否健全，是否存在越权审批的行为。

（3）应付账款和预付账款的管理。重点审查应付账款和预付账款支付的正确性、时效性和合法性。

（4）有关单据、凭证和文件的使用与保管情况。重点检查凭证的登记、领用、传递、保管、注销手续是否健全，使用和保管制度是否存在漏洞。

（二）了解采购与付款交易的内部控制

对被审计单位采购与付款交易内部控制的了解，可以通过撰写内部控制说明、调查表或编制流程图等方式进行。了解采购与付款交易内部控制的工作包括：

1.了解被审计单位采购与付款循环和财务报告相关的内部控制的设计，并记录获得的了解。

2.针对采购与付款循环的控制目标，记录相关控制活动，以及受该控制活动影响的交易和账户余额及其认定。

3.执行穿行测试，证实对交易流程和相关控制的了解，并确定相关控制是否得到执行。

4.记录在了解和评价采购与付款循环的控制设计和执行过程中识别的风险，以及拟采取的应对措施。

在了解被审计单位采购与付款交易内部控制的过程中，注册会计师应当使用询问、检查和观察程序，并记录所获取的信息和审计证据的来源；如果拟利用以前审计获取的控制有效运行的审计证据，应当考虑被审计单位的业务流程和相关控制自上次测试后是否发生重大变化。

（三）涉及的审计工作底稿

在了解采购与付款交易内部控制过程中，形成的审计工作底稿包括：

1.了解内部控制汇总表——汇总对本循环内部控制了解的主要内容和结论；

2.了解内部控制设计（控制流程）——记录通过询问、观察和检查程序了解到的本循环设计的重要交易的控制流程；

3.评价内部控制设计（控制目标及控制活动）——记录与实现控制目标相关并计划执行穿行测试的控制活动；

4.确定控制是否得到执行（穿行测试）——记录穿行测试的过程和结论；

5.采购与付款循环控制执行情况的评价结果——详细记录通过了解内部控制程序得出的对本循环内部控制的评价结果。

四、采购与付款循环内部控制测试的工作内容

（一）采购与付款循环内部控制测试的工作内容

1.针对了解的被审计单位采购与付款循环的控制活动，确定拟进行测试的控制活动。

2.测试控制运行的有效性，记录测试过程和结论。

3.根据测试结论，确定对实质性程序的性质、时间和范围的影响。

（二）在采购与付款循环内部控制测试过程中形成的审计工作底稿

1.控制测试汇总表。汇总对本循环内部控制运行有效性进行测试的主要内容和结论。

2.控制测试程序。记录控制测试程序。控制测试程序包括询问、观察、检查以及重新执行。需要强调的是，询问本身并不足以测试控制运行的有效性，注册会计师应当将询问与其他审计程序结合使用，以获取有关控制运行有效的审计证据。

3.控制测试过程。记录控制测试过程。

五、固定资产的内部控制测试

固定资产的内部控制和控制测试的工作过程和内容见表4-4。

表4-4　　　　　　　　　　　　固定资产的内部控制和控制测试一览表

主要业务活动	内部控制目标	受影响的相关交易和账户余额及其认定	关键的内部控制	常用控制测试
预算管理与审批	所有固定资产投资预算均经审批	固定资产：存在 在建工程：存在 工程物资：存在	固定资产预算管理制度（管理层必须核准所有固定资产采购预算，超过特定金额的预算应取得较高层次的管理层的人员核准。对特定的采购应取得董事会核准）	检查固定资产投资是否有预算并经恰当审批

续表

主要业务活动	内部控制目标	受影响的相关交易和账户余额及其认定	关键的内部控制	常用控制测试
购置	所有的固定资产采购均经核准	固定资产：存在 在建工程：存在 工程物资：存在	授权批准制度（管理层必须核准所有采购订单、采购合同）	检查采购订单、采购合同是否经适当核准
确认、记录固定资产	所有固定资产除设置总账外，还需设置明细分类账和固定资产登记卡	固定资产：分类、计价和分摊	账簿记录制度（除固定资产总账外，被审计单位还需设置固定资产明细分类账和固定资产登记卡，按固定资产类别、使用部门和每项固定资产进行明细分类核算）	检查被审计单位的固定资产相关账簿记录
	确保固定资产计价的正确性	固定资产：计价和分摊	资本性支出和收益性支出的区分制度	检查固定资产投资中资本性支出和收益性支出区分制度的执行情况
固定资产折旧与减值	准确计提折旧费用、资产减值损失	累计折旧：计价和分摊 资产减值损失：计价和分摊	内部核查制度（管理层复核折旧费用和资产减值损失，包括考虑是否记录于适当账户）	检查内部核查标记
固定资产日常保管	确保企业资产安全、有效	固定资产：存在、权利和义务、完整性	固定资产维护保养制度、定期盘点制度	检查固定资产维护保养记录、盘点表
固定资产处置	充分保障固定资产的安全	固定资产：存在、权利和义务、完整性	固定资产处置制度	检查固定资产处置、报废单，检查处置、报废是否经适当批准和处理
注：职责分工制度，涉及多项业务活动和控制目标		固定资产：存在、计价和分摊、完整性 累计折旧：存在、计价和分摊、完整性 资产减值损失：存在、计价和分摊、完整性	职责分工制度（对固定资产的取得、记录、保管、使用、维修、处置等，均应明确划分责任，由专门的部门和人员负责）	审查职责分工制度的相关文件并检查其执行情况
注：严格地讲，固定资产的保险不属于企业固定资产的内部控制范围，但它对企业非常重要。因此，注册会计师在检查、评价企业的内部控制时，应当了解企业对固定资产的保险情况		固定资产：存在、权利和义务	固定资产保险制度	检查固定资产保险单

（一）了解内部控制

对固定资产交易内部控制的了解，同样可以通过撰写内部控制说明、调查表或编制流程图等方式进行。了解固定资产交易内部控制的工作包括：

1.了解被审计单位固定资产业务和与财务报告相关的内部控制的设计，并记录获得的了解。

2.针对固定资产业务的控制目标，记录相关控制活动，以及受该控制活动影响的交易和账户余额及其认定。

3.执行穿行测试，证实对交易流程和相关控制的了解，并确定相关控制是否得到执行。

4.记录在了解和评价固定资产业务的控制设计和执行过程中识别的风险，以及拟采取的应对措施。

在了解固定资产交易内部控制的过程中形成的审计工作底稿包括：了解内部控制汇总表；了解评价内部控制设计（控制流程）；评价内部控制设计（控制目标及控制活动）；确定控制是否得到执行（穿行测试）；固定资产交易业务控制执行情况的评价结果。

（二）执行控制测试

固定资产业务相关内部控制测试的工作包括：

1.针对了解的被审计单位固定资产业务的控制活动，确定拟进行测试的控制活动；

2.测试控制运行的有效性，并记录测试过程和结论；

3.根据测试结论，确定对实质性程序的性质、时间和范围的影响。

在固定资产业务内部控制测试过程中形成的审计工作底稿包括控制测试程序表和控制测试汇总表，具体格式此处从略。

德技并修

资料：星星工厂检修部的采购程序如下：检修部的主管石天运，根据机器修理需要，向供货商订购零配件。订货单一式三联，一联交供货商，一联留存，一联交验收部。收到零配件时，由验收部主管王凤凰在订货单上签字，表示货物已收到，然后把该订货单送交财务部门，以将采购的零配件和发生的应付账款登记入账。验收后的零配件用车装运到检修车间的材料堆放点，车间的材料管理人员在库存账上登记收到的零配件的数量。

问题：

（1）请指出星星工厂内部控制制度存在的缺陷，并对上述缺陷提出改进内部控制的建议。

（2）以工匠精神为引导，说说注册会计师对被审计单位内部控制制度存在的缺陷应如何应对？

分析：

（1）内部控制制度存在的缺陷：①检修部主管对外发出订货单，没有经过授权批准，容易使货物采购失控；②检修部的订货单，没有送交财务部门，如果验收部在验收货物后，不将签字后的订货单送到财务部门，财务部就会延迟登记货物的采购及应付账款的增加，从而使存货和应付账款被低估；③收到零配件时，由验收部主管王凤凰负责验收并在订货单上签字也是控制弱点，因为没有人对其进行监督。

改进内部控制的建议：①零配件的采购，事先应提交请购单，只有在请购单被批准后才能发出订货单，并签订合同；②检修部的订货单应一式四联，其中一联送至财务部门；③收到零配件时，由验收部主管王凤凰会同检修车间的材料管理员验收清点，最后由两人签字后送交财务部门。

（2）内部控制制度的根本任务是保证企业财产安全完整、生产经营管理效益不断提高，面对被审计单位内部控制制度存在的缺陷，注册会计师应在保全人民和国家财产的基础上，发扬用户至上的服务精神，帮助被审计单位找出内部控制制度缺陷可能带来的风险，并利用专业知识和技能，不断创新技术和方法，帮助、指导被审计单位不断完善内部控制制度，弥补因内部控制制度存在的缺陷带来的损失，并设计和执行更加有效的内部控制制度，使被审计单位的生产经营管理水平和经济效益不断提高，使人民和国家的财产利益最大化。

典型工作任务实训

一、实训要求

1.阅读并熟悉实训资料、实训材料。

2.在教师指导下，根据实训资料填写"评价内部控制设计——控制目标及控制活动"工作底稿。

3.在教师指导下，完成"评价内部控制设计——控制目标及控制活动"工作底稿中"被审计单位的控制活动""控制活动对实现控制目标是否有效（是/否）"等内容的编写。

二、实训条件

1.实训环境：上课教室或审计实训室。

2.实训材料："评价内部控制设计——控制目标及控制活动"审计工作底稿见表4-5。

表4-5　　　　　　　评价内部控制设计——控制目标及控制活动

被审计单位：_____	索引号：CGB-3_____
项目：内部控制评价_____	财务报表截止日/期间：_____
编制：_____	复核：_____
日期：_____	日期：_____

续表

主要业务活动	控制目标	受影响的相关交易和账户余额及其认定	常用的控制活动	被审计单位的控制活动	控制活动对实现控制目标是否有效（是/否）
采购	只有经过核准的采购订单才能发给供应商	应付账款：存在 管理费用：发生 销售费用：发生	管理层必须核准所有采购订单，对非经常性和超过特定金额的采购，以及其他特殊的采购事项，应取得较高层次管理层的核准，并适当记录	采购部门收到请购单后，对金额在人民币_____元以下的请购单由采购经理_____负责审批；金额在人民币_____元至人民币_____元的请购单由总经理_____负责审批；金额超过人民币_____元的请购单需经董事会审批 发生销售（管理）费用支出的部门填写费用申请单，其部门经理_____可以审批金额人民币_____元以下的费用；金额在人民币_____元至人民币_____元的费用由总经理_____负责审批；金额在人民币_____元以上的费用则需得到董事会的批准	
	已记录的采购订单内容准确	应付账款：计价和分摊	由不负责输入采购订单的人员比较采购订单数据与支持性文件（如请购单）是否相符	采购信息管理员_____将有关信息输入系统，系统将自动生成连续编号的采购订单（此时系统显示的采购订单状态为"待处理"）	
		管理费用：准确性、分类 销售费用：准确性、分类		每周，财务部门应付账款记账员_____汇总本周内生成的所有采购订单并与请购单核对，编制采购信息报告。如采购订单与请购单核对相符，应付账款记账员_____即在采购信息报告上签字。如有不符，应付账款记账员_____将通知采购信息管理员_____，与其共同调查该事项。应付账款记账员_____还需在采购信息报告中注明不符事项及其调查结果	
	采购订单均已得到处理	应付账款：完整性	采购订单连续编号，采购订单的顺序已被记录	采购订单由_____系统按顺序的方式予以编号。每周应付账款记账员_____在编制采购信息报告时，采购信息管理员_____亦会核对这些采购订单，对任何不符合连续编号的情况将会进行调查	

主要业务活动	控制目标	受影响的相关交易和账户余额及其认定	常用的控制活动	被审计单位的控制活动	控制活动对实现控制目标是否有效（是/否）
记录应付账款	已记录的采购均确已收到物品	应付账款：存在、权利和义务	对采购发票与验收单不符的事项进行调查；如果付款金额与采购发票金额不符，应经适当层次管理层核准	收到采购发票后，应付账款记账员_____将发票所载信息和验收单、采购订单进行核对。如所有单据核对一致，应付账款记账员_____在发票上加盖"相符"印戳并将有关信息输入系统，此时系统自动生成记账凭证，并过至明细账和总账，采购订单的状态也由"待处理"自动更改为"已处理"如发现任何差异，应付账款记账员_____将立即通知采购经理_____或发生费用支出部门的经理_____，以实施进一步调查。如果采购经理或发生费用支出部门的经理认为该项差异可以合理解释，需在发票上签字并注明原因，特别批准授权应付账款记账员_____将该发票输入系统	
	已记录的采购均确已接受劳务	应付账款：存在、权利和义务管理费用：发生销售费用：发生	对已接受劳务的发票进行授权并附有适当的支持性文件	发生销售（管理）费用的部门收到费用发票后，由其部门经理_____签字确认并交至应付账款记账员应付账款记账员_____对收到的费用发票、费用申请单和其他单据进行核对，核对内容包括有关单据是否经恰当人员审批，金额是否相符等。如所有单据核对一致，应付账款记账员_____在发票上加盖"相符"印戳并将有关信息输入系统，此时系统自动生成记账凭证，并过至明细账和总账	
	已记录的采购交易计价正确	应付账款：计价和分摊管理费用：准确性、分类销售费用：准确性、分类	定期与供应商对账，如有差异应及时进行调查和处理	每月月末，会计主管_____编制应付账款账龄分析报告，其内容还应包括应付账款总额与应付账款明细账合计数以及应付账款明细账与供应商对账单的核对情况。如有差异，应立即进行调查，如调查结果表明需调整账务记录，会计主管_____将编制应付账款调节表和调整建议，连同应付账款账龄分析报告一并交至财务经理_____批准后，方可进行账务处理	

续表

主要业务活动	控制目标	受影响的相关交易和账户余额及其认定	常用的控制活动	被审计单位的控制活动	控制活动对实现控制目标是否有效（是/否）
记录应付账款	与采购物品相关的义务已至均记录应付账款	应付账款：完整性 管理费用：完整性 销售费用：完整性	定期与供应商对账，如有差异及时进行调查和处理	每月月末，会计主管_____编制应付账款账龄分析报告，其内容还包括应付账款总额与应付账款明细账以及应付账款明细账与供应商对账单的核对情况。如有差异，会计主管_____将立即进行调查，如调查结果表明需调整账务记录，会计主管_____将编制应付账款调节表和调整建议，连同应付账款账龄分析报告一并交至财务经理_____批准后，方可进行账务调整	
	与接受劳务相关的义务已至均记录应付账款	应付账款：完整性 管理费用：完整性 销售费用：完整性	定期与供应商对账，如有差异及时进行调查和处理	每月月末，会计主管_____编制应付账款账龄分析报告，其内容还包括应付账款总额与应付账款明细账以及应付账款明细账与供应商对账单的核对情况。如有差异，会计主管_____将立即进行调查，如调查结果表明需调整账务记录，会计主管_____将编制应付账款调节表和调整建议，连同应付账款账龄分析报告一并交至财务经理_____批准后，方可进行账务调整	
	采购物品交易均于适当期间进行记录	应付账款：存在、完整性	定期与供应商对账，如有差异及时进行调查和处理	每月月末，会计主管_____编制应付账款账龄分析报告，其内容还包括应付账款总额与应付账款明细账以及应付账款明细账与供应商对账单的核对情况。如有差异，会计主管_____将立即进行调查，如调查结果表明需调整账务记录，会计主管_____将编制应付账款调节表和调整建议，连同应付账款账龄分析报告一并交至财务经理_____批准后，方可进行账务调整	
	接受劳务交易均于适当期间进行记录	应付账款：存在、完整性 管理费用：截止 销售费用：截止	检查资产负债表日前后已接受的劳务，以确保其完整，并记录于适当期间	每月终了，对已经发生尚未收到的费用发票的支出，公司不进行账务处理	
付款	仅对已记录的应付账款办理支付	应付账款：完整性	管理层在核准付款前复核支持性文件。在签发支票后注销相关文件	应付账款记账员_____编制付款凭证，并附相关单证，如费用申请单、费用发票及付款申请单等，提交会计主管_____审批 在完成对付款凭证及相关单证的复核后，会计主管_____在付款凭证上签字，作为复核证据，并在所有单证上加盖"核销"印戳	

续表

主要业务活动	控制目标	受影响的相关交易和账户余额及其认定	常用的控制活动	被审计单位的控制活动	控制活动对实现控制目标是否有效（是/否）
付款	准确记录付款	应付账款：计价和分摊	管理层在核准付款前复核支持性文件。在签发支票后注销相关文件	应付账款记账员_____编制付款凭证，并附相关单证，如费用申请单、费用发票及付款申请单等，提交会计主管_____审批，在完成对付款凭证及相关单证的复核后，会计主管_____在付款凭证上签字，作为复核证据，并在所有单证上加盖"核销"印戳	
	付款均已记录	应付账款：存在	定期将日记账中的付款记录与银行对账单进行核对	每月月末，由会计主管_____指定出纳员以外的人员核对银行存款日记账和银行对账单，编制银行存款余额调节表，并提交给财务经理_____复核，财务经理在银行存款余额调节表中签字作为其复核的证据	
	付款均于恰当期间进行记录	应付账款：存在、完整性	定期将日记账中的付款记录与银行对账单进行核对	每月月末，由会计主管_____指定出纳员以外的人员核对银行存款日记账和银行对账单，编制银行存款余额调节表，并提交给财务经理_____复核，财务经理在银行存款余额调节表中签字作为其复核的证据	
维护供应商档案	对供应商档案的变更均为真实和有效的	应付账款：存在、完整性 管理费用：发生、完整性 销售费用：发生、完整性	核对供应商档案变更记录和原始授权文件，确定已正确处理	如需要对系统内的供应商信息作出修改，采购员_____填写更改申请表，经采购经理_____审批后，由信息管理员_____负责对更改申请表预先连续编配号码并在系统内进行更改	
	供应商档案变更均已进行处理	应付账款：完整性 管理费用：完整性 销售费用：完整性	对供应商档案变更应连续编号，编号顺序已被记录	采购信息管理员_____负责对更改申请表预先连续编配号码 财务经理_____核对月度供应商更改信息报告、检查实际更改情况和更改申请表是否一致、所有变更是否得到适当审批以及编号记录表是否正确，在月度供应商信息更改报告和编号记录表上签字作为复核的证据。如发现任何异常情况，将进一步调查处理	

主要业务活动	控制目标	受影响的相关交易和账户余额及其认定	常用的控制活动	被审计单位的控制活动	控制活动对实现控制目标是否有效（是/否）
维护供应商档案	对供应商档案变更均为准确的	应付账款：计价和分摊管理费用：准确性、分类销售费用：准确性、分类	核对供应商档案变更记录和原始授权文件，确定已正确处理	如需要对系统内的供应商信息作出修改，采购员_____填写更改申请表，经采购经理_____审批后，由采购信息管理员_____负责对更改申请表预先连续编配号码并在系统内进行更改每月月末，采购信息管理员_____编制月度供应商信息更改报告，附更改申请表的编号记录交由财务经理_____复核财务经理_____核对月度供应商更改信息报告、检查实际更改情况和更改申请表是否一致、所有变更是否得到适当审批以及编号记录表是否正确，在月度供应商信息更改报告和编号记录表上签字作为复核的证据。如发现任何异常情况，将进一步调查处理	
	对供应商档案变更均已于适当期间进行处理	应付账款：权利和义务、存在、完整性管理费用：完整性、发生销售费用：完整性、发生	对供应商档案变更应连续编号，编号顺序已被记录	采购信息管理员_____负责对更改申请表预先连续编配号码财务经理_____核对月度供应商更改信息报告、检查实际更改情况和更改申请表是否一致、所有变更是否得到适当审批以及编号记录表是否正确，在月度供应商信息更改报告和编号记录表上签字作为复核的证据。如发现任何异常情况，将进一步调查处理	
	确保供应商档案数据及时更新	应付账款：权利和义务、存在、完整性管理费用：完整性、发生销售费用：完整性、发生	管理层定期复核供应商档案的正确性，并确保其及时更新	采购信息管理员_____每月复核供应商档案。对两年内未与公司发生业务往来的供应商，采购员_____填写更改申请表，经采购经理_____审批后交信息管理部删除该供应商档案每半年，采购经理_____复核供应商档案	

3.实训学时：2学时。

4.实训方式：可采用小组手工实训方式、单人手工实训方式。

三、实训资料

浙江羽裳服装股份有限公司（以下简称羽裳公司）是一家设计、生产和销售服装的中型制造业企业，其现行的销售政策和程序已经董事会批准，如果需对该项政策和程序作出任何修改，均应经董事会批准后方能执行。本年度各项政策和程序没有发生变化。

羽裳公司的产品主要为各式流行服装，生产所需主要原材料为服装面料和服装辅料。其中，约30%的大宗原材料是向六家经选择的国外供应商采购的，其余70%向10家经选择的国内供应商采购。通常情况下，羽裳公司与这些供应商签订为期一年的采购合同，并于每年年初续签。续签之前董事会应审批重要合同条款，并授权总经理签署合同。对其他材料和服务，羽裳公司均向国内供应商采购。

羽裳公司采用用友系统处理采购与付款交易，自动生成记账凭证和供应商清单，并过至应付账款明细账和总账。涉及的主要人员见表4-6。

表4-6　　　　　　　　　　　采购与付款业务涉及的主要人员

职　务	姓　名	职　务	姓　名
总经理	金永祥	应付账款记账员	应华远
副总经理	魏利	采购经理	张彦
财务经理	秦军	采购业务员	吴强
会计主管	江娜	信息管理员	方瑞丰
出纳员	常俊	生产经理	张雅茹

注册会计师王慧娟、赵海英于20×5年1月15日采用询问、观察和检查等方法，了解并记录了羽裳公司采购与付款循环的主要控制流程，并已与财务经理秦军、采购经理张彦确认下列所述内容。

（一）有关职责分工的政策和程序

羽裳公司建立了下列职责分工政策和程序：

（1）不相容职务相分离。主要包括：询价与确定供应商、采购合同的订立与审批、采购与验收、实物资产的保管与会计记录、付款审批与执行等职务相分离。

（2）各相关部门之间相互控制并在其授权范围内履行职责，同一部门或个人不得处理采购与付款业务的全过程。

（二）主要业务活动介绍

1.采购

（1）材料采购。

生产部门填写请购单（一式三联），经生产经理张雅茹签字审批。

采购部门收到请购单后，对于金额在人民币10万元（含）以下的请购单，由采购经理张彦负责审批；金额在人民币10万元至人民币30万元（含）的请购单，由副总经理魏利负责审批；金额在人民币30万元至人民币50万元（含）的请购单需经总经理金永祥审批；金额超过人民币50万元的请购单需经董事会审批。

根据经恰当审批的请购单，信息管理员方瑞丰将有关信息输入系统，系统将自动生成连续编号的采购订单（此时系统显示的采购订单状态为"待处理"）。每周，信息管理员方瑞丰核对本周内生成的采购订单，将请购单和采购订单存档管理，对任何不连续编号的情况进行检查。

采购业务员吴强根据系统显示的"待处理"采购订单信息，安排供应商发货、开具采购发票以及仓储验收等事宜。

每周，财务部门应付账款记账员应华远汇总本周内生成的所有采购订单并与请购单核对，编制采购信息报告。如采购订单与请购单核对相符，应付账款记账员应华远即在采购信息报告上签字。如有不符，应付账款记账员应华远将通知信息管理员方瑞丰，与其共同调查该事项。应付账款记账员应华远还需在采购信息报告中注明不符事项及其调查结果。

羽裳公司未发生退货交易。

（2）费用支出。

发生采购（管理）费用支出的部门填写费用申请单，其部门经理可以审批金额在人民币5 000元（含）以下的费用；金额在人民币5 000元至人民币5万元（含）的费用由副总经理魏利负责审批；金额在人民币5万元至人民币20万元（含）的费用需经总经理金永祥审批；金额超过人民币20万元的费用需经董事会审批。

2.记录应付账款

（1）材料采购。

收到采购发票后，应付账款记账员应华远将发票所载信息和验收单、采购订单进行核对。如所有单据核对一致，应付账款记账员应华远在发票上加盖"相符"印戳并将有关信息输入系统，此时系统自动生成记账凭证，并过至明细账和总账，采购订单的状态也由"待处理"自动更改为"已处理"。

每月终了，如果采购的材料已经运达羽裳公司，供应商已提供采购发票，但材料尚未验收入库，则应付账款记账员应华远将采购发票单独存放，待下一月份收到验收单时再按上述流程输入系统。

（2）费用支出。

发生采购（管理）费用的部门收到费用发票后，其部门经理签字确认并交至应付账款记账员应华远。

应付账款记账员应华远对收到的费用发票、费用申请单和其他单据进行核对，核对内容包括有关单据是否经恰当人员审批，金额是否相符等。如所有单据核对一致，应付账款记账员应华远在发票上加盖"相符"印戳并将有关信息输入系统，此时系统自动生成记账凭证，并过至明细账和总账。

每月终了，对已经发生尚未收到费用发票的支出，羽裳公司不进行账务处理。

（3）核对及差异处理。

应付账款记账员应华远如果发现任何差异，将立即通知采购经理张彦或发生费用支出部门的经理，以实施进一步调查。如果采购经理张彦或发生费用支出部门的经理认为该项差异可以合理解释，需在发票上签字并注明原因，特别批准授权应付账款记账员应华远将该发票输入系统。

每月月末，会计主管江娜编制应付账款账龄分析报告，其内容还应包括应付账款总额与应付账款明细账合计数以及应付账款明细账与供应商对账单的核对情况。如有差异，会计主管江娜将立即进行调查，如调查结果表明需调整账务记录，会计主管江娜将编制应付账款调节表和调整建议，附应付账款账龄分析报告一并交至财务经理秦军批准后，方可进行账务处理。

3.付款

（1）材料采购。

在采购合同约定的付款日期到期前（视付款期限而定），应付账款记账员应华远编制付款凭证，并附相关单证，如采购订单、采购发票及验收单等，提交会计主管江娜审批。

（2）费用支出。

申请付款时，费用支出部门需填写付款申请单，并经部门经理审批。

应付账款记账员应华远收到经批准的付款申请单后，与应付账款明细账记录进行核对。如核对相符，应付账款记账员应华远编制付款凭证，并附相关单证，如费用申请单、费用发票及付款申请单等，提交会计主管江娜审批。

在完成对付款凭证及相关单证的复核后，会计主管江娜在付款凭证上签字，作为复核证据，并在所有单证上加盖"核销"印戳。

出纳员常俊根据经复核无误的付款凭证办理付款，并及时登记库存现金和银行存款日记账。

每月月末，由会计主管江娜指定出纳员常俊以外的人员核对银行存款日记账和银行对账单，编制银行存款余额调节表，并提交给财务经理秦军复核，财务经理秦军在银行存款余额调节表中签字作为其复核的证据。

4.维护供应商档案

如需要对系统内的供应商信息作出修改，采购业务员吴强填写更改申请表，经采购经理张彦审批后，由信息管理员方瑞丰负责对更改申请表预先连续编配号码并在系统内进行更改。

信息管理员方瑞丰每月复核供应商档案。对两年内未与羽裳公司发生业务往来的供应商，采购业务员吴强填写更改申请表，经采购经理张彦审批后交信息管理员方瑞丰删除该供应商档案。

每月月末，信息管理员方瑞丰编制月度供应商信息更改报告，连同更改申请表、编号记录表交由财务经理秦军复核。

财务经理秦军核对月度供应商信息更改报告，检查实际更改情况和更改申请表是否一致、所有变更是否得到适当审批以及编号记录表是否正确，在月度供应商信息更改报告和编号记录表上签字作为复核的证据。如发现任何异常情况，将进一步调查处理。

每半年，采购经理张彦复核供应商档案。

注册会计师王慧娟、赵海英在测试后认为：羽裳公司的内部控制的控制活动对实现控制目标是有效的、控制活动也得到了较好的执行且该控制活动运行均具有有效性。

20×5年1月20日该审计项目组组长孙洪刚对该工作底稿进行了审核。

同步训练

一、单项选择题

1.对于健全的应付账款内部控制，一切购货交易，均应填写的是（   ），并经采购及有关部门签章批准。

　　A.验收单　　　　　B.订货单　　　　　C.支付凭单　　　　　D.购货发票

2.下列各项不属于固定资产内部控制的是（   ）。

　　A.授权批准制度　　B.保险制度　　　　C.处置制度　　　　　D.定期盘点制度

3.考虑到采购与付款循环测试的重要性，注册会计师往往对这一循环采用的审计方法是（   ）。

　　A.属性抽样　　　　B.变量抽样　　　　C.统计抽样　　　　　D.非统计抽样

4.请购单是采购交易轨迹的起点，证明的有关采购交易的认定是（   ）。

　　A.发生　　　　　　B.完整性　　　　　C.准确性　　　　　　D.截止

5.付款交易的控制测试的性质取决于（   ）。

　　A.控制测试的范围　　　　　　　　　B.关键控制点是否存在

　　C.控制测试的结果　　　　　　　　　D.内部控制的性质

6.下列关于采购与付款的内部核查程序的说法中，不正确的是（   ）。

　　A.相关岗位及人员的设置情况，重点检查是否存在采购与付款交易不相容职务混岗的现象

　　B.授权审批制度，重点检查特殊非常规交易的授权批准手续是否健全

　　C.应付账款和预付账款管理，重点审查应付账款和预付账款支付的正确性、时效性和合法性

　　D.有关单据的使用和保管情况，重点检查凭证的登记、领用、传递、保管、注销手续是否健全，使用和保管制度是否存在漏洞

7.审计人员在审查被审计单位采购与付款循环的职责分工时，发现批准请购与采购职责未能相互分离，这种情况可能导致（   ）。

　　A.采购部门购入过量或不必要的物资

　　B.未按实际收到的商品数额登记入账

　　C.应付账款记录不正确

　　D.未及时向特定债权人支付货款

8.下列各项请购与付款环节的单据中，可能不需要连续编号的是（   ）。

　　A.请购单　　　　　B.订购单　　　　　C.验收单　　　　　　D.入库单

9.下列各项审计程序中，注册会计师最有可能获取固定资产存在的审计证据的是（   ）。

A.观察经营活动，并将固定资产本期余额与上期余额进行比较

B.询问被审计单位的管理层和生产部门

C.以检查固定资产实物为起点，检查固定资产明细账和相关凭证

D.以检查固定资产明细账为起点，检查固定资产实物和相关凭证

10.下列各项审计程序中，有助于证实采购交易记录完整性认定的是（   ）。

A.从有效的订购单追查至验收单

B.从验收单追查至采购明细账

C.从付款凭单追查至采购发票

D.如能获取卖方发票，从采购明细账追查至卖方发票

二、多项选择题

1.根据内部控制不相容职务分离的要求，下列各项职责应相互独立的有（   ）。

A.提出采购申请与批准采购申请

B.批准采购申请与采购

C.采购与验收

D.验收与付款

2.典型的采购与付款循环所涉及的主要凭证和会计记录有（   ）。

A.卖方发票　　　　B.请购单　　　　　　C.买方对账单　　　D.卖方对账单

3.为了检查采购与付款内部控制的有效性，注册会计师可以采取的测试程序有（   ）。

A.抽取部分采购业务，检查请购单是否经过批准

B.检查验收单是否连续编号

C.函证应付账款

D.观察验收部门是否独立于仓库保管部门

4.下列各项内部控制制度中，能够防止或发现采购及付款环节发生错误或舞弊的有（   ）。

A.所有订货单应经采购部门及有关部门批准，其副本应及时提交给财会部门

B.现购业务必须经财会部门批准后方可支付价款

C.收到购货发票后，应立即送采购部门与订货单、验收单核对相符

D.采用总价法记录现金折扣，并严格复核是否发生折扣损失

5.下列各项属于采购交易的截止测试的有（   ）。

A.确定期末最后签署的支票的号码，确保期后的支票支付未被当作本期的交易

B.追踪付款至期末的银行对账单，确定其在期后的合理期间内被支付

C.选择已记录采购的样本，检查相关的商品验收单，保证交易已计入正确的会计期间

D.确定期末最后一份验收单顺序号码并审查代码报告，保证交易已计入正确的会计期间

6.下列各项中，符合采购与付款循环内部控制要求的有（   ）。

A.应付款项记账员不能接触现金、有价证券和其他资产

B.签发支票支付货款要经过被授权人的签字批准

C.货物验收部门与财会部门相互独立

D.采购部门负责提出采购申请并办理采购业务

7.为了检查采购与付款循环内部控制的有效性，审计人员可以采取的测评程序有（　　）。

A.抽取部分采购业务，检查请购单是否经过批准

B.检查验收单是否连续编号

C.比较分析当年与上年应付账款余额的变动情况

D.向债权人函证应付账款

8.审计人员在对固定资产相关的内部控制进行测评时，应实施的审计程序有（　　）。

A.验证新增固定资产的各种手续是否齐全

B.索取固定资产验收报告，检查验收部门工作的独特性

C.检查固定资产账、卡的设置情况

D.检查折旧额计算的正确性

9.在实施固定资产审计时，如果审计人员发现与以前年度相比，审计期间的折旧费用大幅度增加，则可能的原因有（　　）。

A.已减少的固定资产未在账面上注销

B.存在大量闲置的固定资产

C.新购置大量固定资产

D.折旧额的计算有误

10.审计人员在审查被审计单位固定资产减值准备时，应关注的内容有（　　）。

A.减值准备增减变动记录的完整性

B.减值准备计提方法的适当性

C.减值准备账户期末余额的正确性

D.减值准备转回的充分性

三、判断题

1.注册会计师对负债项目的审计，主要是防止企业高估债务。（　　）

2.注册会计师应结合销售业务对应付账款进行审计。（　　）

3.一个良好的应付账款内部控制，在收到购货发票后，应立即送交会计部门支付货款。（　　）

4.如果被审计单位固定资产增减均能处于良好的经批准的预算控制之下，注册会计师即可适当减少对固定资产增加和减少审计的实质性测试的样本。（　　）

5.明确的职责分工制度，有利于降低注册会计师的检查风险。（　　）

6.对于在建工程转入的固定资产，应检查在建工程转入固定资产的时点是否符合会计准则的规定，入账价值与在建工程的相关记录是否核对相符，是否与竣工决算、验收和移交报告等一致。（　　）

7.采购与付款交易的主要重大错报风险通常是低估费用和应付账款。（　　）

8.一般说来，应付账款项目应根据应付账款明细账和预收账款明细账的贷方余额的合计数填列。（　　）

9.对固定资产交易内部控制的了解,可以通过撰写内部控制说明、调查表或编制流程图等方式进行。　　　　　　　　　　　　　　　　　　　　　　　　　（　　）

10.采购与付款内部控制监督检查应重点检查大宗采购与付款业务的授权批准手续是否健全,是否存在越权审批的行为。　　　　　　　　　　　　　　　　　（　　）

任务二　采购与付款循环实质性程序

知识精讲

一、采购与付款循环实质性分析程序

根据成本效益原则,注册会计师将在对交易和余额实施细节测试前实施实质性分析程序,采购与付款交易的实质性分析程序具体包括:

1.根据对被审计单位的经营活动、供应商的发展历程、贸易条件和行业惯例的了解,确定应付账款和费用支出的期望值。

2.根据本期应付账款余额组成与以前期间交易水平和预算的比较,确定采购和应付账款可接受的重大差异额。

3.识别需要进一步调查的差异并调查异常数据关系,如与周期趋势不符的费用支出。

（1）观察月度（或每周）已记录采购总额趋势,与往年或预算相比较。任何异常波动都必须与管理层讨论,如果有必要还应做进一步的调查。

（2）将实际毛利与以前年度和预算相比较。任何重大的差异都需要进行调查。因为毛利可能由于销售额、销售成本的错误被歪曲,而销售成本的错误则又可能受采购记录的错误影响。

（3）计算记录在应付账款上的赊购天数,并将其与以前年度相比较。超出预期的变化可能由多种因素造成,包括未记录采购、虚构采购记录或截止问题。

（4）检查常规账户和付款,如租金、电话费和电费。这些费用是日常发生的,通常按月支付。通过检查可以确定已记录的所有费用及其月度变动情况。

（5）检查异常项目的采购,如大额采购,从不经常发生交易的供应商处采购,以及未通过采购账户而是通过其他途径计入存货和费用项目的采购。

（6）无效付款或金额不正确的付款,可以通过检查付款记录和付款趋势得以发现。例如,注册会计师通过查找金额偏大的异常项目并深入调查,可能发现重复付款或记入不恰当应付账款账户的付款。

4.通过询问管理层和员工,调查重大差异额是否表明存在重大错报风险,是否需要设计恰当的细节测试程序以识别和应对重大错报风险。

微课:采购
与付款循环
实质性程序
（一）

5.形成结论，即实质性分析程序是否能够提供充分、适当的审计证据，或需要对交易和余额实施细节测试以获取进一步的审计证据。

二、采购与付款循环交易细节测试

（一）测试样本的选择

注册会计师应从被审计单位业务流程层面的主要交易中选取一个样本，检查其支持性证据。

例如，从采购和付款记录中选取一个样本：

1.检查支持性的订购单、商品验收单、发运凭证和发票，追踪至相关费用或资产账户以及应付账款账户。

2.必要时，检查其他支持性文件，如检查交易合同的相关条款。

3.检查已用于付款的支票存根或电子货币转账付款证明以及相关的汇款通知。

如果付款与发票对应，则检查相关供应商发票，并追踪付款至相关的应付账款或费用账户。

（二）对主要交易实施截止测试

1.采购交易的截止测试

（1）选择已记录采购的样本，检查相关的商品验收单，保证交易已计入正确的会计期间。

（2）确定期末最后一份验收单的顺序号码并审查代码报告，以检测记录在本会计期间的验收单是否存在更大的顺序号码，或因采购交易被漏计或错计入下一会计期间而在本期遗漏的顺序号码（完整性）。

2.付款交易的截止测试

（1）确定期末最后签署的支票的号码，确保其后的支票支付未被当作本期的交易予以记录（发生）。

（2）追踪付款至期后的银行对账单，确定其在期后的合理期间内被支付。

（3）询问期末已签署但尚未寄出的支票，考虑该项支付是否应在本期冲回，计入下一会计期间。

3.寻找未记录的负债的截止测试

（1）确定被审计单位期末用于识别未记录负债的程序，获取相关交易已计入应付账款的证据。

（2）复核供应商付款通知和供应商对账单，获取发票被遗失或未计入正确的会计期间的证据。询问并确定在资产负债表日是否应增加一项应计负债。

（3）调查关于订购单、商品验收单和发票不符的例外报告，识别遗漏的交易或计入不恰当会计期间的交易。

（4）复核截至审计外勤结束日记录在期后的付款，查找其是否在年底前发生的证据。

（5）询问审计外勤结束时仍未支付的应付账款。

（6）对于在建工程，检查承建方的证明或质量监督报告，以获取存在未记录负债的证据。

（7）复核资本预算和董事会会议纪要，获取是否存在承诺和或有负债的证据。

（三）余额的细节测试

1.复核供应商的付款通知，与供应商对账，获取发票遗漏、未计入正确的会计期间的证据。询问并检查对付款存在争议的往来信函，确定在资产负债表日是否应增加一项应计负债。

2.在特殊情况下，注册会计师需要决定是否应通过供应商来证实被审计单位期末的应付余额。这种情况通常在被审计单位对采购与付款交易的控制出现严重缺失，记录被毁损时才会发生，或者在怀疑存在舞弊或会计记录在火灾或水灾中遗失时才会发生。

三、固定资产与累计折旧的审计

（一）固定资产与累计折旧的审计目标

固定资产与累计折旧审计目标与财务报表认定的对应关系见表4-7。

表4-7   固定资产与累计折旧审计目标与财务报表认定的对应关系表

审计目标	财务报表认定					
	存在	完整性	权利和义务	计价和分摊	分类	列报
A.资产负债表中记录的固定资产是存在的	√					
B.固定资产和累计折旧的增减变动均已记录		√				
C.记录的固定资产由被审计单位拥有或控制			√			
D.固定资产与累计折旧的金额是正确的				√		
E.固定资产已记录在恰当的账户					√	
F.固定资产与累计折旧已按照企业会计准则的规定在财务报表中作出恰当列报						√

（二）固定资产与累计折旧的实质性程序

在固定资产与累计折旧的审计中，注册会计师为了实现审计目标而实施的实质性程序见表4-8。

表4-8   固定资产审计目标与审计程序对应关系表

审计目标	可供选择的审计程序
	（一）固定资产原价
D	1.获取或编制固定资产（原值）明细表，复核加计是否正确，并与总账数和明细账合计数核对是否相符，结合累计折旧和固定资产减值准备与报表数核对是否相符
A	2.实地检查重要固定资产（如为首次接受审计，应适当扩大检查范围），确定其是否存在，关注是否存在已报废但仍未核销的固定资产

续表

审计目标	可供选择的审计程序
ABD	3.实质性分析程序（结合使用权资产）： （1）计算固定资产原值与全年产量的比率，并与以前年度比较，分析其波动原因； （2）计算固定资产周转率，并与上年同期数和其他同行业企业进行比较，分析其波动原因； （3）分析固定资产期初、期末余额的波动原因； （4）结合生产能力等相关信息，分析固定资产的构成是否合理
C	4.检查固定资产的所有权或控制权，对各类固定资产，获取、收集不同的证据以确定其是否归被审计单位所有： （1）对于外购的机器设备等固定资产，审核采购发票、采购合同等； （2）对于房地产类固定资产，查阅有关的合同、产权证明、财产税单、抵押借款的还款凭据、保险单等书面文件； （3）对于融资租入的固定资产，检查有关融资租赁合同； （4）对于汽车等运输设备，检查有关运营证件等； （5）对于受留置权限制的固定资产，结合有关负债项目进行检查； （6）对于正在办理权属证明的大额资产，应了解权属证明办理情况，确认是否存在权属纠纷或实质性障碍
ABDCE	5.检查本期固定资产的增加： （1）询问管理层当年固定资产的增加情况，并与获取或编制的固定资产明细表进行核对。 （2）检查本年度增加固定资产的计价是否正确，手续是否齐备，会计处理是否正确： ①对于外购固定资产，通过核对采购合同、发票、保险单、发运凭证等资料，抽查测试其入账价值是否正确，授权批准手续是否齐备，会计处理是否正确；如果购买的是房屋建筑物，还应检查契税的会计处理是否正确；检查分期付款购买固定资产入账价值及会计处理是否正确。 ②对于在建工程转入的固定资产，应检查固定资产确认时点是否符合会计准则的规定，入账价值与在建工程的相关记录是否核对相符，是否与竣工决算、验收和移交报告等一致；对已经达到预定可使用状态，但尚未办理竣工决算手续的固定资产，检查其是否已按估计价值入账，并按规定计提折旧。 ③对于投资者投入的固定资产，检查投资者投入的固定资产是否按投资各方确认的价值入账，并检查确认价值是否公允，交接手续是否齐全；涉及国有资产的，是否有评估报告并经国有资产管理部门评审备案或核准确认。 ④对于更新改造增加的固定资产，检查通过更新改造而增加的固定资产，增加的原值是否符合资本化条件，是否真实，会计处理是否正确；重新确定的剩余折旧年限是否恰当。 ⑤对于融资租赁增加的固定资产，获取融资租入固定资产的相关证明文件，检查融资租赁合同的主要内容，并结合长期应付款、未确认融资费用科目检查相关的会计处理是否正确。 ⑥对于企业合并、债务重组和非货币性资产交换增加的固定资产，检查产权过户手续是否齐备，检查固定资产入账价值及确认的损益和负债是否符合规定。 ⑦对于以分期付款方式购入的固定资产，结合长期应付款、未确认融资费用等科目审计，检查相关的会计处理是否正确。 ⑧如果被审计单位为外商投资企业，检查其采购国产设备退还增值税的会计处理是否正确。 ⑨对于通过其他途径增加的固定资产，应检查增加固定资产的原始凭证，核对其计价及会计处理是否正确，法律手续是否齐全。 （3）检查固定资产是否存在弃置费用，如果存在弃置费用，检查弃置费用的估计方法和弃置费用现值的计算是否合理，会计处理是否正确

审计目标	可供选择的审计程序
ABDCE	6.检查本期固定资产的减少： （1）结合固定资产清理科目，抽查固定资产账面转销额是否正确。 （2）检查出售、盘亏、转让、报废或毁损的固定资产是否经授权批准，会计处理是否正确。 （3）检查因修理、更新改造而停止使用的固定资产的会计处理是否正确。 （4）检查投资转出固定资产的会计处理是否正确。 （5）检查债务重组或非货币性资产交换转出固定资产的会计处理是否正确。 （6）检查其他减少固定资产的会计处理是否正确
	7.如果被审计单位采用净额法核算与资产相关的政府补助，因获得政府补助而减少固定资产账面价值，对政府补助项目进行检查： （1）检查政府补助相关文件，包括政府出具的补助文件和被审计单位已获得相关资产的凭据（如银行收款单据、资产交接清单）。必要时，检查被审计单位申请文件、项目验收报告和重要会议纪要等相关材料，并将相关项目资料与政府文件内容进行比对。 （2）关注政府补助项目是否明显违背国家产业政策和相关法律法规的规定，是否存在明显不合理的情形。 （3）关注政府补助的来源单位及其与政府文件规定是否一致。 （4）检查被审计单位是否满足政府补助的确认条件并达到或者可以达到政府补助的所附条件。 （5）检查被审计单位政府补助分类是否恰当，关注被审计单位认定为与资产相关的政府补助中是否存在与收益相关的成分、被审计单位认定为难以区分的政府补助是否确实难以区分。 （6）政府补助文件规定不明确或存在明显不合理迹象时，与相关政府部门沟通或实施函证程序，或在必要时聘请律师或其他外部专家提供意见
ABE	8.检查固定资产有关的后续支出是否满足资产确认条件；如不满足，检查该支出是否在该后续支出发生时计入当期损益
ABCD	9.检查固定资产的租赁： （1）检查被审计单位固定资产租赁备查簿，并从中挑选适当项目。 （2）固定资产的租赁是否签订了合同、租约，手续是否完备，合同内容是否符合国家规定，是否经相关管理部门的审批。 （3）检查租入的固定资产是否确属企业必需，或出租的固定资产是否确属企业多余、闲置不用的；如不是，应分析其原因是否合理。 （4）租赁是否签有合同，金额是否合理。 （5）租入固定资产有无久占不用、浪费损坏的现象；租出的固定资产有无长期不收租金、无人过问，是否有变相馈赠、转让等情况。 （6）如果被审计单位的固定资产中融资租赁占有相当大的比例，复核新增加的租赁协议，检查租赁是否符合融资租赁的条件，会计处理是否正确（资产的入账价值、折旧、相关负债）。检查以下内容： ①复核租赁的折现率是否合理； ②检查租赁相关税费、保险费、维修费等费用的会计处理是否符合企业会计准则的规定； ③检查融资租入固定资产的折旧方法是否合理； ④检查租赁付款情况； ⑤检查租入固定资产的成新程度； ⑥向出租人函证租赁合同及执行情况； ⑦租入固定资产改良支出的核算是否符合规定。 （7）获取或编制融资租入固定资产分类汇总表和经营租出固定资产汇总表，并与被审计单位备查簿进行核对相符

续表

审计目标	可供选择的审计程序
AD	10.获取暂时闲置固定资产的相关证明文件，并观察其实际状况，检查是否已按规定计提折旧，相关的会计处理是否正确
AD	11.获取已提足折旧仍继续使用固定资产的相关证明文件，并作相应记录
A	12.获取持有待售固定资产的相关证明文件，并作相应记录，检查对其预计净残值调整是否正确、会计处理是否正确
ABC	13.从资产管理部门获取固定资产的保险资料，与账面记录核对，注意是否存在未入账的固定资产
ACDB	14.检查有无与关联方的固定资产购售活动，是否经适当授权，交易价格是否公允。对于合并范围内的购售活动，记录应予合并抵销的金额
CF	15.对应计入固定资产价值的借款费用，结合长短期借款、应付债券或长期应付款等项目的审计，检查借款费用资本化的计算方法和资本化金额，以及会计处理是否正确
DF	16.检查购置固定资产时是否存在与资本性支出有关的财务承诺
CF	17.逐项检查资产权属证明原件，了解是否设定对外抵押，并取得复印件作为工作底稿；结合对银行借款等的检查，了解固定资产是否存在重大担保情况。如有，则应详细记录，并提请被审计单位进行充分披露
AD	18.根据评估的舞弊风险等因素增加的审计程序： （1）针对本期发生的大额资产采购交易，检查是否存在虚增采购金额用于关联方资金占用或配合收入舞弊的情况； （2）了解交易的商业理由； （3）向管理层询问采购的资产在被审计单位生产管理过程中的具体用途； （4）实地查看资产使用情况； （5）检查证实交易的支持性文件（如合同、协议、发票、验收单据、付款单等相关文件资料）； （6）检查交易价格是否公允，必要时，可考虑利用专家（如评估专家）的工作； （7）将交易价格与市场价格进行比较； （8）了解被审计单位大额资产采购制度，检查相关采购交易是否符合资产采购制度（如按规定应通过招投标采购的资产是否未进行招投标），如不符合，向管理层询问原因并判断合理性； （9）必要时，对交易对手进行走访和函证，以确认采购交易的真实性和价格公允性； （10）必要时，获取交易对手资金流水，检查是否与被审计单位控股股东、实际控制人以及其他关联方、主要客户等存在大额资金往来，如有，应确定该等资金往来是否与被审计单位收入舞弊和关联方资金占用相关

审计目标	可供选择的审计程序
	（二）累计折旧
D	19.获取或编制累计折旧明细表，复核加计是否正确，并与总账数和明细账合计数核对是否相符
DF	20.检查被审计单位制定的折旧政策和方法： （1）了解被审计单位的折旧政策是否符合规定，计提折旧范围是否正确，确定的使用寿命、预计净残值和折旧方法是否合理；如采用加速折旧法，是否取得批准文件。 （2）检查折旧政策和方法前后期是否一致。如果发生变更，是否符合规定，处理是否正确，并提请被审计单位作出适当披露
D	21.复核本期折旧费用的计提和分配： （1）复核本期折旧费用的计提是否正确，尤其关注已计提减值准备的固定资产折旧。 （2）检查折旧费用的分配方法是否合理，是否与上期一致；分配计入各项目的金额占本期全部折旧计提额的比例与上期比较是否有重大差异。 （3）注意固定资产增减变动时，有关折旧的会计处理是否符合规定，查明通过更新改造、接受捐赠或融资租入而增加的固定资产的折旧费用计算是否正确
D	22.将"累计折旧"账户贷方的本期计提折旧额与相应的成本费用中的折旧费用明细账户的借方相比较，检查本期所计提折旧金额是否已全部摊入本期产品成本或费用。若存在差异，应追查原因，并考虑是否应建议作适当调整
DE	23.检查累计折旧的减少是否合理、会计处理是否正确
DE	24.根据评估的舞弊风险等因素增加的审计程序
	（三）固定资产减值准备
D	25.获取或编制固定资产减值准备明细表，复核加计是否正确，并与总账数和明细账合计数核对是否相符
D	26.检查固定资产减值准备计提和核销的批准程序，取得书面报告等证明文件。获取管理层在资产负债表日就固定资产是否存在可能发生减值迹象的判断的说明
D	27.检查被审计单位计提固定资产减值准备的依据是否充分，会计处理是否正确
D	28.检查资产组的认定是否恰当，计提固定资产减值准备的依据是否充分，会计处理是否正确
D	29.检查被审计单位处置固定资产时原计提的减值准备是否同时结转，会计处理是否正确
D	30.检查是否存在转回固定资产减值准备的情况，确定减值准备在以后会计期间没有转回

续表

审计目标	可供选择的审计程序
D	31.通过比较前期固定资产减值准备计提数和实际发生数，以及检查期后事项，评价固定资产减值准备计提的合理性
D	32.如果识别出与固定资产减值准备相关的重大错报风险，执行"审计会计估计（包括公允价值会计估计）和相关披露"中"应对评估的重大错报风险"所述的程序，并在本科目工作底稿中记录测试过程
DE	33.根据评估的舞弊风险等因素增加的审计程序
	（四）列报和披露
F	34.检查因政府补助冲减固定资产原值而导致本期计提折旧减少金额是否作为非经常性损益；如果认定为经常性损益，检查依据是否充分
F	35.检查固定资产是否在财务报表中作出恰当列报和披露

（三）固定资产与累计折旧的审计重点

1.获取或编制固定资产及累计折旧增减变动及余额分类汇总表

（1）向客户索取或根据明细账编制"固定资产及累计折旧未审定明细表"。

（2）根据各账户余额，按房屋建筑物、机器设备、运输设备和办公设备等进行分类汇总，编制"固定资产及累计折旧增减变动及余额分类汇总表"，复核加计是否正确，并与总计数与总账核对是否相符，标注相应的审计标识。

【提示】如未审数合计金额与总账不符，应查明原因并作更正，必要时向项目负责人进行咨询，并作相应的处理。"审计调整"与"审定数"在该项目审定后录入。

2.实质性分析程序

（1）分类计算本期计提折旧额与固定资产原值的比率，并与上期比较。

（2）计算固定资产修理及维护费用占固定资产原值的比例，并进行本期各月、本期与以前各期的比较。

【提示】通过分析上述相关比率的变动注意发现下列可能存在的问题：（1）折旧金额的合理性；（2）可能存在未处理的已报废固定资产；（3）修理费发生额的合理性。

3.实地检查重要的固定资产，确定其是否实际存在

（1）从客户设备管理部门取得固定资产台账，与财务部门的固定资产明细清单核对是否相符。

（2）会同客户财务人员和设备管理人员，对照台账上固定资产的名称、数量、规格和存放地点对实物进行盘点核对（从账到实物，确认真实性），并将所盘点到的实物与台账进行核对（从实物到账，确认完整性），并做好盘点核对记录。

（3）编制盘点报告单。报告单内容应填写完整，如盘点时间、地点、盘点人、监盘人、盘点量（金额）占当年新增固定资产总金额的百分比、正确率为多少等，并注意盘点人员、监盘人员（即注册会计师）要签名。

4.检查固定资产的所有权或控制权

（1）获取并查验有关所有权证明文件，与明细账核对。

（2）检查产权证上权利人名称是否与被审计单位名称一致。

（3）检查产权证上所记录的资产相关明细信息与账面记录是否相符。

（4）关注有无抵押、质押、担保、查封、冻结等权利受限制事项。

【提示】应结合贷款信息及银行询证了解有无抵、质押事项并由公司出具声明，说明有无抵、质押，查封，冻结等权利受限制事项，并向公司的律师发函询证。

5.检查本期固定资产的增加

检查本期增加固定资产的凭证手续是否齐备，形成抽查记录。

（1）获取本期新增固定资产明细表，检查固定资产原值是否符合确认标准，如有不符，提请被审计单位调整或做审计调整。

【提示】应收集被审计单位的会计政策，获取被审计单位固定资产确认标准，将明细表中的固定资产与企业的判断标准核对，确定是否符合固定资产范围标准。

（2）抽查本年度增加的固定资产，检查其相关合同、发票、保险单、运单、竣工决算报告单等文件，核对文件上的单位名称是否与被审计单位名称一致，其入账时间、价值是否正确，授权批准手续是否齐备，会计处理是否正确。

注册会计师还应结合对固定资产、在建工程的实地检查以及生产的实际情况，判断有无已达到预定可使用状态但未及时入账的固定资产。如存在已达到预定可使用状态但未及时入账的固定资产，可考虑以账面记载的实际发生数为基础，结合工程决算审计报告、累计工作量监理报告，或者是按建造合同或购货合同约定尚未支付的价款等暂估入账，并与在建工程相关记录核对相符。

6.检查本期固定资产的减少

（1）检查本期减少的固定资产，确认是否经授权批准，是否正确、及时进行账务处理。

（2）将本期固定资产的减少金额与"固定资产清理"和"待处理固定资产净损失"科目的发生额进行核对，确认是否相符。

① 按本期减少的项目（固定资产名称）分别列示其原值、累计折旧、净值和清理收入；

② 将上述固定资产的净值与转入"固定资产清理"科目的数额核对。

与固定资产相关的会计资料

【请注意】如有差异，需检查减少转出固定资产的相关合同、协议、交接清单等文件，检查是否经授权批准；查明原因，再作适当处理，形成工作底稿。

（3）检查固定资产减少的会计处理是否正确。

（4）检查是否存在未作账务处理的固定资产减少业务。

【提示】可以向被审计单位的固定资产管理部门询问；复核本期是否有新增加的相似用途的固定资产替换了原有的固定资产，查明原有固定资产的去向；分析营业外收支等科目，查明有无处置固定资产所带来的收支；若本期某种产品因故停产，可追查其专用生产设备的最终去向以及处理情况。

7.检查固定资产的后续支出

确定与固定资产有关的后续支出是否满足资产确认条件；如不满足，该支出是否在该后续支出发生时计入当期损益。其中：

（1）固定资产修理费用，应当直接计入当期费用。

（2）固定资产改良支出，应当计入固定资产账面价值，其增加后的金额不应超过该固定资产的可收回金额。

（3）如果不能区分是固定资产修理还是固定资产改良，或固定资产修理和固定资产改良结合在一起，则企业应按上述原则进行判断，将发生的后续支出，分别计入固定资产价值或当期费用。

（4）固定资产装修费用，符合上述原则可予资本化的，在两次装修期间与固定资产尚可使用年限两者中较短的期间内，采用合理的方法单独计提折旧。如果在下次装修时，与该固定资产相关的固定资产装修项目仍有余额，应将该余额一次性全部计入当期营业外支出。

8.检查累计折旧

（1）获取或编制累计折旧分类汇总表，复核加计是否正确，并与总账数和明细账合计数核对是否相符。

（2）检查被审计单位制定的折旧政策和方法是否符合相关会计准则的规定。确定其所采用的折旧方法能否在固定资产预计使用寿命内合理分摊其成本；前后各期是否一致，预计使用寿命和预计净残值是否合理。

（3）复核本期计算的折旧金额是否正确。复核本期计算的折旧金额是否正确的方法为：检查折旧费用的分配是否合理，是否与上期一致；分配计入各项目的金额占本期全部折旧计提额的比例与上期比较是否有重大差异。

根据审定的固定资产的实际用途，判断本期计提的折旧在成本费用之间的分配是否合理，核对各项列支金额是否一致，形成查验记录。若有差异，记录于工作底稿。

9.对已经交付使用但尚未办理竣工决算等手续的固定资产，检查其是否按规定计提折旧

根据审定的对已经交付使用但尚未办理竣工决算等手续的固定资产，了解实际开始使用日期及其估计的折旧年限，复核计算提取的折旧是否正确，形成查验记录。

（四）固定资产与累计折旧主要审计工作底稿

1.固定资产实质性程序表列示了固定资产的认定、审计目标、可供选择的审计程序之间的内在关系，可供注册会计师根据被审计单位的具体情况选择固定资产实质性程序。具体内容见表4-7和表4-8。

2.固定资产审定表属于固定资产审计的汇总类底稿，从固定资产账面余额、累计折旧、减值准备、账面价值四个方面汇总了未经审计的金额、审计调整的金额、审定的金额。具体内容见表4-9。

表4-9　　　　　　　　　　　固定资产审定表

被审计单位：_____　　索引号：_____

项目：_____　　财务报表截止日/期间：_____

编制：_____　　复核：_____

日期：_____　　日期：_____

项目名称	期末未审数	账项调整		重分类调整		期末审定数	上期期末审定数
		借方	贷方	借方	贷方		
一、固定资产原价合计							
其中：房屋、建筑物							
机器设备							
⋮							
二、累计折旧合计							
其中：房屋、建筑物							
机器设备							
⋮							
三、减值准备合计							
其中：房屋、建筑物							
机器设备							
⋮							
四、账面价值合计							
其中：房屋、建筑物							
机器设备							
⋮							
审计结论：							

3.固定资产、累计折旧及减值准备明细表是从固定资产账面余额、累计折旧、减值准备、账面价值四个方面对固定资产明细情况予以审计而形成的底稿，见表4-10。

表4-10　　　　　　　　　固定资产、累计折旧及减值准备明细表

被审计单位：＿＿＿＿＿＿＿＿＿＿＿＿　索引号：＿＿＿＿＿＿＿＿＿＿＿＿

项目：＿＿＿＿＿＿＿＿＿＿＿＿＿＿＿　财务报表截止日/期间：＿＿＿＿＿＿＿

编制：＿＿＿＿＿＿＿＿＿＿＿＿＿＿＿　复核：＿＿＿＿＿＿＿＿＿＿＿＿＿＿

日期：＿＿＿＿＿＿＿＿＿＿＿＿＿＿＿　日期：＿＿＿＿＿＿＿＿＿＿＿＿＿＿

项目名称	期初余额	本期增加	本期减少	期末余额	备注
一、固定资产原价合计					
其中：房屋、建筑物					
机器设备					
⋮					
二、累计折旧合计					
其中：房屋、建筑物					
机器设备					
⋮					
三、减值准备合计					
其中：房屋、建筑物					
机器设备					
⋮					
四、账面价值合计					
其中：房屋、建筑物					
机器设备					
⋮					
编制说明：备注栏可填列固定资产的折旧方法、使用年限、剩余使用年限、净残值率和年折旧率等情况。					
审计说明：					

4.固定资产增加检查表和固定资产减少检查表是对本年度发生增减变动的固定资产追查原始凭证而形成的底稿。具体格式见表4-11和表4-12。

表4-11　　　　　　　　　　　　固定资产增加检查表

被审计单位：＿＿＿＿＿＿＿＿＿＿　　索引号：＿＿＿＿＿＿＿＿＿＿

项目：＿＿＿＿＿＿＿＿＿＿＿＿　　财务报表截止日/期间：＿＿＿＿＿＿＿＿

编制：＿＿＿＿＿＿＿＿＿＿＿＿　　复核：＿＿＿＿＿＿＿＿＿＿＿＿

日期：＿＿＿＿＿＿＿＿＿＿＿＿　　日期：＿＿＿＿＿＿＿＿＿＿＿＿

固定资产名称	取得日期	取得方式	固定资产类别	增加情况		凭证号	核对内容（用"√""×"表示）						
				数量	原价		1	2	3	4	5	6	7

核对内容说明：1.与发票是否一致；2.与付款单据是否一致；3.与购买/建造合同是否一致；4.与验收报告或评估报告等是否一致；5.审批手续是否齐全；6.与在建工程转出数核对是否一致；7.会计处理是否正确（入账日期和入账金额）

审计说明：

表4-12　　　　　　　　　　　　固定资产减少检查表

被审计单位：＿＿＿＿＿＿＿＿＿＿　　索引号：＿＿＿＿＿＿＿＿＿＿

项目：＿＿＿＿＿＿＿＿＿＿＿＿　　财务报表截止日/期间：＿＿＿＿＿＿＿＿

编制：＿＿＿＿＿＿＿＿＿＿＿＿　　复核：＿＿＿＿＿＿＿＿＿＿＿＿

日期：＿＿＿＿＿＿＿＿＿＿＿＿　　日期：＿＿＿＿＿＿＿＿＿＿＿＿

固定资产名称	取得日期	处置方式	处置日期	固定资产原价	累计折旧	减值准备	账面价值	处置人	净损益	索引号	核对内容（用"√""×"表示）				
											1	2	3	4	5

核对内容说明：1.与收款单据是否一致；2.与合同是否一致；3.审批手续是否齐全；4.会计处理是否正确；5.……

审计说明：

5.复核折旧计提是否正确的审计工作底稿是折旧计算检查表（见表4-13）。

表4-13　　　　　　　　　　　　　　折旧计算检查表

被审计单位：_____　　索引号：_____

项目：_____　　财务报表截止日/期间：_____

编制：_____　　复核：_____

日期：_____　　日期：_____

固定资产 名称	取得 时间	使用 年限	固定资产 原值	净残 值率	累计折旧 期初余额	减值准备 期初余额	本期 应提折旧	本期 已提折旧	差异
审计说明：									

四、应付账款审计

（一）应付账款的审计目标

应付账款是随着企业赊购交易而产生的，注册会计师应结合赊购交易进行应付账款审计。应付账款审计目标与财务报表认定的对应关系见表4-14。

表4-14　　　　　　　　应付账款审计目标与财务报表认定的对应关系表

审计目标	财务报表认定					
	存在	完整性	权利和 义务	计价和 分摊	分类	列报
A.资产负债表中记录的应付账款是存在的	√					
B.所有应当记录的应付账款均已记录		√				
C.记录的应付账款确属被审计单位的现时义务			√			
D.应付账款以恰当的金额包括在财务报表中，与之相关的计价调整已恰当记录				√		
E.应付账款已记录于恰当的账户					√	
F.应付账款已按照企业会计准则的规定在财务报表中作出恰当列报						√

（二）应付账款的实质性程序

在应付账款审计中，注册会计师为了实现审计目标而实施的实质性程序见表4-15。

表4-15　　　　　　　　　　　应付账款审计目标与审计程序对应关系表

审计目标	可供选择的审计程序
DE	1.获取或编制应付账款明细表： （1）复核加计是否正确，并与报表数、总账数和明细账合计数核对是否相符。 （2）检查非记账本位币应付账款的折算汇率及折算是否正确。 （3）分析出现借方余额的项目，查明原因，必要时，提请被审计单位进行重分类调整。 （4）结合预付款项审计，检查有无同一供应商多处挂账、异常余额或与采购无关的其他款项。如有，应作出记录，必要时提请被审计单位进行适当调整。 （5）标识重要供应商
ABD	2.实质性分析程序（必要时）： （1）比较本期末和上期末余额的构成、账龄及主要供货商是否存在重大波动，如有，查明波动原因。 （2）根据存货、主营业务收入和主营业务成本的增减变动幅度，判断应付账款增减变动的合理性。 （3）将本期应付账款周转率、应付账款与流动负债的比率等与上期进行比较，如有异常，分析其原因是否合理。 （4）比较和分析平均应付账款支付期的变动情况，并查明异常情况的原因。 （5）检查是否存在有异常余额或与购货无关的其他款项（如关联方账户或员工账户），如有，应予以记录，必要时提请被审计单位进行适当调整
ABD	3.获取被审计单位与其供应商之间的对账单（应从非财务部门，如从采购部门获取），并将对账单和被审计单位财务记录进行比对，若有差异，应进行调节（如在途款项、在途货物、付款折扣、未记录的负债等），检查有无未入账的应付账款，确定应付账款金额的准确性
ABD	4.检查债务形成的相关原始凭证，如供应商发票、验收报告或入库单等，查找有无未及时入账的应付账款，确定应付账款金额的准确性
DF	5.检查应付账款长期挂账的原因并作出记录，注意其是否可能无须支付；对确实无须支付的应付款的会计处理是否正确，依据是否充分；关注账龄超过1年的大额应付账款未偿还的原因及报表日后是否偿还，检查偿还记录及单据，并披露
DF	6.针对资产负债表日后付款项目，检查银行对账单及有关付款凭证（如银行划款通知、供应商收据等），询问被审计单位内部或外部的知情人员，查找有无未及时入账的应付账款
ABD	7.复核截止审计现场工作日的全部未处理的供应商发票，并询问是否存在其他未处理的供应商发票，确认所有的负债都记录在正确的会计期间内。获取被审计单位与其供应商之间的对账单，并将对账单和被审计单位财务记录进行比对，若有差异，应查明原因，必要时提醒被审计单位进行调整

续表

审计目标	可供选择的审计程序
ABCD	8.选择应付账款的重要项目（包括零账户）函证其余额和交易条款： （1）采用审计抽样或其他选取测试项目的方法选取函证项目，样本应当足以代表总体。 （2）编制应付账款函证结果汇总表，检查回函，并对函证实施过程进行控制，并完成"发函过程控制表"。 （3）如果未能收到积极式函证回函，应当考虑与被询证者联系，要求对方作出回应或再次寄发询证函。 （4）收到回函后，应考虑回函的可靠性，编制"回函结果汇总表"，对函证结果进行评价。 （5）如果回函中包括免责或其他限制条款，应考虑这种免责或限制条款是否会影响回函的可靠性。 （6）如果认为回函不可靠，评价对评估的重大错报风险以及其他审计程序的性质、时间安排和范围的影响。 （7）分析不符事项，检查支持性凭证，包括采购合同、入库单等相关原始单据；确定是否表明存在错报；如果不符事项构成错报，应提醒被审计单位进行调整，并重新考虑所实施审计程序的性质、时间和范围。 （8）如果未回函，考虑实施替代的检查程序（如检查采购合同、采购订单、采购发票、运输记录、入库单、货物收讫凭证、与供应商的往来函件等相关原始资料，并询问被审计单位有关部门，检查期后付款情况） （9）如果管理层不允许寄发询证函： ①询问管理层不允许寄发询证函的原因，并就其原因的正当性及合理性收集审计证据。 ②评价管理层不允许寄发询证函对评估相关重大错报风险（包括舞弊风险），以及其他审计程序的性质，时间安排和范围的影响。 ③实施替代审计程序，以获取相关、可靠的审计证据。 ④如果认为管理层不允许寄发询证函的原因不合理，或实施替代程序无法获取相关、可靠的审计证据，应与治理层进行沟通，并确定其对审计工作和审计意见的影响
B	9.针对已偿付的应付账款，追查至银行对账单、银行付款单据和其他原始凭证，检查其是否在资产负债表日前真实偿付
DF	10.检查资产负债表日后应付账款明细账贷方发生额的相应凭证，关注其购货发票的日期，确认其入账时间是否合理
ABD	11.结合存货监盘程序，检查被审计单位在资产负债表日前后的存货入库资料（验收报告或入库单），检查是否有大额料到单未到的情况，确认相关负债是否计入了正确的会计期间
ACD	12.针对异常或大额交易及重大调整事项（如大额的购货折扣或退回，会计处理异常的交易，未经授权的交易，或缺乏支持性凭证的交易等），检查相关原始凭证和会计记录，以分析交易的真实性、合理性
ACD	13.检查主要采购合同的签订及实际履行情况
D	14.检查带有现金折扣的应付账款是否按发票上记载的全部应付金额入账，在实际获得现金折扣时再冲减财务费用
D	15.检查是否存在非货币资金抵债、债权债务抵销的原因导致的应付账款减少，如有，应获取并检查支持性文件，同时考虑对编制现金流量表的影响

续表

审计目标	可供选择的审计程序
ABCD	16.检查应付关联款项的真实性、完整性。执行关联方及其交易审计程序。表明应付关联方【包括持股5%（含5%）股东】的款项，以及合并报表时应予抵消的金额。 （1）了解交易的商业理由。 （2）检查证实交易的支持性文件（如发票、合同、协议及入库和运输单据等相关文件）。 （3）如果可获取与关联方交易相关的审计证据有限，考虑实施下列审计程序： ①向关联方函证交易的条件和金额，包括担保和其他重要信息； ②检查关联方拥有的信息； ③向与交易相关的人员和机构（如银行、律师）函证或与其讨论有关信息； ④完成"关联方"审计工作底稿
A	17.根据评估的舞弊风险等因素增加的审计程序： 利用计算机辅助审计技术，将被审计单位的供货商名单与被审计单位员工名单的某些标识信息（如地址、电话号码）相核对，识别出具有相同信息的数据
F	18.检查应付账款是否在财务报表中作出恰当列报和披露

（三）应付账款审计重点

1.获取或编制应付账款明细表

（1）复核加计是否正确，并与报表数、总账数和明细账合计数核对是否相符。

①计算明细表中借方余额、贷方余额以及合计数，复核明细表是否正确。

②将明细表中的相关金额与被审计单位明细账核对是否相符。

③将明细账合计数与总账数核对是否相符。

④结合预付款项审计，检查有无同一供应商多处挂账、异常余额或与采购无关的其他款项。如有，应作出记录，必要时提请被审计单位进行适当调整。

⑤标识重要供应商。

（2）分析出现借方余额的项目，查明原因，必要时，作重分类调整。

①查找应付账款借方余额，应查验其原始凭证、采购合同等有关资料，分析借方余额的真实性，并决定是否作重分类调整；

②对于金额大的、有疑义的应实施函证程序。

【请注意】存在应付账款借方余额的原因主要有：①预付账款通过应付账款核算，在企业预付账款不多的情况下是合理合法的，但在编制报表时需要并入预付款项项目；②不符合预付账款性质的预付款故意或错误地记入了应付账款科目借方；③利用预付账款掩盖其挪用公款等不法目的。

（3）结合预付账款等往来项目的明细余额，调查有无同时挂账的项目、异常余额或与购货无关的其他款项（如关联方账户或雇员账户），如有，应作出记录，必要时作调整。

【请注意】注册会计师应尽可能从被审计单位电脑上直接下载所需核对的相关数据，避免被审计单位在下载资料后删除或修改相关金额。

2.实施实质性分析程序

（1）根据应付账款明细账编制各明细账户的期末、期初余额增减变动表。

（2）对期末、期初余额变动原因进行总体分析，初步确定本科目是否为审计重点项目，是否需实施详查。

（3）分析、复核各账户余额的增减及本期发生额变动情况及原因，确定需重点审计的账户。

【请注意】对应付账款余额的分析性复核还可以包括以下几方面：①前后两期账龄比例的变动；②应付账款与存货的比率、应付账款与流动负债的比率，以及前后两期的变动；③存货与营业成本的比率，以及前后两期的变动；④供应商集中度的变动等。

3.函证应付账款

（1）选择函证对象。对于应付账款，一般选择账龄较长、金额较大，主要供应商（甚至在资产负债表日金额不大，甚至为零，但为企业重要供货人）、关联方等债权人函证，非常项目、大额或异常的借方余额也应函证。

【提示】一般情况下，并不必须函证应付账款，这是因为，函证并不能保证查出未记录的应付账款，况且注册会计师能够取得采购发票等外部凭证来证实应付账款的金额。但如果控制风险较高，某应付账款明细账户金额较大或被审计单位处于财务困难阶段，则应进行应付账款的函证。对重要的原料供应商和关联方账户余额应进行重点审查。

（2）确定函证方式。最好采用积极（肯定）式函证方式，并具体说明应付金额。

（3）实施函证程序。同应收账款的函证一样，注册会计师必须对函证的过程进行控制。具体函证过程为：①根据确定的函证对象填列询证函，并要求债权人直接向会计师事务所回函；②记录已发出的询证函；③根据回函情况编制函证结果汇总表；④对于未回函的，应考虑是否再次函证或实施替代程序。

（4）对未收到回函、回函金额不相符或未能发函的重大项目，实施替代程序，确定余额是否真实。

对重要的原料供应商和关联方账户余额应进行重点审查。

一般采用的替代程序为：①抽查应付账款余额形成的相关凭证，核对购货合同、购货发票、入库凭证、付款记录等原始资料，核实交易事项的真实性；②抽查决算日后应付账款明细账及库存现金、银行存款日记账，核实其是否已支付货款并转销。

4.对未入账负债的测试

（1）检查债务形成的相关原始凭证，如供应商发票、验收报告或入库单等，查找有无未及时入账的应付账款，确认应付账款期末余额的完整性。

（2）追踪已选取项目至应付账款明细账，货到票未到的暂估入账，并关注费用所计入的会计期间，调查并跟进所有已识别的差异。

① 检查公司账面明细余额，确认是否存在暂估余额，分析评价暂估入账金额是否合理，账务处理是否正确；

② 根据存货、固定资产盘点情况，判断是否需要作暂估入账，有无应暂估入账而未入账的情况；

③ 如暂估入账时间较长还未收到发票等有关单证，应关注该项业务的真实性。

（3）评价费用是否被记录于正确的会计期间，并相应确定是否存在期末未入账的负债。

5.检查应付账款长期挂账的原因，并作出记录

对于确实无法支付的，检查是否根据企业会计准则的要求，按规定作出相应的处理。

6.执行"应付账款的披露是否恰当"程序

需查验披露的内容是否符合准则、制度的规定，是否与审定数相符。资产负债表中的应付账款项目金额，反映企业因采购商品或接受劳务应付而未付的款项，应该根据"应付账款""预付账款"相关明细科目的贷方余额合计填列，应付账款和预付账款有关明细科目存在借方余额的应列入"预付款项"项目。

【请注意】"应付账款实质性程序表"中的审计程序是在应付账款进行实质性审计时可选择的程序，并非对每一个被审计单位都必须全部采用，在审计实务中应根据被审计单位的具体情况选择所采取的审计程序。但需要强调的是，应付账款审计的重点与应收账款不同，关键在于其完整性和舞弊审计，即是否存在未入账和入账期间不正确的应付账款，以及应付账款核算内容不规范，如利用应付账款隐瞒收入，或通过应付账款掩盖财务人员的不法行为等。

（四）应付账款审计主要工作底稿

1.应付账款实质性程序表。该表列示了应付账款的认定、审计目标、可供选择的审计程序之间的内在关系，可供注册会计师根据被审计单位的具体情况选择应付账款实质性程序，见表4-14和表4-15。

2.应付账款审定表。该表属于应付账款审计的汇总类工作底稿，汇总了应付账款未经审计的金额、审计调整的金额、审定的金额。

3.应付账款明细表。该表是从关联方和非关联方两个方面对应付账款明细情况予以反映的审计工作底稿（见表4-16）。

表4-16   应付账款明细表

被审计单位：＿＿＿＿＿＿＿＿＿＿＿   索引号：＿＿＿＿＿＿＿＿＿＿＿

项目：＿＿＿＿＿＿＿＿＿＿＿＿＿＿   财务报表截止日/期间：＿＿＿＿＿＿＿＿

编制：＿＿＿＿＿＿＿＿＿＿＿＿＿＿   复核：＿＿＿＿＿＿＿＿＿＿＿＿＿

日期：＿＿＿＿＿＿＿＿＿＿＿＿＿＿   日期：＿＿＿＿＿＿＿＿＿＿＿＿＿

项目名称	借方余额			贷方余额			合计			备注
	原币	汇率	折算本位币	原币	汇率	折算本位币	原币	汇率	折算本位币	
一、关联方										
⋮										
小计										
二、非关联方										
⋮										
小计										
合　计										
审计说明：										

4.应付账款函证结果汇总表，是反映应付账款整个函证过程的工作底稿。

5.应付账款替代程序测试表，是注册会计师抽取样本核对应付账款明细账、发票和入库单等形成的工作底稿。

五、管理费用审计

（一）管理费用实质性程序

管理费用审计目标及实质性程序见表4-17。

表4-17　　　　　　　　　　　　管理费用审计目标及实质性程序

被审计单位：_____	索引号：_____
项目：_____	财务报表截止日/期间：_____
编制：_____	复核：_____
日期：_____	日期：_____

第一部分　认定、审计目标和审计程序对应关系						
一、审计目标与认定对应关系表						
审计目标	财务报表认定					
	发生	完整性	准确性	截止	分类	列报
A.利润表中记录的管理费用已发生，且与被审计单位有关	√					
B.所有应当记录的管理费用均已记录		√				
C.与管理费用有关的金额及其他数据已恰当记录			√			
D.管理费用已记录于正确的会计期间				√		
E.管理费用已记录于恰当的账户					√	
F.管理费用已按照企业会计准则的规定在财务报表中作出恰当的列报						√
二、审计目标与审计程序对应关系表						
审计目标	可供选择的审计程序					
ABC	1. 获取或编制管理费用明细表： （1）复核加计是否正确，并与报表数、总账数及明细账合计数核对是否相符。 （2）将管理费用中的职工薪酬、研究费用、折旧费、无形资产摊销、长期待摊费用摊销额等项目与各有关账户进行核对，分析其钩稽关系的合理性，并作出相应记录					
ABC	2. 实质性分析程序： （1）基于对被审计单位及其环境的了解，通过以下比较，同时考虑有关数据间关系的影响，以建立有关数据的期望值，评价预期值是否足够精确以识别重大错报： ①计算分析管理费用中各项目发生额及占费用总额的比率，将本期、上期管理费用各主要明细项目作比较分析，判断其变动的合理性；					

审计目标	可供选择的审计程序
ABC	②将管理费用实际金额与预算金额进行比较； ③比较本期各月份管理费用，对有重大波动和异常情况的项目应查明原因，必要时作适当处理。 （2）确定已记录金额与预期值之间可接受的、无须作进一步调查的差异额。 （3）将已记录金额与预期值进行比较，识别需要进一步调查的差异。 （4）如果其差异额超过可接受的差异额，询问管理层，调查并获取充分的解释和恰当的佐证审计证据（如通过检查相关的凭证等）。 （5）评估分析程序的测试结果
E	3. 检查管理费用的明细项目的设置是否符合规定的核算内容与范围，结合成本费用的审计，检查是否存在费用分类错误，若有，应提请被审计单位调整
ABC	4. 检查公司经费（包括行政管理部门职工薪酬、物料消耗、低值易耗品摊销、办公费和差旅费）是否系经营管理中发生或应由公司统一负担，检查相关费用报销内部管理办法，是否有合法原始凭证支持
ABC	5. 检查董事会费（包括董事会成员津贴、会议费和差旅费等），检查相关董事会及股东会决议，是否在合规范围内开支费用，是否已实际支出并有合法依据
ABC	6. 检查聘请中介机构费、咨询费（含顾问费），检查是否按合同规定支付费用，有无涉及诉讼及赔偿款项支出，并关注是否存在或有损失
ABC	7. 检查诉讼费用并结合或有事项审计，检查涉及的相关重大诉讼事项是否已在附注中进行披露，还需进一步关注诉讼状态，判断有无或有负债，或是否存在损失已发生而未入账的事项
C	8. 检查业务招待费的支出是否合理，如超过规定限额，应在计算应纳税所得额时调整
ABC	9. 结合相关资产的检查，核对筹建期间发生的开办费（包括人员工资、办公费、培训费、差旅费、印刷费、注册登记费以及不计入固定资产成本的借款费用等）是否直接计入管理费用
ABC	10. 针对特殊行业，检查排污费等环保费用是否合理计提
ABC	11. 对被审计单位行政管理部门等发生的大额固定资产修理费，关注其原因
ABC	12. 检查现金、存货等流动资产的盘盈盘亏处理是否符合规定
ABC	13. 检查上交母公司的管理费用是否有合法的单据及证明文件
ABC	14. 检查大额租金费用： （1）获取租赁合同，检查租赁是否属于短期租赁或低价值资产租赁。 （2）检查租赁付款额在租赁期内的分摊是否合理，会计处理是否正确
ABC	15. 选择重要或异常的管理费用： （1）检查费用的开支标准是否符合有关规定，计算是否正确，原始凭证是否合法，会计处理是否正确。 （2）检查高层管理人员提交的费用报告的适当性和金额

审计目标	可供选择的审计程序
ABCD	16. 如果被审计单位采用净额法核算政府补助，因获得政府补助而减少管理费用的，对收到的政府补助项目进行检查： （1）检查政府补助相关文件，包括政府出具的补助文件和被审计单位已获得相关资产的凭据（如银行收款单据、资产交接清单）。必要时，检查被审计单位申请文件、项目验收报告和重要会议纪要等相关材料，并将相关项目资料与政府文件内容进行比对。 （2）关注政府补助项目是否明显违背国家产业政策和相关法律法规的规定，是否存在明显不合理的情形。 （3）检查被审计单位认定的政府补助事项，关注补助资产的来源单位及其与政府文件规定是否一致。 （4）检查被审计单位是否满足政府补助的确认条件并达到或者可以达到政府补助的所附条件。 （5）检查被审计单位政府补助分类是否恰当，关注被审计单位认定为与收益相关的政府补助中是否存在与资产相关的成分、被审计单位认定为难以区分的政府补助是否确实难以区分。 （6）政府补助文件规定不明确或存在明显不合理迹象时，与相关政府部门沟通或执行函证程序，或在必要时聘请律师或其他外部专家提供意见
ACD	17. 从资产负债表日后的银行对账单或付款凭证中选取项目进行测试，检查支持性文件（如合同或发票），关注发票日期和支付日期，追踪已选取项目至相关费用明细表，检查费用所计入的会计期间，评价费用是否被记录于正确的会计期间
D	18. 抽取资产负债表日前后___天的___张凭证，实施截止测试，若存在异常迹象，并考虑是否有必要追加审计程序，对于重大跨期项目，应作必要调整
ABCD	19. 根据评估的舞弊风险等因素增加的其他审计程序
F	20. 确定管理费用是否在财务报表中作出恰当的列报和披露

（二）审计重点

1.检查明细项目的设置是否符合规定的核算内容与范围。

2.运用分析程序，进行总体分析性复核，包括对本年度管理费用与上年度管理费用的变动进行比较，对本年度各个月份的管理费用的变动进行比较，对管理费用各子目所占合计数的比例进行比较分析。

3.对管理费用有关子目发生额与相应的计提科目的贷方发生额存在钩稽关系的款项，进行配比性的核对与交叉复核，并作出相应记录；如有不符，查明原因并作相应的说明或调整。

4.进行实质性测试。选择管理费用项目中数额大的或与上期相比变动异常的项目，检查其记录的经济业务是否真实，原始凭证是否合法，审批手续、权限是否合规，会计处理是否正确。

5.管理费用查验的重要提示。除前述各项提示外，还需注意以下几点：

（1）管理费用审计的重点应是关注费用的真实性，企业所有发生的费用支出都应当对应着资产或服务的获得，并有合法原始凭证支持，否则，企业的费用支出不实，势必影响财务报表的公允反映。

（2）在审计中，经常可以从以下几个方面发现被审计单位的异常支出：大额且偶发的支出；没有实质经济内容的支出；与相应经济活动内容与规模不相称的支出；原始凭证或单据不完整的支出；与关联方的支出；与权力部门（人员）之间的支出；与特殊事项或特殊会计处理相关的支出；内部部门或总部、分部之间的大额资金划拨。

注册会计师在审计小规模企业（尤其是小型私营企业）时，还应当从以下几个方面关注被审计单位的异常支出：个人费用记入企业账户；高价购买质次资产，收取回扣；白条提现或大额提现；大额现金支出或购买馈赠品等。

管理费用审计工作底稿主要有"管理费用明细表""管理费用截止测试表""管理费用审定表"等，具体格式见表4-18至表4-20。

表4-18　　　　　　　　管理费用明细表

被审计单位：＿＿＿＿＿＿＿＿＿＿＿　　索引号：＿＿＿＿＿＿＿＿＿＿＿

项目：＿＿＿＿＿＿＿＿＿＿＿＿＿＿＿　　财务报表截止日/期间：＿＿＿＿＿＿＿＿

编制：＿＿＿＿＿＿＿＿＿＿＿＿＿＿＿　　复核：＿＿＿＿＿＿＿＿＿＿＿＿＿＿

日期：＿＿＿＿＿＿＿＿＿＿＿＿＿＿＿　　日期：＿＿＿＿＿＿＿＿＿＿＿＿＿＿

月份	管理费用明细项目									
	合计									
1月										
2月										
3月										
⋮										
12月										
合计										
上期数										
变动额										
变动比例										

审计说明：

表4-19　　　　　　　　　　　　　管理费用截止测试表

被审计单位：_____　　索引号：_____

项目：_____　　财务报表截止日/期间：_____

编制：_____　　复核：_____

日期：_____　　日期：_____

记账日期	凭证编号	业务内容	对应科目	金额	是否跨期 是（　）否（　）
	截止日前				
	截止日期：20　年　月　日				
	截止日后				

审计说明：

表4-20　　　　　　　　　　　　　管理费用审定表

被审计单位：_____　　索引号：_____

项目：_____　　财务报表截止日/期间：_____

编制：_____　　复核：_____

日期：_____　　日期：_____

项目类别	本期 未审数	账项调整		本期 审定数	上期 审定数	索引号
		借方	贷方			
合计						

审计结论：

德技并修 ●●●

（一）

资料：下列各项为固定资产实质性程序：

（1）检查当年固定资产增加的有关文件；

（2）实地观察固定资产，并查明其产权的归属；

（3）查明有无以固定资产进行担保或抵押等情况；

（4）审查提取折旧的方法是否适当。

问题：

（1）请指出上述固定资产实质性程序所涉及的管理层认定。

（2）从科学严谨和审计风险防范的角度来说，固定资产增加审计中应体现什么样的工匠精神？

（3）审计人员在实地观察固定资产及检查产权归属时，如何保证诚信、独立、客观公正原则？

分析：

（1）上述固定资产实质性程序所涉及的管理层认定有：

① 检查当年固定资产增加的有关文件，涉及与期末账户余额相关的"存在"和"权利和义务"认定。

② 实地观察固定资产，并查明其产权的归属，涉及与期末账户余额相关的"存在"、"完整性"和"权利和义务"三项认定。

③ 查明有无以固定资产进行担保或抵押等情况，涉及与期末账户余额相关的"权利和义务"认定和与列报相关的"完整性"认定。

④ 审查提取折旧的方法是否适当，涉及与期末账户余额相关的"计价和分摊"认定。

（2）从科学严谨和审计风险防范的角度来说，固定资产增加审计中应体现的工匠精神有追求卓越的创造精神、精益求精的品质精神和用户至上的服务精神。在固定资产增加审计中，注册会计师要从人民、国家利益出发，对每一项固定资产增加的资金来源、途径、权属的合法性、真实性，专注而准确地进行资料的审查、核对、计算、分析，在方法上要根据不同被审计单位的特点进行有效的创新；并对新增固定资产的使用、折旧、维护等的合理性、合规性和真实性进行严格的专业审查。

（3）审计人员在实地观察固定资产和确认产权时，应当始终坚持实事求是的精神和独立性，切勿受限于管理层的口头证据，甚至迫于压力而左右摇摆，应当在取得充分、适当的审计证据时，客观地得出恰当的结论。

（二）

资料：注册会计师王越于某年3月5日对大华电器公司的财务报表进行审计时，决定对某些应付账款进行函证。表4-21列出了拟作函证对象的供应商的有关情况。

表4-21　　　　　　　　　　　　　供应商的有关情况　　　　　　　　　　　　　单位：万元

供应商名称	年末余额	本年度发生额
甲	1	25
乙	15	1
丙	2	2
丁	8	98

问题：

（1）注册会计师从上列供应商中，应选择哪两个供应商作为应付账款的函证对象？说明理由。

（2）请用唯物辩证法联系和发展的观念谈谈应付账款函证的意义。

分析：

（1）注册会计师应选择甲供应商和丁供应商作为应付账款的函证对象。这是因为应付账款函证的主要目的在于查实有无未入账的应付账款，而不是验证具有较大年末余额的应付账款。本年度大华电器公司从甲、丁供应商采购了大量商品，漏计负债的可能更大，故应选择两者作为函证对象。

（2）从唯物辩证法联系和发展的观念来看，被审计单位的应付账款从表面来看是购货赊欠的款项，实质上是两家企业之间的交易，而交易的目的决定了该项交易的合法性、真实性，也将影响被审计单位财务报表的合法性、公允性和真实性。因此注册会计师在审计应付账款的时候，一定要从事物的相互联系与发展的角度设计、实施函证程序，以便证实被审计单位应付账款的合法性和真实性，及不存在利用应付账款进行利润调节、税收偷逃等行为。

【动脑筋 4-1】为什么说一般情况下应付账款不需要函证？

（三）

资料：20×5 年 1 月 10 日，注册会计师章建波等人在审计郑州市皇家服装公司20×4年管理费用时发现以下经济业务存在疑问：

（1）经济业务 1。原始凭证见表 4-22 至表 4-25。

表4-22

记账凭证

20×4 年 10 月 14 日　　　　　　　　　　　　　　　　　现付字第 8 号

摘要	会计科目		借方金额		贷方金额		记账√
	总账科目	明细账科目	千 百 十 万 千 百 十 元 角 分		千 百 十 万 千 百 十 元 角 分		
维修费	管理费用	其他	9 6 8 0 0				
	库存现金				9 6 8 0 0		
附件3张	合计		¥ 9 6 8 0 0		¥ 9 6 8 0 0		

会计主管　　　　记账　　　　　出纳　　　　　审核　　　　　制证　张菲

表4-23

现金支出凭单

20×4 年 10 月 14 日　　　　　　　　　　　　　　　　　第 10 号

付给　　三车间马明

　　　　修理剪裁机　　　　　　　　　　　　　　　　　　　款

计人民币（大写）玖佰陆拾捌元整　　　　　（小写）¥968.00
　　　　　　　　　　　　　　　　　　　　　现金付讫

收款人（盖章）马明

审批人　　　　主管会计　　　　记账员　　　　出纳员　刘君

表4-24

费用报销单

填报日期20×4年10月14日

部门	三车间	姓名	马明
报销事由	修理剪裁机		
报销单据 1 张 合计金额（大写）玖佰陆拾捌元整		（小写）￥968.00	
单位主管	韩冬	部门主管	宋健

会计主管　张燕　　　　审核　　　　　　出纳　刘君　　　　填报人　马明

表4-25

河南增值税专用发票

No.80021002

340002115　　　　　　　　　发票联　　　　　开票日期 20×4年10月14日

第三联：发票联 购买方记账凭证

购买方	名　　　称：郑州市皇家服装公司 纳税人识别号：430232144185803 地址、电话：郑州中山路350号 0371-86473237 开户行及账号：建行中山路支行 8451200167006	密码区	3/1<+<<389780-889a*024- 88908+<-5064788972<0*78863 873_+223_213210230011120 -5-1<36>>3+66554453>>3>

货物或应税劳务、服务名称	规格型号	单位	数量	单价	金额	税率	税额
修理剪裁机					856.64	13%	111.36
合计					￥856.64		￥111.36
价税合计（大写）	⊗玖佰陆拾捌元整					（小写）￥968.00	

销售方	名　　　称：郑州久运设备修理公司 纳税人识别号：4344723366823904 地址、电话：郑州二七路30号 0371-89034387 开户行及账号：中行二七办 8300100112005	备注

收款人：韩春雨　　　复核：王飞同　　　开票人：成飞　　　销售方：（章）

（2）经济业务2。原始凭证见表4-26至表4-28。

表4-26

记账凭证

20×4年12月28日　　　　　　　　　　　　　　转字第84号

摘要	会计科目		借方金额									贷方金额									记账√
	总账科目	明细账科目	千	百	十	万	千	百	十	元	角	分	千	百	十	万	千	百	十	元	角	分	
领用劳保用品	管理费用	劳保费				7	0	4	5	0	0											
	原材料	劳动保护品														7	0	4	5	0	0	
附件2张	合计				￥	7	0	4	5	0	0				￥	7	0	4	5	0	0	

会计主管　　　　记账　　　　　出纳　　　　　审核　　　　制证　张菲

表4-27

领 料 单

(三联式)

领料部门　一车间

用途　一般耗用　　　　　　　　20×4年12月27日

材　　料			单位	数　量		单价	成　　本						
编号	名称	规格		请领	实发		总　价						
							万	千	百	十	元	角	分
	手套		双	30	30	4.50			1	3	5	0	0
	工作服		套	15	15	128.00		1	9	2	0	0	0
	肥皂		块	90	90	4.50			4	0	5	0	0
	毛巾		条	60	60	5.00			3	0	0	0	0
	合计							2	7	6	0	0	0

会计：　　　记账：　　　保管：　　　发料：张君　　　领料：李华

表4-28

领 料 单

(三联式)

领料部门　公司办公室

用途　义务劳动　　　　　　　　20×4年12月27日

材　　料			单位	数　量		单价	成　　本						
编号	名称	规格		请领	实发		总　价						
							万	千	百	十	元	角	分
	防护套		双	50	50	4.50			2	2	5	0	0
	工作服		套	20	20	190.50		3	8	1	0	0	0
	毛巾		条	50	50	5.00			2	5	0	0	0
	合计							4	2	8	5	0	0

会计：　　　记账：　　　保管：　　　发料：张君　　　领料：黄海

注册会计师章建波通过询问得知，公司办公室所领用的劳动用品为公司中层干部20×4年12月义务劳动所用的特制工作服。

问题：

（1）请指出上述业务存在的问题，并提出处理意见。

（2）请用工匠精神谈谈管理费用审计中记账凭证抽查的意义。

"万福生科"
财务造假案例

分析：

（1）修理剪裁机对于服装公司而言，应计入制造费用，并结转至相应的产品生产成本中，由于相关产品已于20×4年全部销售完，对利润表的影响与计入管理费用相同，

因此不作为审计差异进行处理；中层干部以参加义务劳动为由违规发放劳动用品，虚增了成本费用，对利润有虚减的影响，属于性质问题，应进行审计调整。

（2）管理费用是企业为管理生产经营而发生的支出，每个月都会发生的日常支出有薪酬、水电费、通信费、交通费等，金额不大，但是频繁发生。一个金额的小小变化，就会给企业财务报表带来性质上的改变，因此，注册会计师要以小窥大，对管理费用的记账凭证进行科学的、认真的抽查，秉承工匠之心核对记账凭证、原始凭证、实物和相关文件，以确认被审计单位是否存在不合法、不合理、不公允的管理费用支出，尤其是一些日常、非大额但频繁发生的支出。

典型工作任务实训

一、实训要求

1.阅读并熟悉实训资料。

2.在教师指导下，根据实训资料填写"固定资产、累计折旧及减值准备明细表""固定资产增加检查表""固定资产减少检查表""固定资产审定表"等审计工作底稿。

3.在教师指导下，完成"固定资产、累计折旧及减值准备明细表""固定资产增加检查表""固定资产减少检查表""固定资产审定表"的编写。

4.在教师指导下，进行审计差异调整分录的编制。

二、实训条件

1.实训环境：上课教室或审计实训室。

2.实训材料：固定资产、累计折旧及减值准备明细表，固定资产增加检查表，固定资产减少检查表，固定资产审定表。

3.实训学时：2～4学时。

4.实训操作：首先由教师引导学生阅读、熟悉实训资料和审计工作底稿，然后由学生自主编写、讨论、总结，教师现场指导，最后由教师讲解答案、分析问题。

5.实训方式：可采用小组手工实训方式、单人手工实训方式。

三、实训资料

云逸会计师事务所于20×5年2月17日接受远大公司董事会委托，对远大公司20×4年度财务报表审计。远大公司为生产、加工、销售机床的企业。在审计计划中确定的固定资产项目的重要性水平为40万元。该公司适用的所得税税率为25%，法定盈余公积计提比例为10%，任意盈余公积计提比例为5%，增值税税率为13%。注册会计师张平负责对该公司固定资产、累计折旧进行审计。张平在对固定资产、累计折旧进行实质性测试过程中实施了审计程序，了解到如下情况：

（一）20×4年固定资产增加情况

20×4年增加了下列固定资产：

（1）3月28日转字98#记账凭证标明自建办公用房一栋，工程成本10 000 000元，达到预定可使用状态，转为固定资产。

（2）4月5日转字132#记账凭证标明自建营业用房一栋，工程成本1 800 000元，达到预定可使用状态，转为固定资产。

（3）4月18日转字15#记账凭证标明自建生产车间，工程成本980 000元，达到预定可使用状态，转为固定资产。

（4）7月10日银付字120#记账凭证标明外购办公设备空调10台，每台原值3 500元，增值税455元。

（5）9月26日银付字113#记账凭证标明购入运输用卡车2辆，每辆400 000元，增值税52 000元，当月投入使用。

（6）10月9日转字80#记账凭证标明改建工程完工，办理竣工决算达到了预定可使用状态，结转工程成本600 000元。

（7）12月30日银付字72#记账凭证标明外购轿车1辆200 000元，增值税26 000元。轿车用于公司行政办公。

张平对上述增加的固定资产进行了详细检查、核对，发现以下问题：

（1）在本年度新增的固定资产中，10月9日转字80#记账凭证标明改建工程完工，实属管理用办公楼装修装潢的费用支出结转，计入了固定资产的价值（装修的间隔期为3年，当时确认的固定资产的折旧年限为3年）。

（2）前述自建办公用房所用工程款列示如下：20×3年1月1日借入专门借款2 000万元，借款期3年，年利率6%。20×3年7月1日，又借入专门借款4 000万元，借款期5年，年利率7%。闲置资金全部用于投资，月收益率为0.5%。

20×3年1月1日，工程正式动工，采用出包方式，工期预计1年零6个月，工程款支付情况如下：20×3年1月1日支付1 500万元；20×3年7月1日支付2 500万元；20×4年1月1日支付1 500万元。办公用房于20×4年6月30日完工。

（二）20×4年固定资产减少情况

在审查减少的固定资产时，张平发现该公司本期减少固定资产2项：

（1）报废运输卡车1辆，原值160 000元，累计折旧140 000元，公司对这辆报废卡车的处理为：

借：固定资产清理　　　　　　　　　　　　　　　　　　　　　20 000
　　累计折旧　　　　　　　　　　　　　　　　　　　　　　　140 000
　　　贷：固定资产　　　　　　　　　　　　　　　　　　　　　　　　160 000
借：营业外支出　　　　　　　　　　　　　　　　　　　　　　　20 000
　　　贷：固定资产清理　　　　　　　　　　　　　　　　　　　　　　　20 000

（2）报废办公设备一台，原值50 000元，累计折旧18 000元，公司会计处理为：

借：固定资产清理　　　　　　　　　　　　　　　　　　　　　32 000
　　累计折旧　　　　　　　　　　　　　　　　　　　　　　　18 000

　　　　贷：固定资产　　　　　　　　　　　　　　　　　　　　　　　　　50 000
　　借：营业外支出——非常损失　　　　　　　　　　　　　　　32 000
　　　　贷：固定资产清理　　　　　　　　　　　　　　　　　　　　　　　32 000

随后，张平又调阅了该公司该项固定资产卡片，发现该设备才使用2年，且无任何大修记录，同时询问了相关资产管理人员和财会人员，方知该设备并未报废，实为出售，取得收入40 000元。但账上并无出售收入的处理。（不考虑相关税费）

（三）20×4年固定资产折旧计提情况

在审计过程中，张平发现以下问题：

（1）办公设备只计提了4—10月份的折旧，其他月份未计提，从而少提了5个月的折旧250 000元；

（2）"已提足折旧继续使用的固定资产"本期计提了折旧150 000元。

同步训练

一、单项选择题

1.注册会计师在查找未入账的应付账款时，主要应审查的是（　　）。

　　A.验收报告　　　　B.提货单　　　　C.购货发票　　　　D.未支付账单

2.如果应付账款所属明细科目出现借方余额，注册会计师应提请被审计单位在资产负债表的（　　）项目列示。

　　A.应收账款　　　　B.应付账款　　　　C.预收款项　　　　D.预付款项

3.在审查固定资产增加项目时，对于接受捐赠的固定资产，注册会计师应审查其是否（　　）。

　　　　A.已按评估价值入账　　　　　　　　B.按捐出单位账面净值入账

　　　　C.已按同类资产的市场价格入账　　　D.已按重置完全价值入账

4.注册会计师取得并验算固定资产及累计折旧分类汇总表所针对的管理层认定是（　　）认定。

　　　　A.存在或发生　　　B.完整性　　　　C.计价和分摊　　　D.列报

5.固定资产审计目标一般不包括（　　）。

　　　　A.固定资产是否存在

　　　　B.固定资产是否归被审计单位所有

　　　　C.固定资产的计价和折旧政策是否恰当及预算是否合理

　　　　D.固定资产的期末余额是否正确

6.如果被审计单位为上市公司，那么在财务报表附注中需要披露的关于应付账款的事项不包括（　　）。

　　　　A.被审计单位所有应付账款的债权人

　　　　B.有无欠持有5%以上（含5%）表决权股份的股东账款

　　　　C.账龄超过3年的大额应付账款未偿还的原因

D.在期后事项中反映资产负债表日后是否偿还账龄超过3年的大额应付账款

7.审计人员在审查应付账款时，发现应付某公司账款210万元，账龄已有2年。但通过审阅凭证、询问有关人员，均未能取得证据来证实该项应付账款的存在。审计人员要做的是（　　　）。

A.得出账实不符结论 B.核对账表

C.函证债权人 D.直接调整账项

8.为了证实被审计单位应付账款期末余额的真实性，审计人员应实施的审计程序是（　　　）。

A.检查订购单是否连续编号

B.计算当年应付账款占流动负债的比率，并与上年相比较

C.抽查应付账款明细账并追查至相关的原始凭证

D.抽查请购单是否经过适当审批

9.为了验证固定资产的所有权，审计人员应当实施的审计程序是（　　　）。

A.对固定资产进行监盘

B.检查固定资产购买合同、发票和产权证明等文件

C.检查固定资产入账价值是否正确

D.检查固定资产计提折旧的范围是否符合规定

10.下列各项审计程序中，注册会计师最有可能证实应付账款存在的是（　　　）。

A.从应付账款明细账追查至购货合同、购货发票和入库单等

B.检查采购文件以确定是否使用预先连续编号的订购单

C.抽取购货合同、购货发票等，追查至应付账款明细账

D.向供应商函证零余额的应付账款

二、多项选择题

1.应付账款一般不需要函证，注册会计师需要实施函证程序的情况有（　　　）。

A.应付账款存在借方余额 B.控制风险较高

C.某应付账款账户的金额较大 D.被审计单位处于经济困难阶段

2.注册会计师应获取、汇集不同的证据以确定固定资产是否确实归被审计单位所有，对于房地产类固定资产，需要查阅的文件有（　　　）。

A.合同、产权证明 B.财产税单

C.抵押贷款的还款凭证 D.保险单

3.审查折旧的计提和分配应注意的有（　　　）。

A.计算复核本期折旧费用的计提是否正确

B.检查折旧费用的分配是否合理

C.注意固定资产增减变动时，有关折旧的会计处理是否符合规定

D.是否在资产负债表上披露

4.注册会计师对某公司购货与付款循环进行审计。下列各项为该公司往来明细账户年末余额及本年度进货总额，注册会计师应进行函证的有（　　　）。

A.378 000元，589 700元 B.0，37 656 700元

C.86 000元，83 990元　　　　　　　　D.3 677 800元， 2 637 540元

5.下列各项审计程序中，可以找出未入账的应付账款的程序有（　　）。

　A.审查资产负债表日收到，但尚未处理的购货发票

　.B.审查资产负债表日已经入库，但未收到发票的商品的有关记录

　C.审查所有应付账款函证的回函

　D.审查资产负债表日后一段时间内的现金支票存根

6.在审查应付账款期末余额变动合理性时，审计人员可采用的分析程序有（　　）。

　A.将本期各主要应付账款账户余额与上期余额进行比较

　B.检查应付账款明细表上有无贷方余额

　C.计算本期获得的现金折扣占采购金额的比率，并与前期相比较

　D.计算并对比分析应付账款占当年流动负债的比率

7.审计人员运用抽样方法对应付款项期末余额的真实性进行核实，决定样本量大小的因素有（　　）。

　A.应付款项的付款条件　　　　　　　　B.应付款项的重要性

　C.以前年度的审计结果　　　　　　　　D.应付款项的明细账户数量

8.下列各项中，应作为固定资产项目在财务报表中列报的有（　　）。

　A.经营租出的固定资产　　　　　　　　B.经营租入的固定资产

　C.存放在其他企业的固定资产　　　　　D.代其他企业管理的固定资产

9.审计人员在运用分析程序对固定资产折旧进行审查时，可以采用的方式有（　　）。

　A.将本期计提折旧额除以期末"固定资产减值准备"余额，并将该比例与上期比较

　B.将应计提折旧的固定资产乘以本期的折旧率，分析折旧计提的总体合理性

　C.计算本期计提折旧额占固定资产原值的比例，并与上期比较

　D.将成本费用中的折旧费用明细记录与"累计折旧"账户贷方的本期计提额比较

10.下列有关固定资产计提折旧的表述中，审计人员认为正确的有（　　）。

　A.闲置的固定资产不需计提折旧

　B.当月增加的固定资产当月不计提折旧

　C.当月减少的固定资产当月需计提折旧

　D.经营租出的固定资产不需计提折旧

三、判断题

1.应付账款应同应收账款一样必须实施函证，以验证其是否真实存在。　　　（　　）

2.应付账款均不需要函证，这是因为函证不能保证查出未记录的应付账款，况且注册会计师能够取得购货发票等外部凭证来证实应付账款的余额。　　　（　　）

3.注册会计师实地观察固定资产的重点应放在净值较高的固定资产上。　　　（　　）

4.将"本年计提折旧额÷固定资产总成本"同上年比较，旨在发现累计折旧核算的错误。　　　（　　）

5.即使某一应付账款明细账户年末余额为零，注册会计师仍然可以将其列为函证对象。　　　（　　）

6.请购单是证明有关采购交易的准确性认定的凭据之一，也是采购交易轨迹的

起点。 （　　）

7.由于企业内不少部门都可以填列请购单，所以请购单可能不是连续编号的。（　　）

8.从卖方发票追查到采购明细账，是为了证明采购交易的完整性认定。 （　　）

9.付款交易的控制测试的性质取决于内部控制的性质。 （　　）

10.如果内部控制情况较好，且非初次审计，可对重要的及本期新增的固定资产进行实地抽查。 （　　）

四、拓展实训

1.注册会计师20×5年2月9日对欣荣公司20×4年度财务报表进行审计，发现其固定资产购入业务有下列情况：

（1）20×4年3月购入不需要安装的设备一台，不含税价值为80 000元，另支付包装费300元（不含税），运输费700元（不含税），安装完毕当月投入使用，使用年限5年，假设无残值。其会计分录为：

借：固定资产 80 000

应交税费——应交增值税（进项税额） 10 400

贷：银行存款 90 400

借：管理费用 1 000

应交税费——应交增值税（进项税额） 90

贷：银行存款 1 090

（2）20×4年8月购入并投入使用电动机3台，计价56 500元（含税价），使用年限5年，假设无残值。直接计入当年制造费用，经到生产车间核对，并调阅原始凭证，证实所购物品确属在用固定资产。与该项目有关的产品均已出售（该公司固定资产采用平均年限法计提折旧）。

要求：

（1）根据上述资料，分析指出所查明的各个问题的性质。

（2）根据审计结果，分别编制调整分录。

2.20×5年1月，注册会计师审查了某公司20×4年12月基本生产车间设备计提折旧情况。在审阅固定资产明细账和制造费用明细账时，发现20×4年该公司固定资产折旧的如下记录：

（1）11月末该车间设备计提折旧额12 000元，年折旧率为6%。

（2）11月份购入设备一台，原值20 000元，已安装完工交付使用。

（3）11月份将原来未使用的一台设备投入车间使用，原值10 000元。

（4）11月份交外单位大修设备一台，原值50 000元。

（5）11月份对一台设备进行技术改造，当月交付使用，该设备原值为200 000元。技改支出50 000元，变价收入20 000元。

（6）12月份该车间设备计提折旧21 000元。

要求：假定该企业20×4年11月末计提折旧数正确，请判断该公司该年12月份计提折旧数是否正确。如不正确，请作出调整分录。

项目小结

本项目主要知识点和技能点归纳总结见表4-29。

表4-29 本项目主要知识点和技能点归纳总结

重点学习内容	主要知识点和技能点		
	主要业务活动	主要凭证	相关认定
涉及的主要业务活动和主要凭证	1.请购商品（或劳务）	请购单	发生
	2.编制订购单	订购单、已经批准的请购单	发生、完整性
	3.验收商品	验收单、订购单	存在、发生、完整性
	4.储存已验收的存货	验收单	存在
	5.编制付款凭单	付款凭单、请购单、订购单、验收单和卖方发票	存在、发生、完整性、权利和义务、计价和分摊
	6.确认与记录负债	卖方发票及相关凭证、应付凭单登记簿、转账凭证、付款凭证、应付账款明细账	发生、完整性、计价和分摊、权利和义务
	7.付款	付款凭单登记簿、支票、卖方月末对账单	权利和义务、发生、完整性、计价和分摊
	8.记录库存现金、银行存款支出	付款凭证、库存现金和银行存款日记账、应付账款明细账	权利和义务、发生、完整性、计价和分摊
关键内部控制	请购单签字批准，预先编号，商品采购与保管分离，核查请购单、订购单、卖方发票和验收单，并据以编制付款凭单；凭单经适当批准并预先编号，记录前执行必要的核查程序，定期盘点库存现金等		
	主要项目	审计依据	实质性程序	审计工作底稿
主要项目的实质性程序	固定资产	《企业会计准则第4号——固定资产》《企业会计准则第17号——借款费用》《企业会计准则第8号——资产减值》《企业会计准则第30号——财务报表列报》	获取或编制固定资产明细表，复核	固定资产审定表、固定资产累计折旧及减值损失明细表、固定资产增加/减少检查表、折旧计算表等
			执行分析程序	
			实地检查	
			检查所有权	
			检查固定资产的增加和减少	
			检查后续支出、租赁、借款费用的资本化、减值准备	
			检查固定资产的列报	
	应付账款	《企业会计准则——基本准则》《企业会计准则第30号——财务报表列报》	获取或编制应付账款明细表	应付账款明细表、应付账款审定表、应付账款函证结果汇总表等
			执行分析程序	
			函证（积极式、消极式；对象、范围）	
			检查是否有未入账的应付账款	
			检查列报是否正确	

注：表格中"实质性程序"列的内容跨越多行。

续表

重点学习内容	主要知识点和技能点			
	主要项目	审计依据	实质性程序	审计工作底稿
主要项目的 实质性程序	管理费用	《企业会计准则—— 基本准则》 《企业会计准则第30 号——财务报表列报》	获取或编制管理费 用明细表	管理费用明细表、管理费用截止 测试、管理费用审定表
			执行分析程序	
			检查明细项目	
			截止测试	
			检查列报是否正确	

拓展阅读

固定资产投
资审计典型
案例

中国注册
会计师职业
判断指南

审计工作的
社会主义核心
价值观内涵

项目五

生产与存货循环审计

【学习目标】 通过本项目的学习之后，你应该：

1. 了解生产与存货循环业务特性
2. 了解生产与存货循环审计目标与程序
3. 掌握生产与存货循环控制测试、实质性程序的操作步骤
4. 能按审计程序要求执行控制测试的基本操作
5. 能按审计程序要求执行实质性程序的基本操作
6. 能较熟练地将所搜集的审计证据记录于审计工作底稿

【素养目标】 能够以责任、忠诚、清廉、依法、独立、奉献为职业精神，以国计民生为出发点，执行生产与存货循环审计取证、判断、评价和报告

【思政点】 爱国 敬业 诚信 专注 创新 公正 法治 质量互变规律 事物的联系和发展 "五牛"精神 工匠精神

【知识点】 生产与存货业务特点与控制程序 生产与存货业务的主要凭证、记录与控制程序 存货、应付职工薪酬、主营业务成本等项目的实质性程序

【技能点】 执行控制测试和实质性程序 编制生产与存货循环审计常见工作底稿 编制生产与存货循环审计常见会计调整分录

思政引入

审计，请让"黑天鹅"走开

2014年10月30日晚间，上市公司獐子岛发布公告称，因北黄海遭到几十年一遇异常的冷水团，公司在2011年和部分2012年播撒的100多万亩即将进入收获期的虾夷扇贝绝收。受此影响，獐子岛前三季业绩"大变脸"，由预报盈利变为亏损约8亿元，全年预计大幅亏损。此公告一出，资本市场一片哗然："黑天鹅"又来了！

曾几何时，人们对会计造假炮制的"黑天鹅"千夫所指、大加挞伐，呼吁要痛下针砭、坚决根治。痛定思痛，人们不禁要问：审计师作为公众利益的"守夜人"和不吃皇粮的"经济警察"，你尽职了吗？你起到应有的作用了吗？审计失败的原因很多，如果站在自身的视角，抛去"高大上"的理由，从操作的层面对审计失败的原因进行反思，我们将会发现独立审计存在诸多本不应存在的问题。其中一点就是轻视对存货的监盘。

存货的监盘，是存货审计程序中一个极其重要的环节，对证明存货的真实性、完整性、公允性有重要意义。长期以来，审计实践中对这一环节相当忽视。很多审计师认为：监盘就是走个过场，跟着企业的人随便看一看，点个数。在做审计计划时，给监盘分配很少的时间，配备没有经验的新人。殊不知，存货监盘工作做起来既不容易，又蕴藏着极高的风险，尤其是在农业类的上市公司审计中。让我们看看在獐子岛扇贝绝收事件中，审计师有没有勤勉尽职。

獐子岛公司于2014年10月31日举办了投资者网上专项说明会。根据专项说明会上大华会计师事务所（以下简称"大华所"）提供的资料，大华所监盘日期为2014年10月18日、20日、25日，参与了3天。大华所对客户2011年海底牧场的抽盘面积只有757.9亩，而当年客户的底播面积为1 191 054亩，抽盘面积占底播面积的比例为0.000636；大华所对客户2012年海底牧场的抽盘面积只有740.49亩，客户当年的底播面积为295 750亩，抽盘面积占底播面积的比例仅为0.0025。依据不到千分之一的抽盘比例就同意客户核销了2011年底播的5.86亿元存货并计提了2.83亿元的存货跌价准备；依据不到千分之三的抽盘比例就同意獐子岛核销了2012年底播的1.48亿元存货。这种审计何其草率！

资料来源：李克亮. 审计，请让"黑天鹅"走开 [J]. 财会月刊，2015（13）.

【思考】

（1）存货监盘在会计和审计工作中的作用有何不同？

（2）2020年6月，中国证监会利用北斗卫星，对獐子岛的最终调查结果靴子落地，上市公司被处以顶格处罚。自2014年至今审计人员对獐子岛扇贝的盘点过程，体现了怎样的"五牛"精神和工匠精神？

任务一 生产与存货循环控制测试

知识精讲

一、生产与存货循环业务主要活动与控制程序

根据财务报表项目与业务循环的相关程度，生产与存货循环涉及的报表项目见表5-1。

表5-1 生产与存货循环涉及的报表项目

业务循环	资产负债表项目	利润表项目
生产与存货	存货、应付职工薪酬	营业成本

其中，存货包括：材料采购或在途物资、原材料、材料成本差异、库存商品、发出商品、商品进销差价、委托加工物资、委托代销商品、受托代销商品、周转材料、生产成本、制造费用、劳务成本、存货跌价准备等。

生产与存货循环涉及的内容主要是存货的管理及生产成本的计算等，包括制造产品品种和数量的生产计划，控制、保持存货水平以及与制造过程有关的交易和事项。该循环同其他业务循环的联系非常密切而独特，其风险、存在的控制及控制测试程序见表5-2。

表5-2 生产与存货循环的风险、存在的控制及控制测试程序

可能发生错报的环节	相关财务报表项目及认定	存在的内部控制（自动）	存在的内部控制（人工）	内部控制测试程序
发出原材料				
发出的原材料可能未正确记入相应产品的生产成本中	存货：准确性、计价和分摊 营业成本：准确性	领料单信息输入系统时须输入对应的生产任务单编号和所生产的产品代码，每月末系统自动归集生成材料成本明细表	生产主管每月末将其生产任务单及相关领料单存根联与材料成本明细表进行核对，调整差异并处理	检查生产主管核对材料成本明细表的记录，并询问其核对过程及结果
记录人工成本				
生产工人的人工成本可能未得到准确反映	存货：准确性、计价和分摊 营业成本：准确性	所有员工有专属员工代码和部门代码，员工的考勤记录记入相应员工代码	人事部每月编制工资费用分配表，按员工所属部门将工资费用分配至生产成本、制造费用、管理费用和销售费用，经财务经理复核后入账	检查系统中员工的部门代码设置是否与其实际职责相符。询问并检查财务经理复核工资费用分配表的过程和记录

续表

可能发生错报的环节	相关财务报表项目及认定	存在的内部控制（自动）	存在的内部控制（人工）	内部控制测试程序
记录制造费用				
发生的制造费用可能没有得到完整归集	存货：准确性、计价和分摊、完整性 营业成本：准确性、完整性	系统根据输入的成本和费用代码自动识别制造费用并进行归集	成本会计每月复核系统生成的制造费用明细表并调查异常波动。必要时由财务经理批准进行调整	检查系统的自动归集设置是否符合有关成本和费用的性质，是否合理。询问并检查成本会计复核制造费用明细表的过程和记录，检查财务经理对调整制造费用的分录的批准记录
计算产品成本				
生产成本和制造费用在不同产品之间、在产品和产成品之间的分配可能不正确	存货：准确性、计价和分摊 营业成本：准确性		成本会计执行产品成本核算日常成本核算，财务经理每月末审核产品成本计算表及相关资料（原材料成本核算表、工资费用分配表、制造费用分配表等），并调查异常项目	询问财务经理如何执行复核及调查。选取产品成本计算表及相关资料，检查财务经理的复核记录
产成品入库				
已完工产品的生产成本可能没有转移到产成品中	存货：准确性、计价和分摊	系统根据当月输入的产成品入库单和出库单信息自动生成产成品收（入库）发（出库）存（余额）报表	成本会计将产成品收发存报表中的产品入库数量与当月成本计算表中结转的产成品成本对应的数量进行核对	询问和检查成本会计将产成品收发存报表与成本计算表进行核对的过程和记录
发出产成品				
销售发出的产成品的成本可能没有准确转入营业成本	存货：准确性、计价和分摊 营业成本：准确性	系统根据确认的营业收入所对应的售出产品自动结转营业成本	财务经理和总经理每月对毛利率进行比较分析，对异常波动进行调查和处理	检查系统设置的自动结转功能是否正常运行，成本结转方式是否符合公司成本核算政策。询问和检查财务经理和总经理进行毛利率分析的过程和记录，并对异常波动的调查和处理结果进行核实

续表

可能发生错报的环节	相关财务报表项目及认定	存在的内部控制（自动）	存在的内部控制（人工）	内部控制测试程序
盘点存货				
存货可能被盗或因材料领用/产品销售未入账而出现账实不符	存货：存在		仓库保管员每月末盘点存货并与仓库台账核对并调节一致；成本会计监督其盘点与核对，并抽查部分存货进行复盘。每年末盘点所有存货，并根据盘点结果分析盘盈盘亏并进行账面调整	
计提存货跌价准备				
可能存在残冷背次的存货，影响存货的价值	存货：准确性、计价和分摊资产减值损失：完整性	系统根据存货入库日期自动统计货龄，每月末生成存货货龄分析表	财务部门根据系统生成的存货货龄分析表，结合生产和仓储部门上报的存货损毁情况及存货盘点中对存货状况的检查结果，计提存货跌价准备，报总经理审核批准后入账	询问财务经理识别减值风险并确定减值准备的过程，检查总经理的复核批准记录

在上述控制测试中，如果人工控制在执行时依赖于信息系统生成的报告，注册会计师还应当针对系统生成报告的准确性执行测试。例如，与计提存货跌价准备相关的管理层控制中使用了系统生成的存货货龄分析表，其准确性影响管理层控制的有效性，因此，注册会计师需要同时测试存货货龄分析表的准确性。

二、评估重大错报风险

注册会计师应当清楚地了解被审计单位管理层管理生产与存货交易的关键因素和关键业绩指标，因为这些将为识别潜在的重大错报风险提供线索。当生产流程得到良好控制时，注册会计师可能将重大错报风险评估为中或低水平，并且，可以了解不同级别的管理层收到的例外报告的类型、实施的不同的监督活动，以及是否有证据表明所选取的控制的设计和运行是适当的，是否能够保证管理层采取及时有效的措施来识别错误并处理舞弊。

以制造业企业为例，影响生产与存货交易和余额的重大错报风险还可能包括：

（1）交易的数量和复杂性。制造业企业交易的数量庞大，业务复杂，这就增加了错误和舞弊的风险。

（2）成本基础的复杂性。制造业企业的成本基础是复杂的。虽然原材料和直接人工等直接费用的分配比较简单，但间接费用的分配可能较为复杂，并且，同一行业中的不同企业也可能采用不同的认定和计量基础。

（3）产品的多元化。这可能要求聘请专家来验证其质量、状况或价值。另外，计算库存存货数量的方法也可能是不同的。例如，计量煤堆、筒仓里的谷物或糖、钻石或者其他贵重的宝石、化工品和药剂产品的存储量的方法都可能不一样。

（4）某些存货项目的可变现净值难以确定。例如，价格受全球经济供求关系影响的存货，由于其可变现净值难以确定，会影响存货采购价格和销售价格的确定，并将影响注册会计师对与存货计价认定有关的风险进行的评估。

（5）将存货存放在很多地点。大型企业可能将存货存放在很多地点，并且可以在不同的地点之间配送存货，这将增加商品途中毁损或遗失的风险，或者导致存货在两个地点被重复列示，也可能产生转移定价的错误或舞弊。

（6）寄存的存货。有时候存货虽然还存放在企业，但可能已经不归企业所有了。反之，企业的存货也可能被寄存在其他企业。

由于存货与企业各项经营活动的紧密联系，存货的重大错报风险往往与财务报表其他项目的重大错报风险紧密相关。例如，收入确认的错报风险往往与存货的错报风险共存；采购交易的错报风险与存货的错报风险共存，存货成本核算的错报风险与营业成本的错报风险共存等。

综上所述，一般制造业企业的存货的重大错报风险通常包括：

（1）存货实物可能不存在（存在认定）；（2）属于被审计单位的存货可能未在账面反映（完整性认定）；（3）存货的所有权可能不属于被审计单位（权利和义务认定）；（4）存货的单位成本可能存在计算错误（准确性、计价和分摊认定）；（5）存货的账面价值可能无法实现，即存货跌价准备的计提可能不充分（准确性、计价和分摊认定）。

三、成本会计制度控制测试

生产与存货循环的控制测试包括以内部控制目标为起点的控制测试（见表5-2）和以风险为起点的控制测试。下面以内部控制目标为起点重点介绍成本会计制度控制测试与工薪内部控制测试。

成本会计制度控制测试包括四项内容：直接材料成本测试、直接人工成本测试、制造费用测试和生产成本在当期完工产品和在产品之间分配的测试。

（一）直接材料成本测试

直接材料成本测试涉及三个因素：消耗量、单价、总成本。围绕这三个因素审查其正确性与合理性即可。

1.定额单耗的直接材料成本测试

对采用定额单耗的企业，可选择某一成本报告期若干种具有代表性的产品成本计算单；获取样本的生产指令或产量统计记录及直接材料单位消耗定额，根据材料明细账或采购业务测试工作底稿中各该直接材料的单位实际成本，计算直接材料的总消耗量和总成本；与该样本的成本计算单中直接材料成本核对，并注意下列事项：生产指令是否经过授权批准；单位消耗定额和材料成本计价方法是否适当，在当年度有何重大变更。

2.非定额单耗的直接材料成本测试

对未采用定额单耗的企业，可获取材料费用分配汇总表、材料发出汇总表（或领料单）、材料明细账（或采购业务测试工作底稿）中各该直接材料的单位成本，作如下检查：成本计算单中直接材料成本与材料费用分配汇总表中该产品负担的直接材料费用是否相符，分配的标准是否合理；将抽取的材料发出汇总表或领料单中若干种直接材料的发出总量和各该种材料的实际单位成本之积，与材料费用分配汇总表中各该种材料费用进行比较，并注意领料单的签发是否经过授权批准；材料发出汇总表是否经过适当人员复核，材料单位成本计价方法是否适当；在当年度有何重大变更等。

3.标准成本法的直接材料成本测试

对采用标准成本法的企业，获取样本的生产指令或产量统计记录、直接材料单位标准用量、直接材料标准单价及发出材料汇总表或领料单，检查下列事项：根据生产量、直接材料单位标准用量和标准单价计算的标准成本与成本计算单中的直接材料成本是否相符；直接材料成本差异的计算与账务处理是否正确，并注意直接材料的标准成本在当年度有何重大变更。

（二）直接人工成本测试

直接人工成本测试涉及三个因素：耗用工时（或计件量）、工薪率（工薪标准）、总成本。围绕这三个因素审查其正确性与合理性即可。

1.计时工薪制的直接人工成本测试

对于采用计时工薪制的企业，获取样本的实际工时统计记录、职员分类表和职员工薪手册（工薪率）及人工费用分配汇总表，作如下检查：成本计算单中直接人工成本与人工费用分配汇总表中该样本的直接人工费用核对是否相符；样本的实际工时统计记录与人工费用分配汇总表中该样本的实际工时核对是否相符；抽取生产部门若干天的工时台账与实际工时统计记录核对是否相符；当没有实际工时统计记录时，则可根据职员分类表及职员工薪手册中的工薪率，计算复核人工费用分配汇总表中该样本的直接人工费用是否合理。

2.计件工薪制的直接人工成本测试

对于采用计件工薪制的企业，获取样本的产量统计报告、个人（小组）产量记录和经批准的单位工薪标准或计件工薪制度，检查下列事项：根据样本的统计产量和单位工薪标准计算的人工费用与成本计算单中直接人工成本核对是否相符；抽取若干直接工人（小组）的产量记录，检查是否被汇总计入产量统计报告。

3.标准成本法的直接人工成本测试

对于采用标准成本法的企业，获取样本的生产指令或产量统计报告、工时统计报告和经批准的单位标准工时、标准工时工薪率、直接人工的工薪汇总表等资料，检查下列事项：根据产量和单位标准工时计算的标准工时总量与标准工时工薪率之积同成本计算单中直接人工成本核对是否相符；直接人工成本差异的计算与账务处理是否正确；并注意直接人工的标准成本在当年度有何重大变更。

（三）制造费用测试

1.获取样本的制造费用分配汇总表、按项目分列的制造费用明细账、与制造费用分配标准有关的统计报告及相关原始记录，检查下列事项：在制造费用分配汇总表中，样本分摊的制造费用与成本计算单中的制造费用核对是否相符。

2.制造费用分配汇总表中的合计数与样本所属成本报告期的制造费用明细账总计数核对是否相符。

3.制造费用分配汇总表选择的分配标准（机器工时数、直接人工工薪、直接人工工时数、产量等）与相关的统计报告或原始记录核对是否相符，并对费用分配标准的合理性作出评估。

4.制造费用分配与账务处理适当性检查。①如果企业采用预计费用分配率分配制造费用，则应针对制造费用分配过多或过少的差额，检查其是否做了适当的账务处理；②如果企业采用标准成本法，则应检查样本中标准制造费用的确定是否合理，计入成本计算单的数额是否正确，制造费用差异的计算与账务处理是否正确，并注意标准制造费用在当年度有何重大变更。

（四）生产成本在当期完工产品与在产品之间分配的测试

1.检查成本计算单中的产品数量与生产统计报告或在产品盘存表中的数量是否一致。

2.检查在产品约当产量计算或其他分配标准是否合理。

3.计算复核样本的总成本和单位成本，最终对当期采用的成本会计制度作出评价。

德技并修

资料：东方家具公司是一家民营企业，年销售额在5 000万元左右，近年来该企业的业绩逐渐下滑、亏损严重，其内部管理混乱是根本原因，尤以存货管理的问题最为突出。在检查中发现，该企业产品的成本核算不准确，存货的采购、验收入库、领用、保管不规范，缺乏良好的内部控制，主要表现为：

（1）该企业材料的采购由总经理个人掌握。材料购入后因没有合同等相关资料，仓库保管员只能按实际收到材料的数量和品种入库；财务入账不及时，会计自己估价入账，发票往往几个月后甚至长达一年以上才收回，发票的数量和实际入库数量不进行核对，造成材料成本不准确，忽高忽低。

（2）期末仓库不进行盘点，账面存货与实物差异较大。

（3）材料领用没有建立规范的制度，车间在生产中随用随领；对超额领料缺少控制，多领不办理退库手续，生产线上残余料随处可见，随用随拿，浪费现象严重。

问题：

（1）请分析该企业存货管理的主要问题。

（2）存货审计不仅需要对存货的账簿记录进行审查，而且要对实物进行盘点、函证，为了确保审计结果的准确性，面对被审计单位恶劣的生产经营环境和复杂的存货特点，注册会计师需要发挥哪些五牛精神和工匠精神？

分析：

（1）①该企业基本没有存货内控制度，更谈不上机构设置和人员配备合理性问题，采购业务的决策缺少监督，不相容职务未严格分离。

②没有做到根据采购合同、发运单等对入库存货的质量、数量进行检查与验收，没有建立存货盘点制度。

③没有规范的材料领用和盘点制度，也没有定额管理制度，材料的消耗完全凭生产工人的自觉性。

④存货的确认、计量没有标准，完全凭会计人员的经验，直接导致企业的成本费用不实。

（2）为了确保审计结果的准确性，面对被审计单位恶劣的生产经营环境和存货特点，注册会计师要积极发挥聪明才智，利用现代科学技术，不断创新存货审计技术和方法，不畏艰难，对存货进行较为精准的盘点、计算。"横眉冷对千夫指，俯首甘为孺子牛""平生甘做拓荒牛，套耱拉犁从未休"，确保人民和国家利益的安全完整。

典型工作任务实训

一、实训要求

1.阅读并熟悉实训资料。

2.在教师指导下，根据实训资料编制内部控制调查问卷。

3.在教师指导下，指出资料中内部控制存在的缺陷，并提出改进意见。

4.在调查过程中，保持高度的责任心，坚持独立客观公正的职业精神。

二、实训条件

1.实训环境：上课教室或审计实训室。

2.实训材料：内部控制调查问卷（见表5-3）。

表5-3　　　　　　　　　　　　内部控制调查问卷

被审计单位：_____　索引号：_____

项目：_____　财务报表截止日/期间：_____

编制：_____　复核：_____

日期：_____　日期：_____

问题	结果			备注
	是	否	不适用	
1. 2. 3. ⋮				

3.实训学时：1～2学时。

4.实训操作：首先由教师引导学生阅读、熟悉实训资料和审计工作底稿，然后由学生自主编写、讨论、总结，教师现场指导，最后由教师讲解答案、分析问题。

5.实训方式：可采用小组手工实训方式、单人手工实训方式。

三、实训资料

注册会计师陈燕在对霓虹服装公司审计时进行了解和测试，并在相关的审计工作底稿中作了记录，现摘录如下：

（1）该公司的材料采购需要经授权批准后方可进行，采购部根据批准的请购单发出订购单。货物运达后，验收部根据订购单的要求验收货物，并编制一式多联的未连续编号的验收单。仓库根据验收单验收货物，在验收单签字后，将货物移入仓库加以保管。验收单上有数量、品名、单价等要素。验收单一联交采购部登记采购明细账和编制付款凭单，付款凭单经批准后，月末交会计部；一联交会计部登记材料明细账；一联由仓库保留并登记材料明细账。会计部根据只附验收单的付款凭单登记有关账簿。

（2）会计部月末审核付款凭单后，支付采购款项。该公司授权会计部的经理签署支票，经理将其授权给出纳负责，但保留了支票印章。出纳根据已批准的凭单，在确定支票收款人名称与凭单内容一致后签署支票，并在凭单上加盖"已支付"印章，并编制付款记账凭证。

（3）发生领料业务时，仓库根据领料单与车间和各行政部门用料计划进行核对，未超过计划部分会按领料单发料，如超过计划，则需重新申请，并由车间主任或部门经理、供应部门经理、公司副总经理审批、签名后发料。

（4）仓库每月月末根据领料单按部门进行汇总，编制原材料收支结存数量汇总表，交给材料会计计算单价和金额后，编制月原材料收支结存汇总表，并编制领料记账凭证。

同步训练

一、单项选择题

1.内部控制良好的公司，在收到商品时，应由负责验收人员将商品与（ ）仔细核对。

    A.供应商发运文件及订货单　　　　B.验收报告与供应商发运文件

    C.请购单及订货单　　　　　　　　D.验收报告与订货单

2.生产与存货循环有关交易的实质性程序不包括（ ）。

    A.成本会计制度的测试　　　　　　B.存货的监盘

    C.存货的计价测试　　　　　　　　D.分析程序的运用

3.仓库部门向生产部门发货依据于从生产部门收到的（ ）。

    A.领料单　　　　　B.发料单　　　　　C.验收单　　　　　　D.保管单

4.存货成本审计不应包括的审计内容是（　　）的审计。

　　A.制造费用　　　　　　　　　　B.主营业务成本

　　C.直接材料成本、人工成本　　　D.管理费用

5.生产与存货循环、销售与收款循环的直接联系发生在（　　）之时。

　　A.借记原材料，贷记应付账款

　　B.借记货币资金，贷记应收账款

　　C.借记主营业务成本，贷记库存商品

　　D.借记应付账款，贷记货币资金

6.下列关于发出产成品的说法中，不正确的是（　　）。

　　A.发运部门是一个独立的部门

　　B.装运产成品时必须持有经有关部门批准的发运通知单

　　C.从出库单查至明细账，可以证明发出产成品记录的完整性认定

　　D.从出库单查至明细账，可以证明发出产成品记录的发生认定

7.下列内部控制中，存在设计缺陷的是（　　）。

　　A.请购部门填制请购单　　　　　B.仓库部门编制发运凭证

　　C.生产计划部门填制生产通知单　D.会计部门填写生产成本明细账

8.如果被审计单位在接触存货时没有设置授权审批的内部控制措施，将导致存货下列认定出现重大错报风险的是（　　）。

　　A.存在　　　　B.完整性　　　　C.计价和分摊　　　D.权利和义务

9.注册会计师提出的以下与存货内部控制相关的观点中，你认同的是（　　）。

　　A.与采购相关的存货内部控制：请购单应当事先连续编号

　　B.与仓储相关的存货内部控制：接触存货实物须经管理层授权

　　C.与领用相关的存货内部控制：领料单应事先连续编号并定期清点

　　D.与加工相关的存货内部控制：使用生产指令和材料需求报告

10.如果将与存货相关的内部控制评估为高风险，那么注册会计师可能要实施的程序是（　　）。

　　A.扩大测试与存货相关的内部控制的范围

　　B.要求被审计单位在期末实施存货盘点

　　C.在期末前或后实施存货监盘程序，并测试盘点日至期末发生的存货交易

　　D.检查购货、生产、销售的记录和凭证，以确定期末存货余额

二、多项选择题

1.下列属于生产与存货循环内部控制测试主要内容的有（　　）测试。

　　A.成本会计制度　　　　　　　　B.实物流转程序系统

　　C.价值流转记录程序的控制　　　D.工薪内部控制

2.下列属于成本会计制度控制测试程序的有（　　）。

　　A.审核直接材料的数量及金额　　B.制造费用控制测试

　　C.审核直接人工工时和工资费用　D.复核生产费用的分配

3.存货是指企业在生产经营过程中为销售或耗用而储存的各种资产，主要

有（　　　）。

    A.产成品　　　　　B.半成品　　　　　C.原材料　　　　　D.包装物

4.下列各项属于生产与存货循环涉及的主要凭证与会计记录的有（　　　）。

    A.生产指令　　　　B.工时记录　　　　C.成本计算单　　　　D.销售发票

5.恒远会计师事务所接受甲公司（大型制造业企业）2021年财务报表审计业务委托，下列属于甲公司"影响生产与存货交易和余额的重大错报风险"的有（　　　）。

    A.交易的数量庞大，业务复杂，这就增加了错误和舞弊的风险

    B.可能存在产品的多元化

    C.某些存货项目的可变现净值可能难以确定

    D.大型企业可能将存货存放在很多地点，并且可以在不同的地点之间配送存货，这将增加商品途中毁损或遗失的风险

6.领料单通常一式三联，常用的用途有（　　　）。

    A.连同材料交给领料部门

    B.留在仓库登记材料明细账

    C.交会计部门进行材料收发核算和成本核算

    D.交验收部门用于检查材料是否合格

7.生产部门需要通过（　　　）来决定生产授权。

    A.客户订购单　　　　　　　　B.管理费用预算

    C.财务费用预算　　　　　　　D.销售预测和产品需求的分析

8.为确保成本以正确的金额在恰当的期间及时记录于适当的账户，被审计单位应实施的关键内部控制措施有（　　　）。

    A.采用适当的成本核算方法，前后各期一致

    B.采用适当的费用分配方法，前后各期一致

    C.采用适当的账务处理程序和成本核算程序

    D.由独立人员或内部审计人员进行内部核查

9.针对制造业企业，影响生产与存货交易和余额的重大错报风险的因素有（　　　）。

    A.产品品种繁多及数量、质量等确定方法繁杂

    B.成本分配复杂、计量基础多样

    C.受市场环境的影响，某些存货项目的可变现净值难以确定

    D.数量庞大，业务复杂

10.对于成本的完整性认定，注册会计师可以采取的控制测试程序有（　　　）。

    A.检查生产通知单的顺序编号是否完整

    B.对成本实施分析程序

    C.将制造费用分配表与成本明细账核对

    D.检查领料单的顺序编号是否完整

三、判断题

1.从总体上看，生产与存货循环的内部控制主要包括存货的内部控制、成本会计制度的内部控制及工薪的内部控制三项内容。　　　　　　　　　　　　　　（　　　）

2.存货价值流转记录主要由会计部门执行。 （　　）

3.通常情况下由销售部门确定并下达生产通知单。 （　　）

4.直接材料成本测试涉及三个因素：消耗量、单价、类型。 （　　）

5.被审计单位财务负责人认为本公司采用永续盘存制，因此可不必对存货采用实地盘点，注册会计师应接受这种意见。 （　　）

6.在满足职务分离的基本要求下，仓储部门职员除了履行保管存货的职责外，可以兼任存货处置的申请。 （　　）

7.被审计单位在内外部环境没有改变的情况下，如果营业成本异常增多，则会导致存货项目的存在认定存在重大错报。 （　　）

8.存货计价方法如果发生变更，应在财务报表附注中予以披露。 （　　）

9.被审计单位某产品某年度的毛利率与上年相比有所上升，则可能是该产品的销售价格与上年相比有所上升。 （　　）

10.如果与存货相关的内部控制评估为高风险，则注册会计师应该选择的最有效的程序是扩大测试与存货相关的内部控制的范围。 （　　）

任务二　生产与存货循环实质性程序

知识精讲

在完成控制测试之后，注册会计师基于控制测试的结果（即控制运行是否有效），首先确定从控制测试中已获得的审计证据及其保证程度，然后确定是否需要对具体审计计划中设计的实质性程序的性质、时间安排和范围作出适当调整。例如，如果控制测试的结果表明内部控制未能有效运行，注册会计师需要从实质性程序中获取更多的相关审计证据，注册会计师可以修改实质性程序的性质，如采用细节测试而非实质性分析程序获取更多的外部证据等，或修改实质性审计程序的范围，如扩大样本规模。

在实务中，注册会计师通过计划阶段执行的风险评估程序，已经确定了已识别重大错报风险的相关认定。在下面的介绍中，我们从风险应对的具体审计目标和相关认定的角度出发，对实务中较为常见的针对存货和营业成本的实质性程序进行阐述。这些程序可以从一个或多个认定方面应对识别的重大错报风险。

一、存货的审计

（一）存货的审计目标

存货审计目标与财务报表认定的对应关系见表5-4。

表5-4   存货审计目标与财务报表认定的对应关系表

审计目标	财务报表认定					
	存在	完整性	权利和义务	计价和分摊	分类	列报
A.资产负债表中记录的存货是存在的	√					
B.所有应当记录的存货均已记录		√				
C.记录的存货由被审计单位拥有或控制			√			
D.存货以恰当的金额包括在财务报表中，与之相关的计价调整已恰当记录				√		
E.存货已按照企业会计准则的规定在财务报表中作出恰当列报					√	
F.存货已被恰当地汇总或分解且表述清楚，相关披露在适用的财务报告编制基础下是相关的、可理解的						√

对存货拟实施的主要审计程序及相关认定的关系见表5-5。

表5-5   对存货拟实施的主要审计程序及相关认定的关系

序号	对存货项目实施的主要程序	能够证明的认定
1	存货监盘	存在、完整性、权利和义务
2	期末存货计价测试	计价和分摊
3	存货成本分析程序、重新计算	计价和分摊
4	存货截止测试	存在、完整性
5	存货周转率分析	计价和分摊

【动脑筋5-1】导致存货审计复杂的主要原因是什么？

（二）存货的实质性程序

存货的审计目标与审计程序对应关系表见表5-6。

表5-6   存货的审计目标与审计程序对应关系表

审计目标	可供选择的审计程序
ABC	1.获取或编制存货明细表，复核加计是否正确，并与总账数、报表数及明细账合计数核对是否相符
C	2.取得存货核算方法说明
ABC	3.分析性复核：计算存货周转率，与上期进行比较或与其他同行业的企业进行比较
ABC	4.编制销售成本倒轧表，将存货发生额与销售成本进行核对
C	5.检查债务重组或非货币性资产交换中，涉及存货的会计处理是否正确

审计目标	可供选择的审计程序
ABCDE	6.对分类存货的数量、计价以及账务处理的查验见各个分项目（材料采购、原材料、周转材料等）查验底稿
F	7.检查存货是否已按照企业会计准则的规定在财务报表中作出恰当列报： （1）各类存货的期初和期末账面价值。 （2）确定发出存货成本所采用的方法。 （3）存货可变现净值的确定依据，存货跌价准备的计提方法，当期计提的存货跌价准备的金额，当期转回的存货跌价准备的金额，以及计提和转回的有关情况。 （4）用于担保的存货账面价值

正是由于存货对于企业的重要性、存货问题的复杂性以及存货与其他项目密切的关联度，注册会计师应对存货项目的审计给予特别的关注。相应地，要求实施存货项目审计的注册会计师应具备较高的专业素质和相关业务知识，分配较多的审计工时，运用多种有针对性的审计程序。

存货审计涉及数量和单价两个方面。针对存货数量的实质性程序主要是存货监盘。此外，还包括对第三方保管的存货实施函证等程序，对在途存货检查相关凭证和期后入库记录等。针对存货单价的实质性程序包括对购买和生产成本的审计程序和对存货可变现净值的审计程序。其中原材料成本的计量较为简单，通常通过对采购成本的审计进行测试；在产品和产成品的成本较为复杂，包括测试原材料成本、人工成本和制造费用的归集和分摊。

审计存货的另一个考虑就是其与采购、销售收入及销售成本间的相互关系，因为就存货认定取得的证据也同时为其对应项目的认定提供了证据。例如，通过存货监盘和对已收存货的截止测试取得的，与外购商品或原材料存货的完整性和存在认定相关的证据，自动为同一期间原材料和商品采购的完整性和发生认定提供了保证。类似地，销售收入的截止测试也为期末之前的销售成本已经从期末存货中扣除并正确计入销售成本提供了证据。

1.存货的分析程序

分析程序在生产与存货循环审计中占有重要地位。在生产与存货循环的分析性复核中，注册会计师通常运用的方法有简单比较法和比率比较法两种。

（1）简单比较法。

① 比较前后各期及本年度各个月份存货余额及其构成、存货成本差异率、生产成本总额及单位生产成本、直接材料成本、工资费用的发生额、制造费用、主营业务成本总额及单位销售成本等，以评价其总体合理性。

② 将存货余额与现有的订单、资产负债表日后各期的销售额和下一年度的销售额进行比较，以评估存货滞销和跌价的可能性。

③ 将存货跌价准备与本年度存货处置损失的金额相比较，判断被审计单位是否计提足额的跌价准备。

④ 将与关联企业发生存货交易的频率、规模、价格和账款结算条件，与非关联企业对比，判断被审计单位是否利用关联企业的存货交易虚构业务、调节利润。

（2）比率比较法。

① 存货周转率是用以衡量企业销售能力和存货是否积压的指标。其计算公式为：

$$存货周转率 =（主营业务成本 ÷ 平均存货）× 100\%$$

在利用存货周转率进行纵向比较或与其他同行企业进行横向比较时，要求存货计价持续一致。同时应结合对被审计单位的经营活动、供应商、贸易条件、行业惯例和行业现状的了解，确定存货周转率或周转天数的预期值。存货周转率的异常波动可能意味着被审计单位存在有意或无意地减少存货储备，存货管理或控制程序发生变动，存货成本项目或核算方法发生变动以及存货跌价准备计提基础或冲销政策发生变动等情况。

② 毛利率是反映企业盈利能力的主要指标，用以衡量成本控制及销售价格的变化。其计算公式为：

$$毛利率 =（主营业务收入 - 主营业务成本）÷ 主营业务收入 × 100\%$$

毛利率的异常变动可能意味着被审计单位存在销售价格、销售产品总体结构、单位产品成本发生变动等情况。

2.存货的监盘

存货监盘是指注册会计师现场观察被审计单位存货的盘点，并对已盘点的存货进行适当检查。除非出现无法实施存货监盘的特殊情况，注册会计师应当实施必要的替代程序，否则，在绝大多数情况下都必须亲自观察存货盘点过程，实施存货监盘程序。

存货监盘针对的主要是存货的存在认定、完整性认定以及权利和义务认定，注册会计师监盘存货的目的在于获取有关存货数量和状况的审计证据，以确定被审计单位记录的所有存货确实存在，已经反映了被审计单位拥有的全部存货，并属于被审计单位的合法财产。存货监盘作为存货审计的一项核心审计程序，通常可同时实现上述多项审计目标。

（1）存货监盘计划。注册会计师应当根据被审计单位存货的特点、盘存制度和存货内部控制的有效性等情况，在评价被审计单位存货盘点计划的基础上，编制存货监盘计划，对存货监盘作出合理安排。在编制存货监盘计划时，注册会计师应当实施下列审计程序：

① 了解存货的内容、性质、各存货项目的重要程度及存放场所；

② 了解与存货相关的内部控制；

③ 评估与存货相关的重大错报风险和重要性；

④ 查阅以前年度的存货监盘工作底稿；

⑤ 考虑实地查看存货的存放场所，特别是金额较大或性质特殊的存货；

⑥ 考虑是否需要利用专家的工作或其他注册会计师的工作；

⑦ 复核或与管理层讨论其存货盘点计划。

注册会计师应当根据被审计单位的存货盘存制度和相关内部控制的有效性，评价其盘点时间是否合理。如果认为被审计单位的存货盘点计划存在缺陷，注册会计师应当提请被审计单位调整。

存货监盘计划应当包括下列主要内容：

① 存货监盘的目标、范围及时间安排；

② 存货监盘的要点及关注事项；

③ 参加存货监盘人员的分工；

④ 检查存货的范围。

（2）存货监盘程序。在被审计单位盘点存货前，注册会计师应当观察盘点现场，确定应纳入盘点范围的存货是否已经适当整理和排列，并附有盘点标识，防止遗漏或重复盘点。对未纳入盘点范围的存货，注册会计师应当查明未纳入的原因。

【请注意】对所有权不属于被审计单位的存货，注册会计师应当取得其规格、数量等有关资料，并确定这些存货是否已分别存放、标明，且未被纳入盘点范围。

在盘点时，注册会计师应当观察管理层制定的盘点程序的执行情况，如被审计单位盘点人员是否遵守盘点计划并准确地记录存货的数量和状况。注册会计师应对已盘点的存货进行适当检查，将检查结果与被审计单位盘点记录相核对，并形成相应记录。

在检查已盘点的存货时，注册会计师应当从存货盘点记录中选取项目追查至存货实物，以测试盘点记录的准确性；注册会计师还应当从存货实物中选取项目追查至存货盘点记录，以测试存货盘点记录的完整性。如果检查时发现差异，注册会计师应当查明原因，及时提请被审计单位更正。如果差异较大，注册会计师应当扩大检查范围或提请被审计单位重新盘点。

注册会计师应当特别关注存货的状况和移动情况，观察被审计单位是否已经恰当区分所有毁损、陈旧、过时及残次的存货以及防止遗漏或重复盘点。

注册会计师应当获取盘点日前后存货收发及移动的凭证，检查库存记录与会计记录期末截止是否正确。如果存货盘点日不是资产负债表日，注册会计师还应当实施适当的审计程序，确定盘点日与资产负债表日之间存货的变动是否已作出正确的记录。

在被审计单位存货盘点结束前，注册会计师还应当实施下列审计程序：①再次观察盘点现场，以确定所有应纳入盘点范围的存货是否均已盘点；②取得并检查已填用、作废及未使用盘点表单的号码记录，确定其是否连续编号，查明已发放的表单是否均已收回，并与存货盘点的汇总记录进行核对。

【提示】注册会计师应当复核盘点结果汇总记录，评估其是否正确地反映了实际盘点结果。如果认为被审计单位的盘点方式及其结果无效，注册会计师应当提请被审计单位重新盘点。

【动脑筋 5-2】在存货监盘结束时，监盘人员将除作废的盘点表单以外的所有盘点表单的号码记录于监盘工作底稿。指出是否存在不当之处。如果存在，简要说明理由。

3.存货计价测试

存货监盘程序主要是对存货的数量进行测试。为验证财务报表上存货余额的真实性，还应当对存货的计价进行审计。存货计价测试包括两个方面：一是被审计单位所使用的存货单位成本是否正确；二是是否恰当计提了存货跌价准备。

在对存货的计价实施细节测试之前，注册会计师通常先要了解被审计单位本年度的存货计价方法与以前年度是否保持一致。如发生变化，应查明变化的理由是否合理，是否经过适当的审批。

存货计价测试表参见表5-7。

表5-7　　　　　　　　　　　　　　　存货计价测试表

被审计单位：_____　索引号：_____

项目：_____　财务报表截止日/期间：_____

编制：_____　复核：_____

日期：_____　日期：_____

品名及规格：

月份	增加			减少			结存		
	数量	单价	金额	数量	单价	金额	数量	单价	金额
期初数									
1月									
2月									
3月									
⋮									
11月									
12月									
合计									
计价方法：									
审计说明：									

注：本表适用于原材料、库存商品、发出商品等。

（1）样本的选择。计价审计的样本，应从存货数量已经盘点、单价和总金额已经计入存货汇总表的结存存货中选择。选择样本时应着重选择结存余额较大且价格变化比较频繁的项目，同时考虑所选样本的代表性。抽样方法一般采用分层抽样法，抽样规模应足以推断总体的情况。

（2）计价方法的确认。考虑被审计单位是否按企业会计准则的基本要求选择符合自身特点的方法。同时，还应对这种计价方法的合理性与一贯性予以关注，没有足够理由，计价方法在同一会计年度内不得变更。如果被审计单位当期计价方法发生变更，注册会计师要检查变更的理由、性质是否恰当，分析对当期损益的影响程度，并确定所需披露的有关财务信息。

（3）计价测试。进行计价测试时，注册会计师首先应对存货价格的组成内容予以审核。然后按照所了解的计价方法对所选择的存货样本进行计价测试。测试时，应尽量排除被审计单位已有计算程序和结果的影响，进行独立测试。测试结果出来后，应与被审计单位账面记录对比，编制对比分析表，分析形成差异的原因。如果差异过大，应扩大测试范围，并根据审计结果考虑是否应提出审计调整建议。

在存货计价审计中，由于被审计单位对期末存货采用成本与可变现净值孰低的方法计价，所以注册会计师应充分关注其对存货可变现净值的确定及存货跌价准备的计提。

若有长期挂账的存货，且金额较大，应了解库龄情况，并结合存货监盘等审计程序，查明原因，分析判断存货的真实性和计价的适当性，必要时应提请被审计单位计提存货跌价准备，形成查验记录。

4.存货截止测试

存货截止测试的关键是审查一笔采购存货交易的实物验收与相应会计记录的入账时间是否在同一会计期间。测试结果一般有三种情况：

（1）期末入账的发票附有的入库单的日期如果是期末之前的日期，则原材料肯定已经入库，并包括在期末实地盘点原材料的范围内；该情形说明截止测试正确。

（2）期末入账的发票附有的入库单的日期如果是下期期初的日期，则原材料不会列入年底实地盘点存货范围内；该情形会导致盘点存在差异，根据重要性原则决定是否要进行审计调整。

（3）如果仅有入库单而无期末购料发票，则应进一步审核每一入库单是否进行了暂估入库处理，并以暂估价记入当期的存货和负债账内，待下期期初以红字冲销。

如有异常情况且差异金额较大，应扩大测试样本的选取范围。必要时，应将样本范围扩大至期末之前若干日的入库单。

5.存货审计主要工作底稿

（1）存货实质性程序表见表5-4至表5-7，其中列示了存货的认定、审计目标、可供选择的审计程序之间的内在关系，可供注册会计师根据被审计单位的具体情况选择具有针对性的实质性程序。

微课：存货
审定表

（2）存货审定表见表5-8，属于存货的汇总类底稿，汇总了存货账面余额、存货跌价准备、存货账面价值未经审计的金额、审计调整的金额和审定的金额。

表5-8　　　　　　　　　　　　　　　存货审定表

被审计单位：＿＿＿＿＿＿＿＿＿＿　　索引号：＿＿＿＿＿＿＿＿＿＿

项目：＿＿＿＿＿＿＿＿＿＿　　　　　财务报表截止日/期间：＿＿＿＿＿＿＿＿＿＿

编制：＿＿＿＿＿＿＿＿＿＿　　　　　复核：＿＿＿＿＿＿＿＿＿＿

日期：＿＿＿＿＿＿＿＿＿＿　　　　　日期：＿＿＿＿＿＿＿＿＿＿

项目名称	期末未审数	账项调整		重分类调整		期末审定数	上期期末审定数	年度间变动率
		借方	贷方	借方	贷方			
一、存货账面余额								
在途物资								
原材料								
库存商品								
生产成本								
合计								
二、存货跌价准备								
在途物资								

续表

项目名称	期末未审数	账项调整		重分类调整		期末审定数	上期期末审定数	年度间变动率
		借方	贷方	借方	贷方			
原材料								
库存商品								
生产成本								
合 计								
三、存货账面价值								
在途物资								
原材料								
库存商品								
生产成本								
合 计								
审计结论:								

（3）存货明细表见表5-9，按存货类别列示了期初数、本期增加数、本期减少数和期末数等明细情况。

表5-9 存货明细表

被审计单位：＿＿＿＿＿＿＿＿＿＿＿ 索引号：＿＿＿＿＿＿＿＿＿＿＿

项目：＿＿＿＿＿＿＿＿＿＿＿＿＿ 财务报表截止日/期间：＿＿＿＿＿＿＿

编制：＿＿＿＿＿＿＿＿＿＿＿＿＿ 复核：＿＿＿＿＿＿＿＿＿＿＿＿＿

日期：＿＿＿＿＿＿＿＿＿＿＿＿＿ 日期：＿＿＿＿＿＿＿＿＿＿＿＿＿

存货类别	名称及规格	期初数	本期增加数	本期减少数	期末数	备注
审计说明:						

（4）存货计价测试表见表5-7，是注册会计师抽出样本按照企业的计价方法重新计算存货价格而形成的底稿。

（5）存货截止测试表（略），是注册会计师检查一笔采购存货交易的实物验收与相应会计记录的入账时间是否在同一会计期间而形成的底稿。

（6）存货监盘时，注册会计师首先执行询问程序形成存货盘点计划问卷（略），旨在帮助注册会计师了解和评价被审计单位存货盘点计划。在此基础上，抽点存货形成存货抽盘核对表（略），再编制存货监盘结果汇总表（略），最后形成存货监盘报告（略）。

二、应付职工薪酬审计

在一般企业中，职工薪酬费用在成本费用中所占比重较大。如果职工薪酬的计算错误，就会影响到成本费用和利润的正确性。所以，注册会计师应重视对职工薪酬业务的审计。职工薪酬业务的审计，主要涉及应付职工薪酬项目。

（一）应付职工薪酬审计目标

应付职工薪酬审计目标与财务报表认定的对应关系见表5-10。

表5-10　　　　　　　应付职工薪酬审计目标与财务报表认定的对应关系表

审计目标	财务报表认定					
	存在	完整性	权利和义务	计价和分摊	分类	列报
A.资产负债表中记录的应付职工薪酬是存在的	√					
B.所有应当记录的应付职工薪酬均已记录		√				
C.记录的应付职工薪酬是被审计单位应当履行的现时义务			√			
D.应付职工薪酬以恰当的金额包括在财务报表中，与之相关的计价调整已恰当记录				√		
E.应付职工薪酬已记录于恰当的账户					√	
F.应付职工薪酬已被恰当地汇总或分解且表述清楚，相关披露在适用的财务报告编制基础下是相关的、可理解的						√

（二）应付职工薪酬实质性程序

在应付职工薪酬审计中，注册会计师为了实现审计目标而实施的实质性程序见表5-11。

表5-11   应付职工薪酬与审计程序对应关系表

审计目标	可供选择的审计程序
D	1.获取或编制应付职工薪酬明细表,复核加计是否正确,并与报表数、总账数和明细账合计数核对是否相符
ABD	2.实施实质性分析程序
ABCDE	3.检查工资、奖金、津贴和补贴: (1)检查计提是否正确,依据是否充分,对按照职工提供服务情况和工资标准计算的职工薪酬,获取工资计算表,将执行的工资标准与有关规定核对,并对工资总额进行测试;被审计单位如果实行工效挂钩,应取得有关主管部门确认的效益工资发放额认定证明,结合有关合同文件和实际完成的指标,检查其计提额是否正确,提请被审计单位考虑是否应作纳税调整。 (2)检查分配方法与上年是否一致,除因解除与职工的劳动关系给予的补偿直接计入管理费用外,被审计单位是否根据职工提供服务的受益对象,分别情况进行处理
ABCDE	4.检查社会保险费(包括医疗、养老、失业、工伤、生育保险费)、住房公积金、工会经费和职工教育经费等计提(分配)和支付(或使用)的会计处理是否正确,依据是否充分。必要时取得社会保险费汇算清缴资料
ABCDE	5.检查辞退福利
ABCDE	6.检查非货币性福利
ABCDE	7.检查短期利润分享计划(或奖金计划)
ABCDE	8.检查其他长期职工福利(包括长期带薪缺勤、长期残疾福利、长期利润分享计划等)
ABCDE	9.检查以现金与职工结算的股份支付
ABCD	10.检查应付职工薪酬的期后付款情况,并关注在资产负债表日至财务报表批准报出日之间,是否有确凿证据表明需要调整资产负债表日原确认的应付职工薪酬事项
ABCD	11.根据评估的舞弊风险等因素增加的其他审计程序: (1)利用计算机辅助审计技术,检查工资及薪酬记录中是否存在重复或虚假的员工(如姓名、身份证号)、银行账号、地址、电话号码等。 (2)检查人事档案记录、员工工资考核记录、劳务支付名单的劳务记录,并与实际情况相比对
F	12.检查应付职工薪酬是否已按照企业会计准则的规定在财务报表中作出恰当的列报

1.应付职工薪酬的分析程序

(1)比较被审计单位员工人数的变动情况,检查被审计单位各部门各月工薪费用的发生额是否有异常波动,若有,则查明波动原因是否合理。

（2）比较本期与上期工薪费用总额以及预期的工薪费用总额，要求被审计单位解释其增减变动原因，或取得公司管理层关于员工工薪标准的决议。

应付职工
薪酬图表

（3）比较社会保险费、住房公积金、工会经费、职工教育经费和辞退福利等项目的本期实际计提数与按照相关规定独立计算的预期计提数，要求被审计单位解释其增减变动或差异原因。

（4）核对下列相互独立部门的相关数据：工薪部门记录的工薪支出与出纳记录的工薪支付数，工薪部门记录的工时与生产部门记录的工时。

（5）比较本期应付职工薪酬余额与上期应付职工薪酬余额，检查是否有异常变动。

2.检查工薪、奖金、津贴和补贴

（1）计提是否正确，依据是否充分。

（2）检查分配方法是否与上期一致，并将应付职工薪酬计提数与相关的成本、费用项目核对是否一致。

（3）检查发放金额是否正确，代扣的款项及其金额是否正确。

三、主营业务成本审计

（一）主营业务成本的审计目标

主营业务成本审计目标与财务报表认定的对应关系见表5-12。

表5-12   主营业务成本审计目标与财务报表认定的对应关系表

审计目标	财务报表认定					
	发生	完整性	准确性	截止	分类	列报
A.利润表中记录的营业成本已发生，且与被审计单位有关	√					
B.所有应当记录的营业成本均已记录		√				
C.与营业成本有关的金额及其他数据已恰当记录			√			
D.营业成本已记录于正确的会计期间				√		
E.营业成本已记录于恰当的账户					√	
F.营业成本已按照企业会计准则的规定在财务报表中作出恰当的列报						√

（二）主营业务成本的实质性程序

1.主营业务成本实质性程序

在主营业务成本审计中，注册会计师为了实现审计目标而实施的实质性程序见表5-13。

表5-13　　　　　　　　　　主营业务成本审计目标与审计程序对应关系表

审计目标	可供选择的实质性程序
C	1.获取或编制主营业务成本明细表： （1）复核加计是否正确，并与总账数和明细账合计数核对是否相符，结合其他业务成本科目与营业成本报表数核对是否相符 （2）检查主营业务成本的内容和计算方法是否符合企业会计准则的规定，如销售商品的运输服务等会计处理是否正确
ABC	2.实施实质性分析程序（步骤见"存货"实质性程序）
ABC	3.对主营业务成本进行分析，对有异常情况的项目做进一步调查： （1）按收入类别或产品名称对销售数量、单位成本等进行比较分析 （2）按月度对本期产品单位成本进行比较分析
ABC	4.抽查主营业务成本结转明细清单，比较计入主营业务成本的品种、规格、数量和主营业务收入的口径是否一致，是否符合配比原则
ACDE	5.对于主营业务为非产品销售业务的被审计单位，对本期发生的主营业务成本，选取样本，检查其支持性文件，确定原始凭证是否齐全，记账凭证与原始凭证是否相符以及账务处理是否正确
ABC	6.编制生产成本与主营业务成本倒轧表，并与相关科目交叉索引
ABCD	7.针对主营业务成本中重大调整事项（如销售退回）、非常规项目，检查相关原始凭证，评价真实性和合理性，检查其会计处理是否正确
C	8.在采用计划成本、定额成本、标准成本或售价核算存货的条件下，应检查产品成本差异或商品进销差价的计算、分配和会计处理是否正确
	9.获取或编制其他业务成本明细表，复核加计是否正确，并与总账数和明细账合计数核对是否相符，结合主营业务成本科目与营业成本报表数核对是否相符
ABC	10.与上期其他业务收入/成本比较，检查是否有重大波动，如有，应查明原因
ACDE	11.对本期发生的其他业务成本，选取样本，检查其支持性文件，确定原始凭证是否齐全、记账凭证与原始凭证是否相符及以会计处理是否正确
	12.根据评估的舞弊风险等因素增加的审计程序

2.涉及的审计工作底稿

　　注册会计师在执行主营业务成本实质性程序时，将所执行的实质性程序和收集的审计证据记录在生产成本与主营业务成本倒轧表中。生产成本与主营业务成本倒轧表见表5-14。

表5-14　　　　　　　　　　　　生产成本与主营业务成本倒轧表

被审计单位：＿＿＿＿＿＿＿＿＿＿＿　　索引号：＿＿＿＿＿＿＿＿＿＿＿

项目：＿＿＿＿＿＿＿＿＿＿＿＿＿＿　　财务报表截止日/期间：＿＿＿＿＿＿

编制：＿＿＿＿＿＿＿＿＿＿＿＿＿＿　　复核：＿＿＿＿＿＿＿＿＿＿＿＿＿

日期：＿＿＿＿＿＿＿＿＿＿＿＿＿＿　　日期：＿＿＿＿＿＿＿＿＿＿＿＿＿

项　目	未审数	调整或重分类金额（借或贷）	审定数
原材料期初余额			
加：本期购进			
减：原材料期末余额 　　　其他发出额			
直接材料成本			
加：直接人工成本 　　　制造费用			
生产成本			
加：在产品期初余额 减：在产品期末余额			
产品生产成本			
加：产成品期初余额 减：产成品期末余额			
主营业务成本			

德技并修

资料：某企业的原材料采用计划成本法核算，注册会计师发现甲材料的计价存在问题，具体情况如下：5月初材料成本差异为超支差异1.08万元，计划成本30万元，5月份购入材料计划成本240万元，实际成本235.68万元，5月份生产产品耗用材料48万元，结转材料成本超支差异0.96万元。

问题：

（1）请说明运用的审计程序；指出企业存在的问题；提出审计调整建议。

（2）注册会计师应当如何培养规范操作、尽职尽责、一丝不苟的的工作习惯，执行存货的计价测试。

分析：

（1）①审计程序：存货计价测试。

②存在的问题：5月生产耗用材料48万元，结转材料成本超支差异0.96万元是错误的，结转的材料成本差异应为节约差异0.58万元。

③调整意见：

借：生产成本——直接材料（9 600+5 800）　　　　　　　　　　15 400

　　贷：材料成本差异　　　　　　　　　　　　　　　　　　　　　15 400

（2）存货计价测试是审计过程中的一个重要的技术，不仅涉及被审计单位存货计价方法选择和使用是否恰当、是否保持了应有的一致性，及其对利税的影响，而且涉及审计重要性水平、审计风险判断与控制，因此，需要注册会计师在审计中不仅要考虑被审计单位财产使用者和经营者的利益、会计师事务所的利益，而且要兼顾人民和国家的利益。因此，在存货计价测试的过程中，注册会计师应心怀人民和国家利益，发扬五牛精神，不怕苦、不怕累，以工匠的态度、规范的操作，以一丝不苟、尽职尽责的工作习惯，并在方法和技术上对存货计价测试不断创新，精益求精，确保存货审计质量和审计成果的客观、公正。

典型工作任务实训 ●●●

存货计价测试

一、实训要求

1.阅读并熟悉实训资料。

2.在教师指导下，根据实训资料填写"存货计价测试表"。

3.在教师指导下，完成"存货计价测试表"的编写。

4.在教师指导下编写审计调整分录。

二、实训条件

1.实训环境：上课教室或审计实训室。

2.实训材料：存货计价测试表。

3.实训学时：1~2学时。

4.实训操作：首先由教师引导学生阅读、熟悉实训资料和审计工作底稿，然后由学生自主编写、讨论、总结，教师现场指导，最后由教师讲解答案、分析问题。

5.实训方式：可采用小组手工实训方式、单人手工实训方式。

三、实训资料

注册会计师章建波20×5年2月15日在审计杭州心悦服装有限责任公司20×4年12月份的存货项目时，发现该公司32支棉布的计价情况如下，见表5-15。

表5-15   32支棉布的计价情况   金额单位：元

日期	收入			支出			结余		
	数量	单价	金额	数量	单价	金额	数量	单价	金额
1日							3 500	16.5	57 750
1日	13 000	16.8	218 400						
3日				5 000	16.8	84 000			
10日	10 000	17.0	170 000						
15日				10 000	17.0	170 000			
20日	8 000	16.9	135 200						
26日				7 000	16.9	118 300			
31日							12 500		209 050

    杭州心悦服装有限责任公司原材料采用实际成本法进行核算，原材料发出计价采用加权平均法。该批原材料所生产产品的80%已于12月31日售出。杭州心悦服装有限责任公司适用的所得税税率为25%，法定盈余公积计提比例为10%，任意盈余公积计提比例为5%。

应付职工薪酬细节测试

一、实训要求

迈克逊·罗宾斯药材公司案件

1.阅读并熟悉实训资料、实训材料。
2.在教师指导下，根据实训资料填写"应付职工薪酬审定表"。
3.在教师指导下，完成"应付职工薪酬审定表"的编写。
4.在教师指导下，编写审计调整分录。
5.培养规范操作、公正执业的职业意识。

二、实训条件

金亚科技舞弊案例

1.实训环境：上课教室或审计实训室。
2.实训材料：应付职工薪酬审定表。
3.实训学时：1~2学时。
4.实训操作：首先由教师引导学生阅读、熟悉实训资料和审计工作底稿，然后由学生自主编写、讨论、总结，教师现场指导，最后由教师讲解答案、分析问题。
5.实训方式：可采用小组手工实训方式、单人手工实训方式。

三、实训资料

    注册会计师章建波于20×5年3月8日审计杭州心悦服装有限责任公司20×4年应付

职工薪酬账户，项目经理李珍对其工作底稿的复核时间为3月9日。杭州心悦服装有限责任公司应付职工薪酬及三项费用和五险一金的计提比例及情况见表5-16。

表5-16　　　　　　　　　　　应付职工薪酬明细情况表　　　　　　　　单位：元

项目	期初数	本期增加	本期减少	期末数
1.工资		2 481 687.00	2 481 687.00	
2.奖金				
3.津贴				
4.补贴				
5.职工福利（14%）	236 421.00	347 436.18	231 908.00	351 949.18
6.社会保险费：				
（1）医疗保险费（10.5%）		260 577.14	260 577.14	
（2）养老保险费（14%）		347 436.18	347 436.18	
（3）失业保险费（0.5%）		12 408.44	12 408.44	
（4）工伤保险费（0.5%）		12 408.44	12 408.44	
（5）生育保险费（0.8%）		19 853.50	19 853.50	
7.住房公积金（12%）		297 802.44	297 802.44	
8.工会经费（2%）		49 633.74	49 633.74	
9.职工教育经费（8%）	362 773.33	198 534.99	232 954.67	328 353.65
10.非货币性福利				
11.劳务费				
合计	599 194.33	4 027 778.05	3 946 669.55	680 302.83

该公司职工工资均在当地最高和最低工资范围之间，上年平均职工工资总额为1 356 350元；非货币性福利、劳务费经注册会计师章建波审查未发现疑问（注：假定相关产品均已出售，差错一律计入当期损益）。该公司适用的所得税税率为25%，法定盈余公积计提比例为10%，任意盈余公积计提比例为5%。

同步训练

一、单项选择题

1.注册会计师在审查存货时，必须执行的程序是（　　　）。

　　A.亲自盘点存货　　　　　　　　B.亲自指挥客户进行盘点工作

C.监督客户的盘点　　　　　　　　D.观察客户的盘点并适当抽点

2.注册会计师在进行复盘抽点时，抽点样本一般不低于的比例是（　　）。

A.存货总量的30%　　　　　　　　B.存货总量的10%

C.存货总量的20%　　　　　　　　D.存货总量的15%

3.盘点是管理层的责任，负责制定盘点规划的责任人是（　　）。

A.注册会计师　　　　　　　　　　B.被审计单位管理层

C.注册会计师与管理层　　　　　　D.以上均正确

4.审阅制造费用明细账时，应重点查明企业有无将不该列入成本费用的支出（　　）计入制造费用。

A.设计制图费　　　B.技术改造支出　　　C.实验检验费　　　D.租赁费

5.对于采用计时工薪制的企业，应获取样本的实际工时统计记录、职员分类表和职员工薪手册（工薪率）及人工费用分配汇总表，下列不需要检查的事项是（　　）。

A."成本计算单"中直接人工成本与"人工费用分配汇总表"中该样本的直接人工费用核对是否相符

B.样本的实际工时统计记录与"材料费用分配汇总表"中该样本的实际工时核对是否相符

C.抽取生产部门若干天的工时台账与实际工时统计记录核对是否相符

D.当没有实际工时统计记录时，则可根据职员分类表及职员工薪手册中的工薪率，计算复核人工费用分配汇总表中该样本的直接人工费用是否合理

6.实施存货监盘程序最可以证明的认定是（　　）。

A.存在　　　　　　B.完整性　　　　　　C.权利和义务　　　D.计价和分摊

7.某年12月被审计单位的会计记录显示，某类存货销量激增，导致该存货数量下降为零，注册会计师对该类存货采取的以下措施中，难以发现可能存在的虚假销售的是（　　）。

A.计算该类存货的毛利率，并与以前月份的毛利率比较

B.进行销售的截止测试

C.仍将该类存货列入监盘范围

D.选择大额销售客户寄发询证函

8.注册会计师在复核被审计单位的盘点计划时，下列各项考虑不恰当的是（　　）。

A.盘点时间是否合理

B.盘点期间存货移动的控制是否合理

C.盘点表单的设计使用与控制是否合理

D.存货计价测试方法是否合适

9.注册会计师在遇到下列（　　）情况时，可以放弃存货监盘，实施替代程序。

A.被审计单位存货存放在国外的子公司，导致监盘成本过高

B.会计师事务所审计业务增多，每个审计项目的时间被压缩

C.因存货性质特殊，审计项目组没有聘请到相关专家

D.存货本身对注册会计师的安全存在威胁

10.由于雾霾天气导致航班返航,注册会计师无法在预定的时间内到达存货监盘现场,下列程序中,最恰当的是(　　　)。

　A.检查与存货相关的原始凭证　　　　　B.对存货实施分析程序

　C.另择日期实施监盘　　　　　　　　　D.扩大控制测试的范围

二、多项选择题

1.下列各项属于生产成本在当期完工产品与在产品之间分配的测试的有(　　　)。

　A.检查成本计算单中的产品数量与生产统计报告或在产品盘存表中的数量是否一致

　B.检查在产品约当产量计算或其他分配标准是否合理

　C.计算复核样本的总成本和单位成本,最终对当期采用的成本会计制度作出评价

　D.直接人工成本差异的计算与账务处理是否正确

2.在存货与仓储循环的分析性复核中,注册会计师通常运用的比率主要有(　　　)。

　A.存货周转率　　　B.速动比率　　　　C.毛利率　　　　D.流动比率

3.下列各项属于存货计价测试内容的有(　　　)。

　A.测试样本的选择　　　　　　　　　B.计价方法的确认

　C.计价测试　　　　　　　　　　　　D.账户审计

4.当首次接受委托未能对上期期末存货实施监盘,且该存货对本期财务报表存在重大影响时,应当实施的审计程序有(　　　)。

　A.查阅前任注册会计师的工作底稿　　B.复核上期存货盘点记录及文件

　C.检查上期存货交易记录　　　　　　D.运用毛利百分比法等进行分析

5.注册会计师对被审计单位购货业务进行年底截止测试的方法有(　　　)。

　A.实地观察与抽查购货

　B.抽查存货盘点日前后的购货发票与验收报告

　C.查阅验收部门的业务记录

　D.了解购货的保险情况和存货保护措施

6.注册会计师实施存货截止测试可能查明的错报有(　　　)。

　A.少计存货和应付账款　　　　　　　B.多计存货和应付账款

　C.虚增利润　　　　　　　　　　　　D.虚减利润

7.为了证实存货成本的计价和分摊认定,注册会计师应实施的实质性程序有(　　　)。

　A.检查费用的归集分配等流程是否正确

　B.抽查成本计算单

　C.对重大的在产品项目进行计价测试

　D.抽查成本计算是否正确

8.下列各项中,属于存货监盘程序的有(　　　)。

　A.观察

　B.实物检查

　C.抽盘

　D.评价管理用以记录和控制存货盘点结果的指令和程序

9.注册会计师在确定存货监盘范围时，应考虑的因素有（　　）。

A.存货的性质　　　　　　　　B.存货的重大错报风险

C.审计项目组的人员数量　　　D.被审计单位与存货相关的内部控制

10.测试存货是否要计提减值时，注册会计师需要考虑的有（　　）。

A.存货的成本　　　　　　　　B.估计售价

C.是否签订了不可撤销的合同　D.是否用于专门制造其他产品

三、判断题

1.注册会计师在对存货实施监盘程序时，应实施双向抽查，既要从盘点记录中选取项目追查至存货实物，以测试盘点记录的完整性，也要从实物中选取项目追查至盘点记录，以测试盘点记录的准确性。　　　　　　　　　　　　　　　　　　　　（　　）

2.存货盘点是注册会计师的责任，因此，注册会计师应亲自制订盘点计划。（　　）

3.购货交易正确截止是要求将12月31日前购入的存货，无论其是否已验收入库，都必须纳入存货盘点范围。　　　　　　　　　　　　　　　　　　　　　（　　）

4.注册会计师在抽样进行存货计价测试时，一般采用固定样本抽样法，抽样规模应足以推断总体情况。　　　　　　　　　　　　　　　　　　　　　　　　　（　　）

5.应付职工薪酬的审计目标主要是确定应付职工薪酬计提和支出的记录是否完整，计提依据是否合理；确定应付职工薪酬期末余额是否正确；确定应付职工薪酬的披露是否恰当。　　　　　　　　　　　　　　　　　　　　　　　　　　　　　　（　　）

6.某些存货项目实际盘点数量大于永续盘存记录中的数量，则可能是客户已将购买的存货退给被审计单位。　　　　　　　　　　　　　　　　　　　　　　　　（　　）

7.如果只有少数项目构成了存货的主要部分，注册会计师可能选择将存货监盘用作实质性程序。　　　　　　　　　　　　　　　　　　　　　　　　　　　　（　　）

8.注册会计师对辐射性化学物品或气体等特殊性质的存货无法监盘时通常实施替代程序。　　　　　　　　　　　　　　　　　　　　　　　　　　　　　　　（　　）

9.审查存货的有关原始单证、账簿记录能证明寄销外地的存货是真实存在的。（　　）

10.注册会计师从存货实物中选取项目追查至存货盘点记录，可以测试存货盘点记录的完整性。　　　　　　　　　　　　　　　　　　　　　　　　　　　　（　　）

四、拓展实训

1.注册会计师在审查某公司材料采购业务时，发现本年内一笔业务的处理如下：从外地购进原材料一批，共8 500千克，价款293 250元（不含税），运杂费1 500元（不含税）。财会部门将原材料价款计入原材料成本，运杂费计入管理费用。材料入库后，仓库转来材料入库验收单，发现材料短缺80千克，查明60千克是运输部门的责任引起的短缺，20千克是运输途中的合理损耗。材料买价为每千克34.5元。

要求：

（1）根据上述资料，指出企业在材料采购管理工作中存在的问题。

（2）指出是否要求企业作出调整分录？如不需要，为什么？如需要，应如何调整？

2.注册会计师对三立公司20×4年12月31日的财务报表进行审计时，发现如下情况：

（1）20×5年1月2日收到价值为20 000元的货物，收到发票和登账的日期均为1月4日，发票上注明由供货商负责送货，目的地交货，开票日期为20×4年12月26日。

（2）当实地盘点时，本公司1包价值8 000元的产品已放在装运处，因包装纸上注明"有待发运"字样而未计入存货内，经调查发现，客户的订货单日期为20×4年12月20日，客户于20×5年1月4日收到货物才付款。

（3）20×5年1月6日收到价值为700元的物品，并于当天登记入账，该物品于20×4年12月28日按供货商离厂交货条件运送，因20×4年12月31日尚未收到，故未计入结账日存货。

（4）按客户特殊订单制作的某产品，于20×4年12月31日完工并送装运部门，客户已于该日付款。该产品于20×5年1月5日送出，但未包括在20×4年12月31的存货内。

要求：

（1）你认为上述四种情况中的物品，是否应包括在20×4年12月31日的存货内，并说明理由。

（2）您认为在该项目的审计中，应当如何坚持匠心精神，保持职业谨慎意识？

项目小结

本项目主要知识点和技能点归纳总结见表5-17。

表5-17 本项目主要知识点和技能点归纳总结

重点学习内容	主要知识点和技能点		
	主要业务活动	主要凭证	相关认定
涉及的主要业务活动和主要凭证	1.计划和安排生产	生产通知单、材料领用申请单	存在或发生
	2.发出原材料	材料发出汇总表、领料单、限额领料单、领料登记簿、退料单	存在或发生、完整性
	3.生产产品	生产通知单、生产加工指令单、产量和工时记录、人工费用、材料费用、制造费用等	计价和分摊
	4.核算产品成本	生产通知单、领料单、计工单、入库单、成本计算单、工薪汇总表及工薪费用分配表、材料费用分配表、制造费用分配汇总表、存货明细账	计价和分摊
	5.储存产成品	半成品入库单、半成品转移单、半成品出库单、产品验收单、产品入库单	存在或发生、完整性
	6.发出产成品	发运通知单、出库单	完整性

续表

重点学习内容	主要知识点和技能点		
	主要业务活动	主要凭证	相关认定
关键内部控制	成本会计制度	恰当的手续，成本的核算是以经过审核的生产通知单、领发料凭证等为依据，凭证事先编号并已经登记入账，适当的成本核算方法，职务分离，定期盘点	
	工薪内部控制	恰当的手续，工时卡经领班核准；用生产记录钟记录工时，工薪费用分配表、工薪汇总表完整反映工薪支出，采用适当的内部处理流程，职务分离	
	主要项目	审计依据	实质性程序	审计工作底稿
主要项目的实质性程序	存货	《企业会计准则第1号——存货》《企业会计准则第8号——资产减值》《企业会计准则第30号——财务报表列报》	获取或编制存货明细表，复核 执行分析程序 存货监盘 计价测试 截止测试 检查关联方交易 检查存货的列报	存货审定表、存货明细表、存货抽盘核对表等
	应付职工薪酬	《企业会计准则——基本准则》《企业会计准则第9号——职工薪酬》	获取或编制应付职工薪酬明细表 执行分析程序 检查工资、资金等 检查期后付款情况 检查是否正确列报	应付职工薪酬明细表
	主营业务成本	《企业会计准则——基本准则》《企业会计准则第30号——财务报表列报》	获取或编制主营业务成本明细表 执行分析程序 编制生产成本与主营业务成本倒轧表 截止测试 检查是否正确列报	主营业务成本明细表、截止测试表，生产成本与主营业务成本倒轧表

续表

重点学习内容	主要知识点和技能点			
	主要项目	审计依据	实质性程序	审计工作底稿
主要项目的 实质性程序	应付职工 薪酬	《企业会计准则—— 基本准则》 《企业会计准则第9 号——职工薪酬》	获取或编制应付职工薪 酬明细表	应付职工薪酬明细表
			执行分析程序	
			检查工资、资金等	
			检查期后付款情况	
			检查是否正确列报	
	主营业务 成本	《企业会计准则—— 基本准则》 《企业会计准则第30 号——财务报表列报》	获取或编制主营业务成 本明细表	主营业务成本明细表、 截止测试表，生产成本 与主营业务成本倒轧表
			执行分析程序	
			编制生产成本与主营业 务成本倒轧表	
			截止测试	
			检查是否正确列报	

拓展阅读

关于獐子岛财务
造假案例分析
（6篇）

内外兼修打
造一流团队

项目六

筹资与投资循环审计

【学习目标】	通过本项目学习之后，你应该： 1.了解筹资与投资循环的业务特性 2.了解筹资与投资循环的审计目标与程序 3.掌握筹资与投资循环控制测试、实质性程序的操作步骤 4.能按审计程序要求执行控制测试的基本操作 5.能按审计程序要求执行实质性程序的基本操作 6.能较熟练地将所搜集的审计证据记录于审计工作底稿
【素养目标】	能够以责任、忠诚、清廉、依法、独立、奉献为职业精神，以国计民生为出发点，执行筹资与投资循环审计取证、判断、评价和报告
【思政点】	爱国 敬业 诚信 专注 创新 公正 法治 质量互变规律 事物的联系和发展 "五牛"精神 工匠精神
【知识点】	筹资与投资业务特点与控制程序 筹资与投资业务的主要凭证、记录与控制程序 借款、应付债券、所有者权益、投资等项目的实质性程序
【技能点】	执行控制测试和实质性程序 编制筹资与投资循环审计常见工作底稿 编制筹资与投资循环审计常见会计调整分录

思政引入

欣泰电气遭"史上最重欺诈发行罚单"

从2011年到2014年，持续四年，六期财务报告，每期虚构收回应收账款从7 000多万元到近2亿元不等。尽管手法隐蔽、造假成系统且不惜成本，创业板上市公司欣泰电气还是得到了应有的惩罚。

中国证监会2016年7月8日通报，欣泰电气被正式认定为欺诈发行。随之而来的将是退市程序的启动。由此，欣泰电气将成为因欺诈发行退市的第一单。

一、案发现场检查，IPO利益驱动造假

2015年5月，根据证监会《上市公司现场检查办法》，辽宁证监局对辖区内的欣泰电气进行现场检查。检查发现，这家公司可能存在财务数据不真实等问题。

中国证监会迅即立案，组成了由深圳证监局、辽宁证监局两地近30人参加的联合调查组，进公司、跑银行、访客户，历时4个月左右，最终坐实了欣泰电气欺诈发行和重大信息披露遗漏，并于8日开出了针对欺诈发行的史上最严罚单。

二、左手倒右手，个人借款成公司回款

"欣泰电气—供应商—客户—欣泰电气"，经过这么一倒，自己的钱没少一分，却让应收账款大大降低，如此手法让欣泰电气的财务报表好看了不少。

"除了公司自有资金外，温德乙（欣泰电气董事长）本人向第三方公司和朋友进行了大量借款，甚至不经过客户的账户就实现了资金的兜兜转。"调查人员告诉记者。

造假需要成本，温德乙的每一笔借款都要支付利息。"通过汇票倒账的成本压力越来越大，温德乙也很难及时借到钱。"调查人员告诉记者，从2013年开始，公司开始自制银行进账单和付款单。

在调查中，公司相关人员讲述的账单"制作"流程似乎十分简单，"先在电脑上制作银行单据的格式，填入相应的客户名称、金额等信息，直接打印出来就可以了"。随后，这些"自制"账单会交给出纳带到银行补盖章。"因为公司业务较多，出现遗漏单据情况也多，公司和银行关系好，银行一般会配合盖章。"公司相关人员对调查人员这样解释。

资料来源：佚名.造回款、造单据：欣泰电气遭"史上最重欺诈发行罚单"［EB/OL］.［2016-07-08］. http://finance.china.com.cn/stock/special/xtdqts/20160708/3803807.shtml. 内容有删减。

【思考】

（1）欣泰电气被证监会退市的根本原因是什么？

（2）注册会计师在审计被审计单位筹资与投资项目时，应从国家层面坚持怎样的社会主义核心价值观？

任务一　筹资与投资循环控制测试

知识精讲 ●●●

一、筹资与投资循环业务主要活动与控制程序

筹资和投资活动为企业完成其经营目标和战略措施奠定了基础。管理层为了取得收入并促进企业的成长，将获取和使用各种资本，并通过权益或借款来筹集这些资本。在很多企业中，投资于长期资产的金额通常具有重要性。如果企业不能从使用的资产中获得预期回报，或不能负担长期筹资的成本，或不能在长期借款到期时偿还，将产生持续经营风险。

根据财务报表项目与业务循环的相关程度，筹资与投资循环涉及的报表项目见表6-1。

表6-1　　　　　　　　　　　筹资与投资循环涉及的报表项目

业务循环	资产负债表项目	利润表项目
筹资与投资	交易性金融资产、其他应收款、债权投资、其他债权投资、长期股权投资、短期借款、其他应付款、长期借款、实收资本（或股本）、资本公积、盈余公积、未分配利润等	财务费用、投资收益、公允价值变动收益、其他综合收益等

（一）筹资与投资循环主要业务活动和特点

1.筹资与投资循环所涉及的主要业务活动

筹资与投资循环所涉及的主要业务活动见表6-2。

表6-2　　　　　　　　　　　筹资与投资循环所涉及的主要业务活动

筹资所涉及的主要业务活动	投资所涉及的主要业务活动
1.审批授权	1.审批授权
2.签订合同或协议	2.取得证券或其他投资
3.取得资金	3.取得投资收益
4.计算利息或股利	4.转让证券或收回其他投资
5.偿还本息或发放股利	

2.筹资与投资循环业务活动的特点

筹资与投资循环由筹资活动和投资活动的交易事项构成。筹资活动主要由借款交易和股东权益交易组成。投资活动主要由权益性投资交易和债权性投资交易组成。筹资与

投资循环业务主要有以下特点：

（1）审计年度内筹资与投资循环涉及的交易数量较少，而每笔交易的金额通常较大。

（2）筹资活动必须遵守国家法律、法规和相关契约的规定。

（3）漏计或不恰当地对一笔业务进行会计处理，将会导致重大错误，从而对企业财务报表的公允反映产生较大的影响。

（二）投资活动的凭证和会计记录

1.债券投资凭证

债券投资凭证是载明债券持有人与发行企业双方所拥有的权利与义务的法律性文件，其内容一般包括：债券发行的标准、债券的明确表述、利息或利息率、受托管理人证书、登记和背书。

2.股票投资凭证

股票投资买入凭证是记载股票投资购买业务的凭证，包括购买股票数量、被投资公司、股票买价、交易成本、购买日期、结算日期、结算日应付金额合计。股票投资卖出凭证记载股票投资卖出业务，包括卖出股票数量、被投资公司、股票卖价、交易成本、卖出日期、结算日期、结算日金额合计。

3.股票证书

股票证书是载明股东所有权的证据，记录所有者持有被投资公司的所有股票数量。如果被投资公司发行了多种类型的股票，也反映股票的类型，如普通股、优先股。

4.股利收取凭证

股利收取凭证是向所有股东分发股利的文件，标明股东、股利数额、每股股利、被审计单位在交易最终日期持有的总股利金额。

5.长期股权投资协议

长期股权投资协议是投资方与被投资方双方签订的协议书。

6.投资总分类账

投资总分类账是对被投资单位所持有的投资，记录所有的详细信息，包括所获得或收取的投资收益。总分类账中的投资账户记录初始购买成本和之后的账面价值。

7.投资明细分类账

投资明细分类账由投资单位保存，用来记录所有的非现金性投资交易，如期末对市场调整、公允价值的反映，以及记录与处置投资相关的损益。

（三）筹资活动的凭证和会计记录

1.公司债券

公司债券是公司依据法定程序发行、约定在一定期限内还本付息的有价证券。

2.股本凭证

股本凭证是公司签发的证明股东所持股份的凭证。

3.债券契约

债券契约是载明债券持有人与发行企业双方所拥有的权利与义务的法律性文件，内容包括：债券发行的标准；债券的明确表述、利息或利息率、受托管理人证书、登记和背书；如系抵押债券，其所担保的财产、债券发生拖欠情况如何处理，以及对偿债基金、利息支付、本金返还等的处理。

4.股东名册

股东名册是发行记名股票的公司记载股东的凭证，内容包括：股东的姓名或者名称及住所；股东所持股份数；股东所持股票的编号；股东取得其股份的日期。发行无记名股票的，公司应当记载其股票数量、编号及发行日期。

5.公司债券存根簿

公司债券存根簿是发行记名公司债券时记载债券持有人的凭证，内容包括：债券持有人的名称及住所、债券持有人取得债券的日期及债券的编号、债券总额、债券的票面金额、债券的利率、债券还本付息的期限和方式、债券的发行日期。发行无记名债券应当在公司债券存根簿上记载债券总额、利率、偿还期限和方式、发行日期和债券编号。

6.承销或包销协议

公司向社会公开发行股票或债券时，应当由依法设立的证券经营机构承销或包销，与其签订承销或包销协议。

7.借款合同或协议

借款合同或协议是公司向银行或其他金融机构借入款项时与其签订的合同或协议。

筹资与投资循环所涉及的凭证和会计记录见表6-3。

表6-3　　　　　　　　筹资与投资循环所涉及的主要凭证和会计记录

筹资活动所涉及的主要凭证和会计记录	投资活动所涉及的主要凭证和会计记录
1.债券	1.股票或债券
2.股票	2.经纪人通知书
3.债券契约	3.债券契约
4.股东名册	4.企业的章程及有关协议
5.公司债券存根簿	5.投资协议
6.承销或包销协议	6.有关记账凭证
7.借款合同或协议	7.有关会计科目的明细账和总账
8.有关记账凭证	
9.有关会计科目的明细账和总账	

【提示】企业通过借款筹集资金需经管理层的审批，其中债券的发行每次均要由董事会授权；企业发行股票必须依据国家有关法规或企业章程的规定，报经企业最高权力机构（如董事会）及国家有关管理部门批准。

二、筹资与投资交易内部控制目标、内部控制与内部控制测试的关系

筹资和投资交易的内部控制目标、内部控制和内部控制测试分别见表6-4和表6-5。

表6-4　　　　　筹资交易的内部控制目标、内部控制和内部控制测试一览表

内部控制目标	关键内部控制	内部控制测试	常用交易实质性程序
记录的筹资交易均系真实发生的交易（存在或发生）	•借款经过授权审批 •签订借款合同或协议等相关法律性文件	•索取借款的授权批准文件，检查手续是否齐全 •索取借款合同或协议	检查支持借款记录的原始凭证
筹资交易均已记录（完整性）	•负责借款业务的信贷管理员根据综合授信协议或借款合同，逐笔登记借款备查簿，并定期与信贷记账员的借款明细账核对 •定期与债权人核对账目	•询问借款业务的职责分工 •检查被审计单位是否定期与债权人核对账目	检查董事会会议记录、借款合同、银行询证函等，确定有无未入账的交易
筹资交易均以恰当的金额计入恰当的期间（准确性）	•负责借款业务的信贷管理员根据综合授信协议或借款合同，逐笔登记借款备查簿，并定期与信贷记账员的借款明细账核对 •定期与债权人核对账目 •会计主管复核	•询问借款业务的职责分工 •检查被审计单位是否定期与债权人核对账目 •检查会计主管复核印记	将借款记录与所附原始凭证进行细节比对
筹资交易均已计入恰当的账户（分类）	•使用会计科目核算说明书 •会计主管复核	•询问会计科目的使用情况 •检查会计主管复核印记	将借款记录与所附原始凭证进行细节比对

注：本表以获得初始借款交易为例，不包括偿还利息和本金交易。

表6-5　　　　　投资交易的内部控制目标、内部控制和内部控制测试一览表

内部控制目标	关键内部控制	内部控制测试	常用交易实质性程序
记录的投资交易均系真实发生的交易（存在或发生）	•投资业务经过授权审批	•索取投资的授权批文，检查手续是否齐全	检查与投资有关的原始凭证，包括投资的授权文件，被投资单位出具的股权或债券证明、投资付款记录等
投资交易均已记录（完整性）	•投资管理员根据交易流水单，对每笔投资交易记录进行核对、存档，并在交易结束后的一个工作日内将交易凭证交投资记账员。投资记账员编制转账凭证并附相关单证，提交会计主管复核。复核无误后进行账务处理。每周末投资管理员与投资记账员就投资类别、资金统计进行核对，并编制核对表，分别由投资管理经理、财务经理复核并签字。如有差异，将立即调查 •对所投资的有价证券或金融资产定期盘点，并与账面记录核对 •定期与交易对方或被投资单位核对账目	•询问投资业务的职责分工 •检查被审计单位是否定期与交易对方或被投资单位核对账目	检查董事会会议记录、投资合同、交易对方提供的对账单、盘点报告等，确定有无未入账的交易

续表

内部控制目标	关键内部控制	内部控制测试	常用交易实质性程序
投资交易以恰当的金额计入恰当的期间（准确性）	•定期与交易对方或被投资单位核对账目 •会计主管复核	•检查被审计单位是否定期与交易对方或被投资单位核对账目 •检查会计主管复核印记	将借款记录与所附原始凭证进行细节比对
投资交易均已记入恰当的账户（分类）	•使用会计科目核算说明书 •会计主管复核	•询问会计科目的使用情况 •检查会计主管复核印记	将投资记录与所附原始凭证进行细节比对

【动脑筋6-1】筹资与投资循环的关键控制点是什么？举两个例子说明，如果这些关键控制点不存在会发生哪些问题？

三、筹资活动的内部控制和控制测试

筹资活动主要由借款交易和股东权益交易组成。股东权益增减变动的业务较少而金额较大，注册会计师在审计时一般直接进行实质性程序。企业的借款交易主要涉及短期借款、长期借款和应付债券，这些项目的内部控制类似。因此，这里我们以应付债券为例说明筹资活动的内部控制和控制测试。

（一）应付债券内部控制的主要内容

无论是否依赖内部控制，注册会计师均应对筹资活动的内部控制获得足够的了解，以识别错报的类型、方式及发生的可能性。一般来讲，应付债券内部控制的主要内容包括：

1.应付债券的发行要有正式的授权程序，每次均要由董事会授权；

2.申请发行债券时，应履行审批手续，向有关机关递交相关文件；

3.应付债券的发行，要由受托管理人来行使保护发行人和持有人合法权益的权利；

4.每种债券发行都必须签订债券契约；

5.债券的承销或包销必须签订有关协议；

6.记录应付债券业务的会计人员不得参与债券发行；

7.如果企业保存债券持有人明细分类账，应同总分类账核对相符，若这些记录由外部机构保存，则须定期同外部机构核对；

8.未发行的债券必须有人负责；

9.债券的回购要有正式的授权程序。

（二）采用综合性方案对应付债券进行控制测试的方法

如果企业应付债券业务不多，注册会计师可根据成本效益原则采取实质性方案；如果企业应付债券业务繁多，注册会计师可考虑采用综合性方案，则应进行控制测试。其方法如下：

1.取得债券发行的法律性文件，检查债券发行是否经董事会授权、是否履行了适当

的审批手续、是否符合法律的规定；

2.检查企业发行债券的收入是否立即存入银行；

3.取得债券契约，检查企业是否根据契约的规定支付利息；

4.检查债券入账的会计处理是否正确；

5.检查债券溢（折）价的会计处理是否正确；

6.取得债券偿还和回购时的董事会决议，检查债券的偿还和回购是否按董事会的授权进行。

四、投资活动的内部控制和控制测试

（一）投资活动内部控制

一般来讲，投资活动内部控制的主要内容包括下列几个方面：

1.合理的职责分工

这里，合理的职责分工是指合法的投资业务，应在业务的授权、业务的执行、业务的会计记录以及投资资产的保管等方面都有明确的分工，不得由一人同时负责上述任何两项工作。比如，投资业务在企业高层管理机构核准后，可由高层负责人员授权签批，由财务经理办理具体的股票或债券的买卖业务，由会计部门负责进行会计记录和账务处理，并由专人保管股票或债券。这种合理的分工所形成的相互牵制机制有利于避免或减少投资业务中发生错误或舞弊的可能性。

2.健全的资产保管制度

企业对投资资产（指股票和债券资产）一般有两种保管方式：一种方式是由独立的专门机构保管，如在企业拥有较多的投资资产的情况下，委托银行、证券公司、信托投资公司等机构进行保管。另一种方式是由企业自行保管，在这种方式下，必须建立严格的联合控制制度，即至少要由两名人员共同控制，不得一人单独接触证券。

3.详尽的会计核算制度

企业的投资资产都要进行完整的会计记录，并对其增减变动及投资收益进行相关会计核算。具体而言，应对每一种股票或债券分别设置明细分类账，并详细记录其名称、面值、证书编号、数量、取得日期、经纪人（证券商）名称、购入成本、收取的股息或利息等；对于联营投资类的其他投资，也应设置明细分类账，核算其他投资的投出及其投资收益和投资收回等业务，并对投资的形式（如流动资产、固定资产、无形资产等）、投向（即接受投资的单位）、投资的计价以及投资收益等作出详细的记录。

4.严格的记名登记制度

除无记名证券外，企业在购入股票或债券时应在购入的当日尽快登记于企业名下，切忌登记于经办人员名下，防止冒名转移并借其他名义谋取私利的舞弊行为发生。

5.完善的定期盘点制度

（二）投资活动内部控制测试

对于企业所拥有的投资资产，应由内部审计人员或不参与投资业务的其他人员进行定期盘点，检查其是否确实存在，并将盘点记录与账面记录相互核对以确认账实的一致性。投资的控制测试一般包括如下内容：

1.检查控制执行留下的轨迹

注册会计师应抽查投资业务的会计记录和原始凭证，确定各项控制程序的运行情况。

2.审阅内部盘核报告

注册会计师应审阅内部审计人员或其他授权人员对投资资产进行定期盘核的报告。应审阅其盘点方法是否恰当、盘点结果与会计记录的核对情况以及出现差异的处理是否合规。如果各期盘核报告的结果是未发现账实之间存在差异（或差异不大），说明投资资产的内部控制得到了有效执行。

3.分析企业投资业务管理报告

对于企业的长期投资，注册会计师应对照有关投资方面的文件和凭证，分析企业的投资业务管理报告。在作出长期投资决策之前，企业最高管理阶层（如董事会）需要对投资进行可行性研究和论证，并形成一定的纪要，如证券投资的各类证券，联营投资中的投资协议、合同及章程等。负责投资业务的财务经理须定期向企业最高管理层报告有关投资业务的开展情况（包括投资业务内容和投资收益实现情况及未来发展预测），即提交投资业务管理报告，供最高管理层决策和控制。注册会计师应认真分析这些投资业务管理报告的具体内容，并对照前述的文件和凭证资料，从而判断企业长期投资的管理情况。

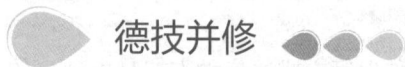

德技并修

资料：注册会计师钱虹和章建波于某年12月17日至20日对浙江东方公司筹资与投资循环的内部控制进行了解和测试，并在相关审计工作底稿中记录了了解和测试的事项，摘录如下：浙江东方公司股东大会批准董事会的投资权限为1亿元以下。董事会决定由总经理负责实施。总经理决定由证券部负责总额在1亿元以下的股票买卖。浙江东方公司规定：公司划入营业部的款项由证券部申请，由会计部审核，总经理批准后划入公司在营业部开立的资金账户。经总经理批准，证券部直接从营业部资金账户支取款项。证券买卖、资金存取的会计记录由会计部处理。

钱虹和章建波了解和测试投资的内部控制制度后发现：证券部在某营业部开户的有关协议及补充协议未经会计部或其他部门审核。根据总经理的批准，会计部已将8 000万元汇入该户。证券部处理证券买卖的会计记录，月底将证券买卖清单交给会计部，会计部据以汇总登记。

问题：

（1）根据上述内容，请代钱虹和章建波指出浙江东方公司筹资与投资循环内部控制的缺陷，并提出改进建议。

（2）注册会计师在对内部控制进行了解和测试时，如何保持诚信和依法依规审计？

分析：

（1）改进建议：一是由证券部直接支取款项使授权与执行职务未得到分离，不易保证款项安全。建议浙江东方公司从资金账户支取款项时,由会计部审核和记录,由证券部办理。二是与证券投资有关的活动要由两个部门控制。有关的协议未经独立的部门审查,会使有关的条款未全部在协议中载明,可能存在协议外的约定。建议浙江东方公司与营业部的协议应经会计部或法律部审查。证券部自己处理证券买卖的会计处理,业务的执行与记录的不相容职务未分离,并且未得到适当的授权和批准。月末会计部汇总登记证券投资记录,未及时按每一种证券分别设置明细账,详细核算。应建议浙江东方公司由会计部负责对投资进行核算,及时分品种设置明细账详细核算。

(2)注册会计师应当依据《中国注册会计师职业道德守则第1号——职业道德基本原则》及《中国注册会计师审计准则第1152号——向治理层和管理层通报内部控制缺陷》等相关准则,了解筹资和投资循环的内部控制,认真填写相关工作底稿,一丝不苟和独立地执行控制测试,评估相关认定的控制风险,不得弄虚作假,如未经测试,直接得出相关认定的控制风险,或未严格按照审计程序执行控制测试等。

◖ 典型工作任务实训 ◗◖◖

一、实训要求

1.阅读并熟悉实训资料、实训材料。

2.在教师指导下,根据实训资料编写筹投资内部控制调查问卷。

3.在教师指导下,指出内部控制存在的缺陷,并提出改进意见和建议。

二、实训条件

1.实训环境:上课教室或审计实训室。

2.实训材料:内部控制调查问卷。

3.实训学时:2学时。

4.实训操作:首先由教师引导学生阅读、熟悉实训资料,然后由学生自主编写、讨论、总结,教师现场指导,最后由教师讲解答案、分析问题。

5.实训方式:可采用小组手工实训方式、单人手工实训方式。

三、实训资料

注册会计师崔海燕、皇甫月于某年12月10—14日,对霓裳公司筹资和投资循环内部控制进行了了解,得知如下情况:

(1)公司股东大会批准董事会的筹资、投资权限最高为1.5亿元,经董事会批准的投资,由总经理负责实施。

(2)公司筹投资活动由证券部负责执行,款项收支由财务部门审核与记录。证券部投资所需资金需经总经理批准后由证券部开设的资金账户直接支付,证券买卖、资金存取的记录由财务部门进行处理;筹资所得款项直接存入公司相关账户,业务活动由财务部门负责记录。

（3）证券部独立开设账户的协议经总经理审批，但未经财务部门或其他部门审核。财务部门经总经理批准已将5 000万元汇入该资金账户。

（4）证券部进行筹投资活动的各项记录，每月月底交由财务部门处理一次。

同步训练

一、单项选择题

1.筹资与投资循环的主要特点是：影响相关账户余额的业务数量较少，但每笔业务的金额通常都较大。根据这一特点，注册会计师在审查时可以采用的程序是（　　）。

　　A.抽样审计　　　　　　　　　　B.较低的控制风险估计水平法

　　C.大量的控制测试　　　　　　　D.详细审计

2.对外投资业务的内部控制制度一般不包括（　　）。

　　A.严格的记名制度　　　　　　　B.严格的预算制度

　　C.完善的盘点制度　　　　　　　D.合理的职责分工

3.审计应付债券时，如果被审计单位应付债券业务不多，可直接进行的程序是（　　）。

　　A.内部控制调查　　B.控制测试　　　　C.实质性测试　　　　D.穿行测试

4.对于筹资与投资循环主要特点的说法不正确的是（　　）。

　　A.交易数量较少，但每笔业务的金额通常情况下额度很大

　　B.交易数量较多，但每笔业务的金额通常情况下额度很小

　　C.如果漏计或不恰当地对一笔业务进行会计处理，将会导致重大错误

　　D.筹资与投资循环交易必须遵守国家法律法令

5.投资活动的凭证和会计记录不包括（　　）。

　　A.有关投资的记账凭证　　　　　B.借款合同

　　C.企业的章程及有关协议　　　　D.投资协议

6.下列程序不属于借款活动相关的内部控制测试程序的是（　　）。

　　A.索取借款的授权批准文件，检查批准的权限是否恰当、手续是否齐全

　　B.观察借款业务的职责分工，并将有关情况记录于工作底稿中

　　C.抽取借款明细账的部分会计记录，按原始凭证到总账的顺序核对有关会计处理过程，以判断是否合规

　　D.计算借款在各个月份的平均余额，选取适用的利率匡算利息支出，并与财务费用等记录核对是否相符

7.审查对外投资时，应测试其内部控制，下列各项符合对外投资的内部控制要求的是（　　）。

　　A.长期股权投资一般由出纳员负责，并履行监督控制职责

　　B.无形资产对外投资作价，主要由负责投资审批的企业领导负责

C.实物投资的资产价值评估与投资审批工作分离

D.股票与债券投资由记账人员负责

8.下列关于筹资与投资循环审计的观点不正确的是（　　）。

A.该循环的总目标是评价该循环的各项目余额是否公允表达

B.该循环的交易数量较多，而每笔交易金额较小

C.漏计或不恰当地对业务进行会计处理，将会导致重大错报

D.该循环的交易必须遵守国家法律法规和相关契约的规定

9.筹资业务明细账与总账的登记职务分离是为了实现筹资活动内部控制目标中的关键内部控制程序，与（　　）认定相关。

A.存在与发生　　　B.完整性　　　　　C.权利与义务　　　　D.表达与披露

10.下列各项不属于投资的内部控制制度的是（　　）。

A.内部核查程序　　　　　　　　B.健全的资产保管制度

C.详尽的会计核算制度　　　　　　D.完善的定期盘点制度

二、多项选择题

1.对于实收资本的减少，注册会计师应查明被审计单位是否（　　）。

A.事先通知所有债权人，债权人无异议

B.事先通知所有债务人，债务人无异议

C.经股东大会决议同意，并修改公司章程

D.减资后的注册资本不低于法定注册资本的最低限额

2.投资内部控制制度的测试一般包括（　　）。

A.了解投资内部控制制度　　　　B.进行简易抽查

C.审阅内部盘核报告　　　　　　D.获取或编制有关明细表进行账账核对

3.注册会计师应重点调查的与长期投资相关的内部控制制度有（　　）。

A.职责分工制度　　　　　　　　B.资产保管制度

C.记名登记制度　　　　　　　　D.定期盘点制度

4.注册会计师应在期末对余额较大或认为存在异常的短期借款项目实施函证程序，函证的对象有（　　）。

A.银行　　　　B.其他债权人　　　C.其他债务人　　　D.企业主管部门

5.下列审计程序中，可以用于审查长期借款完整性的有（　　）。

A.向债权人函证负债余额　　　　B.查阅管理部门的会议记录和文件材料

C.明细账与总账核对　　　　　　D.抽查记账凭证

6.筹资与投资循环中内部控制的职责分工有（　　）。

A.筹资、投资决策与执行相互独立

B.筹资、投资业务执行与记录相互独立

C.筹资、投资业务执行与内部监督相互独立

D.财务部门对资金收付记录、复核相互独立

7.筹资与投资循环审计涉及的账户可能有（　　）。

A.短期借款　　　B.财务费用　　　C.交易性金融资产　D.投资收益

8.筹资活动所涉及的主要凭证和会计记录有（   ）。

    A.债券   B.股东名册   C.债券契约   D.借款合同或协议

9.要实现记录的筹资交易均系真实发生的交易的控制目标，应设置的关键控制有（   ）。

    A.借款经过授权审批

    B.签订借款合同或协议等相关法律性文件

    C.定期与债权人核对账目

    D.会计主管复核

10.要验证已记录的投资交易是真实发生过的，注册会计师应采取的实质性程序可能有（   ）。

    A.检查与投资有关的授权文件

    B.检查被投资单位出具的股权或债券证明

    C.检查投资付款记录

    D.询问会计科目的使用情况

三、判断题

1.注册会计师审查公开发行股票公司已发行的股票数量是否真实、是否已收到股款时，应向主要股东函证。（   ）

2.如果被审计单位低估或漏列负债，很难与债权人的记录相印证。那么，注册会计师对借款类项目实施函证程序对于确定借款的完整性来说是必要的。（   ）

3.资本公积和盈余公积经过一定的授权批准手续均可用于弥补亏损、转增资本。（   ）

4.在评估投资活动的重大错报风险时，注册会计师可以通过实施询问、检查相关文件记录等控制测试程序获取正确的信息。（   ）

5.注册会计师在对应付债券内部控制制度进行控制测试时，如果企业应付债券业务不多，则注册会计师可根据成本效益原则决定直接进行实质性测试。（   ）

6.为确定"应付债券"账户期末余额的合法性，注册会计师应直接向债权人及债券承销人或包销人进行函证。（   ）

7.审查盈余公积时应注意，盈余公积用于转增资本后，余额不得低于注册资本的25%。（   ）

8.由于有价证券的特殊性，必须由内审人员负责对对外投资进行定期盘点。（   ）

9.根据"资产−负债＝所有者权益"，如果注册会计师已对资产、负债类科目进行审计，就不需要对所有者权益进行单独审计。（   ）

10.筹资业务的特点是交易数量虽少，但每笔交易涉及的金额都较大。（   ）

四、拓展训练

某审计助理人员初次接触筹资与投资循环审计工作，为了把好质量关，请你为他设计筹资和投资活动的控制目标、关键内部控制环节和实质性测试的主要内容。

任务二　筹资与投资循环实质性程序

知识精讲

一、筹资交易的实质性程序

在大型公司中，董事会下设的战略委员会负责处理借款合同的谈判为其资本性购置筹集资金，然后由董事会批准该合同。在这种情况下，注册会计师可能决定对应付利息和股利的计算主要实施实质性分析程序，而对新股和债券的发行、股票回购、可赎回优先股及可赎回债券的赎回、期间内贷款的偿还情况以及所欠余额和权利与义务实施有限的细节测试程序。

（一）实质性分析程序

实质性分析程序（包括与上年度或预算的比较、比率分析、财务与非财务信息的比较等）是在注册会计师对企业业务进行了解的基础上实施的。

当对权益和借款交易与余额执行实质性分析程序时，这些步骤为：

1.建立预测值或预期值

建立预测值或预期值主要采用与资本绩效和财务管理有关的比率。资本绩效和财务管理比率可能在行业基础上并不具有可比性，但对企业不同时间内经营业绩的比较可能是较好的办法。

2.计算真实数据与预期值之间的差异

计算差异包括对各种比率的计算以及对管理层用来监控企业的关键业绩指标的计算。将计算结果与上期结果、预算数以及与被审计单位或注册会计师的历史记录相比较。对管理层所使用关键业绩指标的计算，以及对发现问题时相关纠正措施的询问程序，可以提供管理层监控程序运行是否有效的证据。管理层使用的关键业绩指标可能包括：

（1）资本绩效。税后收益留存率等。

（2）财务管理。股东权益回报率、每股收益、市盈率、资本税前收益、平均利率（包括税前和税后）、总资本利息率和股利率、财务杠杆等。

3.调查重大差异并运用判断

注册会计师应当根据前述预期值来进行比率分析。任何未预期的波动都应当与管理层进行讨论，并在必要时进一步调查。

4.确定重大差异或临界值

注册会计师应当通过询问程序确定管理层用来作为关键业绩指标的比率或基准数据是否表明存在重大错报风险，并考虑影响盈利能力、现金流量、业务持续性和管理层监控程序的趋势。

5.记录得出结论的基础

注册会计师应当就所收集到的审计证据能否支持所选择的认定或审计目标得出结论。

（二）交易的细节测试

注册会计师对筹资交易实施的细节测试主要包括就权益和长期借款的发生、完整性、准确性、截止和分类认定获取审计证据。在期末，注册会计师应当主要就账户余额的存在、权利和义务、完整性、计价和分摊认定，以及权益和长期借款以账面价值列报与披露的情况获取审计证据。

【提示】借款是企业承担的一项经济义务，是企业的负债项目，包括短期借款、长期借款和应付债券。在一般情况下，被审计单位不会高估负债，因为这样于自身不利，且难以与债权人的会计记录相互印证。

为了正确反映企业的财务状况和经营成果，必须将企业的负债完整地列示在资产负债表中，并正确地予以计价。注册会计师对于负债项目的审计，主要是防止企业低估债务。因为，低估债务不仅影响财务状况的反映，而且极大地影响企业财务成果的反映，所以，注册会计师在执行借款业务审计时，应将被审计单位是否低估借款作为一个关注的要点。

【提示】所有者权益，是企业投资者对企业净资产的所有权，包括投资者对企业的投入资本以及企业存续过程中形成的资本公积、盈余公积和未分配利润。根据资产负债表的平衡原理，所有者权益在数量上等于企业的全部资产减去全部负债后的余额，即企业净资产数额。

如果注册会计师能够对企业的资产和负债进行充分的审计，证明两者的期初余额、期末余额和本期变动都是正确的，这便从侧面为所有者权益的期末余额和本期变动的正确性提供了有力的证据。同时，由于所有者权益增减变动的业务较少、金额较大的特点，注册会计师在审计了企业的资产和负债之后，往往只需花费相对较少的时间对所有者权益进行审计。尽管如此，在审计过程中，对所有者权益进行单独审计仍是十分必要的。

【动脑筋6-2】企业低估债务的目的是什么？

二、投资交易的实质性程序

为确定检查风险的可接受水平，注册会计师应当考虑投资交易和余额的重要性水平，以及对管理层所实施控制有效性的评估。

【请注意】如果投资交易不具有重要性，或具有重要性且控制具有有效性，则注册会计师应将可接受的检查风险水平评估为中到高水平。在很多情况下，投资交易业务量很少，注册会计师通常在了解相关内部控制后，即对期末投资的存在认定和账面价值实施细节测试。

（一）实质性分析程序

实质性分析程序的有效性取决于企业的权益性投资和债权性投资交易及余额的重要

性。如果会计期间内投资交易的买入和卖出业务较少，那么，注册会计师可以通过细节测试有效地获取充分、适当的审计证据。然而，如果投资交易业务频繁且重要，实质性分析程序可能通过将本期投资和投资收益同前期数和预算数进行比较来实施，进而有效地获取充分、适当的审计证据。

【提示】如果被审计单位持有不同类型的投资业务，如每种类型的上市性股票投资、债券和贷款，那么，企业应当对持有的投资组合制定政策，管理层可能使用关键业绩指标来进行管理。注册会计师应当重新计算相关比率以测试管理层所使用的关键业绩指标的有效性。如果该指标不能符合预期，注册会计师应当询问管理层所采取的行动。任何偏差或未预期的趋势都应当同管理层讨论，因为它们可能表明存在潜在的错误或舞弊。

衍生金融工具处理的复杂性和多样性通常使实质性分析程序很少有效。注册会计师通常使用细节测试程序来证实期末衍生金融工具的完整性、计价和分摊认定。

（二）交易的细节测试

1.投资购入

在制造业企业或零售行业中，投资交易较少发生，审计方法通常是细节测试。然而，如果投资交易业务量非常大，注册会计师应当评估内部控制的可信赖程度。注册会计师应当检查购买业务的授权情况。如果投资是通过证券交易买入的，则买入的证据是经纪人的交易清单。经纪人费用、印花税通常作为投资成本的一部分处理。注册会计师应当检查如果被审计单位买入了多项投资，对经纪人费用、印花税的处理方法是否遵循了一贯性原则。

2.投资卖出

注册会计师应当检查出售的授权情况。前面所述对股票交易中获得投资及获得费用在资本和收入间分配的问题同样适用于投资的卖出业务。

3.投资收益

持有公司股票所获得的收益来源于该公司所宣告的股利。如果注册会计师已就上年度期末持有股票的存在认定和所有权进行了审计，也就本年度股票的买入和卖出情况获取了审计证据，则注册会计师可以确认该公司宣告的股利已经收到并记录。

【请注意】如果投资数量很多，注册会计师应当从被审计单位获得清单并与总分类账和其他证据相核对。

注册会计师对应收股利的确认工作可以从以下渠道获得：

（1）从股票发行公司的已公布财务报表获得。

（2）从股利报表或股利公告获得。

（3）从关于公司宣告股利消息的报纸、证券交易官方报告或其他知名金融杂志获得。

（4）通过直接询问股票发行公司来获得。

三、借款项目的审计

（一）短（长）期借款审计

1.短期借款审计

（1）短期借款的审计目标。短期借款审计目标与财务报表认定的对应关系见

表6-6。

表6-6   短期借款审计目标与财务报表认定的对应关系表

审计目标	财务报表认定					
	存在	完整性	权利和义务	计价和分摊	分类	列报
A.资产负债表中记录的短期借款是存在的	√					
B.所有应当记录的短期借款均已记录，所有应当包括在财务报表中的相关披露均已包括		√				
C.记录的短期借款是被审计单位应当履行的偿还义务			√			
D.短期借款以恰当的金额包括在财务报表中，与之相关的计价或分摊调整已恰当记录，相关披露已得到恰当计量和描述				√		
E.短期借款已记录于恰当的账户					√	
F.短期借款已被恰当地汇总或分解且表述清楚，相关披露在适用的财务报告编制基础下是相关的、可理解的						√

（2）短期借款的实质性程序。在短期借款审计中，注册会计师为了实现审计目标而实施的实质性程序见表6-7。

表6-7   短期借款审计目标与审计程序对应关系表

审计目标	可供选择的审计程序
D	1.获取或编制短期借款明细表： （1）复核加计是否正确，并与报表数、总账数和明细账合计数核对是否相符； （2）检查非记账本位币短期借款的折算汇率及折算金额是否正确，折算方法是否前后各期一致
B	2.检查被审计单位企业征信报告，核实账面记录是否完整： 对被审计单位企业征信报告上列示的信息与账面记录核对的差异进行分析，并关注企业征信报告中列示的被审计单位对外担保的信息
AC	3.对短期借款进行函证
ABD	4.检查短期借款的增加： 对年度内增加的短期借款，检查借款合同，了解借款数额、借款用途、借款条件、借款日期、还款期限、借款利率，并与相关会计记录核对是否相符
ABD	5.检查短期借款的减少： 对年度内减少的短期借款，应检查相关记录和原始凭证，核实还款数额，并与相关会计记录核对是否相符

审计目标	可供选择的审计程序
D	6.复核短期借款利息: 根据短期借款的利率和期限,检查被审计单位短期借款的利息计算是否正确;如有未计利息和多计利息,应作出记录,必要时提请被审计单位进行调整
CE	7.检查被审计单位用于短期借款的抵押资产的所有权是否属于企业,其价值和实际状况是否与契约中的规定相一致
AD	8.检查被审计单位与贷款人之间所发生的债务重组。检查债务重组协议,确定其真实性、合法性,并检查债务重组的会计处理是否正确
	9.根据评估的舞弊风险等因素增加的其他审计程序
E	10.检查短期借款是否已按照企业会计准则的规定在财务报表中作出恰当的列报: (1)检查被审计单位短期借款是否按信用借款、抵押借款、质押借款、保证借款分别披露; (2)检查期末逾期借款是否按贷款单位、借款金额、逾期时间、年利率、逾期未偿还原因和预期还款期等进行披露

2.长期借款审计

(1)长期借款的审计目标。长期借款审计目标与财务报表认定的对应关系见表6-8。

表6-8　　　　　　　　　长期借款审计目标与财务报表认定的对应关系表

审计目标	财务报表认定					
	存在	完整性	权利和义务	计价和分摊	分类	列报
A.资产负债表中记录的长期借款是存在的	√					
B.所有应当记录的长期借款均已记录,所有应当包括在财务报表中的相关披露均已包括		√				
C.记录的长期借款是被审计单位应当履行的偿还义务			√			
D.长期借款以恰当的金额包括在财务报表中,与之相关的计价调整已恰当记录,相关披露已得到恰当计量和描述				√		
E.长期借款已记录于恰当的账户					√	
F.长期借款已被恰当地汇总或分解且表述清楚,相关披露在适用的财务报告编制基础下是相关的、可理解的						√

(2)长期借款实质性程序。在长期借款审计中,注册会计师为了实现审计目标而实施的实质性程序见表6-9。

表6-9   长期借款审计目标与审计程序对应关系表

审计目标	可供选择的审计程序
D	1.获取或编制长期借款明细表: (1)复核加计是否正确,并与总账数和明细账合计数核对是否相符,减去将于一年内偿还的长期借款后与报表数核对是否相符; (2)检查非记账本位币长期借款的折算汇率及折算是否正确,折算方法是否前后各期一致
B	2.检查被审计单位企业征信报告,核实账面记录是否完整: 对被审计单位企业征信报告中列示的信息与账面记录核对的差异进行分析,并关注企业征信报告中列示的被审计单位对外担保的信息
ACD	3.对长期借款进行函证
ABCD	4.检查长期借款的增加: 对年度内增加的长期借款,检查借款合同和授权批准,了解借款数额、借款条件、借款用途、借款日期、还款期限、借款利率,并与相关会计记录核对
ABD	5.检查长期借款的减少: 对年度内减少的长期借款,检查相关记录和原始凭证,核实还款数额,并与相关会计记录核对
D	6.复核长期借款利息: 根据长期借款的利率和期限,复核被审计单位长期借款的利息计算是否正确。如有未计利息和多计利息,应作出记录,必要时进行调整
AD	7.检查借款费用的会计处理是否正确。检查资产负债表日被审计单位是否按摊余成本和实际利率计算确定长期借款的利息费用,并正确记入"财务费用""在建工程""制造费用""研发支出"等相关科目,是否按合同利率计算应付未付利息,并记入"应付利息"科目,是否按其差额记入"长期借款——利息调整"科目。同时应检查专门借款和一般借款的借款费用资本化的时点和期间、资产范围、目的、用途,是否符合资本化条件
C	8.检查被审计单位抵押长期借款的抵押资产的所有权是否属于被审计单位,其价值和实际状况是否与担保契约中的规定相一致
AD	9.检查被审计单位与贷款人进行的债务重组。检查债务重组协议,确定其真实性、合法性,并检查债务重组的会计处理是否正确
	10.根据评估的舞弊风险等因素增加的其他审计程序
E	11.检查长期借款是否已按照企业会计准则的规定在财务报表中作出恰当的列报: (1)被审计单位是否按信用借款、抵押借款、质押借款、保证借款分别披露。 (2)对于期末逾期借款,是否分别贷款单位、借款金额、逾期时间、年利率、逾期未偿还原因和预期还款期等进行披露。 (3)被审计单位是否在附注中披露与借款费用有关的下列信息: ①当期资本化的借款费用金额。 ②当期用于计算确定借款费用资本化金额的资本化率。 (4)一年内到期的长期借款是否列为一年内到期的非流动负债。 (5)被审计单位在资产负债表日或之前违反了长期借款协议,导致贷款人可随时要求清偿的负债,应当归类为流动负债

【动脑筋6-3】长期借款同短期借款的实质性程序有什么不同吗?

3.短(长)期借款细节测试

(1)对短(长)期借款进行函证。注册会计师应当对银行借款及与金融机构往来的其他重要信息实施函证程序,除非有充分证据表明某一借款及与金融机构往来的其他重要信息对财务报表不重要且与之相关的重大错报风险很低。如果不对某一借款及与金融机构往来的其他重要信息实施函证程序,注册会计师应当在审计工作底稿中说明理由。

(2)检查短(长)期借款的增加。对年度内增加的短(长)期借款,注册会计师应检查借款合同和授权批准情况,了解借款数额、借款条件、借款日期、还款期限、借款利率,并与相关会计记录相核对。

(3)检查短(长)期借款的减少。对年度内减少的短(长)期借款,注册会计师应检查相关记录和原始凭证,核实还款数额。

(4)复核短(长)期借款利息。注册会计师应根据短(长)期借款的利率和期限,复核被审计单位短(长)期借款的利息计算是否正确,有无多算或少算利息的情况,如有未计利息和多计利息,应作出记录,必要时进行调整。

(5)短(长)期借款主要审计工作底稿。

①短(长)期借款实质性程序表(见表6-7和表6-9),列示了短(长)期借款的认定、审计目标、可供选择的审计程序之间的内在关系,可供注册会计师根据被审计单位的具体情况选择具有针对性的短(长)期借款实质性程序。

②短(长)期借款审定表(略),属于短(长)期借款的汇总类底稿,汇总了短(长)期借款未经审计的金额、审计调整的金额、审定的金额。

③短(长)期借款明细表见表6-10,分贷款银行列示了借款期限、本期增加本息、本期归还本息、借款条件和借款用途等明细情况。

表6-10 短(长)期借款明细表

被审计单位:_____ 索引号:_____

项目:_____ 财务报表截止日/期间:_____

编制:_____ 复核:_____

日期:_____ 日期:_____

银行	借款期限		期初余额		本期增加			本期归还			期末余额		本期应计利息	本期实计利息	差异	借款条件	借款用途	备注
	借款日	约定还款日	利率	本金	日期	利率	本金	日期	本金	利率	本金							
审计说明:																		

④利息分配检查情况表（略），分项目重新计算了应当计入财务费用、在建工程、制造费用等的实际利息。

【动脑筋6-4】为确定短（长）期借款账户余额的真实性而进行的函证，函证的对象一般是什么样的单位？

（二）应付债券审计

1.应付债券的审计目标

应付债券审计目标与财务报表认定的对应关系见表6-11。

表6-11　　　　　　　　　应付债券审计目标与财务报表认定的对应关系表

审计目标	财务报表认定					
	存在	完整性	权利和义务	计价和分摊	分类	列报
A.资产负债表中记录的应付债券是存在的	√					
B.所有应当记录的应付债券均已记录，所有应当包括在财务报表中的相关披露均已包括		√				
C.记录的应付债券是被审计单位应当履行的偿还义务			√			
D.应付债券以恰当的金额包括在财务报表中，与之相关的计价已恰当记录，相关披露已得到恰当计量和描述				√		
E.应付债券已记录于恰当的账户					√	
F.应付债券已被恰当地汇总或分解且表述清楚，相关披露在适用的财务报告编制基础下是相关的、可理解的						√

2.应付债券的实质性程序

在应付债券审计中，注册会计师为了实现审计目标而实施的实质性程序见表6-12。

表6-12　　　　　　　　　审计目标与审计程序对应关系表

审计目标	可供选择的审计程序
D	1.获取或编制应付债券明细表： （1）复核加计是否正确，并与报表数、总账数和明细账合计数核对是否相符； （2）检查非记账本位币应付债券的折算汇率及折算是否正确，折算方法是否前后各期一致
ABD	2.检查应付债券的增加： 审阅债券发行申请和审批文件，检查发行债券所收入现金的收据、汇款通知单、送款登记簿及相关的银行对账单，核实其会计处理是否正确
AC	3.对应付债券的证券承销商或包销商函证

续表

审计目标	可供选择的审计程序
AD	4.检查债券利息费用的会计处理是否正确，资本化的处理是否符合规定： （1）对于分期付息、一次还本的债券，检查资产负债表日是否按摊余成本和实际利率计算确定债券利息费用，并正确记入"在建工程""制造费用""财务费用""研发费用"等科目，是否按票面利率计算确定应付未付利息，记入"应付利息"科目，是否按其差额调整"应付债券——利息调整"科目； （2）对于一次还本付息的债券，检查资产负债表日是否按摊余成本和实际利率计算确定债券利息费用，并正确记入"在建工程""制造费用""财务费用""研发费用"等科目，是否按票面利率计算确定应付未付利息，记入"应付债券——应计利息"科目，是否按其差额调整"应付债券——利息调整"科目
ABD	5.检查到期债券的偿还。检查偿还债券的支票存根等相关会计记录，检查其会计处理是否正确
AD	6.检查可转换公司债券是否将负债和权益成分分拆，可转换公司债券持有人行使转换权时，将其持有的债券转为股票的会计处理是否正确
C	7.如发行债券时已作抵押或担保，应检查相关契约的履行情况
	8.根据评估的舞弊风险等因素增加的其他审计程序
E	9.检查应付债券是否已按照企业会计准则的规定在财务报表中作出恰当列报： （1）一年内到期的应付债券是否列为一年内到期的非流动负债； （2）期末到期未偿付的债券金额及逾期原因是否充分披露

（三）财务费用审计

1.财务费用的审计目标

财务费用审计目标与财务报表认定的对应关系见表6-13。

表6-13　　　　　　　　财务费用审计目标与财务报表认定的对应关系表

审计目标	财务报表认定					
	发生	完整性	准确性	截止	分类	列报
A.利润表中列示的财务费用是真实发生的，且与被审计单位有关	√					
B.所有应当列示的财务费用均已列示		√				
C.与财务费用有关的金额及其他数据已恰当列示			√			
D.财务费用已列示于正确的会计期间				√		
E.财务费用已列示于恰当的账户					√	
F.财务费用已按照企业会计准则的规定在财务报表中作出恰当的列报						√

2.财务费用实质性程序

在财务费用审计中，注册会计师为了实现审计目标而实施的实质性程序见表6-14。

表6-14   财务费用审计目标与审计程序对应关系表

审计目标	可供选择的审计程序
C	1.获取或编制财务费用明细表，复核其加计数是否正确，并与报表数、总账数和明细账合计数核对是否相符
ABC	2.实质性分析程序： （1）针对已识别需要运用分析程序的有关项目，并基于对被审计单位及其环境的了解，通过进行以下比较，同时考虑有关数据间关系的影响，以建立有关数据的期望值： ①将本期财务费用各明细项目与上期进行对比，必要时比较本期各月份财务费用，如有重大波动和异常情况应追查原因； ②计算借款、应付债券平均实际利率并同以前年度及市场平均利率相比较； ③根据借款、应付债券平均余额、平均利率测算当期利息费用和应付利息，并与账面记录进行比较； ④根据银行存款平均余额和存款平均利率复核利息收入。 （2）确定可接受的差异额。 （3）将实际的情况与期望值相比较，识别需要进一步调查的差异。 （4）如果其差异额超过可接受的差异额，调查并获取充分的解释和恰当的佐证审计证据（如通过检查相关的凭证获取的审计证据）。 （5）评估分析程序的测试结果
E	3.检查财务费用明细项目的设置是否符合规定的核算内容与范围，是否划清财务费用与其他费用的界限
ABC	4.检查利息支出明细账： （1）审查各项借款期末应计利息有无预计入账； （2）审查现金折扣的会计处理是否正确； （3）结合对长短期借款、应付债券等的审计，检查财务费用中是否包括为购建或生产满足资本化条件的资产发生的应予资本化的借款费用； （4）检查融资租入的固定资产、购入有关资产超过正常信用条件延期支付价款、实质上具有融资性质的，采用实际利率法分期摊销未确认融资费用时计入财务费用数是否正确； （5）检查应收票据贴现息的计算与会计处理是否正确； （6）检查存在资产弃置费用的固定资产或油气资产，在其使用寿命内，是否按期计算确定应负担的利息费用
ABC	5.检查利息收入明细账： （1）确认利息收入的真实性及正确性； （2）检查从其他企业或非银行金融机构取得的利息收入是否按规定计缴增值税； （3）检查采用递延方式分期收款、实质上具有融资性质的销售商品或提供劳务，采用实际利率法按期计算确定的利息收入是否正确

续表

审计目标	可供选择的审计程序
ABC	6.检查汇兑损益明细账，检查汇兑损益计算方法是否正确，核对所用汇率是否正确，前后各期是否一致
ABC	7.检查"财务费用——其他"明细账，注意检查大额金融机构手续费的真实性与正确性
D	8.抽取资产负债表日前后　　天的　　张凭证，实施截止测试，若存在异常迹象，应考虑是否有必要追加审计程序，对于重大跨期项目应作必要调整
	9.根据评估的舞弊风险等因素增加的其他审计程序
F	10.检查财务费用是否已按照企业会计准则的规定在财务报表中作出恰当的列报

四、投资项目的审计

（一）交易性金融资产审计

交易性金融资产，是指企业为了近期出售而持有的金融资产。在会计科目设置上，企业持有的直接指定为以公允价值计量且其变动计入当期损益的金融资产，也通过该科目核算。

1.交易性金融资产的审计目标

交易性金融资产审计目标与财务报表认定的对应关系见表6-15。

表6-15　　　　　交易性金融资产审计目标与财务报表认定的对应关系表

审计目标	财务报表认定					
	存在	完整性	权利和义务	计价和分摊	分类	列报
A.资产负债表中记录的交易性金融资产是存在的	√					
B.所有应当记录的交易性金融资产均已记录，所有应当包括在财务报表中的相关披露均已包括		√				
C.记录的交易性金融资产由被审计单位拥有或控制			√			
D.交易性金融资产以恰当的金额包括在财务报表中，与之相关的计价或分摊调整已恰当记录，相关披露已得到恰当计量和描述				√		
E.交易性金融资产已记录于恰当的账户					√	
F.交易性金融资产已被恰当地汇总或分解且表述清楚，相关披露在适用的财务报告编制基础下是相关的、可理解的						√

2.交易性金融资产的实质性程序

在交易性金融资产审计中，注册会计师为了实现审计目标而实施的实质性程序见表6-16。

表6-16   交易性金融资产审计目标与审计程序对应关系表

审计目标	可供选择的审计程序
D	1.获取或编制交易性金融资产明细表： （1）复核加计是否正确，并与报表数、总账数和明细账合计数核对是否相符。 （2）检查非记账本位币交易性金融资产的折算汇率及折算是否正确。 （3）与被审计单位讨论以确定划分为交易性金融资产是否符合企业会计准则的规定
CE	2.就被审计单位管理层将投资确定划分为交易性金融资产的意图获取审计证据，并考虑管理层实施该意图的能力。应向管理层询问，并通过下列方式对管理层的答复予以印证： （1）考虑管理层以前所述的对于划分为交易性金融资产的意图的实际实施情况。 （2）复核包括预算、会议纪要等在内的书面计划和其他文件记录。 （3）考虑管理层选择划分为交易性金融资产的理由。 （4）考虑管理层在既定经济环境下实施特定措施的能力
ADE	3.确定交易性金融资产余额是否正确及存在： （1）获取股票、债券、基金等账户对账单，与明细账余额核对，作出记录或进行适当调整。 （2）被审计单位人员盘点交易性金融资产，编制交易性金融资产盘点表，注册会计师实施监盘并检查交易性金融资产名称、数量、票面价值、票面利率等内容，同时与相关账户余额进行核对；如有差异，查明原因，作出记录或进行适当调整。 （3）如交易性金融资产在审计工作日已售出或兑换，则追查至相关原始凭证，以确认其在资产负债表日存在。 （4）在外保管的交易性金融资产等应查阅有关保管的文件，必要时可向保管人函证，复核并记录函证结果。了解在外保管的交易性金融资产实质上是否为委托理财，如是，则应详细记录，分析资金的安全性和可收回性，提请被审计单位重新分类，并充分披露
BC	4.确定交易性金融资产的会计记录是否完整，并确定所购入交易性金融资产归被审计单位所拥有： （1）取得有关账户流水单，对照检查账面记录是否完整。检查购入的交易性金融资产是否为被审计单位拥有 （2）向相关机构发函，并确定是否存在变现限制，同时记录函证过程
D	5.确定交易性金融资产的计价是否正确： （1）复核交易性金融资产计价方法，检查其是否按公允价值计量，前后各期是否一致。 （2）复核公允价值取得依据是否充分。公允价值与账面价值的差额是否记入"公允价值变动损益"科目

续表

审计目标	可供选择的审计程序
ABD	6.抽取交易性金融资产增减变动的相关凭证，检查其原始凭证是否完整合法，会计处理是否正确： （1）抽取交易性金融资产增加的记账凭证，检查其原始凭证是否完整合法，成本、交易费用和相关利息或股利的会计处理是否符合规定。 （2）抽取交易性金融资产减少的记账凭证，检查其原始凭证是否完整合法，会计处理是否正确；检查出售交易性金融资产时其成本结转是否正确
C	7.检查有无变现存在重大限制的交易性金融资产，如有，则查明情况，并进行适当调整
	8.针对识别的舞弊风险等因素增加的审计程序
E	9.检查交易性金融资产是否已按照企业会计准则的规定在财务报表中作出恰当列报

（二）以公允价值计量且其变动计入其他综合收益的金融资产审计

以公允价值计量且其变动计入其他综合收益的金融资产，包括其他债权投资和其他权益工具投资，是指同时符合下列条件的金融资产：（1）企业管理该金融资产的业务模式既以收取合同现金流量为目标又以出售该金融资产为目标。（2）该金融资产的合同条款规定，在特定日期产生的现金流量，仅为对本金和以未偿付本金金额为基础的利息的支付。

1.以公允价值计量且其变动计入其他综合收益的金融资产的审计目标

以公允价值计量且其变动计入其他综合收益的金融资产审计目标与财务报表认定的对应关系见表6-17。

表6-17　以公允价值计量且其变动计入其他综合收益的金融资产审计目标与财务报表认定的对应关系表

审计目标	财务报表认定					
	存在	完整性	权利和义务	计价和分摊	分类	列报
A.资产负债表中列示的以公允价值计量且其变动计入其他综合收益的金融资产是存在的	√					
B.所有应当列示的以公允价值计量且其变动计入其他综合收益的金融资产均已列示		√				
C.列示的以公允价值计量且其变动计入其他综合收益的金融资产由被审计单位拥有或控制			√			
D.以公允价值计量且其变动计入其他综合收益的金融资产以恰当的金额包括在财务报表中，与之相关的计价调整已恰当记录				√		
E.以公允价值计量且其变动计入其他综合收益的金融资产已记录于恰当的账户					√	
F.以公允价值计量且其变动计入其他综合收益的金融资产已按照企业会计准则的规定在财务报表中作出恰当列报						√

2.以公允价值计量且其变动计入其他综合收益的金融资产实质性程序

在以公允价值计量且其变动计入其他综合收益的金融资产审计中，注册会计师为了实现审计目标而实施的实质性程序见表6-18。

表6-18　　　　　　　　　以公允价值计量且其变动计入其他综合收益的

金融资产审计目标与审计程序对应关系表

审计目标	可供选择的审计程序
D	1.获取或编制以公允价值计量且其变动计入其他综合收益的金融资产明细表： （1）复核加计是否正确，并与总账数和明细账合计数核对是否相符；结合以公允价值计量且其变动计入其他综合收益的金融资产减值准备科目与报表数核对是否相符。 （2）与被审计单位讨论以确定划分为以公允价值计量且其变动计入其他综合收益的金融资产是否符合会计准则的规定。 （3）与上年明细项目进行比较，确定是否与上年分类相同
DE	2.根据被审计单位管理层的意图和能力，判断以公允价值计量且其变动计入其他综合收益的金融资产的分类是否正确
CD	3.确定以公允价值计量且其变动计入其他综合收益的金融资产的余额是否正确并存在： （1）对于没有划分为以公允价值计量且其变动计入当期损益的金融资产，获取股票、债券、基金等账户对账单，与明细账余额核对，需要时，向证券登记公司等发函询证，以确认其存在。如有差异，查明原因，作出记录或进行适当调整。 （2）被审计单位的主管会计人员盘点以公允价值计量且其变动计入其他综合收益的金融资产，编制以公允价值计量且其变动计入其他综合收益的金融资产盘点表，注册会计师实施监盘并检查以公允价值计量且其变动计入其他综合收益的金融资产名称、数量、票面价值、票面利率等内容，并与相关账户余额进行核对；如有差异，查明原因，作出记录或进行适当调整。 （3）如以公允价值计量且其变动计入其他综合收益的金融资产在审计工作日已售出或兑换，则追查至相关原始凭证，以确认其在审计截止日存在。 （4）对于在外保管的以公允价值计量且其变动计入其他综合收益的金融资产等，应查阅有关保管的文件，必要时可向保管人函证，复核并记录函证结果。了解在外保管的以公允价值计量且其变动计入其他综合收益的金融资产是否实质上为委托理财，如是，则应详细记录，分析资金的安全性和可收回性，提请被审计单位重新分类，并充分披露
BC	4.确定以公允价值计量且其变动计入其他综合收益的金融资产的会计记录是否完整，是否由被审计单位拥有： （1）分别自本期增加、本期减少记录中选择适量项目。 （2）追查至原始凭证，检查其是否经授权批准，确认有关以公允价值计量且其变动计入其他综合收益的金融资产的购入、售出、兑换及投资收益金额是否正确，记录是否完整，并确认所购入以公允价值计量且其变动计入其他综合收益的金融资产是否归被审计单位拥有。 （3）检查以公允价值计量且其变动计入其他综合收益的金融资产处置时，是否将原直接计入其他综合收益的公允价值变动累计额对应处置部分的金额转出，计入投资收益

审计目标	可供选择的审计程序
D	5.确定以公允价值计量且其变动计入其他综合收益的金融资产的计价是否正确： （1）复核以公允价值计量且其变动计入其他综合收益的金融资产的计价方法，检查其是否按公允价值计量，前后各期是否一致，公允价值取得依据是否充分。 （2）与被审计单位讨论以确定实际利率确定依据是否充分，非本期新增投资，复核实际利率是否与前期一致。 （3）重新计算持有期间的利息收入和投资收益。按票面利率计算确定当期应收利息，按以公允价值计量且其变动计入其他综合收益的金融资产摊余成本和实际利率计算确定当期投资收益，差额作为利息调整。与应收利息和投资收益中的相应数字核对是否相符。 （4）复核以公允价值计量且其变动计入其他综合收益的金融资产的期末价值计量是否正确，会计处理是否正确。以公允价值计量且其变动计入其他综合收益的金融资产期末公允价值变动应计入其他综合收益。但应关注按实际利率法计算确定的利息、减值损失、外币货币性金融资产形成的汇兑损益应确认为当期损益。与财务费用、资产减值损失等科目中的相应数字核对是否相符
D	6.期末对以公允价值计量且其变动计入其他综合收益的金融资产进行如下逐项检查，以确定以公允价值计量且其变动计入其他综合收益的金融资产是否已经发生减值： （1）核对以公允价值计量且其变动计入其他综合收益的金融资产减值准备本期与以前年度计提方法是否一致，如有差异，查明政策调整的原因，并确定政策变更对本期损益的影响，提请被审计单位进行适当披露。 （2）期末，对以公允价值计量且其变动计入其他综合收益的金融资产逐项进行检查，以确定是否已经发生减值。如果以公允价值计量且其变动计入其他综合收益的金融资产的公允价值发生较大幅度下降，或在综合考虑各种相关因素后，预期这种下降趋势属于非暂时性的，可认定该项以公允价值计量且其变动计入其他综合收益的金融资产已发生减值，应当确认减值损失，并与被审计单位已计提数相核对，如有差异，查明原因。 （3）将本期减值准备计提（或转回）金额与利润表资产减值损失中的相应数字核对是否相符
ABCD	7.检查非货币性资产交换、债务重组的会计处理是否正确
CE	8.结合银行借款等的检查，了解以公允价值计量且其变动计入其他综合收益的金融资产是否存在质押、担保的情况。如有，则应详细记录，并提请被审计单位进行充分披露
	9.针对识别的舞弊风险等因素增加的审计程序
E	10.检查以公允价值计量且其变动计入其他综合收益的金融资产的列报是否恰当： （1）各类以公允价值计量且其变动计入其他综合收益的金融资产期初、期末价值。 （2）确定以公允价值计量且其变动计入其他综合收益的金融资产的依据。 （3）以公允价值计量且其变动计入其他综合收益的金融资产利得和损失的计量基础。 （4）以公允价值计量且其变动计入其他综合收益的金融资产减值的判定依据

（三）长期股权投资审计

长期股权投资核算企业持有的采用权益法或成本法核算的长期股权投资，具体包括：（1）企业持有的能够对被投资单位实施控制的权益性投资，即对子公司的投资。

（2）企业持有的能够与其他合营方一同对被投资单位实施共同控制的权益性投资，即对合营企业的投资。（3）企业持有的能够对被投资单位施加重大影响的权益性投资，即对联营企业的投资。（4）企业对被投资单位不具有控制、共同控制或重大影响，且在活跃市场中没有报价、公允价值不能可靠计量的权益性投资。

1.长期股权投资的审计目标

长期股权投资审计目标与财务报表认定的对应关系见表6-19。

表6-19　　　　　　　　长期股权投资审计目标与财务报表认定的对应关系表

审计目标	财务报表认定					
	存在	完整性	权利和义务	计价和分摊	分类	列报
A.资产负债表中记录的长期股权投资是存在的	√					
B.所有应当记录的长期股权投资均已记录		√				
C.记录的长期股权投资由被审计单位拥有或控制			√			
D.长期股权投资以恰当的金额包括在财务报表中，与之相关的计价调整已恰当记录				√		
E.长期应收款已记录于恰当的账户					√	
F.长期股权投资已按照企业会计准则的规定在财务报表中作出恰当列报						√

2.长期股权投资实质性程序

在长期股权投资审计中，注册会计师为了实现审计目标而实施的实质性程序见表6-20。

表6-20　　　　　　　　长期股权投资审计目标与审计程序对应关系表

审计目标	可供选择的审计程序
D	1.获取或编制长期股权投资明细表，复核加计是否正确，并与总账数和明细账合计数核对是否相符；结合长期股权投资减值准备科目与报表数核对是否相符
ACDE	2.确定长期股权投资是否存在，并归被审计单位所有；根据管理层的意图和能力，分类是否正确；针对各分类检查其计价方法、期末余额是否正确： （1）根据有关合同和文件，确认长期股权投资的股权比例和时间，检查长期股权投资核算方法是否正确；取得被投资单位的章程、营业执照等资料。 （2）分析被审计单位管理层的意图和能力，检查有关原始凭证，验证长期股权投资分类的正确性（分为对子公司、联营企业、合营企业和其他企业的投资四类），是否不包括应由金融工具确认和计量准则核算的长期股权投资。 （3）对于应采用权益法核算的长期股权投资，获取被投资单位已经注册会计师审计的年度财务报表，如果未经注册会计师审计，则应考虑对被投资单位的财务报表实施适当的审计或审阅程序：

审计目标	可供选择的审计程序
ACDE	①在复核投资损益时，根据重要性原则，应以取得投资时被投资单位各项可辨认净资产的公允价值为基础，对被投资单位的净损益进行调整后加以确认。被投资单位采用的会计政策及会计期间与被审计单位不一致的，应当按照被审计单位的会计政策及会计期间对被投资单位的财务报表进行调整，据以确认投资损益，并作出详细记录。 ②将重新计算的投资损益与被审计单位计算的投资损益相核对，如有重大差异，查明原因，并进行适当调整。 ③关注被审计单位在其被投资单位发生净亏损或以后期间实现盈利时的会计处理是否正确。 ④检查除净损益以外被投资单位所有者权益的其他变动，是否调整计入所有者权益。 （4）对于采用成本法核算的长期股权投资，检查股利分配的原始凭证及分配决议等资料，确定会计处理是否正确；对被审计单位实施控制而采用成本法核算的长期股权投资，比照权益法编制变动明细表，以备合并报表使用。 （5）对于成本法和权益法相互转换的，检查其投资成本的确定是否正确
ABD	3.确定长期股权投资增减变动的记录是否完整： （1）检查本期增加的长期股权投资，追查至原始凭证及相关的文件或决议及被投资单位验资报告或财务资料等，确认长期股权投资是否符合投资合同、协议的规定，会计处理是否正确（根据企业合并形成的、企业合并以外其他方式取得的长期股权投资分别确定初始投资成本）； （2）检查本期减少的长期股权投资，追查至原始凭证，确认长期股权投资的处理是否有合理的理由及授权批准手续，会计处理是否正确
D	4.期末对长期股权投资进行逐项检查，以确定长期股权投资是否已经发生减值： （1）核对长期股权投资减值准备本期与以前年度计提方法是否一致，如有差异，查明政策调整的原因，并确定政策改变对本期损益的影响，提请被审计单位进行适当披露。 （2）对长期股权投资进行逐项检查，根据被投资单位经营政策、法律环境、市场需求、行业及盈利能力等的各种变化判断长期股权投资是否存在减值迹象。当长期股权投资可收回金额低于账面价值时，应将可收回金额低于账面价值的差额作为长期股权投资减值准备予以计提，并应与被审计单位已计提数相核对，如有差异，查明原因。 （3）将本期减值准备计提金额与利润表资产减值损失中的相应数字进行核对。 （4）长期股权投资减值准备是否按单项资产计提，计提依据是否充分，是否得到适当批准
ABD	5.检查通过发行权益性证券、投资者投入、企业合并等方式取得的长期股权投资的会计处理是否正确
D	6.对于长期股权投资分类发生变化的，检查其核算是否正确
CE	7.结合银行借款等的检查，了解长期股权投资是否存在质押、担保情况。如有，则应详细记录，并提请被审计单位进行充分披露

续表

审计目标	可供选择的审计程序
CE	8.与被审计单位人员讨论确定是否存在被投资单位由于所在国家和地区及其他方面的影响，其向被审计单位转移资金的能力受到限制的情况。如存在，应详细记录受限情况，并提请被审计单位充分披露
	9.根据评估的舞弊风险等因素增加的审计程序
E	10.检查长期股权投资的列报是否恰当： （1）子公司、合营企业和联营企业清单，包括企业名称、注册地、业务性质、投资企业的持股比例和表决权比例； （2）合营企业和联营企业当期的主要财务信息，包括资产、负债、收入、费用等的合计金额； （3）被投资单位向投资企业转移资金的能力受到严格限制的情况

五、其他相关项目的审计

（一）所得税费用审计

所得税领域容易发生错报的几个方面包括：一是根据税法，将会计利润调整为应纳税所得额；二是根据资产、负债的账面价值与计税基础之间存在的差异，确定或调整递延所得税资产和递延所得税负债，并结合当期应纳所得税额，倒轧出所得税费用；三是递延所得税负债确认的完整性和递延所得税资产的可实现性。审计时，应当重点围绕以下几个问题进行。

1.审计目标

（1）确定利润表中列示的所得税费用是否已发生，且与被审计单位有关；

（2）确定所有应当列示的所得税费用是否均已列示；

（3）确定与所得税费用有关的金额及其他数据是否已恰当记录；

（4）确定所得税费用是否已记录于正确的会计期间；

（5）确定被审计单位记录的所得税费用是否已记录于恰当的账户；

（6）确定所得税费用是否已按照企业会计准则的规定在财务报表中作出恰当列报。

2.实质性程序

（1）获取或编制所得税费用明细表、递延所得税资产明细表、递延所得税负债明细表，与明细账合计数、总账及报表数核对是否相符。

（2）根据审计结果和税法的规定，核实当期的纳税调整事项，确定应纳税所得额，计算当期所得税费用。

（3）根据期末资产及负债的账面价值与其计税基础之间的差异，以及未作为资产和负债确认的项目的账面价值与按照税法的规定确定的计税基础的差异，计算递延所得税资产、递延所得税负债期末应有余额，并根据递延所得税资产、递延所得税负债期初余额，倒轧出递延所得税费用（收益）。

（4）将当期所得税费用与递延所得税费用之和与利润表上的"所得税费用"项目金额相核对。

（5）确定所得税费用、递延所得税资产、递延所得税负债是否已在财务报表中恰当列报。

（二）资产减值准备审计

利润表项目"资产减值损失"或"信用减值损失"和相关的资产减值准备审计是一个问题的两个方面。

资产减值准备包括坏账准备、存货跌价准备、长期股权投资减值准备、其他债权投资减值准备、债权投资减值准备、投资性房地产减值准备、固定资产减值准备、工程物资减值准备、在建工程减值准备、无形资产减值准备、商誉减值准备等项目。根据企业会计准则的规定，不同类别资产的减值，适用不同的准则。

渝钛白的借款费用资本化疑云

1.审计目标

（1）确定利润表中列示的资产减值损失或信用减值损失是否已发生，且是否与被审计单位有关；

（2）确定应当列示的资产减值损失或信用减值损失是否均已反映；

（3）确定与资产减值损失或信用减值损失有关的金额及其他数据是否已恰当记录；

（4）确定资产减值损失或信用减值损失是否已记录于正确的会计期间；

（5）确定资产减值损失或信用减值损失是否已记录于恰当的账户；

（6）确定资产减值损失或信用减值损失是否已按照企业会计准则的规定在财务报表中作出恰当列报。

2.实质性程序

（1）获取或编制资产减值损失或信用减值损失明细表，复核加计是否正确，并与报表数、总账数和明细账合计数核对是否相符。

（2）检查资产减值损失或信用减值损失的核算内容是否符合规定。

（3）对本期增减变动情况检查如下：

① 对本期增加及转回的资产减值损失或信用减值损失，与坏账准备等科目进行交叉钩稽。

② 对本期转销的资产减值损失或信用减值损失，结合相关资产科目的审计，检查会计处理是否正确。

（4）检查资产减值损失或信用减值损失的披露是否恰当。

德技并修 ◗◗◗

资料：注册会计师章建波在审查浙江东方股份有限公司20×3年度财务报表时，发现该公司在年度内向中国工商银行举借长期借款一笔，长期借款合同规定：（1）长期借款以公司的商品为担保；（2）该公司债务与所有者权益之比应经常保持低于 5：3；（3）分发股利须经银行同意；（4）自 20×5 年 1 月 1 日起分期归还借款。

问题：

（1）如果不考虑相关的内部控制系统，注册会计师在审查长期借款项目时，应审查哪些内容？

（2）在筹资项目审计中，注册会计师如何发挥工匠精神，确保审计质量？

分析：

（1）注册会计师针对该公司的长期借款，应审查下列内容：

① 审查该公司长期借款是否经公司董事会批准，有无会议记录。

② 查明长期借款合同中的所有限制条款。

③ 验证长期借款利息费用和应计利息的计算是否正确，复核相关的会计记录是否健全、完整。

④ 计算债务和所有者权益之比，核实是否低于 5：3。

⑤ 查明有无一年内到期的长期借款，并检查在资产负债表中的列示是否恰当。

⑥ 抽查商品明细账记录中有无"充作担保"的记录。

（2）在筹资项目审计中，注册会计师应以客户至上为宗旨，精益求精、不辞辛苦地对每一笔筹资项目从筹资项目的可行性研究开始，认真查阅相关文件、操作过程记录，核对和计算各项资金的收支，依法、合规并认真核查、分析和判断相关费用的会计核算的合法性和公允性。

典型工作任务实训

一、实训要求

1.阅读并熟悉实训资料、实训材料。

2.在教师指导下，根据实训资料编写"记账凭证测试表"。

3.在教师指导下，完成"记账凭证测试表"的编写。

4.在教师指导下，编写审计调整分录。

5.在实训中，培养客观公正意识，发扬工匠精神。

二、实训条件

1.实训环境：上课教室或审计实训室。

2.实训材料：记账凭证测试表。

3.实训学时：2 学时。

4.实训操作：首先由教师引导学生阅读、熟悉实训资料和审计工作底稿，然后由学生自主编写、讨论、总结，教师现场指导，最后由教师讲解答案、分析问题。

5.实训方式：可采用小组手工实训方式、单人手工实训方式。

三、实训资料

言正会计师事务所注册会计师汪海20×5年2月14日审计杭州飞虹公司20×4年筹投资业务时发现如下情况：

（1）20×4年1月1日该公司发行债券，应付债券面值为10万元，债券折价2万元，票面利率12%，调阅发行债券的批文，规定发行价格10万元，发行期3年，利率12%。

1月1日第6号记账凭证的会计分录如下：

借：银行存款　　　　　　　　　　　　　　　　　　　　　80 000

应付债券——利息调整　　　　　　　　　　　　　　　20 000

贷：应付债券——债券面值　　　　　　　　　　　　　　　　100 000

所附原始凭证全部经进一步查证，均为该公司内部职工购入。

（2）20×4年1月10日，该公司为生产线建设专门筹资，平价发行5年期、面值为1 000万元的债券，票面利率为10%，实际利率为9.5%，工程于发行债券当月动工。20×4年12月31日，该公司计提利息和摊销时，作如下会计分录（12月第125号记账凭证）：

借：财务费用　　　　　　　　　　　　　　　　　　　　950 000

贷：应付债券——应计利息　　　　　　　　　　　　　　　950 000

（3）该公司20×4年6月1日至12月31日"短期借款——生产周转借款"账户平均贷款为360 000元，存货合计为250 000元，其他应收款为220 000元。

6月1日第12号记账凭证的会计分录为：

借：银行存款　　　　　　　　　　　　　　　　　　　　190 000

贷：短期借款——生产周转借款　　　　　　　　　　　　　190 000

后附"收账通知"和"借款契约"两张原始凭证，借款日期为6月1日，借款期限为6个月。

6月15日第101号记账凭证的会计分录为：

借：其他应收款——张天名　　　　　　　　　　　　　　180 000

贷：银行存款　　　　　　　　　　　　　　　　　　　　　180 000

其摘要为"汇给联华公司货款"。经核实，所记汇款是该公司为职工垫付的购买跑步机的款项，张天名是负责向职工收回垫付款的负责人，全部货款至20×4年12月陆续收回。该笔借款的年利率为5%。

（4）20×4年6月1日第20号记账凭证会计分录为：

借：其他权益工具投资——成本　　　　　　　　　　　　1 035 000

贷：银行存款　　　　　　　　　　　　　　　　　　　　1 035 000

后附交易单据显示：该股票为6月1日购入的润华公司的10 000股股票，支付买价100万元、经纪人佣金30 000元、其他相关税费5 000元。实付价款中包含润华公司已于当年4月28日宣告按每股1元分派的股利，6月20日实际派发。

6月20日派发股利，该公司6月20日第121号记账凭证会计分录为：

借：银行存款　　　　　　　　　　　　　　　　　　　　　10 000

贷：投资收益　　　　　　　　　　　　　　　　　　　　　10 000

6月30日，该股票的市价为每股100元，确认股价变动收益，6月30日第136号凭证会计分录为：

借：投资收益　　　　　　　　　　　　　　　　　　　　35 000

　　贷：其他权益工具投资——公允价值变动　　　　　　　　　　　35 000

11月20日，该公司出售该股票，每股售价为120元，11月20日第102号记账凭证会计分录为：

借：银行存款　　　　　　　　　　　　　　　　　　　1 200 000

　　其他权益工具投资——公允价值变动　　　　　　　　　35 000

　　贷：其他权益工具投资——成本　　　　　　　　　　　　1 035 000

　　　　投资收益　　　　　　　　　　　　　　　　　　　　200 000

（5）20×4年10月第28号记账凭证会计记录为：

借：交易性金融资产——成本　　　　　　　　　　　　　730 000

　　投资收益　　　　　　　　　　　　　　　　　　　　30 000

　　贷：银行存款　　　　　　　　　　　　　　　　　　　　760 000

后附股票交易结算单据3张，表明该股票是于20×4年10月16日购入的，计50 000股，每股面值10元，购买价15元/股，支付佣金及手续费10 000元，实际付款760 000元，实付价款中包含已宣告但尚未发放的现金股利30 000元。

20×4年年末，该股票市价上升为每股16元，杭州飞虹公司资产负债表中"交易性金融资产"列示为730 000元。

杭州飞虹公司所得税税率为25%，法定盈余公积计提比例为10%，任意盈余公积计提比例为5%。

同步训练

一、单项选择题

1.注册会计师为了验证被审计单位在资产负债表日所列示的长期股权投资确实归被审计单位所有，而应实施的最佳审计程序是（　　　）。

A.将交易及会计记录进行核对，确定所有交易均经批准或授权

B.抽查投资交易原始凭证，证实有关凭证是否已预先编号

C.函证资产负债表日被托管的所有有价证券

D.将明细账与总账进行核对

2.为了实现一般审计目标中的存在目标，注册会计师应实施的审计程序是（　　　）。

A.审查长期股权投资是否超过净资产的50%

B.审查长期股权投资的市价是否予以列示

C.审阅投资日期与登记入账日期是否一致

D.向投资者函证实收资本

3.对于股本账户的期末余额，首先是确定资产负债表日流通在外的股票数量，

假定对被审计单位的股票发行记录以及其与代理发行机构签订的相关协议已经进行了必要的审计和检查，为了证实这部分股票的真实性，注册会计师应当实施的审计程序是（　　）。

　　A.查阅发行记录　　　　　　　　B.查阅股东登记簿

　　C.向股东发函询证　　　　　　　D.向代理机构函证

4.企业不能接受投资者进行投资的方式是（　　）。

　　A.无形资产　　　　B.货币资金　　　　C.实物资产　　　　D.租赁资产

5.为判断被审计单位是否高估或低估长、短期借款的利息支出，注册会计师应选取适当利率匡算利息支出总额，并核对的相关记录是（　　）账户。

　　A."管理费用"　　B."财务费用"　　C."销售费用"　　D.流动负债类

6.对未入账的长期借款进行审查，无效的审计程序是（　　）。

　　A.向被审计单位索取债务说明书，了解举债业务

　　B.对利息费用实施分析程序

　　C.编制长期借款明细表并与总账核对

　　D.查阅企业管理部门的会议记录、文件资料，了解与举债相关的信息

7.注册会计师在审查托管证券是否真实存在时，应采取的主要审计程序是（　　）。

　　A.审阅投资明细账　　　　　　　B.向代管机构函证

　　C.检查被审计单位股票和债券登记簿　D.询问被审计单位管理部门

8.注册会计师为了证实对外投资的存在与所有权，应实施的有效审计程序是（　　）。

　　A.查阅投资明细账

　　B.查阅投资收益的入账凭证

　　C.查阅对外投资的实物证明，如股权登记证、出资证明等

　　D.查阅关于对外投资决策的会议记录

9.审查企业长期借款时，发现其中一部分将在一年内到期，则注册会计师认为该部分长期借款应列示为（　　）。

　　A.或有负债　　　B.非流动负债　　　C.流动负债　　　　D.流动资产

10.为确定长期借款账户余额的真实性而进行函证，函证的对象应当是（　　）。

　　A.公司的律师　　　　　　　　　B.金融监管机关

　　C.银行或其他有关债权人　　　　D.公司的主要股东

二、多项选择题

1.在对被审计单位的长期借款实施实质性程序时，注册会计师一般应获取的审计证据有（　　）。

　　A.长期借款明细表　　　　　　　B.长期借款的合同和授权批准文件

　　C.相关抵押资产的所有权证明文件　D.重大长期借款的函证回函

2.所有者权益审计的内容主要有（　　）。

　　A.实收资本审计　　B.资本公积审计　　C.盈余公积审计　　D.利润分配审计

3.注册会计师应在期末对余额较大或认为存在异常的短期借款项目实施函证程序，函证的对象有（　　）。

A.银行　　　　　　B.其他债权人　　　　C.其他债务人　　　　D.企业主管部门

4.在盘核长期股权投资资产时，应实施的审计步骤有（　　）。

A.盘点库存证券，并填制盘点清单

B.仔细调查长期股权投资的相关内部控制

C.将盘点清单与长期股权投资明细表进行核对

D.将盘点情况形成记录，并列入审计工作底稿

5.注册会计师确定长期股权投资是否已在资产负债表上恰当披露时，应当执行的审计程序有（　　）。

A.检查资产负债表上长期股权投资项目的数额与审定数是否相符

B.检查长期股权投资超过净资产的50％时，是否已在附注中恰当披露

C.盘点证券数量，并审查账实是否相符

D.检查一年内到期的长期股权投资项目的数额与审定数是否相符

6.下列审计程序中，可以用于审查长期借款入账完整性的有（　　）。

A.向债权人询证负债余额

B.查阅被审计单位管理部门的会议记录和文件资料

C.审阅账簿记录并与原始凭证核对

D.分析利息费用账户，验证利息支出的合理性

7.长期股权投资的审计目标有（　　）。

A.确定长期股权投资是否存在

B.确定长期股权投资是否均已列示

C.确定长期股权投资是否以恰当的金额包括在财务报表中，与之相关的计价调整是否已恰当记录

D.确定长期股权投资是否已作出恰当列报

8.对盈余公积进行的实质性测试有（　　）。

A.编制或取得盈余公积明细表，复核加计是否正确，并与报表数、总账数及明细账合计数核对是否相符

B.查阅公司章程及盈余公积处理的有关规定

C.将盈余公积明细账与会计凭证核对

D.检查盈余公积的列报是否正确

9.如果投资的证券是委托专门机构代为保管的，为证实其是否确实存在，注册会计师可以采取的程序有（　　）。

A.编制对外投资明细表

B.检查长期股权投资明细账

C.向代保管机构发函询证

D.会同被审计单位人员到代保管机构清查盘点

10.为审查被审计单位是否存在未入账的非流动负债业务，可选用的测试有（　　）。

A.在函证银行存款余额的同时函证银行借款业务

B.分析财务费用，确定有无付款利息源自未入账的非流动负债

  C.向被审计单位索取债务声明书

  D.由明细账入手追查至相关凭证

三、判断题

  1.如果发行记名债券，企业不仅应在债券存根簿中记载发行债券的日期，还应记载取得债券的日期，但在发行无记名债券时，仅需在债券登记簿中登记发行债券的日期，而无须登记取得债券的日期。（ ）

  2.在审计短期借款时，只要实施函证程序就可以了，不需要实施其他审计程序。（ ）

  3.企业投资者的任何一方出资，必须聘请中国注册会计师进行验资，并且出具验资报告，并据以发给投资者出资证明书。（ ）

  4.股票发行价格与其面值的差额应全部作为股本溢价计入资本公积。（ ）

  5.对未入账的长期借款进行审查，无效的审计程序是编制长期借款明细表并与总账核对。（ ）

  6.短期借款的审计目标包括验证资产负债表中列示的短期借款是否存在。（ ）

  7."对借款进行函证"的审计程序是为了验证借款是否存在及是否完整。（ ）

  8.如果有充分证据表明某一短期借款及与金融机构往来的其他重要信息对财务报表不重要且与之相关的重大错报风险很低，则可以不对该借款进行函证。（ ）

  9.所有者权益审计中不包括未分配利润审计。（ ）

  10.虽然已经对被审计单位的资产和负债进行充分审计，注册会计师仍然需要对所有者权益进行单独审计。（ ）

项目小结

本项目主要知识点和技能点归纳总结见表6-21。

表6-21　　　　　　　　　　　本项目主要知识点和技能点归纳总结

重点学习内容		主要知识点和技能点		
		主要业务活动	主要凭证	相关认定
涉及的主要业务活动和主要凭证	筹资	1.审批授权	1.债券	存在、权利和义务、完整性、计价和分摊、列报
		2.签订合同或协议	2.股票	
			3.债券契约	
		3.取得资金	4.股东名册	
			5.公司债券存根簿	
		4.计算利息或股利	6.承销或包销协议	
			7.借款合同或协议	
		5.偿还本息或发放股利	8.有关记账凭证	
			9.有关会计科目的明细账和总账	

续表

重点学习内容		主要知识点和技能点			
涉及的主要业务活动和主要凭证	投资	1.审批授权 2.取得证券或其他投资 3.取得投资收益 4.转让证券或收回其他投资	1.股票或债券 2.经纪人通知书 3.债券契约 4.企业的章程及有关协议 5.投资协议 6.有关记账凭证 7.有关会计科目的明细账和总账		存在、权利和义务、完整性、计价和分摊、列报
关键内部控制	筹资	借款经过授权审批,签订借款合同,逐笔登记借款备查簿,并定期与信贷记账员的借款明细账核对;定期与债权人核对账目等			
	投资	投资业务经过授权审批,定期核对,定期盘点等			
主要项目的实质性程序		主要项目	审计依据	主要实质性程序	审计工作底稿
		短(长)期借款	《企业会计准则第22号——金融工具确认和计量》《企业会计准则第17号——借款费用》《企业会计准则第30号——财务报表列报》	获取或编制短(长)期借款明细表,复核 执行分析程序 检查企业征信报告 函证 检查短(长)期借款的增加和减少 复核利息 检查列报	短(长)期借款明细表、利息分配检查情况表
		财务费用	《企业会计准则——基本准则》《企业会计准则第30号——财务报表列报》	获取或编制财务费用明细表,并复核 执行分析程序 检查明细项目 检查利息收入和支出 截止测试 检查是否正确列报	财务费用明细表、财务费用审定表等

续表

重点学习内容	主要知识点和技能点			
	主要项目	审计依据	主要实质性程序	审计工作底稿
主要项目的实质性程序	资本公积	《企业会计准则——基本准则》《企业会计准则第30号——财务报表列报》	获取或编制资本公积明细表	资本公积明细表、资本公积审定表
			检查明细项目，逐项审查至原始凭证	
			检查对所得税的影响	
			截止测试	
			检查是否正确列报	
	交易性金融资产	《企业会计准则第22号——金融工具确认和计量》	获取或编制交易性金融资产明细表	交易性金融资产明细表、审定表等
			确定交易性金融资产余额是否正确及存在	
			确定交易性金融资产的会计记录是否完整，并确定是否归被审计单位所拥有	
			确定交易性金融资产的计价是否正确	
			抽查交易性金融资产增减变动的原始凭证是否完整合法，会计处理是否正确	
			检查是否正确列报	

拓展阅读

别了，东方金钰

财务造假水落石出，长园集团被罚并引发维权

欣泰电气因欺诈发行退市，制度进阶市场生态改善

项目七

货币资金审计

【学习目标】 通过本项目学习之后，你应该：
1. 了解货币资金业务特性
2. 了解货币资金审计目标与程序
3. 掌握货币资金控制测试、实质性程序的操作步骤
4. 能在明确审计目标要求的前提下，结合该循环业务特点，按审计程序要求执行控制测试的基本操作
5. 能在明确审计目标要求的前提下，结合该循环业务特点，按审计程序要求执行实质性程序的基本操作
6. 能较熟练地将所搜集的审计证据记录于审计工作底稿

【素养目标】 能够以责任、忠诚、清廉、依法、独立、奉献为职业精神，以国计民生为出发点，执行货币资金循环审计取证、判断、评价和报告；通过学习货币资金内控制度以及填制该循环审计工作底稿，培养风险意识、责任意识、勤勉尽责的职业素养和团队合作精神

【思政点】 爱国　敬业　诚信　专注　创新　公正　法治　质量互变规律　事物的联系和发展　"五牛"精神　工匠精神

【知识点】 货币资金业务特点与控制程序　货币资金业务的主要凭证、记录与控制程序　银行存款函证　货币资金审计实质性程序

【技能点】 货币资金常见错弊的审查　货币资金审计常见审计工作底稿的编制　货币资金审计常见审计调整分录的编制

思政引入

涉嫌财务造假，天丰节能梦断IPO

2014年4月，河南天丰节能板材科技股份有限公司（以下简称"天丰节能"）因虚增收入、伪造银行对账单等原因受到证监会处罚，该公司新股发行之路就此画上句号。

证监会在核查中发现：天丰节能《招股说明书》披露"母公司资产负债表中2011年12月31日货币资金余额为65 499 487.33元"，实际货币资金余额仅为35 499 487.33元。

天丰节能明细账显示，建设银行新乡牧野支行41001557710050203102账户（以下简称建行牧支3102账户）2011年12月31日的财务账面余额为30 380 019.96元；而建设银行对账单显示，2011年12月31日该银行账户余额为380 019.96元。

为了掩盖上述差异，天丰节能伪造了建行牧支3102账户2011年度银行对账单。此外，为了配合前述财务造假行为，天丰节能还伪造了新乡市区农村信用联合社32106232596012账户等自2010年至2012年的全套对账单。

资料来源：唐朝金. 涉嫌财务造假，天丰节能梦断IPO［N］. 河南商报，2013-04-27.

【思考】

（1）天丰节能为什么要伪造银行对账单、虚增银行存款余额？

（2）从审计专业和社会主义核心价值观角度来看，注册会计师未能发现天丰节能伪造银行对账单等舞弊事项的原因是什么？

任务一　货币资金控制测试

知识精讲

一、货币资金与业务循环

货币资金是指以货币形态存在的资产，是企业资产的重要组成部分，具体包括库存现金、银行存款和其他货币资金。货币资金与各业务循环直接相关，成为各个循环的枢纽。货币资金最初以投资或借款的方式流入企业，企业用一部分货币资金去购买生产经营所需要的资源和劳务，并用这些资源和劳务生产待销售的商品或劳务，然后将这些业已完工的商品或服务出售给顾客以换回货币资金，其中一部分现金又以利息或股利的方式支付给债权人或投资者，另一部分则参与下一轮循环。因此，货币资金与各业务循环都有直接的关系，如图7-1所示。

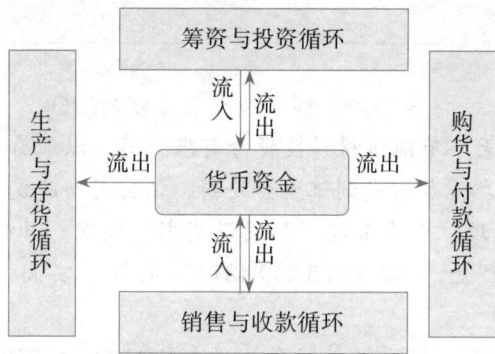

图7-1 货币资金与各业务循环的关系图

【动脑筋7-1】银行存款是如何与各个业务循环发生业务关系的？

二、货币资金内部控制关键点

货币资金是企业生存和发展的基础，又是流动性最强的资产，同时货币资金受各个业务循环交易的交叉影响，容易发生重大错报风险，因此企业必须加强对货币资金的管理，建立良好的货币资金内部控制，确保全部应收取的货币资金均能收取，并及时正确地予以记录；全部货币资金支出是按照经批准的用途进行的，并及时正确地予以记录；库存现金、银行存款报告正确，并得以恰当保管；正确预测企业正常经营所需的货币资金收支额，确保企业有充足又不过剩的货币资金余额。

一般而言，一个良好的货币资金内部控制应该达到以下几点：（1）货币资金收支与记账的岗位分离；（2）货币资金收支要有合理、合法的凭据；（3）全部收支及时准确入账，并且支出要有核准手续；（4）控制现金坐支，当日收入现金应及时送存银行；（5）按日盘点库存现金，按月编制银行存款余额调节表，以做到账实相符；（6）加强对货币资金收支业务的内部审计。

尽管由于各个企业的性质、所处行业、规模以及内部控制健全程度等不同，其与货币资金相关的内部控制内容有所不同，但以下要求是各个企业在设计本单位的货币资金内部控制制度时应当共同遵循的：

（一）岗位分工及授权批准

1.单位应当建立货币资金业务的岗位责任制，明确相关部门和岗位的职责权限，确保办理货币资金业务的不相容岗位相互分离、制约和监督。出纳人员不得兼任稽核、会计档案保管和收入、支出、费用、债权债务账目的登记工作。单位不得由一人办理货币资金业务的全过程。

【动脑筋7-2】出纳员可否同时负责应收账款明细账的登记工作？原因是什么？

2.单位在办理货币资金业务时，应当配备合格的人员，并根据单位具体情况进行岗位轮换。办理货币资金业务的人员应当具备良好的职业道德，忠于职守，廉洁奉公，遵纪守法，客观公正，不断提高会计业务素质和职业道德水平。

【请注意】轮岗轮值是一种较为有效的防止差错和舞弊行为发生的内部控制制度，但是当企业员工串通一气、领导意志凌驾于企业制度之上时，则失效。

3.单位应当对货币资金业务建立严格的授权批准制度，明确审批人对货币资金业务的授权批准方式、权限、程序、责任和相关控制措施，规定经办人办理货币资金业务的职责范围和工作要求。

4.审批人应当根据货币资金授权批准制度的规定，在授权范围内进行审批，不得超越审批权限。经办人应当在职责范围内，按照审批人的批准意见办理货币资金业务。对于审批人超越授权范围审批的货币资金业务，经办人员有权拒绝办理，并及时向审批人的上级授权部门报告。

【请注意】货币资金支出要有核准手续，而且审批人应在自己的权限范围内履行审批手续。无论未来你是一名财务人员还是注册会计师，都请牢记这一点！

5.单位应当按照规定的程序办理货币资金支付业务。

（1）支付申请。单位有关部门或个人用款时，应当提前向审批人提交货币资金支付申请，注明款项的用途、金额、预算、支付方式等内容，并附有效经济合同或相关证明。

（2）支付审批。审批人根据其职责、权限和相应程序对支付申请进行审批。对不符合规定的货币资金支付申请，审批人应当拒绝批准。

（3）支付复核。复核人应当对批准后的货币资金支付申请进行复核，复核货币资金支付申请的批准范围、权限、程序是否正确，手续及相关单证是否齐备，金额计算是否准确，支付方式、支付单位是否妥当等。复核无误后，交由出纳人员办理支付手续。

（4）办理支付。出纳人员应当根据复核无误的支付申请，按规定办理货币资金支付手续，及时登记库存现金和银行存款日记账。

6.单位对于重要货币资金支付业务，应当实行集体决策和审批，并建立责任追究制度，防范贪污、侵占、挪用货币资金等行为。

7.严禁未经授权的机构或人员办理货币资金业务或直接接触货币资金。

【提示】企业的每一笔资金都是要经过预算及各部门层层审批才能够支付的，以避免浪费，提高资金的使用效率。对于重要的货币资金支出还需要会议讨论通过，集体表决后才能够支付。

（二）库存现金和银行存款的管理

1.单位应当加强对库存现金库存限额的管理，超过库存限额的现金应及时存入银行。

2.单位必须根据《现金管理暂行条例》的规定，结合本单位的实际情况，确定本单位库存现金的开支范围。不属于库存现金开支范围的业务应当通过银行办理转账结算。

3.单位库存现金收入应当及时存入银行，不得用于直接支付单位自身的支出。因特殊情况需坐支库存现金的，应事先报经开户银行审查批准。单位借出款项必须执行严格的授权批准程序，严禁擅自挪用、借出货币资金。

4.单位取得的货币资金收入必须及时入账，不得私设"小金库"，不得账外设账，严禁收款不入账。

5.单位应当严格按照《支付结算办法》等国家有关规定，加强对银行账户的管理，严格按照规定开立账户，办理存款、取款和结算。单位应当定期检查、清理银行账户的开立及使用情况，发现问题，及时处理。单位应当加强对银行结算凭证的填制、传递及保管等环节的管理与控制。

6.单位应当严格遵守银行结算纪律，不准签发没有资金保证的票据或远期支票，套取银行信用；不准签发、取得和转让没有真实交易和债权债务的票据，套取银行和他人资金；不准无理拒绝付款，任意占用他人资金；不准违反规定开立和使用银行账户。

7.单位应当指定专人定期核对银行账户，每月至少核对一次，编制银行存款余额调节表，使银行存款账面余额与银行对账单调节相符。如调节不符，应查明原因，及时处理。

【提示】定期核对银行账户是银行存款管理的一项重要措施。在具体操作过程中，要将银行存款日记账中的记录与银行对账单逐笔核对，发现不符事项，要立即查明原因。如果是记账差错，应及时更正；如果属于单据传递的时间差，则应编制银行存款余额调节表。"日清月结"是管好银行存款的重要步骤！

8.单位应当定期和不定期地进行库存现金盘点，确保库存现金账面余额与实际库存相符。发现不符，及时查明原因，作出处理。

（三）票据及有关印章的管理

1.单位应当加强对与货币资金相关的票据的管理，明确各种票据的购买、保管、领用、背书转让、注销等环节的职责权限和程序，并专设登记簿进行记录，防止空白票据遗失或被盗用。

2.单位应当加强对银行预留印鉴的管理。财务专用章应由专人保管，个人名章必须由本人或其授权人员保管。严禁一人保管支付款项所需的全部印章。按规定需要有关负责人签字或盖章的经济业务，必须严格履行签字或盖章手续。

（四）监督检查

1.单位应当建立对货币资金业务的监督检查制度，明确监督检查机构或人员的职责权限，定期和不定期地进行检查。

2.货币资金监督检查的内容主要包括：

（1）货币资金业务相关岗位及人员的设置情况。重点检查是否存在货币资金业务不相容职务混岗的现象。

（2）货币资金授权批准制度的执行情况。重点检查货币资金支出的授权批准手续是否健全，是否存在越权审批行为。

（3）支付款项印章的保管情况。重点检查是否存在办理付款业务所需的全部印章交由一人保管的现象。

（4）票据的保管情况。重点检查票据的购买、领用、保管手续是否健全，票据保管是否存在漏洞。

3.对监督检查过程中发现的货币资金内部控制的薄弱环节，应当及时采取措施，加以纠正和完善。

三、货币资金内部控制和控制测试

（一）了解货币资金内部控制

注册会计师应当了解与货币资金审计相关的内部控制以初步评估货币资金的重大错报风险，识别潜在错报的类型，考虑导致重大错报风险的因素，以设计和实施进一步审计程序的性质、时间和范围。注册会计师应当采用询问被审计单位的人员、观察特定控制的运用、检查文件和报告、穿行测试等调查手段收集货币资金内部控制的必要资料，然后根据了解的情况编制流程图，对中小企业也可采用编写内部控制调查问卷的方法进行了解。调查问卷格式见表7-1和表7-2。

表7-1　　　　　　　　　　　库存现金内部控制调查问卷

被审计单位：_____　索引号：_____

项目：_____　财务报表截止日/期间：_____

编制：_____　复核：_____

日期：_____　日期：_____

问题	结果			备注
	是	否	不适用	
1.经办人办理有关库存现金业务是否得到授权批准				
2.经办人是否在库存现金收支原始凭证上签字				
3.业务部门负责人是否审签流程				
4.会计主管或指定人员是否审签库存现金收支原始凭证				
5.收、付款记账凭证是否连续编号				
6.作废的收款收据是否加盖"作废"戳记				
7.付款凭证是否经过会计主管或指定人员的复核				
8.出纳员是否根据凭证收付库存现金并登记日记账				
9.出纳员是否在原始凭证上加盖"收讫"戳记				
10.库存现金是否存放在保险柜等安全设备中				
11.现金支票、印鉴是否分别保管				
12.出纳员是否负责凭证编制及账簿登记工作				
13.收、付款凭证是否经过稽核人员复核				
14.全公司所有的库存现金存放点是否在财务部门的直接控制下				
15.分管会计是否根据记账凭证登记相关明细账				
16.库存现金总账是否由总账会计登记				
17.出纳员是否每日清点库存现金，是否与日记账余额核对相符				
18.超过库存限额的现金是否当日送存银行				
19.库存现金清点长短款是否报告负责人审批处理				
20.月末是否由非记账人员核对库存现金日记账及有关明细账、总账				
21.财务误差是否报经负责人审批调整处理				
22.清点小组是否按期盘点库存现金并与库存现金账核对相符				
23.收款、记账、核对、稽核职务是否由不同人员担任				

表7-2　　　　　　　　　　　银行存款内部控制调查问卷

被审计单位：_____	索引号：_____
项目：_____	财务报表截止日/期间：_____
编制：_____	复核：_____
日期：_____	日期：_____

问题	结果			备注
	是	否	不适用	
1.经办人办理有关银行存款业务是否得到授权批准				
2.经办人是否在银行存款收支原始凭证上签字				
3.业务部门负责人是否审签银行存款收支原始凭证				
4.是否采用银行账户管理方式				
5.是否有完整的资产存入、调剂、有偿使用、总体调度的管理制度				
6.材料采购、固定资产购置等付款事项是否经验收部门同意				
7.会计主管或指定人员是否审签银行存款结算原始凭证				
8.转账支票和结算凭证是否连续编号并按顺序使用				
9.作废的转账支票是否加盖"作废"戳记				
10.收付款后是否在原始凭证上加盖"收讫"或"付讫"戳记				
11.财务专用章、签发支票专用章和财务负责人印章是否分别保管				
12.财务部门是否安排专人复核记账凭证及所附的结算凭证和原始凭证				
13.财务部门是否评价银行存款结算原始凭证				
14.出纳员是否根据经复核的收付款记账凭证登记银行存款日记账				
15.会计人员是否根据经复核的收付款记账凭证登记相应明细账				
16.银行存款总账是否由总账会计登记				
17.银行存款是否定期与银行对账单逐笔核对相符				
18.银行存款余额调节表是否由非出纳人员编制并核对				
19.是否由非记账人员定期核对银行存款日记账及有关明细账、总账				
20.结算、记账、核对、稽核职务是否由不同人员担任				

【动脑筋7-3】仔细阅读库存现金内部控制调查问卷，你能概括出库存现金的内部控制有哪些关键控制点吗？

【动脑筋7-4】注册会计师对库存现金和银行存款的内控调查一般同时进行。你能说说银行存款与库存现金的内控关键点有何相同之处？又有何不同吗？

（二）测试货币资金内部控制

1.抽取适当样本的收款凭证，检查货币资金收入。

（1）检查凭证的外观形式。注意原始凭证是否为正规的发票和收款收据，要素是否完整，手续是否完备，有无伪造和涂改迹象。

（2）核对收款凭证与存入银行账户的日期、金额是否相符。

（3）核对库存现金、银行存款日记账的收入金额。

（4）核对收款凭证与银行对账单是否相符。

（5）核对收款凭证与对应科目的明细账记录是否相符，账务处理是否正确。

（6）核对收款凭证与销售发票、收据是否一致。

（7）核对货币资金收入是否与经营活动相关。

上述工作，在实际工作中常常通过库存现金及银行存款收款控制测试来完成，见表7-3。

表7-3　　　　　　　　库存现金及银行存款收款控制测试

被审计单位： _____　　　索引号： _____

项目： _____　　　财务报表截止日/期间： _____

编制： _____　　　复核： _____

日期： _____　　　日期： _____

日期	凭证编号	业务内容	对应科目	收入金额	核对								备注
					1	2	3	4	5	6	7	8	
12.1	银收2	销售款	应收账款	450 000	√	√	√	√	√	√	√	√	
12.23	现收63	收回代垫差旅费	其他应收款	600	√	√	√	√	√	√	√	√	
⋮													
12.31	银收256	销售款	应收账款	500 000	√	√	√	√	√	√	√	√	

核对说明：

1.收款凭证与存入银行账户的日期和金额相符；

2.收款凭证金额已记入日记账；

3.银行收款凭证与银行对账单核对相符；

4.收款凭证与销售发票核对相符；

5.收款凭证的对应科目与付款单位的户名一致；

6.账务处理正确；

7.收款凭证与对应科目明细账的记录一致；

8.所收款项与经营活动相关

测试说明及结论：

抽查12月1日至12月31日期间发生的所有500元以上库存现金收入业务和200 000元以上的银行存款收入业务，未发现异常，可以适当简化实质性程序

2.抽取适当样本的付款凭证，检查货币资金支出。

（1）检查原始凭证是否合法合规。

（2）检查付款凭证的授权审批手续是否齐全。

（3）核对付款凭证与记入库存现金、银行存款日记账的金额是否一致。

（4）核对付款凭证与银行对账单是否一致。

（5）核对付款凭证与对应科目明细账的记录是否一致，账务处理是否正确。

（6）核对付款凭证与相关原始凭证的内容、金额是否相符。

上述工作，在实际工作中常常通过库存现金及银行存款付款控制测试来完成，见表7-4。

表7-4　　　　　　　　　　　库存现金及银行存款付款控制测试

被审计单位：＿＿＿＿＿＿＿＿＿＿＿　　索引号：＿＿＿＿＿＿＿＿＿＿＿

项目：＿＿＿＿＿＿＿＿＿＿＿＿＿＿　　财务报表截止日/期间：＿＿＿＿＿＿＿

编制：＿＿＿＿＿＿＿＿＿＿＿＿＿＿　　复核：＿＿＿＿＿＿＿＿＿＿＿＿＿

日期：＿＿＿＿＿＿＿＿＿＿＿＿＿＿　　日期：＿＿＿＿＿＿＿＿＿＿＿＿＿

日期	凭证编号	业务内容	对应科目	收入金额	核对								备注
					1	2	3	4	5	6	7	8	
3.2	银付3	支付水电费	其他应付款	450 000	√	√	√	√	√	√	√	√	
3.12	银付13	提现发工资	应付职工薪酬	760 000	√	√	√	√	√	√	√	√	
3.21	银付70	采购材料	材料采购	600 000	√	√	√	√	√	√	√	√	
⋮													
3.31	现付17	购办公用品	管理费用	700	√	√	√	√	√	√	√	√	
⋮													

核对说明：	测试说明及结论：
1.付款的授权审批手续齐全； 2.原始凭证具有合法的发票或依据； 3.原始凭证的内容和金额与付款凭证摘要核对一致； 4.付款有关凭证签章完备； 5.付款凭证与付款银行账户的日期和金额相符； 6.银行付款凭证与银行对账单核对相符； 7.付款凭证的对应科目与供应商的记录一致； 8.账务处理正确	随机抽查500元以上现金支付业务5笔和200 000元以上的银行存款支出业务10笔，未发现异常，可以适当简化实质性程序

3.抽取一定期间的库存现金、银行存款日记账与总账核对。

（1）检查出纳与会计职责是否适当分离。

（2）检查日记账的金额计算及加总是否正确。

（3）以日记账为线索，检查总分类账中的库存现金、银行存款、应收账款等有关账户的记录是否相符。如果检查中发现问题较多，说明被审计单位货币资金的内部控制不够可靠。

4.抽取库存现金清点报告和银行存款余额调节表，查验其是否定期进行账实核对。

抽取适当的库存现金清点报告，检查被审计单位是否对库存现金进行定期盘点、核对账目；抽取一定数量的银行存款余额调节表，将其与银行对账单、银行存款日记账及总账进行核对，确定被审计单位是否按月编制银行存款余额调节表并经适当复核。

5.检查外币资金的折算方法是否符合有关规定，是否与上年度一致。

6.检查其他货币资金业务的内部控制。

抽取部分其他货币资金业务，检查其设立的适当性和必要性，是否经过适当审批；核对其他货币资金明细账，检查其他货币资金是否按规定用途使用，是否及时收回结余款项，是否及时入账。

（三）评估货币资金的内部控制

注册会计师在完成上述测试后，就可以对货币资金的内部控制进行评估了。评估时，应根据测试结果，运用专业判断，确定被审计单位货币资金内部控制的运行是否有效，是否存在重大错报风险，并据以确定在货币资金实质性程序中哪些环节可以适当减少审计程序，哪些环节应增加审计程序，作重点检查，以减少审计风险。

德技并修

资料：中健会计师事务所注册会计师金旺达于 20×5 年 1 月 5 日至 6 日对天运公司 20×4 年度货币资金的内部控制进行了了解和测试，并在相关审计工作底稿中记录了了解和测试的事项，摘录如下：

（1）出纳员张亮除了负责库存现金、银行存款的日常收支外，还负责应收账款、应付账款、管理费用、销售费用的登账工作。

（2）天运公司共有 2 个银行账户，出纳员张亮工作繁忙，所以仅将基本账户 12 月份的银行存款日记账与银行对账单做了核对，并编制了银行存款余额调节表，其余银行账户未进行对账单的核对工作。

问题：

（1）请指出天运公司在货币资金内部控制方面的缺陷。

（2）在货币资金内部控制测试过程中，注册会计师应在哪些方面体现用户至上的服务精神？

分析：

（1）天运公司货币资金内部控制的缺陷有：

① 出纳员张亮兼任费用和债权债务的登账工作，不符合不相容职务相互分离的内控规定。

② 所有银行账户月末均需进行银行存款日记账与银行对账单的核对工作，不能只对基本账户进行核对。

（2）在货币资金内部控制测试过程中，注册会计师应以用户至上为指导，用自己的专业知识和技能帮助被审计单位发现其货币资金内部控制制度在设计、运行方面存在的问题和可能的风险，并提出健全和完善的合理化意见和建议，帮助被审计单位不断提高企业经营管理能力，创造更好的效益。对存在的重大问题，除了客观、公正地向审计委托人报告外，也要帮助被审计单位进行整改、重建、提升，而不是一味追求暴露被审计单位错误和问题的数量，把被审计单位推向失败的边缘。

典型工作任务实训

一、实训要求

1.阅读并熟悉实训资料、实训材料。
2.在教师指导下，根据实训资料，编制货币资金内部控制调查表。

二、实训条件

1.实训环境：上课教室或审计实训室。
2.实训材料：货币资金内部控制调查表（见表7-5）。

表7-5 货币资金内部控制调查表

被审计单位：　　　　　　　审计人员：　　　　　　　索引号：
调查内容：货币资金　　　　被调查人：　　　　　　　调查日期：

调查问题	结果				备注
	是	否		不适用	
		较轻	较重		
1. 2. 3.					

3.实训学时：2学时。
4.实训操作：首先由教师引导学生阅读、熟悉实训资料和审计工作底稿，然后由学生自主编写、讨论、总结，教师现场指导，最后由教师讲解答案、分析问题。
5.实训方式：可采用小组手工实训方式、单人手工实训方式。

三、实训资料

绿圆公司是一家商贸公司，主要负责服装批发兼零售业务。财会部设财务经理1名，主管会计1名，出纳1名，会计3名，会计核算采用用友电算化系统，库存现金由财会部一处保管。公司所有批发业务货款均采用银行转账或电子银行结算；零售货款采用支付宝、微信和现金结算。所有业务先由销售部门开具结算通知和未加盖发票专用章的发票，购货人持结算通知和发票到出纳处办理结算后，由出纳在发票上加盖发票专用章。出纳每天下午4点停止报销，将一天的收付业务进行账务处理，并盘点库存现金，与库存现金日记账进行核对。主管会计每周会不定时检查出纳的日记账和库存现金。出纳每半个月到银行索取一次对账单，与日记账进行核对，每个月编制一次银行存款余额调节表。公司平时支出审批权限是：5 000元及以下由部门经理审批；5 001～50 000元，由副总经理审批；50 001元及以上由总经理审批。

同步训练

一、单项选择题

1.一项良好的货币资金内部控制制度应该达到（　　）。

  A.货币资金收支与记账的岗位分离

  B.当日收入的库存现金次日送存银行

  C.财务专用章和法人章由出纳一人保管

  D.银行对账单一季度核对一次

2.单位应当严格遵守的银行结算纪律是（　　）。

  A.不准签发没有资金保证的票据或远期支票，套取银行信用

  B.可以签发没有真实交易和债权债务的票据，套取银行资金

  C.可以借用其他单位的银行账户

  D.可以任意占用他人资金

3.注册会计师在抽取适当样本的收款凭证检查货币资金收入时，下列各项做法不正确的是（　　）。

  A.检查原始凭证是否为正规的发票和收款收据，要素是否完整，手续是否完备

  B.核对收款凭证与存入银行账户的日期、金额是否相符

  C.核对收款凭证与银行对账单是否相符

  D.核对收款凭证与应付账款明细账的记录是否一致

4.有关票据及印章的管理，下列各项说法不正确的是（　　）。

  A.单位应专设支票登记簿进行记录

  B.财务专用章应由专人保管

  C.票据可以不连续编号

  D.按规定需要有关负责人签字或盖章的经济业务，必须严格履行签字或盖章手续

5.下列有关货币资金支付业务的说法不正确的是（　　）。

  A.用款时，应提前向审批人提交货币资金支付申请，注明款项的用途、金额、预算、支付方式等内容，并附有效经济合同或相关证明

  B.对不符合规定的货币资金支付申请，审批人有权拒绝批准

  C.批准后的货币资金支付申请，无须复核就可以交出纳人员办理货币资金支付手续

  D.出纳人员应当根据复核无误的支付申请，按规定办理货币资金支付手续，及时登记库存现金和银行存款日记账

6.下列有关货币资金内部控制的设置中，存在重大缺陷的是（　　）。

  A.企业应当加强对货币资金的相关票据管理，明确各种票据的购买、保管、领

用、背书转让、注销等环节的职责权限和程序

B.出纳人员不得兼任稽核、会计档案保管和收入、支出、费用、债权债务账目的登记工作

C.库存现金收入及时存入银行，不得坐支现金

D.按月盘点库存现金，做到库存现金账实相符

7.如果被审计单位的某开户银行账户余额为零，注册会计师应该做的是（　　）。

A.不需再向该银行函证

B.仍需向该银行函证

C.可根据需要确定是否函证

D.可根据审计业务约定书的要求确定是否函证

8.下列各项中，属于库存现金完整性目标的是（　　）。

A.登记入账的库存现金收入确定为企业实际收到的库存现金

B.收到的库存现金已全部登记入账

C.已经收到的库存现金确实为企业所有

D.库存现金在资产负债表上的披露正确

9.注册会计师对被审计单位库存现金进行监盘，其范围是（　　）。

A.出纳员保管的库存现金　　　　B.财务部门保管的库存现金

C.各部门保管的库存现金　　　　D.存入银行的库存现金

10.在对被审计单位监盘库存现金后，负责编制"库存现金监盘表"的人员是（　　）。

A.出纳　　　　　B.会计主管　　　　C.审计人员　　　　D.财务经理

二、多项选择题

1.货币资金业务循环与（　　）业务循环有关。

A.销售与收款　　B.生产与存货　　C.购货与付款　　D.筹资与投资

2.货币资金审计涉及的凭证和记录有（　　）。

A.库存现金日记账　　　　　　B.银行对账单

C.银行存款余额调节表　　　　D.银行存款日记账

3.下列各项属于货币资金内部控制的有（　　）。

A.岗位分工及授权批准　　　　B.库存现金和银行存款管理

C.票据及有关印章的管理　　　　D.监督检查

4.下列各项属于货币资金内部控制的测试有（　　）。

A.通过编制库存现金、银行存款内部控制流程图了解被审计单位货币资金内部控制情况

B.抽查适当样本的收付款凭证

C.抽查一定期间的银行存款余额调节表

D.抽取一定期间的库存现金日记账与总账核对

5.为测试银行存款付款内部控制，注册会计师抽查银行付款凭证，应做的检查有（　　）。

A.检查付款的授权批准手续是否符合规定

B.核对银行存款日记账的付出金额是否正确

C.检查付款凭证与银行对账单是否一致

D.核对付款凭证与相关原始凭证的内容、金额是否相符

6.在货币资金的内部控制中，关于印章保管的说法中正确的有（　　）。

A.财务专用章和个人名章可以由一人保管

B.财务专用章和个人名章应当交由银行保管

C.财务专用章和个人名章严禁由一人保管

D.财务专用章应由专人管理，个人名章由本人或其授权的人保管

7.银行存款的审计目标主要有（　　）。

A.存在　　　　　　B.权利和义务　　　　C.完整性　　　　　　D.计价和分摊

8.下列说法正确的有（　　）。

A.注册会计师应向被审计单位本年度存过款的所有银行函证

B.被审计单位资产负债表上的银行存款数额，应以取得或编制银行存款余额调节表日银行存款账户数额为准

C.函证银行存款时，不仅可以证实银行存款的真实性，而且可以核实企业银行存款记录的完整性

D.对银行存款内部控制进行测试时，可以适当抽取付款凭证核对实付金额与购货发票等相关凭据是否相符

9.一项良好的银行存款内部控制制度应做到（　　）。

A.按月编制银行存款余额调节表

B.加强对银行存款收支业务的内部审计

C.全部收支及时正确入账，支出有核准手续

D.定期检查、清理银行账户的开立及使用情况，发现问题，及时处理

10.对于库存现金监盘，正确的有（　　）。

A.企业各部门经管的库存现金均应列入监盘范围

B.对于借条、未作报销的原始凭证，可以视同库存现金

C.对存放在两处或两处以上的库存现金应同时进行监盘

D.该项程序是证实资产负债表所列库存现金是否存在的一项重要程序

三、判断题

1.为提高工作效率，单位的货币资金业务的全过程可以由一人办理。　　　　（　　）

2.单位库存现金收入应当及时存入银行，不得用于直接支付单位自身的支出。因特殊情况需坐支现金的，应事先报经开户银行审查批准。　　　　　　　　　　（　　）

3.单位取得的货币资金收入必须及时入账，不得私设"小金库"，严禁收款不入账。

（　　）

4.注册会计师对被审计单位的银行存款内部控制进行控制测试时，没必要抽取一定期间银行存款余额调节表。　　　　　　　　　　　　　　　　　　　　（　　）

5.注册会计师对被审计单位货币资金内部控制进行控制测试的目的在于确定被审计

单位货币资金内部控制的运行是否有效，是否存在重大错报风险，并据以确定在货币资金实质性程序中哪些环节可以适当减少审计程序，哪些环节应增加审计程序。（　　）

6.监盘库存现金通常采用突击的方式进行，库存现金保管人员不必始终在场。（　　）

7.资产负债表日后进行库存现金监盘时，应倒推计算调整至资产负债表日的金额。（　　）

8.银行存款函证的目的不包括查找未入账的银行借款。（　　）

9.注册会计师可以采用编制流程图的方法了解被审计单位货币资金内部控制。（　　）

10.单位对于重要货币资金支付业务，应当实行集体决策和审批，并建立责任追究制度。（　　）

任务二　货币资金实质性程序

知识精讲

一、货币资金审计目标

在货币资金审计中，注册会计师必须取得充分适当的审计证据验证货币资金的余额是否符合管理层的认定。货币资金的审计目标一般应包括：

1.确定被审计单位资产负债表中列示的货币资金在资产负债表日是否确实存在。

2.确定被审计单位所有应当记录的货币资金收支业务是否均已记录，所有应当包括在财务报表中的相关披露均已包括。

3.确定记录的货币资金是否为被审计单位所拥有或控制。

4.确定货币资金以恰当的金额包括在财务报表的货币资金项目中，与之相关的计价调整已恰当记录，相关披露已得到恰当计量和描述。

5.确定货币资金已记录于恰当的账户。

6.确定货币资金已被恰当地汇总或分解且表述清楚，相关披露在适用的财务报告编制基础下是相关的、可理解的。

【动脑筋7-5】货币资金的五个审计目标分别与被审计单位管理层的哪些认定有关？

二、库存现金审计实质性程序

角色模拟:
库存现金监盘

（一）核对库存现金日记账与总账的余额是否相符

注册会计师测试库存现金余额的起点是核对库存现金日记账与总账的金额是否相符。如果不相符，应查明原因，必要时应建议被审计单位作出适当调整。

（二）监盘库存现金

监盘库存现金是证实资产负债表中货币资金项目下所列库存现金是否存在的一项重

要程序。

1.制定库存现金监盘程序，实施突击性的检查。

监盘时间：最好选择在企业营业时间的上午上班前或下午下班前进行。如遇工资发放日，应将盘点提前或推后。

监盘范围：一般指财会部门和企业其他部门经管的库存现金，包括已收到但未存入银行的库存现金、零用金、找换金等。如果企业库存现金的存放部门有两处或以上，应同时进行盘点，或全部封存后逐一进行盘点。

监盘人员：必须有被审计单位出纳、会计主管参加，并由注册会计师进行监盘。

【请注意】监盘前，注册会计师应当要求出纳员将库存现金集中存入保险柜，必要时可以封存，然后由出纳员把已办妥库存现金收付手续的收付款凭证登入库存现金日记账。以确保注册会计师能够收集到适当、相关的审计证据。

2.检查库存现金日记账，并与库存现金收款凭证和付款凭证相核对。注册会计师应重点检查日记账的记录是否与凭证所记载的内容、金额相符，凭证有无异常，同时应了解凭证日期与日记账所登记的日期是否相符或接近。

3.由出纳员结出库存现金日记账现金结余额。

4.盘点保险柜里的库存现金实存数，编制库存现金监盘表（见表7-6）。

表7-6　　　　　　　　　　　　　　库存现金监盘表

被审计单位：_____　索引号：_____

项目：_____　财务报表截止日/期间：_____

编制：_____　复核：_____

日期：_____　日期：_____

检查盘点记录			实有库存现金盘点记录		
项目	项次	人民币	面额	人民币	
				张	金额
上一日账面库存余额	①				
盘点日未记账传票收入金额	②		100元		
盘点日未记账传票支出金额	③		50元		
盘点日账面应有金额	④＝①+②-③		20元		
盘点日实有库存现金数额	⑤		10元		
盘点日应有与实有差异	⑥＝④-⑤		5元		
差异原因分析	白条抵库（张）		2元		
			1元		
			0.5元		
			0.2元		
			0.1元		
			合计		

续表

检查盘点记录			实有库存现金盘点记录
追溯调整	报表日至审计日库存现金付出总额		
	报表日至审计日库存现金收入总额		
	报表日库存现金应有余额		
	报表日账面汇率		
	报表日库存现金应有余额折算本位币金额		
本位币合计			

出纳员：　　　　会计主管：　　　　监盘人：　　　　检查日期：

【提示】若有冲抵库存现金的借条、代保管的工资、未提现的支票、未作报销的原始凭证等，应在"库存现金监盘表"中注明，必要时应提请被审计单位作出调整。

5.若在资产负债表日后进行库存现金盘点，则需调整至资产负债表日的金额。

【提示】审计日库存现金盘点数只有调整到资产负债表日，才能与资产负债表中列示的库存现金数额进行比较，从而判断被审计单位的库存现金是否账实相符。调整公式如下：

$$\begin{array}{c}\text{资产负债表日}\\\text{库存现金应有余额}\end{array}=\begin{array}{c}\text{盘点日库存现金}\\\text{账面应有余额}\end{array}+\begin{array}{c}\text{资产负债表日后至}\\\text{盘点日库存现金支出数}\end{array}-\begin{array}{c}\text{资产负债表日后至}\\\text{盘点日库存现金收入数}\end{array}$$

6.核对盘点金额与库存现金日记账余额是否相符，如有差异，应查清原因，并作记录或适当调整。

（三）抽查大额库存现金收支

注册会计师应抽查大额库存现金收支事项的原始凭证，着重查明经济业务的内容是否完整，有无授权批准；记账凭证与原始凭证是否相符，账务处理是否正确，是否记录于恰当的会计期间等项内容。

【提示】所谓大额库存现金收支可根据企业的库存现金日常收支水平结合库存现金的重要性水平进行判断。不同的企业具体情况会有所不同，不能一概而论。

（四）检查库存现金收支截止是否正确

被审计单位资产负债表上的库存现金余额，是以结账日实有数额为准的。因此注册会计师应验证库存现金收支的截止日期。检查方法是对资产负债表日前后一定时期内的库存现金收支凭证进行审计，以确定是否存在跨期事项。

（五）检查外币现金的折算是否正确

注册会计师应审查外币现金的收支是否按选定汇率折算成记账本位币金额；外币现金期末余额是否按期末市场汇率折算为记账本位币金额；外币折算差额是否按规定记入相关账户。

（六）检查库存现金在资产负债表上列示和披露的恰当性

库存现金在资产负债表中货币资金项目下反映，注册会计师应在上述程序的基础上，确定库存现金账户的期末余额是否恰当，据以确定库存现金是否在资产负债表上恰当列示和披露。

三、银行存款审计实质性程序

（一）获取或编制银行存款余额明细表，并与银行存款日记账和总账核对

如果银行存款余额明细表与银行存款日记账和总账的余额核对不符，应查明原因，并作适当调整和记录。

【提示】核对时还应认真合计银行存款日记账的收入数与支出数，查明有无人为地增加支出数，减少收入数，以掩盖挪用或贪污的情况。

【请注意】注册会计师测试银行存款余额的起点是：核对银行存款日记账与总账的余额是否相符。

（二）分析程序

计算定期存款占银行存款的比例，了解被审计单位是否存在高息资金拆借；计算存入非银行金融机构的存款占银行存款的比例，分析这些存款的安全性；计算银行存款累计余额应收利息收入，分析比较应收利息收入与实际利息收入的差异是否恰当。

（三）获取并检查银行对账单和银行存款余额调节表

获取并检查银行对账单和银行存款余额调节表是验证列报的银行存款是否存在的重要程序。对银行存款余额调节表的检查表通常应根据不同的银行账户及货币种类分别编制，其格式见表7-7。

表7-7　　　　　　　　　　　对银行存款余额调节表的检查表

被审计单位：＿＿＿＿＿＿＿＿＿＿＿＿　　索引号：＿＿＿＿＿＿＿＿＿＿＿＿

项目：＿＿＿＿＿＿＿＿＿＿＿＿＿＿＿　　财务报表截止日/期间：＿＿＿＿＿＿＿＿＿

编制：＿＿＿＿＿＿＿＿＿＿＿＿＿＿＿　　复核：＿＿＿＿＿＿＿＿＿＿＿＿＿＿

日期：＿＿＿＿＿＿＿＿＿＿＿＿＿＿＿　　日期：＿＿＿＿＿＿＿＿＿＿＿＿＿＿

开户银行：＿＿＿＿＿＿　　银行账号：＿＿＿＿＿＿＿　　币种：＿＿＿＿＿＿＿

项目	金额	调节项目说明	是否需要提请被审计单位调整
银行对账单余额			
加：企业已收，银行尚未入账合计金额			
其中：1.			
2.			
减：企业已付，银行尚未入账合计金额			
其中：1.			
2.			
调节后银行对账单余额			
企业银行存款日记账余额			
加：银行已收，企业尚未入账合计金额			

续表

项目	金额	调节项目说明	是否需要提请 被审计单位调整
其中：1.			
2.			
减：银行已付，企业尚未入账合计金额			
其中：1.			
2.			
调节后企业银行存款日记账余额			

1. 获取被审计单位资产负债表日的银行对账单，核对账面记录的存款金额是否与对账单记录一致。

2. 获取资产负债表日的银行存款余额调节表，检查调节表中加计数是否正确，调节后银行存款日记账余额与银行对账单余额是否一致。

3. 检查调节表中未达账项的真实性，及资产负债表日后的进账情况。即对所有（特别是数额较大的）未达账项，应结合截止测试程序，通过审阅原始凭证、询问相关人员等程序，查清未达账项的业务性质及形成时间，是否属于本单位的未收未付事项，并询问不入账的原因，客观判断其对财务报表的影响。如果重大的未达账项属于非正常原因造成的，应查明款项性质及来源，并提请被审计单位作相应的调整。如果存在应于资产负债表日前到账的应作相应调整。对于跨年度的未达账项，应提请被审计单位查实并提供说明。检查截止日仍未提现的大额支票和其他已签发一个月以上的未提现支票。对于金额较大、可提现、注册会计师认为重要的未提现支票，注册会计师应列示未提现支票清单，注明开票日期和收票人姓名或单位。

4. 当未经授权或授权不清支付货币资金的现象比较突出时，检查银行存款余额调节表中支付异常的领款（包括没有载明收款人），签字不全、收款地址不清、金额较大票据的调整事项，确认是否存在舞弊。

（四）函证银行存款余额，编制银行函证结果汇总表，检查银行回函

银行存款函证是指注册会计师在执行审计业务的过程中，需要以被审计单位的名义向有关单位发函询证，以验证被审计单位的银行存款是否真实、合法、完整的审计程序。

【提示】函证银行存款余额是验证所列报的银行存款是否存在的重要程序。通过向往来银行函证，注册会计师不仅可以了解企业资产的存在情况，还可以了解企业账面反映所欠银行债务的情况，并有助于发现企业未入账的银行借款和未披露的或有负债。

【动脑筋7-6】函证的目的是什么？银行存款函证与应收账款函证有何异同？

注册会计师应当对银行存款（包括零余额账户和在本期注销的账户）及与金融机构往来的其他重要信息实施函证程序，除非有充分证据表明某一银行存款及与金融机构往

来的其他重要信息对财务报表不重要且与之相关的重大错报风险很低。如果不对这些项目实施函证程序，注册会计师应当在审计工作底稿中说明理由。

【动脑筋7-7】银行存款函证的范围为什么要包括零余额账户和在本期注销的账户？

银行询证函格式见表7-8。

表7-8 银行询证函

编号：

××（银行）：

本公司聘请的××会计师事务所正在对本公司××年度财务报表进行审计，按照［中国注册会计师审计准则］［列明其他相关审计准则形成］的要求，应当询证本公司与贵行相关的信息。下列信息第1～14项及明细表（如适用信息）出自本公司记录：

（1）如与贵行记录相符，请在本函"结论"部分［签字和签章］或［签发电子签名］；

（2）如有不符，请在本函"结论"部分列明不符项目及具体内容，并［签字和签章］或［签发电子签名］。

本公司谨授权贵行将回函请直接寄至××会计师事务所［或直接转交××会计师事务所函证经办人］，地址及联系方式如下：

回函地址：

联系人： 电话： 传真： 邮编：

电子邮箱：

本公司谨授权贵行可从本公司××账户支取办理本询证函回函服务的费用（如适用）。

截至［ 年 月 日］（即"函证基准日"），本公司与贵行相关的信息列示如下：

1. 银行存款

账户名称	银行账号	币种	利率	账户类型	账户余额	是否属于资金归集（资金池或其他资金管理）账户	起始日期	终止日期	是否存在冻结、担保或其他使用限制（如是，请注明）	备注

除上述列示的银行存款（包括余额为零的存款账户）外，本公司并无在贵行的其他存款。

2. 银行借款

借款人名称	借款账号	币种	余额	借款日期	到期日期	利率	抵（质）押品/担保人	备注

除上述列示的银行借款外，本公司并无在贵行的其他借款账户。

3.自____年__月__日起至____年__月__日期间内注销的账户

账户名称	银行账号	币　种	注销账户日

除上述列示的账户外，本公司在此期间并未在贵行注销其他账户。

4.本公司作为委托人的委托贷款

账户名称	银行结算账号	资金借入方	币种	利率	余额	贷款起止日期	备注

除上述列示的委托贷款外，本公司并无通过贵行办理的其他以本公司作为委托人的委托贷款。

5.本公司作为借款人的委托贷款

账户名称	银行账号	资金借出方	币种	利率	余额	贷款起止日期	备注

除上述列示的委托贷款外，本公司并无通过贵行办理的其他以本公司作为借款人的委托贷款。

6.担保

（1）本公司为其他单位提供的以贵行为担保受益人的担保。

被担保人	担保方式	币种	担保金额	担保到期日	担保合同编号	备注

除上述列示的担保外，本公司并无其他以贵行为担保受益人的担保。

注：如采用抵押或质押方式提供担保，应在备注中说明抵押或质押物情况。

（2）贵行向本公司提供的担保（如保函业务、备用信用证业务等）。

被担保人	担保方式	币种	担保金额	担保到期日	担保合同编号	备注

除上述列示的担保外，本公司并无贵行提供的其他担保。

7.本公司为出票人且由贵行承兑而尚未支付的银行承兑汇票

银行承兑汇票号码	结算账户账号	币种	票面金额	出票日	到期日	抵（质）押品

除上述列示的银行承兑汇票外，本公司并无由贵行承兑而尚未支付的其他银行承兑汇票。

8.本公司向贵行已贴现而尚未到期的商业汇票

商业汇票号码	承兑人名称	币种	票面金额	出票日	到期日	贴现日	贴现率	贴现净额

除上述列示的商业汇票外，本公司并无向贵行已贴现而尚未到期的其他商业汇票。

9.本公司为持票人且由贵行托收的商业汇票

商业汇票号码	承兑人名称	币种	票面金额	出票日	到期日

除上述列示的商业汇票外，本公司并无由贵行托收的其他商业汇票。

10.本公司为申请人，由贵行开具的、未履行完毕的不可撤销信用证

信用证号码	受益人	币种	信用证金额	到期日	未使用金额

除上述列示的不可撤销信用证外，本公司并无由贵行开具的、未履行完毕的其他不可撤销信用证。

11.本公司与贵行之间未履行完毕的外汇买卖合约

类别	合约号码	贵行卖出币种	贵行买入币种	未履行的合约买卖金额	汇率	交收日期

除上述列示的外汇买卖合约外，本公司并无与贵行之间未履行完毕的其他外汇买卖合约。

12.本公司存放于贵行托管的证券或其他产权文件

证券或其他产权文件名称	证券代码或产权文件编号	数量	币种	金额

除上述列示的有价证券或其他产权文件外，本公司并无存放于贵行托管的其他证券或其他产权文件。

注：此项不包括本公司存放在贵行保管箱中的有价证券或其他产权文件。

13.本公司购买的由贵行发行的未到期银行理财产品

产品名称	产品类型（封闭式/开放式）	币种	持有份额	产品净值	购买日	到期日	是否被用于担保或存在其他使用限制

除上述列示的银行理财产品外，本公司并未购买其他由贵行发行的理财产品。

14.其他

附表：资金归集（资金池或其他资金管理）账户具体信息（因本教材篇幅有限，此处略）

以下由被询证银行填列

结论：

经本行核对，所函证项目与本行记载信息相符。特此函复。
年　月　日
经办人：　　　　　职务：　　　　　电话： 复核人：　　　　　职务：　　　　　电话： （银行盖章）
经本行核对，存在以下不符之处。
年　月　日
经办人：　　　　　职务：　　　　　电话： 复核人：　　　　　职务：　　　　　电话： （银行盖章）

（五）检查银行存单

编制银行存单检查表，检查是否与账面记录金额一致，是否被质押或限制使用，存单是否为被审计单位所拥有。

1.检查银行存款账户存款人是否为被审计单位，若存款人非被审计单位，应获取该账户户主和被审计单位的书面声明，确认资产负债表日是否需要提请被审计单位进行调整。

2.关注是否存在质押、冻结等对变现有限制或存在境外的款项。如果存在，应提请被审计单位作必要的调整和披露。

3.对不符合现金及现金等价物条件的银行存款在审计工作底稿中应予以列明，以考虑对现金流量表的影响。

（六）抽查大额银行存款

抽查大额银行存款收支的原始凭证，检查原始凭证是否齐全、记账凭证与原始凭证是否相符、账务处理是否正确、是否记录于恰当的会计期间等项内容。检查是否存在非营业目的的大额货币资金转移，并核对相关账户的进账情况；如有与被审计单位生产经营无关的收支事项，应查明原因并作相应的记录。

（七）检查银行存款收支的截止是否正确

选取资产负债表日前后若干张、一定金额以上的凭证实施截止测试，关注业务内容及对应项目，如有跨期收支事项，应考虑是否提请被审计单位进行调整。

（八）检查银行存款是否在财务报表中作出恰当列报

根据有关规定，企业的银行存款在资产负债表的"货币资金"项目中反映，所以，注册会计师应在实施上述审计程序后，确定银行存款账户的期末余额是否恰当，进而确定银行存款是否在资产负债表中恰当披露。此外，如果企业的银行存款存在抵押、冻结等使用受到限制的情况或者潜在回收风险，注册会计师应关注企业是否已经恰当披露有关情况。

四、其他货币资金审计的实质性程序

其他货币资金审计的实质性程序主要包括对外埠存款、信用证存款、银行汇票存款、银行本票存款、在途货币资金的审查。对这类资金主要审查真实性、合法性。实质性程序主要包括：

1.核对其他货币资金——外埠存款、信用证存款、银行汇票存款、银行本票存款、在途货币资金等明细账期末合计数与总账数是否相符。检查其他货币资金是否有长期挂账的现象，若挂账时间过长，应进一步分析查证其有无挪用资金或不及时办理结算的问题。

2.核对银行存款和银行对账单，审查其款项是否与银行对账单相一致。若不一致，应分析是否为未达账项，若不是未达账项，应查明是否收到无效或过期的票据。

3.函证其他货币资金各明细账户期末余额。

4.抽查原始凭证并对其进行检查。查明其经济内容是否完整，与收款单位有无业务往来，是否与合同规定的结算方式一致，有无适当的授权审批，并核对相关账户的进账情况。

5.检查其他货币资金的截止是否正确。抽取资产负债表日前后的大额收支凭证进行截止测试，如有跨期事项，应作适当记录和调整。

6.检查非记账本位币的其他货币资金，检查其折算是否正确。

7.检查其他货币资金的列示和披露是否恰当。

德技并修

资料：中健会计师事务所注册会计师金旺达于20×5年1月7日对天运公司20×4年度库存现金余额进行审计。实施了下列实质性程序：

（一）核对库存现金日记账与总账的余额是否相符

20×4年12月31日，天运公司库存现金日记账余额为7 300元，总账余额为7 300元，库存现金日记账与总账余额相符。

（二）监盘库存现金

1.库存现金监盘情况。保险柜现金的实存数为1 540元（其中100元钞票12张，50元钞票3张，20元钞票5张，10元钞票5张，5元钞票8张）。

2.保险柜中有下列单据已收付款，但未入账：

（1）某职工报销差旅费，金额为1 460元，手续齐全，时间为20×5年1月6日。

（2）某职工借条一张，未说明用途，无主管领导审批，金额为1 850元，日期为20×4年12月25日。

（3）基建部门处理固定资产报废残值收入500元，收据一张，手续齐全，时间为20×5年1月6日。

3.取得20×5年库存现金日记账。20×5年1月1日至1月7日库存现金借方发生额合计20 520元，贷方发生额合计23 470元，20×5年1月7日库存现金日记账的余额为4 350元（不包含保险柜中未入账的3张单据）。

（三）抽查大额现金收支凭证

金旺达在审查20×4年度库存现金日记账时，对天运公司20×4年10月12日现付120#、转68#记账凭证所记录设备清理费产生疑问，因此，又查阅了该设备报废的相关库存现金日记账、银行存款日记账、固定资产明细账和相关记账凭证、原始凭证，向相关人员了解该设备的具体情况，详见表7-9至表7-12。

注册会计师金旺达查阅固定资产明细账时发现，该机床于20×3年10月以12 000元的价格购入，为何使用1年就报废了？于是金旺达进一步询问了公司相关人员，了解到该机床于20×3年10月购入后，由于公司产品生产采用了新技术，该设备不再适用，因此于20×4年10月以10 000元转让给光华公司，转让收入10 000元未汇入公司银行账户，放入"小金库"。

表7-9

付款凭证

20×4年10月12日

现付字第120号

摘要	会计科目		借方金额										贷方金额										记账√
	总账科目	明细账科目	千	百	十	万	千	百	十	元	角	分	千	百	十	万	千	百	十	元	角	分	
支付设备清理费	管理费用	其他					2	5	0	0	0	0											
	库存现金																2	5	0	0	0	0	
附件1张	合计						¥	2	5	0	0	0	0					¥	2	5	0	0	0	0

会计主管 赵依　　记账 董华　　出纳 张亮　　审核 胡伟　　制证 吴娜

表7-10

现金支出凭单

20×4年10月12日

第78号

付给　　李小溪

　　　　报废机床拆除清理　　　　　　　　　　　　　　　　　　款

计人民币（大写）贰仟伍佰元整　　　　　　现金付讫（小写）¥2 500.00

　　　　收款人（盖章）李小溪

审批 黄丹　　主管会计 赵依　　记账 董华　　出纳 张亮

表7-11

转账凭证

20×4年10月12日

转字第68号

摘要	会计科目		借方金额										贷方金额										记账√
	总账科目	明细账科目	千	百	十	万	千	百	十	元	角	分	千	百	十	万	千	百	十	元	角	分	
报废机床一台	累计折旧						1	2	0	0	0	0											
	营业外支出						1	0	8	0	0	0											
	固定资产	生产用设备															1	2	0	0	0	0	
附件1张	合计						¥	1	2	0	0	0	0					¥	1	2	0	0	0	0

会计主管 赵依　　记账 董华　　出纳 张亮　　审核 胡伟　　制证 吴娜

表7-12 固定资产报废申请表

编号：05 20×4年10月8日

固定资产名称	机床		规格型号	XT-680X2200
原 值	12 000元		使用年限	10年
预计清理费用	2 500元		年折旧额	1 200元
残值率	0		资产编号	201410023
购入时间	20×3.10.3	使用时间	20×3.10.10	存放地点	设备处
使用部门			责任人	
报废原因		雷电损坏		
使用部门意见	同意报废 负责人：王梅　　20×4年10月8日			
技术部门意见	同意报废 负责人：韩伊平　　20×4年10月8日			
设备管理部门意见	同意报废 负责人：马红旗　　20×4年10月8日			
财务部门意见	同意报废 负责人：张明泰　　20×4年10月8日			
公司主管领导意见	同意报废 负责人：郑华然　　20×4年10月8日			
备 注				

问题：

（1）对于库存现金监盘中发现的问题注册会计师应如何处理？如何编制相关的审计调整分录？

（2）该公司对此项固定资产处理存在什么问题？对于未入公司账户的小金库应如何处理？如何编制相应的审计调整分录？

（3）根据上述审计结果，如何编制库存现金审定表？

（4）如果你作为企业的一名员工，你认为"小金库"的存在，违背了哪些职业道德？

分析：

（1）库存现金监盘表见表7-13。

表7-13 库存现金监盘表

被审计单位：天运公司   索引号：_____

项目：库存现金   财务报表截止日/期间：20×4.12.31

编制：金旺达   复核：_____

日期：20×5.1.7   日期：_____

检查盘点记录			实有库存现金盘点记录		
项目	项次	人民币	人民币		
上一日账面库存余额	①	4 350	面额	张	金额
盘点日未记账传票收入金额	②	500	100元	12	1 200
盘点日未记账传票支出金额	③	1 460	50元	3	150
盘点日账面应有金额	④=①+②-③	3 390	20元	5	100
盘点日实有库存现金数额	⑤	1 540	10元	5	50
盘点日应有与实有差异	⑥=④-⑤	1 850	5元	8	40
差异原因分析	白条抵库（1张）	1 850	2元		
			1元		
			0.5元		
			0.2元		
			0.1元		
			合计		1 540
追溯调整	报表日至审计日库存现金付出总额	24 930			
	报表日至审计日库存现金收入总额	21 020			
	报表日库存现金应有余额	5 450			
	报表日账面汇率				
	报表日库存现金应有余额折算本位币金额				
本位币合计		3 700			

出纳：张亮   会计主管：赵依   监盘人：金旺达   检查日期：20×5.1.7

库存现金监盘发现：该公司职工借条一张，金额为1 850元，未说明用途，无主管领导审批。该行为属于白条抵库，应责令改正，未经批准的职工借款应予以收回。

审计调整分录如下：

借：其他应收款   1 850

    贷：库存现金   1 850

（2）该公司固定资产存在的问题：固定资产转让收入未入账。应要求公司将小金库的钱全部存入公司银行账户，不得开设小金库。固定资产清理费用应冲回，与收入抵减。

审计调整分录如下：

借：其他应收款   10 000

    贷：管理费用   2 500

        营业外支出   7 500

天丰节能及利安达会计师事务所处罚书

泸州老窖内部控制审计报告及重大诉讼公告

（3）编制库存现金审定表（见表7-14）。

表7-14　　　　　　　　　　　　　　　库存现金审定表

被审计单位：天运公司　　　　　　　　　　　索引号：_____

项目：库存现金　　　　　　　　　　　　　　财务报表截止日/期间：20×4.12.31

编制：金旺达　　　　　　　　　　　　　　　复核：_____

日期：20×5.1.7　　　　　　　　　　　　　　日期：_____

项目名称	期末未审数	账项调整		重分类调整		期末审定数	上期期末审定数	索引号
		借方	贷方	借方	贷方			
库存现金	7 300		1 850			5 450		
合计	7 300		1 850			5 450		

审计结论：

经审计调整，余额可以确认。

（4）"小金库"的存在，不仅损害了人民和国家的利益，而且严重违背了职业道德。首先"小金库"表现为集体财产被个别人侵占，它的存在首先是相关在岗人员监守自盗、欺上瞒下、私吞公共财产、办事不公，未做到爱岗敬业、诚实守信、办事公道；如果这些资金是广大员工共同努力的结果，那么这些相关在岗人员还有损于群众的利益，有损于社会的利益，未尽到服务群众、奉献社会的义务和责任。

◗ 典型工作任务实训 ◗◗◗

一、实训要求

1.阅读并熟悉实训资料、实训材料。

2.在教师指导下，根据实训资料编制银行存款明细表（见表7-21）、对银行存款余额调节表的检查表（见表7-7）、银行询证函（见表7-8）、货币资金收支检查情况表（见表7-22）、银行存款审定表（见表7-23）并编写审计调整分录。

二、实训条件

1.实训工具：银行存款明细表（见表7-21）、对银行存款余额调节表的检查表（见表7-7）、银行询证函（见表7-8）、货币资金收支检查情况表（见表7-22）、银行存款审定表（见表7-23）。

2.实训学时：2学时。

3.实训方式：个人手工实训。

三、实训资料

浙江中健会计师事务所注册会计师金旺达于20×5年1月8日对浙江天运有限公司（以下简称天运公司）20×4年度银行存款余额进行审计。实施了下列实质性程序：

（1）编制银行存款余额明细表，核对银行存款日记账与总账的余额是否相符。

天运公司共有2个银行账户，分别为：一般存款账户——中国工商银行高新分理处（账号为00421208023156），基本存款账户——中国银行下沙分理处（账号为3672895559）。截至20×4年12月31日，天运公司银行存款总账余额为1 097 797.01元；"银行存款——工行"明细账余额为897 456.21元，"银行存款——中行"明细账余额为200 340.80元。

（2）检查银行存款余额调节表并编制对银行存款余额调节表的检查表。

20×4年12月31日，公司"银行存款——工行"日记账余额为897 456.21元，银行对账单余额为897 456.21元，日记账余额与对账单余额核对一致。

20×4年12月31日，公司"银行存款——中行"日记账余额为200 340.80元，银行对账单余额为244 940.80元。存在下列未达账项：

① 12月28日，银行代付电费11 600元，企业尚未收到银行的付款通知，尚未入账。

② 12月30日，委托银行代收外埠货款58 500元，银行收到已经入账，公司未收到银行的收款通知，尚未入账。

③ 12月31日，月末开出转账支票24 200元，银行尚未入账。

④ 12月31日，收到转账支票一张存入银行，金额17 000元，银行尚未入账。

（3）撰写并寄发银行存款询证函。

截至20×4年12月31日，天运公司在中国工商银行高新分理处（账号为00421208023156）除了有存款之外，还有2笔借款。其中1年期银行借款200 000元（借款期限：自20×4年9月15日至20×5年9月14日，年利率5.7%）；3年期银行借款500 000元（借款期限：自20×3年6月30日至20×6年6月29日，年利率6.6%，由恒通公司担保）。天运公司在中国银行下沙分理处（账号为3672895559）只有存款，没有借款。

（中健会计师事务所地址：杭州市中山路1461号；邮编：310002；电话：0571-85729436；传真：0571-85729367）

（4）抽查银行存款收支凭证，发现20×4年11月5日收到新龙公司货款20 340元，11月8日退回新龙公司货款20 340元。注册会计师对该业务存在疑问，于是进一步核对了银行存款日记账、银行对账单和会计凭证，情况见表7-15至表7-23。

表7-15   银行存款日记账

20×4年		凭证编号	摘　　要	借方（收入）		贷方（支出）		余额（结存）	
月	日			金额	√	金额	√	金额	√
11			承前页					467 862.46	
	3	记5	提现			20 000.00		447 862.46	
	4	记7	王梅军购料			32 658.21		415 204.25	
	5	记18	收到新龙公司货款	20 340.00				435 554.25	
	6	记19	缴纳五险			64 358.90		371 185.35	
	7	记20	收到宝利公司定金	60 000.00				431 185.35	
	8	记21	新龙公司退货			20 340.00		410 845.35	
	9	记22	收到星和公司货款	35 100.00				445 945.35	
			⋮					⋮	

表7-16   记账凭证

20×4年11月5日   第18号

摘要	会计科目		借方金额										贷方金额									记账√
	总账科目	明细账科目	千	百	十	万	千	百	十	元	角	分	千	百	十	万	千	百	十	元	角	分
收到新龙公司货款	银行存款				2	0	3	4	0	0	0	0										
	应收账款	新龙公司													2	0	3	4	0	0	0	0
附件1张	合计			¥	2	0	3	4	0	0	0	0		¥	2	0	3	4	0	0	0	0

会计主管　赵依　　　　记账　董华　　　　出纳　张亮　　　　审核　胡伟　　　　制证　吴娜

表7-17   中国工商银行 进账单（回单）

20×4年11月5日   第234号

收款人	全　称	浙江天运有限公司	付款人	全　称	杭州新龙有限公司
	账　号	00421208023156		账　号	256200565226709
	开户银行	中国工商银行高新分理处		开户银行	中国工商银行新华大道办事处

金额	人民币（大写）贰万零叁佰肆拾元整	千 百 十 万 千 百 十 元 角 分 ¥2 0 3 4 0 0 0 0

中国工商银行高新分理处
20×4.11.05
转账转讫

票据种类	转账支票
票据张数	1张

单位主管	会计
复核	记账

出票人开户行盖章

表7-18

记账凭证

20×4 年 11 月 8 日 　　　　　　　　　　　　　　　　　　　第 21 号

摘要	会计科目		借方金额										贷方金额										记账√
	总账科目	明细账科目	千	百	十	万	千	百	十	元	角	分	千	百	十	万	千	百	十	元	角	分	
支付新龙公司退货款	主营业务收入				1	8	0	0	0	0	0												
	应交税费	应交增值税（销项税额）				2	3	4	0	0	0												
	银行存款														2	0	3	4	0	0	0		
附件2张	合计		￥	2	0	3	4	0	0	0			￥	2	0	3	4	0	0	0			

会计主管　赵依　　　记账　董华　　　出纳　张亮　　　审核　胡伟　　　制证　吴娜

表7-19

支票存根

中国工商银行

转账支票存根

支票号码：00812228

科　　目

对方科目

出票日期：20×4.11.08

收款人：杭州新龙有限公司

金　额：￥20 340.00

用　途：支付退货款

备　注：

单位主管：　　　会计：

复核：　　　　　记账：

表7-20

浙江增值税专用发票

No.01035044

开票日期：20×4年11月8日

购买方	名　　称：杭州新龙有限公司	密码区	03*306/*20*182*3>->891893247 *8>45>*7+78/2/-/1>4*>3/489-+1 85817><>1438<67>9/0><*1721/4 6-89+770/701379306*92/7+5447
	纳税人识别号：450121168168168		
	地址、电话：高新开发区　0393-88776666		
	开户行及账号：中国工商银行新华大道办事处　256200565226709		

货物或应税劳务、服务名称	规格型号	单位	数量	单价	金　额	税率	税　额
1#机床					-18 000.00	13%	-2 340.00
合　计					￥-18 000.00		￥-2 340.00

价税合计（大写）　　　　⊗负贰万零叁佰肆拾元整　　　　　￥-20 340.00

销售方	名　　称：浙江天运有限公司	备注
	纳税人识别号：405312345678988	405312345678988
	地址、电话：中国工商银行高新开发区　0571-88656231	发票专用章
	开户行及账号：中国工商银行高新分理处　00421208023156	

第一联：记账联 销售方记账凭证

表7-21 　　　　　　　　　　　　　　银行存款明细表

被审计单位：＿＿＿＿＿＿＿＿＿＿＿＿＿＿　　索引号：＿＿＿＿＿＿＿＿＿＿＿＿＿＿

项目：＿＿＿＿＿＿＿＿＿＿＿＿＿＿＿　　财务报表截止日/期间：＿＿＿＿＿＿＿＿

编制：＿＿＿＿＿＿＿＿＿＿＿＿＿＿＿　　复核：＿＿＿＿＿＿＿＿＿＿＿＿＿＿＿

日期：＿＿＿＿＿＿＿＿＿＿＿＿＿＿＿　　日期：＿＿＿＿＿＿＿＿＿＿＿＿＿＿＿

银行名称	账号	账面余额	银行对账单余额	对账单索引号	差额	调节表索引号	函证情况	询证函索引号
合计								

表7-22 　　　　　　　　　　　　　　货币资金收支检查情况表

被审计单位：＿＿＿＿＿＿＿＿＿＿＿＿＿＿　　索引号：＿＿＿＿＿＿＿＿＿＿＿＿＿＿

项目：＿＿＿＿＿＿＿＿＿＿＿＿＿＿＿　　财务报表截止日/期间：＿＿＿＿＿＿＿＿

编制：＿＿＿＿＿＿＿＿＿＿＿＿＿＿＿　　复核：＿＿＿＿＿＿＿＿＿＿＿＿＿＿＿

日期：＿＿＿＿＿＿＿＿＿＿＿＿＿＿＿　　日期：＿＿＿＿＿＿＿＿＿＿＿＿＿＿＿

记账日期	凭证编号	业务内容	对应科目	金额	核对内容（用"√""×"表示）					备注
					1	2	3	4	5	

核对内容说明：1.原始凭证是否齐全；2.记账凭证与原始凭证是否相符；3.账务处理是否正确；4.是否记录于恰当的会计期间；5.与银行对账单核对是否相符

对不符事项的处理：

表7-23   银行存款审定表

被审计单位：_____   索引号：_____

项目：**银行存款**_____   财务报表截止日/期间：_____

编制：_____   复核：_____

日期：_____   日期：_____

项目名称	期末未审数	账项调整		重分类调整		期末审定数	上期期末审定数	索引号
		借方	贷方	借方	贷方			
合计								

但对账单上显示11月8日天运公司向一家名为好运来的公司转账付款20 340元的记录，而天运公司的银行存款日记账和会计凭证中均无此记录。注册会计师向公司财务经理面询新龙公司和好运来公司情况，财务经理只好说明真情，此笔业务实为天运公司将收到的新龙公司货款通过好运来公司转出，作为"小金库"。

另经金旺达会计师查证，出纳挪用企业9 500元银行存款。

同步训练

一、单项选择题

1.对企业库存现金进行监盘时，参加的人员必须是（   ）。

　A.出纳员或会计部门负责人

　B.会计部门负责人或注册会计师

　C.出纳员与注册会计师同时在场

　D.出纳员、会计部门负责人、注册会计师同时在场

2.库存现金的盘点一般采用的审计程序是（   ）。

　A.通知盘点　　　B.突击盘点　　　C.定期盘点　　　D.无所谓

3.函证银行存款时，回函应直接寄往的收件人是（   ）。

　A.会计师事务所　　　　　　B.被审计单位

　C.委托人　　　　　　　　　D.被审计单位或会计师事务所

4.如果在资产负债表日后对库存现金进行监盘，应当根据盘点数、资产负债表日至（   ）的库存现金数，倒推计算资产负债表上所包含的库存现金数是否正确。

　A.审计报告日　　　　　　　B.资产负债表日

　C.盘点日　　　　　　　　　D.审计外勤工作结束日

5.如果注册会计师已从被审计单位的某开户银行获取了银行对账单和所有已付支票清单，该注册会计师应执行的审计程序是（   ）。

    A.不需再向该银行函证

    B.仍需向该银行函证

    C.可根据实际需要，确定是否向该银行函证

    D.可根据审计业务约定书的要求确定是否向该银行函证

6.对库存现金实有数额的审计应通过对库存现金实施（   ）审计程序进行。

    A.函证   B.重新计算   C.分析程序   D.监盘

7.测试库存现金余额的起点是（   ）。

    A.核对库存现金日记账与总账的余额是否相符

    B.盘点库存现金

    C.抽查大额库存现金收支

    D.检查库存现金收支的正确截止

8.某公司某银行账户的银行对账单余额与银行存款日记账余额不符，注册会计师应当执行的最有效的审计程序是（   ）。

    A.重新测试相关的内部控制

    B.审查银行对账单中记录的该账户资产负债表日前后的收付情况

    C.审查银行存款日记账中记录的该账户资产负债表日前后的收付情况

    D.审查该账户的银行存款余额调节表

9.下列各项中，符合库存现金监盘要求的是（   ）。

    A.被审计单位的会计主管应当回避

    B.审计人员帮助出纳人员进行库存现金清点

    C.不同存放地点的库存现金同时进行监盘

    D.监盘时间安排在当日库存现金收付业务进行过程中

10.在下列有关银行存款审计的程序中，能够证实银行存款是否存在的最有效的审计程序是（   ）。

    A.分析非银行金融机构的存款占银行存款的比例

    B.检查银行存款余额调节表

    C.函证银行存款余额

    D.检查银行存款收支的正确截止

二、多项选择题

1.函证银行存款余额的目的包括（   ）。

    A.了解企业银行存款是否存在   B.了解欠银行的债务

    C.发现企业未登记的银行借款   D.验证库存现金的安全性

2.银行存款函证的对象有（   ）。

    A.企业银行存款已结清的银行   B.信用证保证金存款所在银行

    C.外埠存款所在银行   D.信用卡存款所在银行

3.下列各项中，符合库存现金监盘要求的有（   ）。

A.盘点人员必须有出纳员、被审计单位会计主管和注册会计师

B.盘点之前应将已办理库存现金收付手续的收付款凭证登入库存现金日记账

C.不同存放地点的库存现金应同时进行盘点

D.最好选择在企业营业时间的上午上班前或下午下班前进行突击盘点

4.注册会计师寄发的银行询证函，可能存在的情况有（   ）。

A.是以被审计单位的名义发往开户银行的

B.要求银行直接回函至会计师事务所

C.属于积极式询证函

D.包括银行存款和银行借款余额

5.下列审计程序中，属于库存现金、银行存款账户实质性程序的有（   ）。

A.监盘库存现金，编制库存现金监盘表

B.抽查大额库存现金和银行存款收支

C.向开户银行函证银行存款余额

D.抽取银行存款余额调节表并作检查

6.下列在资产负债表日后盘点库存现金时，注册会计师应调整至资产负债表日金额的有（   ）。

A.扣减资产负债表日至盘点日库存现金增加额

B.扣减资产负债表日至盘点日库存现金减少额

C.加计资产负债表日至盘点日库存现金增加额

D.加计资产负债表日至盘点日库存现金减少额

7.货币资金审计涉及的凭证及记录有（   ）。

A.银行存款余额调节表　　　　　　B.银行对账单

C.库存现金监盘表　　　　　　　　D.存货监盘表

8.下列各项属于银行存款函证内容的有（   ）。

A.各银行存款账户的余额　　　　　B.银行借款余额

C.银行借款担保或抵押情况　　　　D.由银行托收的商业汇票情况

9.下列对银行存款函证处理正确的有（   ）。

A.注册会计师委托出纳将询证函交给银行

B.对存款余额为零的开户银行也进行函证

C.对存款余额较小的银行采取消极式函证

D.在函证银行存款的同时，对银行借款和借款抵押的情况进行函证

10.对于被审计单位的定期存款，注册会计师应实施的审计程序有（   ）。

A.向管理层询问定期存款存在的商业理由并评价其合理性

B.对未质押的定期存款，需核对存款人、金额、期限

C.结合财务费用审计测算利息收入的合理性

D.对于为他人担保的定期存单，关注担保是否逾期

三、判断题

1.证实资产负债表中所列示库存现金是否存在的重要程序是监盘库存现金。（   ）

2.被审计单位资产负债表中的库存现金数额，应以盘点日实有数额为准。（　　）

3.被审计单位资产负债表中银行存款数额应以编制或取得银行存款余额调节表日银行存款的数额为准。（　　）

4.函证银行存款的唯一目的是证实银行存款是否真实存在。（　　）

5.在结账日未开出的支票及其后开出的支票，均不得作为结账日的银行存款收付入账。（　　）

6.对库存现金监盘应采用通知盘点的方式。（　　）

7.库存现金的监盘一般不能在资产负债表日后进行，因为监盘的目的是证实资产负债表日库存现金实有数。（　　）

8.若企业某银行账户的对账单余额和银行存款日记账余额不符，则注册会计师应当执行的最有效的程序是审查该账户的银行存款余额调节表。（　　）

9.货币资金支付的审批与执行可以由同一人担任，不需要分离。（　　）

10.注册会计师可以采用编制流程图的方法了解被审计单位货币资金内部控制。（　　）

四、拓展训练

1.嘉城会计师事务所在审计弘阳公司时，对银行对账单和银行存款日记账进行核对：

某年1月26日公司银行存款日记账余额为200 340.80元，银行对账单余额为244 940.80元。有下列未达账项：

（1）1月10日，银行代付电费5 800元，企业尚未收到银行的付款通知，尚未入账。

（2）1月13日，委托银行代收外埠货款46 800元，银行收到已经入账，公司未收到银行的收款通知，尚未入账。

（3）1月14日，月末开出转账支票12 100元，银行尚未入账。

（4）1月15日，存入银行转账支票8 500元，银行尚未入账。

要求：编制对银行存款余额调节表的检查表（见表7-24）。

表7-24　　　　　　　对银行存款余额调节表的检查表

被审计单位：_____　　索引号：ZA2-3

项目：货币资金　　　　　财务报表截止日/期间：_____

编制：_____　　　复核：_____

日期：_____　　　日期：_____

开户银行：　　　　银行账号：　　　　币种：

项　目	金额	调节项目说明	是否需要审计调整
银行对账单余额			
加：企业已收，银行尚未入账合计金额			
其中：1.			
2.			

项　目	金额	调节项目说明	是否需要审计调整
减：企业已付，银行尚未入账合计金额			
其中：1.			
2.			
调节后银行对账单余额			
企业银行存款日记账余额			
加：银行已收，企业尚未入账合计金额			
其中：1.			
2.			
减：银行已付，企业尚未入账合计金额			
其中：1.			
2.			
调节后企业银行存款日记账余额			
经办会计人员（签字）：　　　　　　　　　会计主管（签字）：			
审计说明：			

2.库存现金监盘情景剧模拟训练如下：

（1）角色分工。

审计项目经理1名、负责库存现金监盘的注册会计师1名、被审计单位会计主管1名、出纳1名。

（2）场景、道具。

被审计单位公司牌、财务科科室牌，会计主管、出纳的办公桌，出纳岗位牌，办公用品，点钞券，模拟保险柜，库存现金日记账账簿、总账账簿、库存现金监盘表，笔，计算器。

（3）剧本设计指南。

某日8：30刚一上班，会计主管即来通知出纳，会计师事务所负责公司年度报表审计的注册会计师马上就要来进行库存现金审计，让出纳准备一下。话音刚落，审计小组项目经理和一名注册会计师就出现了。

在相互打过招呼后，注册会计师说明来意，会计主管也表达了他们对该审计工作认真配合的态度。

注册会计师开始询问出纳的日记账是否处理完毕、该公司库存现金有几处存放地，以及库存现金的日常管理情况，会计主管、出纳分别作出回答，并将总账、日记账交给注册会计师，注册会计师进行审阅、核对，并作记录。之后，注册会计师提出盘点库存现金，出纳将保险柜中的库存现金进行逐一盘点，注册会计师同时进行相应记录。

清点库存现金后发现账实不符，相差 1 500 元；出纳保险柜中有一张未经审批的借条，为销售部门某销售员差旅费借款，经与该销售员、出纳询问证实，该笔款项实为出纳于前一日因临时急用挪用的公款。银行核定库存现金库存限额为 3 000 元。

盘点、检查完毕，注册会计师将库存现金监盘表填好，交由出纳和会计主管签名、盖公章进行确认，彼此道别，库存现金监盘工作结束。

项目小结

本项目主要知识点和技能点归纳总结见表7-25。

表7-25　　　　　　　　　本项目主要知识点和技能点归纳总结

重点学习内容	主要知识点和技能点		
内部控制	适当的岗位分工、恰当的授权批准、不得坐支、不得私设"小金库"、按月核对银行对账单、编制银行存款余额调节表、盘点库存现金确保账实相符、加强对票据及印章的管理、建立对货币资金业务的监督检查制度		
控制测试	采用询问、观察、编制内控流程图等方式了解被审计单位货币资金内部控制情况，抽取并检查适当样本的收付款凭证，抽取一定期间的库存现金、银行存款日记账、总账、银行存款余额调节表，最终评价货币资金的内部控制是否值得信赖以及存在的薄弱环节，据以确定接下来的货币资金实质性程序哪些环节可以适当减少审计程序，哪些环节需要增加审计程序		
主要项目的实质性程序	主要项目	实质性程序	审计工作底稿
	库存现金	监盘库存现金（突击盘点）	库存现金监盘表
		抽查大额、报表截止日前后的库存现金收支凭证	货币资金收支检查情况表
	银行存款	获取或编制银行存款明细表	银行存款明细表
		检查银行对账单和银行存款余额调节表	对银行存款余额调节表的检查表
		函证银行存款	询证函
		抽查大额、报表截止日前后的银行存款收支凭证	货币资金收支检查情况表
	其他货币资金	检查其他货币资金余额调节表	对其他货币资金余额调节表的检查表
		函证其他货币资金期末余额	询证函
		抽查大额、报表截止日前后的其他货币资金收支凭证	货币资金收支检查情况表

拓展阅读

关于印发
《加强中央企
业有关业务管
理防治"小金
库"若干规定》

审计案例：
抽丝剥茧
"小金库"原
形毕露

"小金库"成
因、危害及
防治对策
探析

项目八
完成审计工作与撰写审计报告

【学习目标】 通过本项目学习之后，你应该：
1. 了解审计完成阶段的主要工作内容
2. 了解审计报告的含义、基本内容和格式
3. 了解审计意见的类型、表达的情形和措辞
4. 能够按照审计完成阶段程序，完成审计工作
5. 能够根据审计结果确定审计意见
6. 能够根据审计结论确定和撰写相应类型的审计报告

【素养目标】 能够以责任、忠诚、清廉、依法、独立、奉献为职业精神，以国计民生为出发点，执行审计取证、判断、评价和报告；能够在坚守公平、正义、独立的基础上，以国计民生为出发点，选择审计意见，撰写审计报告

【思政点】 爱国 敬业 诚信 专注 创新 公正 法治 文化自信 "五牛"精神 工匠精神

【知识点】 审计差异 核算误差 重分类误差 管理层声明书 审计工作底稿分级复核制度 期后事项 审计报告 审计意见

【技能点】 完成审计工作任务的操作步骤 审计差异的汇总 审计后试算平衡表的编制 审计意见类型的判断与选择 财务报表审计报告的撰写

思政引入

引起中国证券市场震动的首份否定意见审计报告

1992年9月11日，"重庆渝港钛白粉股份有限公司"宣告成立，并于1992年10月11日，以重庆渝港钛白粉有限公司作为发起人，以社会募集方式设立了股票上市的股份有限公司（以下简称渝钛白）。

1998年4月29日，渝钛白公布1997年年度报告，其中在财务报告部分刊登了重庆会计师事务所于1998年3月8日出具的否定意见审计报告。这是我国首份否定意见审计报告，对中国的证券市场和审计行业都有着巨大的意义。

那么重庆会计师事务所为什么会对渝钛白公司签发否定意见审计报告呢？我们首先来看一看审计报告中指出的问题。报告中指出：

1997年度应计入财务费用的借款，即应付债券利息8 064万元，公司将其资本化计入了钛白粉工程成本；欠付中国银行重庆市分行的美元借款利息89.8万美元（折合人民币为743万元），贵公司未计提入账，两项共影响利润8 807万元。

我们认为，由于本报告第二段所述事项的重大影响，贵公司1997年12月31日资产负债表、1997年度利润及利润分配表、财务状况变动表未能公允地反映贵公司1997年12月31日财务状况和1997年度经营成果及资金变动情况。

该份审计报告的发布，引起中国证券市场的极大震动，中国注册会计师协会秘书长发表谈话，开门见山就肯定了重庆会计师事务所的做法，并明确说明注册会计师审计渝钛白使用的规章是准确的，他还特别强调："财政部是国家财务主管部门，其他部门或地区制定的规章，文件中涉及财务问题，如与财政部规章不一致，是不发生效力的。"

资料来源：佚名. 引起中国证券市场震动的首份否定意见审计报告［N］. 上海证券报，2014-05-17.

【思考】

(1) 审计报告对上市公司的财务报告有何影响？

(2) 试比较一下美国、日本与中国的审计报告，以及近5年中国审计报告格式和内容的变化，看看中国审计的文化自信都有哪些表现？

任务一　完成审计工作

知识精讲

完成审计工作是审计的最后一个阶段。注册会计师按业务循环完成各财务报表项目的审计测试和一些特殊项目的审计工作后，在完成审计工作阶段汇总审计测试结果，进行更具综合性的审计工作，如评价审计中的重大发现，评价审计过程中发现的错报，关注期后事项对财务报表的影响，复核审计工作底稿和财务报表等。在此基础上，评价审计结果，在与被审计单位沟通后，获取管理层书面声明，确定应出具的审计报告的意见类型和措辞，进而编制并致送审计报告，终结审计工作。

需要说明的是，以上只是对完成审计工作阶段注册会计师主要工作的列举，并不完整。在审计实务中，这些工作有的在审计实施阶段就已经开始，有的主要在审计完成阶段执行，未必机械地按照上述示顺序依次进行。

本教材基于高职教育目标做以下内容的重点介绍。

一、汇总审计差异

注册会计师在审计中发现的被审计单位的会计处理方法与企业会计准则的不一致，叫作**审计差异**。

【提示】在注册会计师考试里面，审计差异就是指错报。

在审计实施阶段，在对每一报表项目进行审计的过程中，会发现有的会计处理错误或金额计算错误，需要进行调整；有的仅仅是会计科目错误，需要进行重分类；有的是会计处理错误或金额错误，但数额不大，可不予调整。在每一报表项目审定表中对于调整分录、重分类分录或不予调整数都有记录，注册会计师应根据审计重要性原则予以初步确定并汇总，并建议被审计单位进行调整，使经审计的财务报表能公允地反映企业的财务状况、经营成果和现金流量。

【提示】在实务中，对审计差异内容的"初步确定并汇总"直至形成"经审计的财务报表"的过程，主要通过编制审计差异调整表和试算平衡表等完成。

审计差异按是否需要调整账户记录可分为核算误差和重分类误差。**核算误差是指因企业对经济业务进行了不正确的会计核算而引起的误差。**用审计重要性原则的数量和金额两个方面来衡量每一项核算误差，又可把这些核算误差区分为建议调整的不符事项和不建议调整的不符事项（即未调整不符事项）。**重分类误差是指因企业未按有关会计准则、会计制度的规定编制财务报表而引起的误差。**例如，企业在应付账款项目中反映的预付账款、在应收账款项目中反映的预收账款等。

【请注意】无论是建议调整的不符事项、重分类误差还是未调整不符事项，在审计工作底稿中通常都是以会计分录的形式反映的。

由于审计中发现的错误往往不止一两项，为便于审计项目的各级负责人综合判断、分析和决定，也为了便于有效编制试算平衡表以评价经审计的财务报表，通常需要将这些建议调整的不符事项、重分类误差以及未调整不符事项分别汇总至"账项调整分录汇总表"、"重分类调整分录汇总表"与"未更正错报汇总表"。其中账项调整分录汇总表的参考格式见表8-1。

二、编制试算平衡表

试算平衡表是注册会计师在被审计单位提供未审财务报表的基础上，考虑账项调整分录、重分类调整分录等内容以确定已审数与报表披露数的表式。

表8-1　　　　　　　　　　　　　　　账项调整分录汇总表

客　户： 项　目：账项调整分录 会计期间：	签名　　　日期 编制人：＿＿＿＿　＿＿＿＿ 复核人：＿＿＿＿　＿＿＿＿			索引号：＿＿＿＿＿＿ 页　次：＿＿＿＿＿＿

序号	调整内容及项目	索引号	调整金额		影响利润 ＋（－）
			借方	贷方	
合　　计					

与被审计单位的沟通：

参加人员：

被审计单位：

审计项目组：

被审计单位意见：

结论：

是否同意上述审计调整：

被审计单位授权代表签字：＿＿＿＿＿＿＿＿＿＿＿＿＿＿＿＿＿＿＿＿＿＿＿＿日期：＿＿＿＿＿＿＿

　　在实际工作中，由于会计科目或财务报表项目较多，而且都排在一张试算平衡表中，表格比较大，编制起来很不方便，因此往往把试算平衡表分为资产负债表试算平衡表和利润表试算平衡表。资产负债表试算平衡表也可以按大类再分为资产、负债及所有者权益两张试算平衡表。

　　注册会计师在汇总好审计差异后，对财务报表相关数据进行调整，重新编制审计后的财务报表，在编制审计后的财务报表之前首先要通过编制试算平衡表对资产负债表和利润表进行试算平衡。

　　在审计工作中编制试算平衡表的传统方法同会计工作中编制试算平衡表的方法一样，都遵循如下步骤：

　　（1）编制试算平衡表的框架（要具有会计科目、未审余额、调增、调减、调整后余额项目），将会计科目及未审余额过入试算平衡表；

　　（2）利用T形账户汇总各会计科目的发生额；

　　（3）将汇总后的结果过入试算平衡表，进行计算。

　　上述工作的工作量主要集中于第（2）步，利用T形账户汇总时很容易出现错误，查找起来也很麻烦。如今在审计工作中，试算平衡表的编制已为审计软件所替代，注册会计师已从该项烦琐的工作中解脱出来。

　　有关资产负债表、利润表的试算平衡表的参考格式见表8-2和表8-3。

表8-2　　　　　　　　　　资产负债表试算平衡表

被审计单位：＿＿＿＿＿＿＿＿＿＿＿　　索引号：＿＿＿＿＿＿＿＿＿＿＿

项目：＿＿＿＿＿＿＿＿＿＿＿＿＿　　财务报表截止日/期间：＿＿＿＿＿＿＿

编制：＿＿＿＿＿＿＿＿＿＿＿＿＿　　复核：＿＿＿＿＿＿＿＿＿＿＿＿＿

日期：＿＿＿＿＿＿＿＿＿＿＿＿＿　　日期：＿＿＿＿＿＿＿＿＿＿＿＿＿

项目	期末未审数	账项调整		重分类调整		期末审定数	项目	期末未审数	账项调整		重分类调整		期末审定数
		借方	贷方	借方	贷方				借方	贷方	借方	贷方	
流动资产							流动负债						
货币资金							短期借款						
交易性金融资产							交易性金融负债						
衍生金融资产							衍生金融负债						
应收票据							应付票据						
应收账款							应付账款						
预付款项							预收款项						
其他应收款							应付职工薪酬						
存货							应交税费						
持有待售资产							其他应付款						
一年内到期的非流动资产							持有待售负债						
其他流动资产							一年内到期的非流动负债						
流动资产合计							其他流动负债						
非流动资产							流动负债合计						
债权投资							非流动负债						
其他债权投资							长期借款						
长期应收款							应付债券（明细略）						
长期股权投资							长期应付款						
投资性房地产							预计负债						
固定资产							递延收益						
在建工程							递延所得税负债						
生产性生物资产							其他非流动负债						
油气资产							非流动负债合计						

续表

项目	期末未审数	账项调整		重分类调整		期末审定数	项目	期末未审数	账项调整		重分类调整		期末审定数
		借方	贷方	借方	贷方				借方	贷方	借方	贷方	
无形资产							负债合计						
开发支出							所有者权益（或股东权益）						
商誉							实收资本（或股本）						
长期待摊费用							其他权益工具（明细略）						
递延所得税资产							资本公积						
其他非流动资产							减：库存股						
非流动资产合计							其他综合收益						
							专项储备						
							盈余公积						
							未分配利润						
							所有者权益（或股东权益）合计						
资产总计							负债和所有者权益（或股东权益）总计						

表8-3　　　　　　　　　　　　　利润表试算平衡表

被审计单位：_____　　索引号：_____
项目：_____　　财务报表截止日/期间：_____
编制：_____　　复核：_____
日期：_____　　日期：_____

项目	未审数	调整金额		审定数	索引号
		借方	贷方		
一、营业收入					
减：营业成本					
税金及附加					
销售费用					
管理费用					

续表

项目	未审数	调整金额		审定数	索引号
		借方	贷方		
研发费用					
财务费用					
加：其他收益					
投资收益					
公允价值变动收益					
资产减值损失					
资产处置收益					
二、营业利润					
加：营业外收入					
减：营业外支出					
三、利润总额					
减：所得税费用					
四、净利润					

说明：①试算平衡表中的"未审数"栏，应根据被审计单位提供的未审计财务报表填制。②试算平衡表中的"账项调整"和"调整金额"列，应根据经被审计单位同意的"账项调整分录汇总表"填列。③试算平衡表中的"重分类调整"列，应根据经被审计单位同意的"重分类调整分录汇总表"填列。④在编制完试算平衡表后，应注意核对相应的钩稽关系。例如，资产负债表试算平衡表左边的"期末未审数""期末审定数"列合计数应分别等于其右边相应合计数；资产负债表试算平衡表左边的"账项调整"列中的借方合计数与贷方合计数之差应等于右边的"账项调整"列中的贷方合计数与借方合计数之差；资产负债表试算平衡表左边的"重分类调整"列中的借方合计数与贷方合计数之差应等于右边的"重分类调整"栏中的贷方合计数与借方合计数之差等。

【动脑筋8-1】会计试算平衡表与审计试算平衡表的异同是什么？

三、复核审计工作底稿和财务报表

（一）复核审计工作底稿

审计工作底稿是审计证据的载体，是审计报告的基础，因此，会计师事务所应当建立完善的审计工作底稿分级复核制度，以确保审计工作质量。审计准则明确规定，会计师事务所应当结合自身组织结构特点和质量管理体系建设需要，制定相关的质量管理政策和程序，对审计项目复核的级次以及人员、时间、范围和工作底稿记录等作出规定。

对审计工作底稿的复核可分为两个层次：项目组内部复核和作为会计师事务所业务质量管理措施而执行的项目质量复核。

【提示】在实务中，由于会计师事务所的特殊组织结构，一个部门、项目的领导往往就是事务所的合伙人，因此，在复核审计工作底稿时，直接领导实施审计项目的项目负责经理、项目合伙人以及会计师事务所质量管理部门对审计的质量要进行两个层次三个级别的复核，以确保审计工作质量，控制审计风险。

1.项目组内部复核

项目组内部复核又分为两个层次：项目负责经理的现场复核和项目合伙人的复核。

（1）项目负责经理的现场复核（三级复核）。项目负责经理对工作底稿的复核属于第一级复核。该级复核通常在审计现场完成，以便及时发现和解决问题，争取审计工作的主动。

（2）项目合伙人的复核（二级复核）。项目合伙人对审计工作底稿实施的复核是项目组内部最高级别的复核。该复核既是对项目负责经理复核的再监督，也是对重要审计事项的把关。

（3）复核范围。所有的审计工作底稿至少都要经过这一级复核。执行复核时，复核人员需要考虑的事项包括但不限于：

① 审计工作是否已按照职业准则和适用的法律法规的规定执行；

② 重大事项是否已提请进一步考虑；

③ 相关事项是否已进行适当咨询，由此形成的结论是否已得到记录和执行；

④ 是否需要修改已执行审计工作的性质、时间安排和范围；

⑤ 已执行的审计工作是否支持形成的结论，并已得到适当记录；

⑥ 已获取的审计证据是否充分、适当；

⑦ 审计程序的目标是否已实现。

（4）复核时间。审计项目复核贯穿于审计的全过程。随着审计工作的开展，复核人员应在审计计划阶段、执行阶段和完成阶段及时复核相应的工作底稿。例如，在审计计划阶段复核记录审计策略和具体审计计划的审计工作底稿，在审计执行阶段复核记录控制测试和实质性程序的工作底稿等。在审计完成阶段复核记录重大事项、审计调整及未更正错报的工作底稿等。

（5）项目合伙人复核。项目合伙人复核的内容包括：

① 重大事项；

② 重大判断，包括与在审计中遇到的困难或有争议事项相关的判断，以及得出的结论；

③ 根据项目合伙人的职业判断，与项目合伙人的职责有关的其他事项。

在审计报告日或审计报告日之前，项目合伙人应当通过复核审计工作底稿和与项目组讨论，确信已获取充分、适当的审计证据，支持得出的结论和拟出具的审计报告。

2.项目质量复核（一级复核）

根据《会计师事务所质量管理准则第5101号——业务质量管理》的规定，会计师事务所应当就项目质量复核制定政策和程序，并对上市实体财务报表审计业务、法律法规要求实施项目质量复核的审计业务或其他业务，以及会计师事务所认为，为应对一项或多项质量风险，有必要实施项目质量复核的审计业务或其他业务实施项目质量复核。因篇幅有限，本教材略。

（二）对财务报表的总体合理性进行总体复核

在审计结束或临近结束时，注册会计师运用分析程序的目的是确定审计调整后的财务报表整体是否与其对被审计单位的了解一致，是否具有合理性。注册会计师应当围绕这一目的运用分析程序。

【请注意】在运用分析程序进行总体复核时，如果识别出以前未识别的重大错报风险，注册会计师应当重新考虑对全部或部分类别交易、账户余额、披露评估的风险是否恰当，并在此基础上重新评价之前计划的审计程序是否充分，是否有必要追加审计程序。

（三）评价审计结果

注册会计师评价审计结果，主要为了确定将要发表的审计意见的类型以及在整个审计工作中是否遵循了审计准则。为此，注册会计师必须完成两项工作：一是对重要性和审计风险进行最终评价以达到审计目标；二是对被审计单位已审计财务报表形成审计意见并草拟审计报告。

1.对重要性和审计风险进行最终评价

对重要性和审计风险进行最终评价，是注册会计师决定发表何种类型审计意见的必要过程。该过程可通过以下两个步骤来完成。

（1）确定可能错报金额。可能错报金额包括已经识别的具体错报和推断误差。

（2）根据财务报表层次重要性水平，确定可能的错报金额的汇总数（即可能错报总额）对整个财务报表的影响程度。

2.对被审计单位已审计财务报表形成审计意见并草拟审计报告

在审计过程中，注册会计师要实施各种测试。这些测试通常是由参与本次审计工作的审计项目组成员来执行的，而每个成员所执行的测试可能只限于某个领域或账项，所以，在每个功能领域或报表项目的测试都完成之后，审计项目负责经理应汇总所有成员的审计结果。

在完成审计工作阶段，为了对财务报表整体发表适当的意见，必须将这些分散的审计结果加以汇总和评价，综合考虑在审计过程中所收集到的全部证据。项目合伙人对这些工作负有最终的责任。在有些情况下，可以先由审计项目负责经理进行初步确定，然后逐级交给部门经理和项目合伙人认真复核。

【请注意】在对审计意见形成最后决定之前，会计师事务所通常要与被审计单位召开沟通会。在会议上，注册会计师可口头报告本次审计所发现的问题，并说明建议被审计单位作出调整或表外披露的理由。当然，管理层也可以在会上申辩其立场。最后，双方商定可否达成一致。如达成一致，注册会计师即可签发标准审计报告，否则，注册会计师则可能不得不发表其他类型的审计意见。

四、检查审计工作完成情况

注册会计师在完成审计工作底稿和财务报表的复核、汇总审计差异、编制试算平衡表、获取管理层声明书、就审计结果与管理层沟通等工作，形成审计结论和意见，准备撰写审计报告时，要就审计工作底稿进行检查和核对，以确保审计工作质量。该项工作主要通过编制"审计工作完成情况核对表"来完成。审计工作完成情况核对表的格式见表8-4。

表8-4   审计工作完成情况核对表

被审计单位：_____   索引号：_____

项目：审计工作完成情况核对表   财务报表截止日/期间：_____

编制：_____   复核：_____

日期：_____   日期：_____

审计工作	是/否/不适用	备注	索引号
1.是否执行业务承接或保持的相关程序？			
2.是否就审计业务约定条款与管理层或治理层（如适用）达成一致意见，并签订审计业务约定书？			
3.是否制订审计计划？			
4.是否通过了解被审计单位及其环境识别和评估财务报表重大错报风险，包括舞弊风险？			
5.是否召开项目组会议对财务报表存在重大错报的可能性进行讨论，包括舞弊导致错报的可能性？			
6.审计计划是否经适当人员批准？			
7.是否与被审计单位就审计计划的范围和时间安排的总体情况进行沟通？			
8.计划的审计程序是否得到执行，在审计过程中是否根据具体情况对审计计划作出必要的更新和修改，并记录修改理由？			
9.是否已获取所有必要的来自银行、律师、债权人、债务人、持有存货的第三方等外部机构的询证函回函或确认函？			
10.对所有重要实物资产是否均已实施监盘？			
11.当涉及利用其他注册会计师或专家的工作时，是否能确信其他注册会计师或专家的工作可以满足审计的要求？			
12.计划执行的其他重要审计程序是否全部执行完毕，未能执行审计程序的是否实施了替代审计程序？			
13.审计范围是否受到限制？			
14.是否对风险评估结果进行复核，以确定其是否仍然适当？如果应当修正风险评估结果，是否已修改？是否同步修改计划实施的进一步审计程序？			
15.是否恰当应对在审计过程中识别的舞弊导致的重大错报风险？			
16.是否对期后事项实施审计，并考虑对财务报表的影响？			
17.是否对或有事项实施审计，并考虑对财务报表的影响？			

续表

审计工作	是/否/不适用	备注	索引号
18.是否对关联方及关联方交易实施审计，并考虑对财务报表的影响？			
19.是否对被审计单位持续经营能力具有重大影响的事项实施审计？			
20.是否已就审计中发现的重大错报及其他对财务报表产生重大影响的重大事项与适当层次的管理层或治理层沟通？			
21.是否在审计结束时或临近结束时对财务报表进行总体复核？			
22.所有存在重大事项及存在专业意见分歧的事项是否均已得到满意解决？			
23.是否与被审计单位就建议调整事项进行沟通，并经被审计单位确认？是否将经确认的同意调整事项汇总于已更正错报汇总表和更正的列报和披露错报汇总表？			
24.是否累积所有识别出的错报，并确定是否需要修改审计计划？			
25.未更正错报汇总表是否经被审计单位确认？			
26.董事会是否已批准审计后的财务报表？			
27.项目经理是否已复核工作底稿？			
28.项目合伙人是否已复核工作底稿？			
29.是否已完成项目质量复核（必要时）？			
30.是否已获取管理层声明书原件，并确定其签署日期不晚于审计报告日？			
31.是否完成审计总结？			

五、获取书面声明

（一）书面声明的作用

书面声明，是指管理层向注册会计师提供的书面陈述，用以确认某些事项或支持其他审计证据。如果管理层修改书面声明的内容或不提供注册会计师要求的书面声明，可能使注册会计师警觉存在重大问题的可能性。而且在很多情况下，要求管理层提供书面声明而非口头声明，可以促使管理层更加认真地考虑声明所涉及的事项，从而提高书面声明的质量。如果被审计单位管理层不提供审计准则要求的书面声明，注册会计师应当对财务报表发表无法表示意见的审计报告。

【请注意】尽管书面声明提供必要的审计证据，但其本身并不为所涉及的任何事项提供充分、适当的审计证据。而且，管理层已提供可靠书面声明的事实，并不影响注册会计师就管理层责任履行情况或具体认定获取的其他审计证据的性质和范围。

（二）书面声明的一般内容

1. 针对管理层责任的书面声明

针对财务报表的编制，注册会计师应当要求管理层提供书面声明，确认其根据审计业务约定条款，履行了按照适用的财务报告编制基础编制财务报表并使其实现公允反映（如适用）的责任。

针对提供的信息和交易的完整性，注册会计师应当要求管理层就下列事项提供书面声明：

（1）按照审计业务约定条款，已向注册会计师提供所有相关信息，并允许注册会计师不受限制地接触所有相关信息以及被审计单位内部人员和其他相关人员；

（2）所有交易均已记录并反映在财务报表中。

2. 其他书面声明

除《中国注册会计师审计准则第1341号——书面声明》和其他审计准则要求的书面声明外，如果注册会计师认为有必要获取一项或多项其他书面声明，以支持与财务报表或者一项或多项具体认定相关的其他审计证据，注册会计师应当要求管理层提供这些书面声明。

（1）关于财务报表的额外书面声明。除了针对财务报表的编制，注册会计师要求管理层提供基本书面声明以确认其履行了责任外，注册会计师可能认为有必要获取有关财务报表的其他书面声明。其他书面声明可能是对基本书面声明的补充，但不是其组成部分。其他书面声明可能包括针对下列事项作出的声明：①会计政策的选择和运用是否适当。②是否按照适用的财务报告编制基础对可能影响资产和负债账面价值或分类的计划或意图。③负债、资产的所有权或控制权，资产的留置权或其他物权，用于担保的抵押资产。④可能影响财务报表的法律法规及合同（包括违反法律法规及合同的行为）等事项。

（2）与向注册会计师提供信息有关的额外书面声明。除了针对管理层提供的信息和交易的完整性的书面声明外，注册会计师可能认为有必要要求管理层提供书面声明，确认其已将注意到的所有内部控制缺陷向注册会计师通报。

（三）书面声明的日期和涵盖的期间

由于书面声明是必要的审计证据，在管理层签署书面声明前，注册会计师不能发表审计意见，也不能签署审计报告。而且，由于注册会计师关注截至审计报告日发生的、可能需要在财务报表中作出相应调整或披露的事项，书面声明的日期应当尽量接近对财务报表出具审计报告的日期，但不得在审计报告日后。

【提示】书面声明应当涵盖审计报告针对的所有财务报表和期间。

（四）书面声明的形式

书面声明应当以《声明书》的形式致送注册会计师。下面列示了一种声明书的范例：

【背景信息】

（1）被审计单位采用企业会计准则编制财务报表。

（2）《中国注册会计师审计准则第1324号——持续经营》中有关获取书面声明的要

求不相关。

（3）所要求的书面声明不存在例外情况。如果存在例外情况，则需要对本参考格式列示的书面声明的内容予以调整，以反映这些例外情况。

声明书

（ABC公司信笺）

（致××注册会计师）：

本声明书是针对你们审计ABC公司截至20×4年12月31日的年度财务报表而提供的。审计的目的是对财务报表发表意见，以确定财务报表是否在所有重大方面已按照企业会计准则的规定编制，并实现公允反映。

尽我们所知，并在作出了必要的查询和了解后，我们确认：

一、财务报表

1.我们已履行［插入日期］签署的审计业务约定书中提及的责任，即根据企业会计准则的规定编制财务报表，并对财务报表进行公允反映。

2.根据企业会计准则有关确认、计量或披露的规定，在作出会计估计和相关披露时使用的方法、重大假设和数据是适当的。

3.已按照企业会计准则的规定对关联方关系及其交易作出了恰当的会计处理和披露。

4.根据企业会计准则的规定，所有需要调整或披露的资产负债表日后事项都已得到调整或披露。

5.未更正错报，无论是单独还是汇总起来，对财务报表整体的影响均不重大。未更正错报汇总表附在本声明书后。

6.［插入注册会计师可能认为适当的其他任何事项］。

二、提供的信息

7.我们已向你们提供下列工作条件：

（1）允许接触我们注意到的、与财务报表编制相关的所有信息（如记录、文件和其他事项）。

（2）提供你们基于审计目的要求我们提供的其他信息。

（3）允许在获取审计证据时不受限制地接触你们认为必要的本公司内部人员和其他相关人员。

8.所有交易均已记录并反映在财务报表中。

9.我们已向你们披露了舞弊可能导致的财务报表重大错报风险的评估结果。

10.我们已向你们披露了我们注意到的、可能影响本公司的与舞弊或舞弊嫌疑相关的所有信息，这些信息涉及本公司的：

（1）管理层；

（2）在内部控制中承担重要职责的员工；

（3）其他人员（在舞弊行为导致财务报表重大错报的情况下）。

11.我们已向你们披露了从现任和前任员工、分析师、监管机构等方面获知的、影响财务报表的舞弊指控或舞弊嫌疑的所有信息。

12.我们已向你们披露了所有已知的、在编制财务报表时应当考虑其影响的违反或涉嫌违反法律法规的行为。

13.我们已向你们披露了我们注意到的关联方的名称和特征、所有关联关系及其交易。

14.［插入注册会计师可能认为必要的其他任何事项］。

附：未更正错报汇总表

ABC公司	ABC公司管理层
（盖章）	（签名并盖章）
中国××市	20×5年×月×日

典型工作任务实训

一、实训要求

1.阅读并熟悉实训资料、实训材料。

2.在教师指导下，根据实训资料完成审计差异调整工作。

3.在教师指导下，完成"账项调整分录汇总表""重分类调整分录汇总表""未更正错报汇总表""资产负债表试算平衡表""利润表试算平衡表"的编写。

二、实训条件

1.实训环境：上课教室或审计实训室。

2.实训材料：账项调整分录汇总表、重分类调整分录汇总表、未更正错报汇总表、资产负债表试算平衡表、利润表试算平衡表。

3.实训学时：2～4学时。

4.实训操作：首先由教师引导学生阅读、熟悉实训资料和审计工作底稿，然后由学生自主编写、讨论、总结，教师现场指导，最后由教师讲解答案、分析问题。

5.实训方式：可采用小组手工实训方式、单人手工实训方式。

三、实训资料

益群会计师事务所审计一部王乐梅、张琪等四位注册会计师，于20×5年2月10日结束了对致尚股份有限公司的20×4年财务报表审计证据的收集工作，回到事务所对审计中发现的各种差错进行审计调整和汇总，以重新评估审计重要性水平和审计风险。该公司适用的所得税税率为25%，法定盈余公积计提比例为10%，任意盈余公积计提比例为5%，假设其他税收忽略。王乐梅等人在审计中的调整分录如下：

（1）借：应收账款　　　　　　　　　　　　　　　　　　226 000
　　　贷：以前年度损益调整（主营业务收入）　　　　　　　　200 000
　　　　　应交税费——应交增值税（销项税额）　　　　　　　26 000

借：以前年度损益调整（主营业务成本）　　　　　　　　　120 500

　　　贷：库存商品　　　　　　　　　　　　　　　　　　　　　120 500

（2）借：以前年度损益调整（管理费用）　　　　　　　　　　34 400

　　　　贷：累计折旧　　　　　　　　　　　　　　　　　　　　34 400

（3）借：应收账款　　　　　　　　　　　　　　　　　　　　25 400

　　　　贷：预收账款　　　　　　　　　　　　　　　　　　　　25 400

（4）借：以前年度损益调整（管理费用）　　　　　　　　　　28 000

　　　　　生产成本　　　　　　　　　　　　　　　　　　　　25 500

　　　　贷：其他应付款——社会保险　　　　　　　　　　　　　53 500

（5）借：以前年度损益调整（管理费用）　　　　　　　　　　4 200

　　　　　生产成本　　　　　　　　　　　　　　　　　　　　4 400

　　　　贷：原材料——主要材料　　　　　　　　　　　　　　　8 600

（6）借：生产成本　　　　　　　　　　　　　　　　　　　　86 500

　　　　贷：库存商品　　　　　　　　　　　　　　　　　　　　86 500

（7）借：在建工程　　　　　　　　　　　　　　　　　　　　35 000

　　　　贷：以前年度损益调整（财务费用）　　　　　　　　　　35 000

（8）借：在建工程　　　　　　　　　　　　　　　　　　　　200 000

　　　　贷：固定资产　　　　　　　　　　　　　　　　　　　　200 000

（9）借：坏账准备　　　　　　　　　　　　　　　　　　　　2 500

　　　　贷：以前年度损益调整（信用减值损失）　　　　　　　　2 500

（10）资产负债表中"长期借款"300 000元，即将于20×5年3月31日到期，应划分为"一年内到期的非流动负债"项目。

致尚股份有限公司20×4年审计前资产负债表和利润表见表8-5和表8-6。

表8-5　　　　　　　　　　　　　资产负债表

编制单位：致尚股份有限公司　　　　　　20×4年12月31日　　　　　　　　单位：元

资产	期末余额	负债和所有者权益 （或股东权益）	期末余额
流动资产：		流动负债：	
货币资金	3 781 690.00	短期借款	147 800.00
交易性金融资产		交易性金融负债	1 505.45
衍生金融资产		衍生金融负债	
应收票据		应付票据	
应收账款	159 402.00	应付账款	1 692 380.00
预付款项	1 793 830.00	预收款项	7 440 520.00
其他应收款	1 283 300.00	应付职工薪酬	141 576.00

续表

资产	期末余额	负债和所有者权益（或股东权益）	期末余额
存货	13 533 800.00	应交税费	316 548.00
持有待售资产		其他应付款	1 694 180.70
一年内到期的非流动资产		持有待售负债	
其他流动资产		一年内到期的非流动负债	1 530 570.00
流动资产合计	20 552 022.00	其他流动负债	
非流动资产：		流动负债合计	12 965 080.15
债权投资	49 475.40	非流动负债：	
其他债权投资		长期借款	2 479 050.00
长期应收款		应付债券	582 114.00
长期股权投资	440 376.00	长期应付款	
投资性房地产		预计负债	4 110.70
固定资产	136 878.80	递延收益	
在建工程	74 425.20	递延所得税负债	73 899.30
生产性生物资产		其他非流动负债	881.50
油气资产		非流动负债合计	3 140 055.50
无形资产	33 396.20	负债合计	16 105 135.65
开发支出		所有者权益（或股东权益）：	
商誉		实收资本（或股本）	2 133 820.75
长期待摊费用	7 215.00	其他权益工具	
递延所得税资产	163 319.00	资本公积	878 934.00
其他非流动资产	105 593.00	减：库存股	
非流动资产合计	1 010 678.60	其他综合收益	
		专项储备	
		盈余公积	1 058 770.00
		未分配利润	1 386 040.20
		所有者权益（或股东权益）合计	5 457 564.95
资产总计	21 562 700.60	负债和所有者权益（或股东权益）总计	21 562 700.60

表8-6　　　　　　　　　　　　利润表

编表单位：致尚股份有限公司　　　　　　20×4年12月　　　　　　　　　　单位：元

项目	行次	本月数	本年累计数
一、营业收入	（略）		5 071 380.00
减：营业成本			3 007 350.00
税金及附加			562 417.00
销售费用			228 116.10
管理费用			207 409.00
研发费用			
财务费用			50 942.80
加：其他收益			−1 505.45
投资收益（损失以"−"号填列）			77 793.10
公允价值变动收益（损失以"−"号填列）			
资产减值损失（损失以"−"号填列）			−54 545.10
资产处置收益（损失以"−"号填列）			
二、营业利润（亏损以"−"号填列）			1 036 887.65
加：营业外收入			7 172.72
减：营业外支出			2 464.81
三、利润总额（亏损总额以"−"号填列）			1 041 595.56
减：所得税费用			210 110.00
四、净利润（净亏损以"−"号填列）			831 485.56

同步训练

一、单项选择题

1.（　　）是管理层向注册会计师提供的书面陈述，用以确认某些事项或支持其他审计证据。

　A.书面声明　　　　B.业务约定书　　　C.财务报表　　　　D.审计计划

2.会计师事务所为了确保审计工作质量，应当建立的审计工作底稿制度是（　　）。

　A.管理　　　　　　B.分级复核　　　　C.检查　　　　　　D.保管

3.财务报表日至审计报告日之间发生的事项，以及注册会计师在审计报告日后知悉的事实指的是（　　）。

    A.期后事项   B.期间事项   C.报表日事项   D.审计后事项

4.审计工作底稿的复核要填列的审计工作底稿是（　　）。

    A.审计工作底稿核对表   B.业务执行复核工作核对表

    C.复核工作核对表   D.业务复核表

5.主要汇总会计核算中错误的分类导致的审计差异的审计工作底稿是（　　）。

    A.账项调整分录汇总表   B.重分类调整分录汇总表

    C.未更正错报汇总表   D.已更正错报汇总表

6.注册会计师于20×5年3月10日完成了对ABC公司的审计外勤工作，并于3月20日提交了审计报告，则管理层声明书所注明的日期为（　　）。

    A.20×4年12月31日   B.20×5年3月10日

    C.20×5年3月20日   D.A、B、C均不正确

7.签发审计报告前，应对审计工作底稿进行复核的人员是（　　）。

    A.注册会计师   B.签字注册会计师

    C.主任会计师   D.部门经理

8.无论是建议调整的不符事项、未调整的不符事项，还是重分类误差，在审计工作底稿中的形式均为（　　）。

    A.会计分录   B.审计差异调整表

    C.明细表   D.试算平衡表

9.在试算平衡表中，左右方合计金额不相等的项目是（　　）。

    A.审计前金额   B.报表反映数

    C.审定金额   D.借方合计数

10.注册会计师与管理层沟通的时间界限是（　　）。

    A.从接受委托后至出具审计报告前   B.通常仅限于审计的完成阶段进行

    C.从接受委托前至出具审计报告后   D.通常并不在审计的计划阶段进行

二、多项选择题

1.下列各项属于审计完成阶段的工作的有（　　）。

    A.汇总审计差异   B.复核审计工作底稿

    C.评价审计中的重大发现   D.获取管理层声明书

2.审计工作底稿复核的层次有（　　）两个层次。

    A.项目组内部复核   B.项目负责经理的现场复核

    C.独立的项目质量复核   D.项目合伙人的复核

3.下列各项属于按是否需要调整账户记录分类的审计差异的有（　　）。

    A.建议调整的不符事项   B.重分类误差

    C.核算误差   D.不建议调整的不符事项

4.试算平衡表是注册会计师在被审计单位提供未审计财务报表的基础上，以确定已审数与报表披露数的表式，编制时需要考虑的内容有（　　）。

    A.调整分录   B.重分类分录

    C.管理层声明书   D.审计重要性

5.通常注册会计师会将那些建议调整的不符事项、重分类错误以及未调整不符事项分别汇总至的工作底稿有（　　　）。

    A.账项调整分录汇总表   B.重分类调整分录汇总表

    C.未更正错报汇总表   D.审计差异汇总表

6.注册会计师与管理层在审计的计划阶段应沟通的事项主要有（　　　）。

    A.确定的需要其协助的工作   B.首次接受委托前的沟通

    C.签约时的沟通   D.编制审计计划时的沟通

7.下列各项属于完成外勤审计工作的主要有（　　　）。

    A.完成特殊项目的审计工作   B.编制审计差异调整表和试算平衡表

    C.对工作底稿进行第三级复核   D.取得管理层声明书和律师声明书

8.被审计单位管理层声明书是注册会计师获取的一种书面证据，它的作用主要有（　　　）。

    A.为形成审计意见提供直接证据

    B.明确管理层的会计责任和注册会计师的审计责任

    C.在一定程度上保护注册会计师

    D.避免注册会计师与管理层之间产生误解

9.下列各项属于注册会计师评价审计结果的主要目的的有（　　　）。

    A.确定将要发表的审计意见的类型

    B.确定审计过程是否遵循了独立审计准则

    C.对重要性水平和审计风险进行最终评价

    D.对审计工作底稿进行最后复核

10.下列各项属于审计工作底稿复核的有（　　　）。

    A.项目组内部复核   B.项目组外部复核

    C.独立的项目质量复核   D.项目质量复核

三、判断题

1.审计工作底稿是审计证据的载体，是审计报告的基础。（　　　）

2.由项目合伙人对工作底稿的复核属于第一级复核。该级复核通常在审计现场完成，以便及时发现和解决问题，争取审计工作的主动。（　　　）

3.核算误差是指因企业未按有关会计准则、会计制度的规定编制财务报表而引起的误差。（　　　）

4.如果被审计单位管理层不提供审计准则要求的书面声明，注册会计师应当对财务报表发表无法表示意见的审计报告。（　　　）

5.注册会计师在汇总好审计差异后，应对财务报表相关数据进行调整，重新编制审计后的财务报表，包括资产负债表、利润表和现金流量表三张表的试算平衡表。（　　　）

6.注册会计师应当在进行分析性复核和对工作底稿进行三级复核之后，取得管理层声明书和律师声明书。（　　　）

7.注册会计师对期初余额进行审计，并非为了对期初余额发表审计意见。（　　　）

8.注册会计师应当充分考虑被审计单位在可预见的将来持续经营假设不再合理的可能性，这是重要性原则的要求。 （ ）

9.注册会计师在审计过程中可能会建议被审计单位调整某些原来不建议调整的不符事项。 （ ）

10.在编制试算平衡表时应注意，资产负债表试算平衡表左边的"重分类调整"栏中的借方合计数与贷方合计数，应分别等于右边的"重分类调整"栏中的借方合计数与贷方合计数。 （ ）

四、拓展实训

1.20×5年2月6日注册会计师姜君对远大公司20×4年利润表项目进行审计后，发现以下情况：

（1）12月18日售给华威公司甲产品50 000元，该产品成本35 000元，货款50 000元和税金6 500元已收到，成本和货款均未入账。

（2）12月24日将甲产品作为福利分给员工，共计20 000元，未作销售，税金2 600元也未记账，但成本10 400元已结账。

（3）产品销售费用中有应由下一年摊销的广告费7 000元。

（4）管理费用中业务招待费超过标准2 000元。

（5）支付违反税法的罚款3 200元，列入营业外支出。

（6）当年利润总额中包括收到的国债利息收入10 000元。

（7）20×4年年底尚有未弥补的亏损30 000元（可在20×5年税前弥补）。

要求：

（1）请指出以上情况对利润总额的影响。

（2）对存在的错误，编制调整分录。

2.易升公司是嘉和会计师事务所的常年审计客户。注册会计师常敏华负责审计易升公司20×4年度财务报表，确定财务报表整体的重要性水平为140万元。

（1）注册会计师常敏华在审计工作底稿中记录了有关易升公司的财务数据，部分内容摘录见表8-7。

表8-7　　　　　　　　　　易升公司的财务数据　　　　　　　　单位：万元

项目	20×4年（未审数）			20×3年（已审数）
	a产品	b产品	c产品	a产品
营业收入	11 750	600	0	8 000
管理费用——污水处理		150		100
管理费用——租赁费		450		600
管理费用——研发费		0		200
营业外收入——政府补助		200		0
税前利润		180		100

续表

项目	20×4年（未审数）			20×3年（已审数）
	a产品	b产品	c产品	a产品
应收账款	500	260	0	400
存货——产成品	900	80	1 750	800
存货跌价准备	0	0	（250）	0
无形资产——非专利技术	300			0

（2）注册会计师常敏华在审计过程中识别并累积了3笔错报，并认为这些错报均不重大，同意管理层不予调整。易升公司20×4年度未更正错报列示见表8-8（不考虑税务影响）。

表8-8　　　　　　　　　　易升公司20×4年度未更正错报列示　　　　　　　　单位：万元

序号	错报说明	借方项目	贷方项目	金额
1	20×5年管理费用计入20×4年度	其他应付款	管理费用	50
2	20×4年年末提前确认G型钢材销售收入	主营业务收入	应收账款	1 000
		存货	主营业务成本	900
3	少计提固定资产减值准备	资产减值损失	固定资产	150

要求：针对上述情况，假定不考虑其他条件，指出注册会计师常敏华（对错报）的判断存在哪些不当之处，并简要说明理由。

任务二　撰写审计报告

知识精讲

一、审计报告的含义

审计报告是指注册会计师根据审计准则的规定，在执行审计工作的基础上，对财务报表发表审计意见的书面文件。

审计报告是注册会计师在完成审计工作后向委托人提交的最终产品，具有以下特征：

1.注册会计师应当按照审计准则的规定执行审计工作。

2.注册会计师在实施审计工作的基础上才能出具审计报告。

3.注册会计师通过对财务报表发表意见履行业务约定书约定的责任。

4.注册会计师应当以书面形式出具审计报告。

注册会计师应当根据由审计证据得出的结论,清楚表达对财务报表的意见。无论是出具标准审计报告,还是非标准审计报告,注册会计师一旦在审计报告上签名并盖章,就表明对其出具的审计报告负责。

【提示】审计报告是注册会计师对财务报表是否在所有重大方面按照财务报表编制基础编制并实现合法、公允反映发表审计意见的书面文件,因此,注册会计师应当将已审计的财务报表附于审计报告之后,以便于财务报表使用者正确理解和使用审计报告,并防止被审计单位替换、更改已审计的财务报表。

二、审计报告的作用

注册会计师签发的审计报告,主要具有鉴证、保护和证明等方面的作用。

(一)鉴证作用

注册会计师签发的审计报告,不同于政府审计和内部审计的审计报告,是以超然独立的第三者身份,对被审计单位财务报表的合法性、公允性发表意见。这种意见,具有鉴证作用,得到了政府、投资者和其他利益相关者的普遍认可。

【提示】政府有关部门判断财务报表是否合法、公允,主要依据注册会计师的审计报告。企业投资者,主要依据注册会计师的审计报告来判断被投资企业的财务报表是否合法、公允地反映了财务状况和经营成果,以进行投资决策等。

(二)保护作用

审计的目的是提高财务报表预期使用者对财务报表的信赖程度。这一目的可以通过注册会计师对财务报表是否在所有重大方面按照适用的财务报告编制基础发表意见得以实现。审计报告是注册会计师对财务报表发表审计意见的书面文件,能够在一定程度上对被审计单位的财产、债权人和股东的权益及企业利害关系人的利益起到保护作用。如投资者为了减少投资风险,在进行投资之前,需要查阅被投资企业的财务报表和注册会计师的审计报告,了解被投资企业的经营情况和财务状况。投资者根据注册会计师的审计报告作出投资决策,可以降低其投资风险。

(三)证明作用

审计报告是对注册会计师审计任务完成情况及其结果所作的总结,它可以表明审计工作的质量并明确注册会计师的审计责任。因此,审计报告可以对审计工作质量和注册会计师的审计责任起证明作用。例如,注册会计师是否以获取的审计证据为依据发表审计意见,发表的审计意见是否与被审计单位的实际情况一致,审计工作的质量是否符合要求。通过审计报告,可以证明注册会计师对审计责任的履行情况。

三、审计报告

(一)审计报告类型

审计报告分为标准审计报告和非标准审计报告。

标准审计报告是指不含有说明段、强调事项段、其他事项段或其他任何修饰性用语的无保留意见的审计报告。

【请注意】包含其他报告责任段，但不含有强调事项段或其他事项段的无保留意见的审计报告也被视为标准审计报告。

非标准审计报告，是指带强调事项段或其他事项段的无保留意见的审计报告和非无保留意见的审计报告。非无保留意见的审计报告包括保留意见的审计报告、否定意见的审计报告和无法表示意见的审计报告。

（二）审计报告的基本内容

无保留意见的审计报告应当包括下列要素：（1）标题；（2）收件人；（3）审计意见；（4）形成审计意见的基础；（5）管理层对财务报表的责任；（6）注册会计师对财务报表审计的责任；（7）按照相关法律法规的要求报告的事项；（8）注册会计师的签名和盖章；（9）会计师事务所的名称、地址和盖章；（10）报告日期。

在实际情况下，注册会计师还应当按照《中国注册会计师审计准则第1324号——持续经营》《中国注册会计师审计准则第1504号——在审计报告中沟通关键审计事项》《中国注册会计师审计准则第1521号——注册会计师对其他信息的责任》的相关规定，在审计报告中对与持续经营相关的重大不确定、关键审计事项、被审计单位年度报告中包含的除财务报表和审计报告之外的其他信息进行报告。

1.标题

审计报告的标题应当统一规范为"审计报告"。

2.收件人

审计报告的收件人是指注册会计师按照业务约定书的要求致送审计报告的对象，一般是指审计业务的委托人。审计报告应当按照审计业务的约定载明收件人的全称。针对整套通用目的财务报表出具的审计报告，其致送对象通常为被审计单位的全体股东或治理层。

【提示】审计报告的收件人，若为上市公司，则为公司全体股东；若为有限责任公司，则为公司董事会。

3.审计意见

审计意见由两部分构成。

第一部分指出已审计财务报表，应当包括下列方面：

（1）指出被审计单位的名称；

（2）说明财务报表已经审计；

（3）指出构成整套财务报表的每一财务报表的名称；

（4）提及财务报表附注；

（5）指明构成整套财务报表的每一财务报表的日期或涵盖的期间。

为体现上述要求，审计报告中需要说明：注册会计师审计了被审计单位的财务报表，包括：［指明适用的财务报告编制基础规定的构成整套财务报表的每一财务报表的名称、日期或涵盖的期间］以及相关财务报表附注。

第二部分应当说明注册会计师发表的审计意见。如果对财务报表发表无保留意见，除非法律法规另有规定，审计意见应当使用"我们认为，财务报表在所有重大方面按照

[适用的财务报告编制基础（如企业会计准则等）] 编制，公允反映了 [……] "的措辞。审计意见说明财务报表在所有重大方面按照适用的财务报告编制基础编制，公允反映了财务报表旨在反映的事项。例如，对于按照企业会计准则编制的财务报表，这些事项是"被审计单位期末的财务状况、截至期末某一期间的经营成果和现金流量"。

4.形成审计意见的基础

审计报告应当包含标题为"形成审计意见的基础"的部分。该部分提供关于审计意见的重要背景，应当紧接在审计意见部分之后，并包括下列方面：

（1）说明注册会计师按照审计准则的规定执行了审计工作。

（2）提及审计报告中用于描述审计准则规定的注册会计师责任的部分。

（3）声明注册会计师按照与审计相关的职业道德要求对被审计单位保持了独立性，并履行了职业道德方面的其他责任。声明中应当指明适用的职业道德要求，如中国注册会计师职业道德守则。

（4）说明注册会计师是否相信获取的审计证据是充分、适当的，为发表审计意见提供了基础。

5.管理层对财务报表的责任

审计报告应当包含标题为"管理层对财务报表的责任"的部分，其中应当说明管理层负责下列方面：

（1）按照适用的财务报告编制基础编制财务报表，并使其实现公允反映，设计、执行和维护必要的内部控制，以使财务报表不存在由于舞弊或错误导致的重大错报。

（2）评估被审计单位的持续经营能力和使用持续经营假设是否适当，并披露与持续经营相关的事项（如适用）。对管理层评估责任的说明应当包括描述在何种情况下使用持续经营假设是适当的。

6.注册会计师对财务报表审计的责任

审计报告应当包含标题为"注册会计师对财务报表审计的责任"的部分，其中应当包括下列内容：

（1）说明注册会计师的目标是对财务报表整体是否不存在由于舞弊或错误导致的重大错报获取合理保证，并出具包含审计意见的审计报告。

（2）说明合理保证是高水平的保证，但并不能保证按照审计准则执行的审计在某一重大错报存在时总能被发现。

（3）说明错报可能由于舞弊或错误导致。在说明错报可能由于舞弊或错误导致时，注册会计师应当从下列两种做法中选取一种：一种是描述如果合理预期错报单独或汇总起来可能影响财务报表使用者依据财务报表作出的经济决策，则通常认为错报是重大的；另一种是根据适用的财务报告编制基础，提供关于重要性的定义或描述。

注册会计师对财务报表审计的责任部分还应当包括下列内容：

（1）说明在按照审计准则执行审计工作的过程中，注册会计师运用职业判断，并保持职业怀疑。

（2）通过说明注册会计师的责任，对审计工作进行描述。这些责任包括：

①识别和评估由于舞弊或错误导致的财务报表重大错报风险，设计和实施审计程

序以应对这些风险，并获取充分、适当的审计证据，作为发表审计意见的基础。由于舞弊可能涉及串通、伪造、故意遗漏、虚假陈述或凌驾于内部控制之上，未能发现由于舞弊导致的重大错报的风险高于未能发现由于错误导致的重大错报的风险。

②了解与审计相关的内部控制，以设计恰当的审计程序，但目的并非对内部控制的有效性发表意见。当注册会计师有责任在财务报表审计的同时对内部控制的有效性发表意见时，应当略去上述"目的并非对内部控制的有效性发表意见"的表述。

③评价管理层选用会计政策的恰当性和作出会计估计及相关披露的合理性。

④对管理层使用持续经营假设的恰当性得出结论。同时，根据获取的审计证据，就可能导致对被审计单位持续经营能力产生重大疑虑的事项或情况是否存在重大不确定性得出结论。如果注册会计师得出结论认为存在重大不确定性，审计准则要求注册会计师在审计报告中提请报表使用者关注财务报表中的相关披露；如果披露不充分，注册会计师应当发表非无保留意见。注册会计师的结论基于截至审计报告日可获得的信息。然而，未来的事项或情况可能导致被审计单位不能持续经营。

⑤评价财务报表的总体列报、结构和内容（包括披露），并评价财务报表是否公允反映相关交易和事项。

注册会计师对财务报表审计的责任部分还应当包括下列内容：

（1）说明注册会计师与治理层就计划的审计范围、时间安排和重大审计发现等事项进行沟通，包括沟通注册会计师在审计中识别的值得关注的内部控制缺陷。

（2）对于上市实体财务报表审计，指出注册会计师就已遵守与独立性相关的职业道德要求向治理层提供声明，并与治理层沟通可能被合理认为影响注册会计师独立性的所有关系和其他事项，以及相关的防范措施（如适用）。

（3）对于上市实体财务报表审计，以及决定按照《中国注册会计师审计准则第1504号——在审计报告中沟通关键审计事项》的规定沟通关键审计事项的其他情况，说明注册会计师从已与治理层沟通的事项中确定哪些事项对本期财务报表审计最为重要，因而构成关键审计事项。注册会计师应当在审计报告中描述这些事项，除非法律法规禁止公开披露这些事项，或在极少数情形下，注册会计师合理预期在审计报告中沟通某事项造成的负面后果超过在公众利益方面产生的益处，因而决定不应在审计报告中沟通该事项。

7. 按照相关法律法规的要求报告的事项（如适用）

除审计准则规定的注册会计师对财务报表出具审计报告的责任外，相关法律法规可能对注册会计师设定了其他报告责任。例如，如果注册会计师在财务报表审计中注意到某些事项，可能被要求对这些事项予以报告。此外，注册会计师可能被要求实施额外的规定的程序并予以报告，或对特定事项（如会计账簿和记录的适当性）发表意见。

如果注册会计师在对财务报表出具的审计报告中履行其他报告责任，应当在审计报告中将其单独作为一部分，并以"按照相关法律法规的要求报告的事项"为标题，或使用适合于该部分内容的其他标题，除非其他报告责任涉及的事项与审计准则规定的报告责任涉及的事项相同。

8.注册会计师的签名和盖章

审计报告应当由项目合伙人和另一名负责该项目的注册会计师签名和盖章。为进一步增强对审计报告使用者的透明度，在对上市实体整套通用目的财务报表出具的审计报告应当注明项目合伙人。

【请注意】审计报告必须经注册会计师本人签名和盖章，未经授权，其他人员不得代行签章，会计师事务所也不得指定他人签名、盖章。

9.会计师事务所的名称、地址及盖章

审计报告应当载明会计师事务所的名称和地址，并加盖会计师事务所公章。

根据《中华人民共和国注册会计师法》的规定，注册会计师承办业务，由其所在的会计师事务所统一受理并与委托人签订委托合同。因此，审计报告除了应由注册会计师签名和盖章外，还应载明会计师事务所的名称和地址，并加盖会计师事务所公章。

注册会计师在审计报告中载明会计师事务所地址时，标明会计师事务所所在的城市即可。在实务中，审计报告通常载于会计师事务所统一印刷的、标有该所详细通信地址的信笺上，因此，无须在审计报告中注明详细地址。

10.报告日期

审计报告应当注明报告日期。审计报告的日期不应早于注册会计师获取充分、适当的审计证据，并在此基础上对财务报表形成审计意见的日期。在确定审计报告日时，注册会计师应当确信已获取下列两方面的审计证据：①构成整套财务报表的所有报表（含披露）已编制完成；②被审计单位的董事会、管理层或类似机构已经认可其对财务报表负责。

审计报告的日期向审计报告使用者表明，注册会计师已考虑其知悉的、截至审计报告日发生的事项和交易的影响。审计报告的日期非常重要。注册会计师对不同时段的财务报表日后事项有着不同的责任，而审计报告的日期是划分时段的关键时点。

【提示】在实务中，注册会计师签署审计报告的日期通常与管理层签署已审财务报表的日期为同一天，或晚于管理层签署已审财务报表的日期。在审计报告的日期晚于管理层签署已审财务报表的日期时，注册会计师应当获取管理层声明书日到审计报告日之间的进一步审计证据，如补充的管理层声明书。

（三）非无保留意见的审计报告的格式和内容

1.审计报告格式和内容的一致性

审计报告格式和内容的一致性有助于提高使用者的理解和识别存在的异常情况。因此，尽管不可能统一非无保留意见的措辞和对导致非无保留意见的事项的说明，但仍有必要保持审计报告格式和内容的一致性。

如果对财务报表发表非无保留意见，注册会计师应当将审计报告中"形成审计意见的基础"部分的标题修改为恰当的标题，如"形成保留意见的基础""形成否定意见的基础""形成无法表示意见的基础"，说明导致发表非无保留意见的事项。

当发表保留意见或否定意见时，注册会计师应当修改"形成保留（否定）意见的基础"部分的描述，以说明：注册会计师相信，获取的审计证据是充分、适当的，为发表保留（否定）意见提供了基础。

当发表无法表示意见时，注册会计师应当修改"形成无法表示意见的基础"部分的表述，不应提及审计报告中用于描述注册会计师责任的部分，也不应说明注册会计师是否已获取充分、适当的审计证据以作为形成审计意见的基础。

2. 量化财务影响

如果财务报表中存在与具体金额（包括定量披露）相关的重大错报，注册会计师应当在导致非无保留意见的事项段中说明并量化该错报的财务影响。举例来说，如果存货被高估，注册会计师就可以在审计报告的导致非无保留意见的事项段中说明该重大错报的财务影响，即量化其对所得税、税前利润、净利润和所有者权益的影响。如果无法量化财务影响，注册会计师应当在形成非无保留意见的基础部分说明这一情况。

3. 存在与叙述性披露相关的重大错报

如果财务报表中存在与叙述性披露相关的重大错报，注册会计师应当在形成非无保留意见的基础部分解释该错报错在何处。

4. 存在与应披露而未披露信息相关的重大错报

如果财务报表中存在与应披露而未披露信息相关的重大错报，注册会计师应当：①与治理层讨论未披露信息的情况；②在形成非无保留意见的基础部分描述未披露信息的性质；③如果可行并且已针对未披露信息获取了充分、适当的审计证据，在形成非无保留意见的基础部分包含对未披露信息的披露，除非法律法规禁止。

如果存在下列情形之一，则在形成非无保留意见的基础部分披露遗漏的信息是不可行的：①管理层还没有作出这些披露，或管理层已作出但注册会计师不易获取这些披露；②根据注册会计师的判断，在审计报告中披露该事项过于庞杂。

5. 无法获取充分、适当的审计证据

如果因无法获取充分、适当的审计证据而导致发表非无保留意见，注册会计师应当在形成非无保留意见的基础部分说明无法获取审计证据的原因。

6. 披露其他事项

即使发表了否定意见或无法表示意见，注册会计师也应当在形成非无保留意见的基础部分说明注意到的、将导致发表非无保留意见的所有其他事项及其影响。这是因为，对注册会计师注意到的其他事项的披露可能与财务报表使用者的信息需求相关。

四、审计意见类型

注册会计师的目标是在评价根据审计证据得出的结论的基础上，对财务报表形成审计意见，并通过书面报告的形式清楚地表达审计意见。

如果认为财务报表在所有重大方面按照适用的财务报告编制基础编制并实现公允反映，注册会计师应当发表无保留意见。**无保留意见，是指当注册会计师认为财务报表在所有重大方面按照适用的财务报告编制基础编制并实现公允反映时发表的审计意见。**当存在下列情形之一时，注册会计师应当按照《中国注册会计师审计准则第1502号——在审计报告中发表非无保留意见》的规定，在审计报告中发表非无保留意见：（1）根据获取的审计证据，得出财务报表整体存在重大错报的结论；（2）无法获取充分、适当的审计证据，不能得出财务报表整体不存在重大错报的结论。

如果财务报表没有实现公允反映，注册会计师应当就该事项与管理层讨论，并根据适用的财务报告编制基础的规定和该事项得到解决的情况，决定是否有必要按照《中国注册会计师审计准则第1502号——在审计报告中发表非无保留意见》的规定在审计报告中发表非无保留意见。**非无保留意见，是指对财务报表发表的保留意见、否定意见或无法表示意见。**

微课：审计意见

（一）无保留意见

如果认为财务报表在所有重大方面按照适用的财务报告编制基础编制并实现公允反映，注册会计师应当发表无保留意见。如果对财务报表发表无保留意见，除非法律法规另有规定，审计意见应当使用"财务报表在所有重大方面按照［适用的财务报告编制基础（如企业会计准则等）］编制，公允反映了……"的措辞。

（二）非无保留意见

1.出具非无保留意见的情形

注册会计师通过审计，发现存在下列情形之一时，注册会计师应当出具非无保留意见的审计报告：

（1）根据获取的审计证据，得出财务报表整体存在重大错报的结论。为了形成审计意见，针对财务报表整体是否不存在由于舞弊或错误导致的重大错报，注册会计师应当得出结论，确定是否已就此获取合理保证。在得出结论时，注册会计师需要评价未更正错报对财务报表的影响。

错报是指某一财务报表项目的金额、分类、列报或披露，与按照适用的财务报告编制基础应当列示的金额、分类、列报或披露之间存在的差异。财务报表的重大错报可能源于：

①选择的会计政策的恰当性。在选择的会计政策的恰当性方面，当出现下列情形时，财务报表可能存在重大错报：选择的会计政策与适用的财务报告编制基础不一致；财务报表（包括相关附注）没有按照公允列报的方式反映交易和事项。

【提示】财务报告编制基础通常包括对会计处理、披露和会计政策变更的要求。如果被审计单位变更了重大会计政策，且没有遵守这些要求，财务报表可能存在重大错报。

②对所选择的会计政策的运用。在对所选择的会计政策的运用方面，当出现下列情形时，财务报表可能存在重大错报：管理层没有按照适用的财务报告编制基础的要求一贯运用所选择的会计政策，包括管理层未在不同会计期间或对相似的交易和事项一贯运用所选择的会计政策（运用的一致性）；不当运用所选择的会计政策（如运用中的无意错误）。

③财务报表披露的恰当性或充分性。在财务报表披露的恰当性或充分性方面，当出现下列情形时，财务报表可能存在重大错报：财务报表没有包括适用的财务报告编制基础要求的所有披露；财务报表的披露没有按照适用的财务报告编制基础列报；财务报表没有作出必要的披露以实现公允反映。

（2）无法获取充分、适当的审计证据，不能得出财务报表整体不存在重大错报的结论。如果注册会计师能够通过实施替代程序获取充分、适当的审计证据，则无法实施特定的程序并不构成对审计范围的限制。下列情形可能导致注册会计师无法获取充分、适当的审计证据（也称为审计范围受到限制）：

① 超出被审计单位控制的情形。超出被审计单位控制的情形如：被审计单位的会计记录已被毁坏；重要组成部分的会计记录已被政府有关机构无限期地查封。

② 与注册会计师工作的性质或时间安排相关的情形。与注册会计师工作的性质或时间安排相关的情形如：被审计单位需要使用权益法对联营企业进行核算，注册会计师无法获取有关联营企业财务信息的充分、适当的审计证据以评价是否恰当运用了权益法；注册会计师接受审计委托的时间安排，使注册会计师无法实施存货监盘；注册会计师确定仅实施实质性程序是不充分的，但被审计单位的控制是无效的。

③ 管理层施加限制的情形。管理层对审计范围施加的限制致使注册会计师无法获取充分、适当的审计证据的情形如：管理层阻止注册会计师实施存货监盘；管理层阻止注册会计师对特定账户余额实施函证。管理层施加的限制可能对审计产生其他影响，如注册会计师对舞弊风险的评估和对业务保持的考虑。

【请注意】当出具非无保留意见的审计报告时，注册会计师应当在注册会计师的责任段之后、审计意见段之前增加说明段，清楚地说明导致所发表非无保留意见的所有原因，并在可能的情况下，指出其对财务报表的影响程度。

2.非无保留意见的类型

（1）保留意见

当存在下列情形之一时，注册会计师应当发表保留意见：

① 在获取充分、适当的审计证据后，注册会计师认为错报单独或汇总起来对财务报表影响重大，但不具有广泛性；

② 注册会计师无法获取充分、适当的审计证据以作为形成审计意见的基础，但认为未发现的错报（如存在）对财务报表可能产生的影响重大，但不具有广泛性。

当由于财务报表存在重大错报而发表保留意见时，注册会计师应当在审计意见部分说明：注册会计师认为，除形成保留意见的基础部分所述事项产生的影响外，后附的财务报表在所有重大方面按照适用的财务报告编制基础编制，公允反映了［……］。

当无法获取充分、适当的审计证据而导致发表保留意见时，注册会计师应当在审计意见部分使用"除……可能产生的影响外"等措辞。

（2）否定意见

在获取充分、适当的审计证据后，如果认为错报单独或汇总起来对财务报表的影响重大且具有广泛性，注册会计师应当发表否定意见。

当出具否定意见的审计报告时，注册会计师应当在审计意见部分说明：注册会计师认为，形成否定意见的基础部分所述事项的重要性，后附财务报表没有在所有重大方面按照适用的财务报告编制基础编制，未能公允反映［……］。

（3）无法表示意见

如果无法获取充分、适当的审计证据以作为形成审计意见的基础，但认为未发现的错报（如存在）对财务报表可能产生的影响重大且具有广泛性，注册会计师应当发表无法表示意见。

当出具无法表示意见的审计报告时，注册会计师应当在审计意见部分说明注册会计师不对后附的财务报表发表意见，并说明：由于形成无法表示意见的基础部分所述事项的重要性，注册会计师无法获取充分、适当的审计证据以为发表审计意见提供基础，因此，注册会计师应当将有关财务报表已经审计的说明，修改为注册会计师接受委托审计财务报表。

【请注意】注册会计师因审计范围受到限制而发表保留意见还是无法表示意见，取决于无法获取的审计证据对形成审计意见的重要性。注册会计师在判断重要性时，应当考虑有关事项潜在影响的性质和范围以及在财务报表中的重要程度。只有当未发现的错报（如存在）对财务报表可能产生的影响重大但不具有广泛性时，才能发表保留意见。

注册会计师发表非无保留意见的情形见表8-9。

表8-9　　　　　　　　　　注册会计师发表非无保留意见的情形

导致发表非无保留意见的事项的性质	这些事项对财务报表产生或可能产生影响的广泛性	
	重大但不具有广泛性	重大且具有广泛性
财务报表存在重大错报	保留意见	否定意见
无法获取充分、适当的审计证据	保留意见	无法表示意见

五、审计报告格式

（一）标准审计报告

标准无保留意见审计报告格式参考项目一任务二审计报告。

（二）非标准审计报告

1.保留意见的审计报告

保留意见的审计报告（财务报表存在重大错报）参考格式如下：

【背景信息】

（1）对上市实体整套财务报表进行审计，该审计不属于集团审计（即不适用《中国注册会计师审计准则第1401号——对集团财务报表审计的特殊考虑》）。

（2）管理层按照企业会计准则编制财务报表。

（3）审计业务约定条款体现了《中国注册会计师审计准则第1111号——就审计业务约定条款达成一致意见》关于管理层对财务报表责任的描述。

（4）存货存在错报，该错报对财务报表影响重大但不具有广泛性（即保留意见是恰当的）。

（5）适用的相关职业道德要求为中国注册会计师职业道德守则。

（6）基于获取的审计证据，根据《中国注册会计师审计准则第1324号——持续经营》，注册会计师认为可能导致对被审计单位持续经营能力产生重大疑虑的相关事项或情况不存在重大不确定性。

（7）已按照《中国注册会计师审计准则第1504号——在审计报告中沟通关键审计事项》的规定沟通了关键审计事项。

（8）注册会计师在审计报告日前已获取所有其他信息，且导致对财务报表发表保留意见的事项也影响了其他信息。

（9）负责监督财务报表的人员与负责编制财务报表的人员不同。

（10）除财务报表审计外，按照法律法规的要求，注册会计师还承担法律法规要求的其他报告责任，且注册会计师决定在审计报告中履行其他报告责任。

审计报告

ABC股份有限公司全体股东：

一、对财务报表出具的审计报告

（一）保留意见

我们审计了后附的ABC股份有限公司（以下简称ABC公司）财务报表，包括20×4年12月31日的资产负债表，20×4年度的利润表、现金流量表和所有者权益（或股东权益）变动表以及财务报表附注。

我们认为，除"形成保留意见的基础"部分所述事项产生的影响外，后附的财务报表在所有重大方面按照企业会计准则的规定编制，公允反映了ABC公司20×4年12月31日的财务状况以及20×4年度的经营成果和现金流量。

（二）形成保留意见的基础

如ABC公司20×4年12月31日资产负债表中存货的列示金额为×元。管理层根据成本对存货进行计量，而没有根据成本与可变现净值孰低的原则进行计量，这不符合企业会计准则的规定。ABC公司的会计记录显示，如果管理层以成本与可变现净值孰低来计量存货，存货列示金额将减少×元。相应地，资产减值损失将增加×元，所得税、净利润和股东权益将分别减少×元、×元和×元。

我们按照中国注册会计师审计准则的规定执行了审计工作。审计报告的"注册会计师对财务报表审计的责任"部分进一步阐述了我们在这些准则下的责任。按照中国注册会计师职业道德守则，我们独立于ABC公司，并履行了职业道德方面的其他责任。我们相信，我们获取的审计证据是充分、适当的，为发表保留意见提供了基础。

（三）其他信息

【按照《中国注册会计师审计准则第1521号——注册会计师对其他信息的责任》的规定报告，其他信息部分的最后一段需要进行改写，以描述导致注册会计师对财务报表发表保留意见并且影响其他信息的事项。】

（四）关键审计事项

关键审计事项是根据我们的职业判断，认为对本期财务报表审计最为重要的事项。这些事项是在对财务报表整体进行审计并形成意见的背景下进行处理的，我们不对这些事项提供单独的意见。除"形成保留意见的基础"部分所述事项外，我们确定下列事项是需要在审计报告中沟通的关键审计事项。

【按照《中国注册会计师审计准则第1504号——在审计报告中沟通关键审计事项》的规定描述每一关键审计事项。】

（五）管理层和治理层对财务报表的责任

【按照《中国注册会计师审计准则第1501号——对财务报表形成审计意见和出具审

计报告》的规定报告，参考项目一任务二。】

（六）注册会计师对财务报表审计的责任

【按照《中国注册会计师审计准则第1501号——对财务报表形成审计意见和出具审计报告》的规定报告，参考项目一任务二。】

二、按照相关法律法规的要求报告的事项

【按照《中国注册会计师审计准则第1501号——对财务报表形成审计意见和出具审计报告》的规定报告，参考项目一任务二。】

××会计师事务所	中国注册会计师：×××
（盖章）	（签名并盖章）
	中国注册会计师：×××
	（签名并盖章）
中国××市	二○×五年×月×日

2.无法表示意见的审计报告

无法表示意见的审计报告（无法获取充分、适当的审计证据）的参考格式：

【背景信息】

（1）对非上市实体整套合并财务报表进行审计。该审计不属于集团审计（即不适用《中国注册会计师审计准则第1401号——对集团财务报表审计的特殊考虑》）。

（2）管理层按照企业会计准则编制财务报表。

（3）审计业务约定条款体现了《中国注册会计师审计准则第1111号——就审计业务约定条款达成一致意见》关于管理层对财务报表责任的描述。

（4）对财务报表的多个要素，注册会计师无法获取充分、适当的审计证据。例如，对被审计单位的存货和应收账款，注册会计师无法获取审计证据，这一事项对财务报表可能产生的影响重大且具有广泛性。

（5）适用的相关职业道德要求为中国注册会计师职业道德守则。

（6）负责监督财务报表的人员与负责编制财务报表的人员不同。

（7）按照审计准则要求在注册会计师的责任部分作出有限的表述。

（8）除财务报表审计外，按照法律法规的要求，注册会计师负有其他报告责任，且注册会计师决定在审计报告中履行其他报告责任。

审计报告

ABC股份有限公司全体股东：

一、对财务报表出具的审计报告

（一）无法表示意见

我们接受委托，审计ABC股份有限公司（以下简称"ABC公司"）财务报表，包括20×4年12月31日的资产负债表，20×4年度的利润表、现金流量表、所有者权益（或股东权益）变动表以及相关财务报表附注。

我们不对后附的ABC公司财务报表发表审计意见。由于"形成无法表示意见的基础"部分所述事项的重要性，我们无法获取充分、适当的审计证据以作为对财务报表发表审计意见的基础。

（二）形成无法表示意见的基础

我们于20×5年1月接受ABC公司的审计委托，因而未能对ABC公司20×4年年初金额为×元的存货和年末金额为×元的存货实施监盘程序。此外，我们也无法实施替代审计程序获取充分、适当的审计证据并且，ABC公司于20×4年9月采用新的应收账款电算化系统，由于存在系统缺陷导致应收账款出现大量错误：截至报告日，管理层仍在纠正系统缺陷并更正错误，我们也无法实施替代审计程序，以对截至20×4年12月31日的应收账款总额×元获取充分、适当的审计证据。因此，我们无法确定是否有必要对存货、应收账款以及财务报表其他项目作出调整，也无法确定应调整的金额。

（三）管理层和治理层对财务报表的责任

【按照《中国注册会计师审计准则第1501号——对财务报表形成审计意见和出具审计报告》的规定报告，参考项目一任务二。】

（四）注册会计师对财务报表审计的责任

我们的责任是按照中国注册会计师审计准则的规定，对ABC公司的财务报表执行审计工作，以出具审计报告。但由于"形成无法表示意见的基础"部分所述的事项，我们无法获取充分、适当的审计证据以作为发表审计意见的基础。按照中国注册会计师职业道德守则，我们独立于ABC公司，并履行了职业道德方面的其他责任。

二、按照相关法律法规的要求报告的事项

（略）

××会计师事务所	中国注册会计师：×××
（盖章）	（签名并盖章）
	中国注册会计师：×××
	（签名并盖章）
中国××市	
	二〇×五年×月×日

3.否定意见的审计报告

否定意见的审计报告（合并财务报表存在重大错报）的参考格式：

【背景信息】

（1）对上市实体整套合并财务报表进行审计。该审计属于集团审计，被审计单位拥有多个子公司（即适用《中国注册会计师审计准则第1401号——对集团财务报表审计的特殊考虑》）。

（2）管理层按照××财务报告编制基础编制合并财务报表。

（3）审计业务约定条款体现了《中国注册会计师审计准则第1111号——就审计业务约定条款达成一致意见》关于管理层对合并财务报表责任的描述。

（4）合并财务报表因未合并某一子公司而存在重大错报，该错报对合并财务报表影响重大且具有广泛性（即否定意见是恰当的），但量化该错报对合并财务报表的影响是不切实际的。

（5）适用的相关职业道德要求为中国注册会计师职业道德守则。

（6）基于获取的审计证据，根据《中国注册会计师审计准则第1324号——持续经营》，注册会计师认为可能导致对被审计单位持续经营能力产生重大疑虑的相关事项或情况不存在重大不确定性。

（7）适用《中国注册会计师审计准则第1504号——在审计报告中沟通关键审计事项》。然而，注册会计师认为，除形成否定意见的基础部分所述事项外，无其他关键审计事项。

（8）注册会计师在审计报告日前已获取所有其他信息，且导致对合并财务报表发表否定意见的事项也影响了其他信息。

（9）负责监督合并财务报表的人员与负责编制合并财务报表的人员不同。

（10）除合并财务报表审计外，注册会计师还承担法律法规要求的其他报告责任，且注册会计师决定在审计报告中履行其他报告责任。

审计报告

ABC股份有限公司全体股东：

一、对合并财务报表出具的审计报告

（一）否定意见

我们审计了ABC股份有限公司及其子公司（以下简称ABC集团）的合并财务报表，包括20×4年12月31日的合并资产负债表，20×4年度的合并利润表、合并现金流量表、合并所有者权益变动表以及相关合并财务报表附注。

我们认为，由于"形成否定意见的基础"部分所述事项的重要性，后附的合并财务报表没有在所有重大方面按照××财务报告编制基础的规定编制，未能公允反映ABC集团20×4年12月31日的合并财务状况以及20×4年度的合并经营成果和合并现金流量。

（二）形成否定意见的基础

如财务报表附注×所述，20×4年ABC集团通过非同一控制下的企业合并获得对XYZ公司的控制权，因未能取得购买日XYZ公司某些重要资产和负债的公允价值，故未将XYZ公司纳入合并财务报表的范围。按照××财务报告编制基础的规定，ABC集团应将这一子公司纳入合并范围，并以暂估金额为基础核算该项收购。如果将XYZ公司纳入合并财务报表的范围，后附的ABC集团合并财务报表的多个报表项目将受到重大影响。但我们无法确定未将XYZ公司纳入合并范围对合并财务报表产生的影响。

我们按照中国注册会计师审计准则的规定执行了审计工作。审计报告的"注册会计师对合并财务报表审计的责任"部分进一步阐述了我们在这些准则下的责任。按照中国注册会计师职业道德守则、我们独立于ABC集团，并履行了职业道德方面的其他责任。我们相信，我们获取的审计证据是充分、适当的，为发表否定意见提供了基础。

（三）其他信息

【按照《中国注册会计师审计准则第1521号——注册会计师对其他信息的责任》的规定报告、其他信息部分的最后一段需要进行改写，以描述导致注册会计师对财务报表发表否定意见并且影响其他信息的事项。】

（四）关键审计事项

除"形成保留意见的基础"部分所述事项外，我们认为，没有其他需要在我们的报告中沟通的关键审计事项。

（五）管理层和治理层对合并财务报表的责任

【按照《中国注册会计师审计准则第1501号——对财务报表形成审计意见和出具审

计报告》的规定报告，参考项目一任务二。】

（六）注册会计师对合并财务报表审计的责任

【按照《中国注册会计师审计准则第 1501 号——对财务报表形成审计意见和出具审计报告》的规定报告，参考项目一任务二。】

二、按照相关法律法规的要求报告的事项

（略）

××会计师事务所   中国注册会计师：×××
（盖章）   （签名并盖章）

                                                     中国注册会计师：×××
中国××市   （签名并盖章）

                                                     二〇×五年×月×日

4.带强调事项段的审计报告

审计报告的强调事项段是指审计报告中含有的一个段落，该段落提及已在财务报表中恰当列报或披露的事项，根据注册会计师的职业判断，该事项对财务报表使用者理解财务报表至关重要。

（1）增加强调事项段的情形。如果认为有必要提醒财务报表使用者关注已在财务报表中列报或披露，且根据职业判断认为对财务报表使用者理解财务报表至关重要的事项，在同时满足下列条件时，注册会计师应当在审计报告中增加强调事项段：

① 按照《中国注册会计师审计准则第 1502 号——在审计报告中发表非无保留意见》的规定，该事项不会导致注册会计师发表非无保留意见。

② 当《中国注册会计师审计准则第 1504 号——在审计报告中沟通关键审计事项》适用时，该事项未被确定为在审计报告中沟通的关键审计事项。

（2）某些审计准则对特定情况下在审计报告中增加强调事项段提出具体要求。这些情形包括：

① 法律法规规定的财务报告编制基础不可接受，但其是由法律或法规作出的规定。

② 提醒财务报表使用者注意财务报表按照特殊目的编制基础编制。

③ 注册会计师在审计报告日后知悉了某些事实（即期后事项），并且出具了新的审计报告或修改了审计报告。

除上述审计准则要求增加强调事项段的情形外，注册会计师可能认为需要增加强调事项段的情形，举例如下：异常诉讼或监管行动的未来结果存在不确定性；提前应用（在允许的情况下）对财务报表有广泛影响的新企业会计准则；存在已经或持续对被审计单位财务状况产生重大影响的特大灾难。

（3）在审计报告中增加强调事项段时注册会计师采取的措施。

① 如果在审计报告中增加强调事项段，注册会计师应当采取下列措施：

a.将强调事项段作为单独的一部分置于审计报告中，并使用包含"强调事项"这一术语的适当标题。

b.明确提及被强调事项以及相关披露的位置，以便能够在财务报表中找到对该事项的详细描述。强调事项段应当仅提及已在财务报表中列报或披露的信息。

c.指出审计意见没有因该强调事项而改变。

② 在审计报告中包含强调事项段不影响审计意见。包含强调事项段不能代替下列情形：

a.根据审计业务的具体情况，按照《中国注册会计师审计准则第1502号——在审计报告中发表非无保留意见》的规定发表非无保留意见；

b.适用的财务报告编制基础要求管理层在财务报表中作出的披露，或为实现公允列报所需的其他披露；

c.按照《中国注册会计师审计准则第1324号——持续经营》的规定，当可能导致对被审计单位持续经营能力产生重大疑虑的事项或情况存在重大不确定性时作出的报告。

六、撰写审计报告的要求和步骤

（一）撰写要求

撰写审计报告是一项十分严肃的工作，它要求注册会计师具有较强的业务能力、政策水平和较好的理论修养。为了保证审计报告的质量，准确表达注册会计师的意见，审计报告的撰写应符合以下基本要求：

1.实事求是，客观公正

审计报告是政策性很强的文件，撰写时必须重事实，以法律法规为准绳，坚持原则，实事求是，客观公正地对被审计事项进行定性，提出处理意见。既不能大事化小，小事化了，息事宁人；也不能无限上纲，夸大危害程度。审计报告的内容要真实严肃，经得起实践的考验。

2.数字准确，证据确凿

审计报告是提供给有关单位和人员作为判断和决策的依据，务必做到数字准确，证据确凿。为此，注册会计师对审计报告中列举的数据资料要认真计算、复核，做到准确无误；对各种证据资料，也要亲自进行调查核实，使其既充分可靠，又具备有效的证明力，为发表审计意见奠定可靠的基础。

3.抓住关键，突出重点

一次审计涉及的问题很多，在一份审计报告中不可能反映被审计单位的所有问题。这就要求拟定审计报告时一定要坚持重要性原则，紧紧抓住关键性的问题，深刻剖析，提出明确而具体的意见，而不能事无巨细，面面俱到。审计报告的重点要放在影响全局或影响较大、性质严重或情节恶劣、金额较大的问题上。对重点问题要充分展开，讲透讲清；对一般、次要的问题，则可简略提及，甚至略而不提。只有这样，才能使审计报告的内容重点突出，主次分明。

4.文字简练，措辞严谨

审计报告是送给被审计单位负责人、上级部门或有关部门领导看的，因此不宜写得太长。这就要求写审计报告时一定要开门见山，不转弯抹角；要层次分明，条理清楚；语言文字要字斟句酌，简明扼要；要选择准确、有力的证据作为证明事实的依据，前后矛盾或重复的证据，同事实无关的证据，一律不作为审计报告的证据；语言表达要准确无误，慎重斟酌，切忌夸张，并尽量选用专业术语。

（二）撰写步骤

1.整理分析审计工作底稿

注册会计师在完成审计任务的过程中，收集了许多能证明问题的资料证据，并集中反映在审计工作底稿中，这些都是拟定审计报告的基础。但是，这些底稿是分散的、不系统的，不可能不分轻重地全部写进审计报告。为此，注册会计师要在审阅工作底稿的基础上去粗取精，选择一些符合审计目的的有价值的证据资料，并进行归类整理，作为撰写审计报告的基础。此外，注册会计师还要按照审计查出的问题，查找有关的法律、法规、规章和政策依据，为问题定性和提出处理意见提供法律依据。

2.拟定审计报告提纲

在对审计工作底稿进行分析整理归类的基础上，可由审计小组成员集体讨论拟定审计报告的内容、结构安排及其格式，并逐项列出编写提纲。审计报告编写提纲包括前言概述部分怎样写；被审计单位概况写哪些内容；存在的问题部分写什么问题；次序怎么安排；使用哪些证据，引用哪些法律、法规；如何写出评价和结论等。如果使用小标题，还要注意推敲标题的准确性，看是否反映了问题的面貌及性质。

3.撰写审计报告初稿

拟定提纲后，就可以根据审计工作底稿以及相关资料，在综合分析、归类、整理、核对的基础上，用文字加以组织表述，汇总形成审计报告初稿。审计报告可以由一个人执笔，也可以多人分工撰写。如果是分工撰写，最后必须由一人统稿，并授予修改权，以使最后形成的审计报告初稿前后呼应，浑然一体。

七、与治理层和管理层就审计意见进行沟通

为了保证审计工作的客观性和公正性，审计报告定稿后，必须按审计工作程序和要求征求被审计单位的意见，与治理层和管理层就审计意见进行沟通，并要求被审计单位在一定期限内提出书面意见，以便使审计报告符合客观实际，能被其所接受。注册会计师对被审计单位提出的意见，应慎重考虑，反复推敲。如果被审计单位提出的意见有道理就虚心采纳，重新研究修改报告；如果被审计单位从单位利益考虑，提出不符合政策要求的意见，注册会计师一定要坚持原则，予以解释或婉拒，并将被审计单位的意见作为审计报告的附件一并报出。

八、定稿，正式提交审计报告

注册会计师根据与治理层和管理层就审计意见沟通的结果，对审计初稿进行修改、完善并定稿后，就可以根据审计业务约定书中约定的份数打印、盖章、装订，正式提交给审计委托人了。

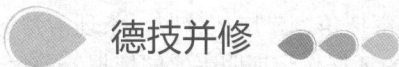

德技并修

资料：北京众信会计师事务所注册会计师金书敏、黄丽爱于20×5年2月16日完成对兴华股份有限公司20×4年度财务报告的审计工作。在复核审计工作底稿时发现以下情况：

（1）公司不愿提供近三年比较会计报表。

（2）公司对20×4年度应调整的应收账款500万元作了调整，但对注册会计师金书敏、黄丽爱提出的应予调整的其他应收款8万元拒绝调整（重要性水平为15万元）。

（3）公司有6笔应收账款无法实施函证程序，但已运用其他相关审计程序进行了验证。

（4）公司作为一桩商标侵权案的被告，两年前公司法律顾问及相关人员均确认该案败诉的可能性超过50%，且赔偿金额能够合理估计，公司已在报表附注中作了说明，但公司没有确认相应的负债。

（5）该公司20×4年度未提取存货跌价准备。

问题：

（1）请分析上述情况对审计报告的影响，并针对第（2）种情况发表审计意见。

（2）注册会计师要提供一份独立、客观、公正的审计报告，应坚持哪些社会主义核心价值观？

分析：

（1）①公司没有义务编制三年比较会计报表，故对审计报告没有影响。

②根据重要性水平，应发表标准无保留意见审计报告。

③当函证无法进行时使用替代审计程序是必然的，故题中并无不妥。

④应计提预计负债和管理费用。

⑤应根据存货的实际情况来决定是否计提存货跌价准备。若存货成本高于可变现净值应计提存货跌价准备。

（2）注册会计师要提供一份独立、客观、公正的审计报告，应从国家层面考虑到国强则民富，只有维护了国家利益，才有利于企业的长远发展；从社会层面考虑到公正、法治，不仅在审计中要依法收集、分析、判断审计证据，而且也要客观地看待审计证据，并出具客观、公正的审计报告；从个人层面考虑到对审计职业敬重，审计过程中应兢兢业业、诚实守信、实事求是，以帮助被审计单位不断完善、提高生产经营效益和社会效益，促进国家的繁荣昌盛为核心，确保每一份审计报告的客观、公正性。

典型工作任务实训

一、实训要求

1.阅读并熟悉实训资料、实训材料。

2.在教师指导下，根据实训资料判断审计意见类型、选择审计报告格式。

9家公司年报审计称"无法表示意见"

松辽汽车成首
家被出具非标
审计意见的
上市公司

3.在教师指导下，完成"审计报告"的编写。

二、实训条件

1.实训环境：上课教室或审计实训室。

2.实训材料：审计报告模板。

3.实训学时：2学时。

4.实训操作：首先由教师引导学生阅读、熟悉实训资料，然后由学生自主编写、讨论、总结，教师现场指导，最后由教师讲解答案、分析问题。

5.实训方式：可采用小组手工实训方式、单人手工实训方式。

三、实训资料

咏道会计师事务所注册会计师张娇青、徐敏慧等五人，于20×5年2月18日接受高山股份有限公司（以下简称高山公司）的委托，审计了该公司20×4年财务报表。2月23日结束审计工作。除下述事项外，高山公司财务报表其他内容均符合企业会计准则和相关会计制度的规定，在所有重大方面公允反映了高山公司20×4年12月31日的财务状况以及20×4年度的经营成果和现金流量情况。注册会计师均已认可。

（1）高山公司20×4年年末原材料期末余额少计30万元，影响该年度利润，注册会计师提请该公司调整，但高山公司未予接受。

（2）高山公司从20×4年7月起对原材料发出计价由先进先出法改为加权平均法，使该年主营业务成本上升30万元，这一变化未在财务报表附注中披露。注册会计师提请该公司披露，高山公司予以接受。（如果高山公司拒绝注册会计师的建议，应该发表什么意见？）

注册会计师为高山公司原材料核定的重要性水平是35万元。

同步训练

一、单项选择题

1.如果无法获取充分、适当的审计证据以作为形成审计意见的基础，但认为未发现的错报（如存在）对财务报表可能产生的影响重大且具有广泛性，注册会计师应当出具（　　）的审计报告。

　　A.保留意见　　　　　　　　　　B.否定意见

　　C.无法表示意见　　　　　　　　D.标准意见

2.在获取充分、适当的审计证据后，如果认为错报单独或汇总起来对财务报表的影响重大且具有广泛性，注册会计师应当发表（　　）的审计报告。

　　A.保留意见　　　　　　　　　　B.否定意见

　　C.无法表示意见　　　　　　　　D.标准意见

3.在财务报表审计业务中，下列有关书面声明的说法，不正确的是（　　）。

A.针对财务报表的编制，注册会计师应当要求管理层提供书面声明

B.书面声明应当涵盖审计报告所针对的所有财务报表和期间

C.书面声明是注册会计师财务报表审计业务中需要获取的必要信息

D.书面声明为声明书所涉及的事项提供了充分、适当的审计证据

4.会计政策的选用、会计估计的作出或财务报表的披露不符合适用的企业会计准则和相关会计制度的规定，虽影响重大，但不至于出具否定意见的审计报告时，注册会计师应出具（   ）的审计报告。

A.保留意见　　　　B.否定意见　　　　C.无法表示意见　　　D.标准意见

5.注册会计师应对被审计单位的财务报表是否不存在重大错报提供（   ）。

A.绝对保证　　　　B.不能保证　　　　C.相对保证　　　　D.合理保证

6.下列各项属于标准审计报告的是（   ）。

A.带强调事项段的无保留意见的审计报告

B.带其他事项段的无保留意见的审计报告

C.包含其他报告责任段，但不含有强调事项段或其他事项段的无保留意见的审计报告

D.非无保留意见的审计报告

7.注册会计师如果认为被审计单位在可预见的将来无法持续经营，继续运用持续经营假设编制财务报表不合理，但被审计单位对此作了充分披露，注册会计师应当出具的审计报告类型是（   ）。

A.带强调事项段的无保留意见　　　　　　B.保留意见

C.否定意见　　　　　　　　　　　　　　D.保留意见或无法表示意见

8.注册会计师拟出具无保留意见，下列是审计报告中的某些措辞，其中不恰当的是（   ）。

A.我们认为

B.ABC公司财务报表在所有重大方面按照会计准则的规定编制

C.公允反映了ABC公司20×4年12月31日的财务报表状况

D.以及20×4年度的经营成果和现金流量

9.下列各项关于错报的说法，错误的是（   ）。

A.明显微小的错报不需要累积

B.错报可能是由于错误或舞弊导致的

C.错报仅指某一财务报表项目金额与按照企业会计准则应当列示的金额之间的差异

D.判断错报是指由于管理层对会计估计作出不合理的判断或不恰当地选择和运用会计政策而导致的差异

10.注册会计师审计F公司，确定重要性为50万元，资产为10 000万元，如果注册会计师有100万元的应收账款无法收到回函，并且该应收账款没有其他的相关证据，函证是必要的审计程序，则注册会计师不考虑其他因素需要出具（   ）的审计意见。

　　A.无保留意见　　　B.保留意见　　　　C.无法表示意见　　D.否定意见

二、多项选择题

1.如果注册会计师无法取得充分、适当的审计证据，应视情况发表（　　）的审计报告。

　　A.标准　　　　　　B.保留意见　　　　C.无法表示意见　　D.否定意见

2.按是否需要调整账户记录分类的审计差异有（　　）。

　　A.核算误差　　　　B.重分类误差　　　C.未更正错报　　　D.已更正错报

3.可以汇总审计差异的审计工作底稿有（　　）。

　　A.账项调整分录汇总表　　　　　　　　B.重分类调整分录汇总表

　　C.未调整不符事项汇总表　　　　　　　D.审计差异调整表

4.下列各项属于对审计工作底稿进行独立的项目质量复核的意义有（　　）。

　　A.实施对审计工作结果的最后质量管理

　　B.确认审计工作已达到会计师事务所的工作标准

　　C.消除妨碍注册会计师判断的偏见

　　D.通过在审计现场完成工作底稿复核，及时发现和解决问题，争取审计工作的主动

5.注册会计师与治理层沟通的主要事项有（　　）。

　　A.注册会计师与财务报表审计相关的责任

　　B.计划的审计范围和时间安排

　　C.审计中发现的重大问题

　　D.注册会计师的独立性

6.根据审计准则的规定，项目组内经验较多的人员对经验较少的人员的工作进行复核时应当考虑的内容有（　　）。

　　A.重大事项是否已提请进一步考虑

　　B.是否已经实现审计程序的目标

　　C.是否已获取足以支持审计结论的充分、适当的审计证据

　　D.已执行的审计工作是否支持形成的结论，并已得到适当记录

7.注册会计师应当在审计报告中发表非无保留意见的情形有（　　）。

　　A.根据获取的审计证据，得出财务报表整体存在重大错报的结论

　　B.在异常诉讼或监管行动的未来结果存在不确定性的情况下，被审计单位进行了充分披露

　　C.无法获取充分、适当的审计证据，不能得出财务报表整体不存在重大错报的结论

　　D.注册会计师需要对两套以上财务报表出具审计报告

8.下列各项属于非无保留意见的有（　　）。

　　A.保留意见　　　　　　　　　　　　　B.带有强调事项段的无保留意见

　　C.带有其他报告责任段的无保留意见　　D.否定意见

9.在审计完成阶段，下列导致注册会计师需要重新评估已获取审计证据的充分性和适当性的有（　　）。

A.运用分析程序进行总体复核时，未识别出新的重大错报

B.在审计完成阶段修订后的重要性水平远远低于在计划阶段确定的重要性水平

C.书面声明与其他审计证据不一致

D.识别出的因舞弊而导致的重大错报

10.编写审计报告时，注册会计师应在审计报告的注册会计师责任段中说明的内容包括（　　）。

A.已审报表的名称、反映的日期和期间

B.按照中国注册会计师审计准则的规定执行了审计工作

C.计划和执行审计工作以对财务报表是否不存在重大错报获取合理保证

D.按照适用的财务报告编制基础编制财务报表，并使其实现公允反映

三、判断题

1.如果被审计单位管理层拒绝提供审计准则要求的书面声明，注册会计师应当出具无法表示意见的审计报告。　　　　　　　　　　　　　　　　　　　　（　　）

2.对于低于所涉及财务报表项目（或账项）层次重要性水平的单笔核算误差，无论其性质如何，均应将其视为未调整不符事项。　　　　　　　　　　　　　（　　）

3.注册会计师出具无法表示意见的审计报告，表明其拒绝接受委托，不愿发表意见。　　　　　　　　　　　　　　　　　　　　　　　　　　　　　　　　（　　）

4.非标准审计报告是指非无保留意见的审计报告。　　　　　　　　　　　（　　）

5.审计报告在签发前，需与被审计单位针对将要出具的意见类型进行沟通，直接根据注册会计师获取的审计证据和准则的规定出具即可。　　　　　　　　　（　　）

6.书面声明是注册会计师在财务报表审计中需要获取的必要信息，为所涉及的事项提供了充分适当的审计证据。　　　　　　　　　　　　　　　　　　　　（　　）

7.审计报告日应为注册会计师获取充分适当的审计证据，并在此基础上对财务报表形成审计意见之后的某一日期。　　　　　　　　　　　　　　　　　　　（　　）

8.如果财务报表存在重大错报，且该错报对财务报表产生的影响具有广泛性，注册会计师应发表保留意见。　　　　　　　　　　　　　　　　　　　　　　　（　　）

9.因审计范围受到限制，注册会计师无法获取充分、适当的审计证据，且该事项的影响重大但不具有广泛性，则应发表无法表示意见。　　　　　　　　　　（　　）

10.会计师事务所应当制定政策和程序，以确保只有完成项目质量复核才可以签署业务报告。　　　　　　　　　　　　　　　　　　　　　　　　　　　　　（　　）

四、拓展训练

1.上海毕成会计师事务所注册会计师宋莉、张俊已于20×5年2月14日完成了对新叶股份有限公司（以下简称新叶公司）20×4年度财务报表的实地审计工作，现正草拟审计报告。按业务约定书的要求，审计报告应20×5年3月18日提交。在复核审计工作底稿时，确定存在以下几种情况：

（1）公司有40万元的存货存放在外地仓库，未能观察实地盘点，向存放地发出的询证函也未收到回函。

（2）昌运公司向新叶公司索赔一案法院尚未宣判，新叶公司败诉的可能性为80%，

估计公司将支付赔偿金100万元。新叶公司拒绝在财务报表附注中说明。

（3）除注册会计师认为存货中有35万元已毁损，应予以冲销，新叶公司未接受调整意见外，其他提请调整的事项，公司已作调整。（存货重要性水平为40万元）

要求：根据上述情况确定注册会计师应出具的审计意见类型，并编制一份审计报告。

2.注册会计师徐光宇作为上海毕成会计师事务所审计项目负责人，在审计以下单位20×4年度财务报表时分别遇到以下情况：

（1）甲公司拥有一项长期股权投资，账面价值500万元，持股比例30%。20×4年12月31日，甲公司与K公司签署投资转让协议，拟以450万元的价格转让该项长期股权投资，已收到价款300万元，但尚未办理产权过户手续，甲公司以该项长期股权投资正在转让之中为由，不再计提减值准备。注册会计师确定的重要性水平为30万元，被审计单位未审计的利润总额为120万元。

（2）乙公司于20×3年5月为L公司1年期银行借款1 000万元提供担保，因L公司不能及时偿还，银行于20×4年11月向法院提起诉讼，要求乙公司承担连带清偿责任。20×4年12月31日，乙公司在咨询律师后，根据L公司的财务状况，计提了500万元的预计负债。对上述预计负债，乙公司已在财务报表附注中进行了适当披露。截至审计工作完成日，法院未对该项诉讼作出判决。

（3）丙公司在20×4年度向其控股股东M公司以市场价格销售产品5 000万元，以成本加成价格（公允价格）购入原材料3 000万元，上述销售和采购分别占丙公司当年销货、购货的比例为30%和40%，丙公司已在财务报表附注中进行了适当披露。

（4）丁公司于20×4年11月20日发现，20×3年漏计固定资产折旧费用200万元。丁公司在编制20×4年度财务报表时，对此项会计差错予以更正，追溯重述了相关财务报表项目，并在财务报表附注中进行了适当披露。

（5）戊公司于20×4年年末更换了大股东，并成立了新的董事会，继任法定代表人以刚上任、不了解以前年度情况为由，拒绝签署20×4年度已审财务报表和提供管理层声明书。原法定代表人以不再继续履行职责为由，也拒绝签署20×4年度已审财务报表和提供管理层声明书。

要求：假定上述情况对各被审计单位20×4年度财务报表的影响都是重要的，且对于各事项被审计单位均拒绝接受注册会计师徐光宇提出的审计处理建议（如有）。在不考虑其他因素影响的前提下，请分别针对上述5种情况，判断注册会计师徐光宇应对上述5家公司20×4年度财务报表出具何种类型的审计报告，并简要说明理由。

项目小结

本项目主要知识点和技能点归纳总结见表8-10。

表8-10　本项目主要知识点和技能点归纳总结

重点学习内容	主要知识点和技能点		
		主要业务活动	审计工作底稿
完成审计工作	复核审计工作底稿和财务报表	审计工作底稿项目组内复核和项目合伙人的独立的项目质量复核两个层次三个级别复核	业务执行复核工作核对表
		对财务报表总体合理性进行总体复核	
	汇总审计差异	核算误差：调整的不符事项和不建议调整的不符事项	账项调整分录汇总表、重分类调整分录汇总表、未调整不符事项汇总表
		重分类误差	
	编制试算平衡表	资产负债表和利润表的试算平衡表	资产负债表试算平衡表、利润表试算平衡表
	获取书面声明	针对管理层责任的书面声明、其他书面声明	管理层声明书
	期后事项的考虑	财务报表日至审计报告日之间发生的事项、在审计报告日后至财务报表报出日前知悉的事实、在财务报表报出日后知悉的事实	
	检查审计工作完成情况		审计工作完成情况核对表
撰写审计报告	审计报告含义	注册会计师发表审计意见的书面文件	
	审计报告作用	鉴证、保护和证明作用	
	审计报告类型	标准审计报告	无保留意见且不带任何事项段的审计报告
		非标准审计报告	1.带强调事项段或其他事项段的无保留意见的审计报告 2.保留意见的审计报告 3.否定意见的审计报告 4.无法表示意见的审计报告
	审计报告的基本内容	标题，收件人，审计意见，形成审计意见的基础，管理层对财务报表的责任，注册会计师对财务报表审计的责任，按照相关法律法规的要求报告的事项，注册会计师的签名和盖章，会计师事务所的名称、地址及盖章和报告日期	
	审计意见类型	无保留意见	财务报表在所有重大方面按照适用的财务报告编制基础编制并实现公允反映时

续表

重点学习内容	主要知识点和技能点		
撰写审计报告	审计意见类型	保留意见	在获取充分、适当的审计证据后，注册会计师认为错报单独或汇总起来对财务报表影响重大，但不具有广泛性；或注册会计师无法获取充分、适当的审计证据以作为形成审计意见的基础，但认为未发现的错报（如存在）对财务报表可能产生的影响重大，但不具有广泛性
		否定意见	在获取充分、适当的审计证据后，如果认为错报单独或汇总起来对财务报表的影响重大且具有广泛性
		无法表示意见	如果无法获取充分、适当的审计证据以作为形成审计意见的基础，但认为未发现的错报（如存在）对财务报表可能产生的影响重大且具有广泛性
	撰写审计报告的步骤	撰写审计报告初稿	
		与治理层和管理层就审计意见进行沟通	
		定稿，正式提交审计报告	

拓展阅读

我国新旧审计报告准则与国际审计准则的比较

概述中国审计文化的内涵、层次、内容及其建设策略

审计精神文化

审计全覆盖，助力反腐无死角

参考文献

[1] 俞校明. 审计实务 [M]. 4版. 北京：清华大学出版社，2021.

[2] 秦荣生，卢春泉. 审计学 [M]. 11版. 北京：中国人民大学出版社，2022.

[3] 李晓慧. 审计学：实务与案例 [M]. 5版. 北京：中国人民大学出版社，2021.

[4] 王光远，黄京菁. 审计学 [M]. 4版. 大连：东北财经大学出版社，2018.

[5] 中国注册会计师协会. 中国注册会计师执业准则应用指南（2023版）[M]. 北京：中国财政经济出版社，2023.

[6] 财政部注册会计师考试委员会办公室. 审计 [M]. 北京：中国财政经济出版社，2024.

[7] 李晓慧，孙龙渊. 审计案例与实训 [M]. 3版. 北京：中国人民大学出版社，2022.

[8] 宋迎春，李银香. 区块链审计 [M]. 北京：清华大学出版社，2022.

[9] 颜晓燕. 注册会计师审计经典案例教程 [M]. 2版. 北京：清华大学出版社，2017.

[10] 王守龙. 审计学基础 [M]. 5版. 北京：清华大学出版社，2019.

[11] 宋常. 审计学 [M]. 9版. 北京：中国人民大学出版社，2022.

[12] 刘明辉，史德刚. 审计 [M]. 8版. 大连：东北财经大学出版社，2022.

[13] 朱明. 审计业务全真实训 [M]. 3版. 北京：清华大学出版社，2023.

[14] 陈艳芬. 计算机审计：基于用友CPAS审计信息系统 [M]. 2版. 上海：立信会计出版社，2023.

[15] 陈伟. 计算机审计 [M]. 3版. 北京：中国人民大学出版社，2023.

[16] 中国内部审计协会. 内审准则 [EB/OL]. [2022-07-22]. http：//www.ciia.com.cn/cnlots.html？id = 40.

[17] 会计百科. 信息系统审计 [EB/OL]. [2025-03-22]. https：//baike.kuaiji.com/v234511858.html.

[18] 中国注册会计师协会. 中国注册会计师协会关于印发《〈中国注册会计师审计准则第1101号——注册会计师的总体目标和审计工作的基本要求〉应用指南》等34项应用指南的通知 [EB/OL]. [2023-04-10]. https：//www.cicpa.org.cn/xxfb/tzgg/202304/t20230410_64066.html.

附录

电子数据审计

一、信息技术对审计的影响

计算机尤其是微型计算机的大众化，使会计信息技术化得到大规模普及，而网络的发展，促进了会计信息技术化的成熟，以 ERP 为代表的企业信息系统的高度集成逐渐开始兴起。这时的企业信息系统已不仅仅是一个孤立的系统，而是集财务、人事、供销、生产为一体的综合性系统，财务信息只是这个系统所处理信息的一部分，因此，注册会计师必须在规划和执行审计工作时对企业信息技术进行全面考虑。

（一）信息技术与财务报告的关系

企业可以运用信息系统创建、记录、处理和报告各项交易，以衡量和审查自身的财务业绩，并持续记录资产、负债及所有者权益。具体来讲，创建是指企业可以采取手工或自动的方式来创建各项交易信息；记录是指信息系统识别并保留交易及事项的相关信息；处理是指企业可以采取手工或自动的方式对信息系统的数据信息进行编辑、确认、计算、衡量、估价、分析、汇总和调整；报告是指企业以电子或打印的方式，编制财务报表和其他信息，并运用上述信息来衡量和审查企业的财务业绩及其他方面的职能。

信息系统的使用给企业的管理和会计核算程序带来了很多重要的变化，包括：

（1）计算机输入和输出设备代替了手工记录；

（2）计算机显示屏和电子影像代替了纸质凭证；

（3）计算机文档代替了纸质日记账和分类账；

（4）网络通信和电子邮件代替了公司间的邮寄；

（5）管理需求固化到应用程序之中；

（6）灵活多样的报告代替了固定的定期报告；

（7）数据更加充分，信息实现共享；

（8）系统问题的存在比偶然性误差更为普遍。

信息系统形成的信息质量影响企业编制财务报表、管理企业活动和作出适当的管理决策。因此，有效的信息系统需要实现下列功能并保留记录结果：

（1）识别和记录全部授权交易；

（2）及时、详细记录交易内容，并在财务报告中对全部交易进行适当分类；

（3）衡量交易价值，并在财务报告中适当体现相关价值；

（4）确定交易发生期间，并将交易记录在适当的会计期间；

（5）将相关交易信息在财务报告中作适当披露。

因此，注册会计师在进行财务报表审计时，如果依赖相关信息系统所形成的财务信息和报告作为审计工作的依据，则必须考虑相关信息和报告的质量，而财务报告相关的信息质量是通过交易的录入到输出整个过程中适当的控制来实现的，所以，注册会计师需要在整个过程中考虑信息的准确性、完整性、授权体系及访问限制等四个方面。

（二）信息技术对内部控制的积极影响

在信息技术环境下，传统的人工控制越来越多地被自动控制所替代。信息系统对控制的影响，取决于被审计单位对信息系统的依赖程度。例如，在基于信息技术的信息系统中，系统进行自动操作实现对交易信息的创建、记录、处理和报告，并将相关信息保存为电子形式（如电子的采购订单、采购发票、发运凭证和相关会计记录）。但相关控制活动也可能同时包括手工的部分，例如，订单的审批和事后审阅以及会计记录调整之类的内部控制。由于被审计单位信息技术的特点及复杂程度不同，被审计单位的手工及自动控制的组合方式往往会有所区别。

总体来讲，自动控制能为企业带来以下好处：

（1）自动控制能够有效处理大流量交易及数据，因为自动信息系统可以提供与业务规则一致的系统处理方法；

（2）自动控制比较不容易被绕过；

（3）自动信息系统、数据库及操作系统的相关安全控制可以实现有效的职责分离；

（4）自动信息系统可以提高信息的及时性、准确性，并使信息变得更易获取；

（5）自动信息系统可以提高管理层对企业业务活动及相关政策的监督水平。

（三）信息技术的特定风险

随着信息技术的发展，内部控制虽然在形式及内涵方面发生了变化，但内部控制的目标并没有发生实质性改变。信息技术的使用使内部控制制度有了以下变化：

（1）提高管理层决策制定的效果和业务流程的效率；

（2）提高会计信息的可靠性；

（3）促进企业遵守法律和规章。

但是，信息技术在改进被审计单位内部控制的同时，也产生了特定的风险：

（1）信息系统或相关系统程序可能会对数据进行错误处理，也可能会去处理那些本身就错误的数据；

（2）自动信息系统、数据库及操作系统的相关安全控制如果无效，会增加对数据信息非授权访问的风险，这种风险可能导致系统对非授权交易及虚假交易请求的拒绝处理功能遭到破坏，系统程序、系统内的数据遭到不适当的改变，系统对交易进行不适当的记录，以及信息技术人员获得超过其职责范围的过大系统权限等；

（3）数据丢失风险或数据无法访问风险，如系统瘫痪；

（4）不适当的人工干预，或人为绕过自动控制。

（四）信息技术中的一般控制和应用控制测试

在信息技术环境下，人工控制的基本原理与方式在信息环境下并不会发生实质性的改变，注册会计师仍需要按照标准执行相关的审计程序，而对于自动控制，就需要从信息技术一般控制审计、信息技术应用控制审计以及公司层面信息技术控制审计三方面进行考虑。

1.信息技术一般控制审计

信息技术一般控制是指为了保证信息系统的安全，对整个信息系统以及外部各种环境要素实施的、对所有的应用或控制模块具有普遍影响的控制措施。信息技术一般控制通常会对实现部分或全部财务报表认定作出间接贡献。在有些情况下，信息技术一般控制也可能对实现信息处理目标和财务报表认定作出直接贡献。这是因为有效的信息技术一般控制确保了应用系统控制和依赖计算机处理的自动会计程序得以持续有效运行。当人工控制依赖系统生成的信息时，信息技术一般控制同样重要。如果注册会计师计划依赖自动应用控制、自动会计程序或依赖系统生成信息的控制，他们就需要对相关的信息技术一般控制进行验证。

注册会计师应清楚记录信息技术一般控制与关键的自动应用控制及接口、关键的自动会计程序、关键人工控制所依赖的系统生成数据和报告，或生成手工日记账时使用系统生成的数据和报告的关系。

信息技术一般控制包括程序开发、程序变更、程序和数据访问以及计算机运行等四个方面。

（1）程序开发。程序开发领域的目标是确保系统的开发、配置和实施能够实现管理层的应用控制目标。程序开发控制一般包括但不限于以下要素：程序开发的管理方法；项目启动、分析和设计；测试和质量确保；数据迁移；程序实施和应急计划；流程更新和用户培训；开发过程中的需求变更管理；开发过程中的职责分离。

（2）程序变更。程序变更领域的目标是确保对程序和相关基础组件的变更是经过请求、授权、执行、测试和实施的，以达到管理层的应用控制目标。程序变更范围除包含代码类的常规变更外，同时也需要关注配置类的变更以及紧急变更。程序变更一般包括但不限于以下要素：对变更维护活动的管理；对变更请求的规范、授权与跟踪；测试和质量确保；程序实施；流程更新和用户培训；变更过程中的职责分离。

（3）程序和数据访问。程序和数据访问这一领域的目标是确保分配的访问程序和数据的权限是经过用户身份认证并经过授权的。程序和数据访问的子组件一般包括安全活动管理、安全管理、数据安全、操作系统安全、网络安全和物理安全。程序和数据访问一般包括但不限于以下要素：应用用户授权管理；高权限用户管理；职责分工和权限处理；认证和密码控制；用户监控；物理访问和环境控制；网络访问控制。

（4）计算机运行。计算机运行这一领域的目标是确保业务系统根据管理层的控制目标完整准确地运行，确保运行问题被完整准确地识别并解决，以维护财务数据的完整性。计算机运行一般包括但不限于以下要素：系统作业管理；问题和故障管理；数据备份和恢复；备份介质的异地存放；灾难恢复。

2.信息技术应用控制审计

信息技术应用控制一般要经过输入、处理及输出等环节。和人工控制类似，系统自动控制关注的要素包括：完整性、准确性、存在和发生等。各要素的主要含义如下：

（1）完整性。系统处理数据的完整性，例如各系统之间数据传输的完整性、销售订单的系统自动顺序编号、总账数据的完整性等。

（2）准确性。系统运算逻辑的准确性，例如金融机构利息计提逻辑的准确性、生产企业的物料成本运算逻辑的准确性、应收账款账龄的准确性等。

（3）存在和发生。信息系统相关的逻辑校验控制，例如限制检查、合理性检查、存在检查和格式检查等。部分业务操作的授权管理，例如入账审批管理的权限设定和授予、物料成本逻辑规则修改权限的设定和授予等。

针对系统自动控制以及信息技术应用控制审计需要在理解业务流程的基础之上进行识别和定义，常见的系统自动控制以及信息技术应用控制审计关注点列示如下：

（1）系统自动生成报告。企业的业务或财务系统会定期或按需生成各类报告，例如账龄报告、贷款逾期报告、业务和财务数据核对差异报告等。信息技术应用控制审计包括对这些报告的生成逻辑（包括完整性和准确性）的验证、对异常报告跟进控制的审阅等。

（2）系统配置和科目映射。信息系统中包含了大量的自动校验控制和映射关系，包括数据完整性校验、录入合法性编辑检查、边界阈值设定、财务科目映射关系等。信息技术应用控制审计会对这些系统配置和映射关系的存在和有效性进行验证。

（3）接口控制。接口控制包括各业务系统之间、业务和财务系统之间、企业内部系统和合作伙伴/交易对手/监管机构之间的接口数据传输。信息技术应用控制审计会对这些接口数据传输的完整性和准确性进行验证。

（4）访问和权限。企业内部各业务部门、财务部门、信息技术部门等均会根据各自的职责需要来对信息系统进行访问，各部门、各团队甚至各岗位访问的权限均可能存在差异，因此在系统控制层面需要对这些权限进行明确的定义和部署，以保证适当的人员配备适当的访问权限。信息技术应用控制审计会对这些访问权限授予情况的合理性进行验证。

3.公司层面信息技术控制审计

除信息技术一般控制和应用控制外，目前国内外企业的管理层也越来越重视公司层面的信息技术控制管理。常见的公司层面信息技术控制包括但不限于：信息技术规划的制定；信息技术年度计划的制订；信息技术内部审计机制的建立；信息技术外包管理；信息技术预算管理；信息安全和风险管理；信息技术应急预案的制订；信息系统架构和信息技术复杂性。

目前审计机构针对公司层面信息技术控制往往会执行单独的审计，以评估企业信息、技术的整体控制环境，以决定信息技术一般控制和应用控制的审计重点、风险等级、审计测试方法等。

二、大数据时代的电子审计

随着全球信息化的不断加快，移动互联网、社交媒体、电子商务的兴起，海量的数据产生了，我们称之为大数据。除了储存这些数据，我们更多的是要利用这些数据，对它们进行收集、整理、清洗和分析，利用这些数据创造新的价值，以电子数据为代表的信息资源集中模式逐渐成为各类审计信息存储的主流。国务院2014年10月印发《关于加强审计工作的意见》，第十九条明确提出："探索在审计实践中运用大数据技术的途径，加大数据综合利用力度，提高运用信息化技术查核问题、评价判断、宏观分析的能力。"2015年12月，中共中央办公厅、国务院办公厅印发的《关于实行审计全覆盖的实施意见》中指出："适应大数据审计需要，构建国家审计数据系统和数字化审计平台，积极运用大数据技术，加大业务数据与财务数据、单位数据与行业数据以及跨行业、跨领域数据的综合比对和关联分析力度，提高运用信息化技术查核问题、评价判断、宏观分析的能力。"2015年12月底召开的全国审计工作会议提出："十三五"时期要加快实施"金审三期"工程，拓展大数据技术运用，形成独特的"国家审计云"。当前，随着全社会信息化建设的飞速发展，各行各业信息化、数据化程度越来越高，一个全新的大数据时代已经到来。对于审计工作来说，大数据环境势必对审计思路、审计方式方法、组织模式及相关制度等方面产生深远的影响，同时，要求审计工作从信息化初级建设阶段逐步走上大数据建设、利用阶段。

（一）大数据的特点

大数据具有4个特点：

（1）数据体量巨大（Volume），从 TB 级别跃升到 PB 级别。

（2）处理速度快（Velocity），这与传统的数据挖掘技术有着本质的不同。

（3）数据种类多（Variety），有图片、地理位置信息、视频、网络日志等多种形式。

（4）价值密度低，商业价值高（Value），存在单一数据的价值并不大，但将相关数据聚集在一起，就会有很高的商业价值。

（二）大数据对审计工作的影响

1.对审计管理方面的影响

大数据时代对审计工作管理方面的影响主要是提高了审计管理的信息化和智能化。首先，提升了审计业务计划管理的信息化水平，逐渐形成了审计问题库以及疑点库，通过数据进行风险的分析与评估，从而科学安排审计的任务和进度，利用信息化的手段对审计工作的进展进行实时跟踪，并且制订出相应的审计计划。其次，提升审计质量的管理能力，可以利用审计数据的管理平台对审计的方案、底稿以及报告等进行自动的监督和考核，保证审计工作的质量。

2.对审计技术方面的影响

大数据时代对审计技术方面产生了重大的影响，主要包括：第一，大数据下的审计数据分析要建立云计算平台。大数据时代最显著的特点就是数据数量比较大，如果使用传统的审计技术难以承担厚重的工作量，因此，要充分发挥云计算技术的作用，积极建立云计算平台，收集、整理以及分析相关的数据，促进大数据下审计工作的效率。第二，大数据下的审计工作需要应用NoSQL技术。对于传统的审计工作来说，在储存数据时主要应用的是关系型数据库系统，与之相适应的查询语言是SQL，它必须对每个存储的变量进行字符长度以及类型等的设置，并且数据模式都是静态的。而在大数据下审计人员所面对的数据比较广，动态也比较明显，而且不能存储到关系型数据库中，也就是说SQL已经不能满足审计工作的需求。因此，在大数据时代下应采用NoSQL技术，这样才能够保证大量数据的存储和使用。

3.对审计人员的影响

在大数据时代下，数据一定要保持真实性和可靠性。也就是说，要由专业的人员来衡量数据的真实性和可靠性，而审计人员可以承担这项工作。只有计算机科学、数学或者统计学方面的专家，才能对数据的真实性和可靠性进行检验，因为他们具有良好的数据分析能力和评估能力。审计单位需建立一支综合型的审计人才队伍，在提升审计人员自身素质的同时，提高其数据分析、评估能力。审计人员在进行审计工作时，一定要秉承公平公正的原则，对数据要保密，在对大量的数据进行审计时，要选取适当的工具进行分析，保证数据以及数据审计结果的真实性和可靠性。审计人员的工作就是要以市场作为导向，从而解决数据在真实性、可靠性方面的需求。

三、电子审计

电子审计，就是将审计的方法和程序与会计电算化环境结合起来，根据会计环境的变化实施适当的审计程序。在当今的大数据时代，电子审计正迅速发展。

随着网络技术在会计和审计信息管理中应用的不断深入，审计信息将提供更加专业化、准确化和智能化的服务，可以解决审计信息的海量存储、智能检索、高度共享等问题，对审计信息管理将产生变革性的影响。它与传统审计相比，具有便捷、隐秘、准确高效和多单位联合作业的协调等优势。

（一）电子审计的特点

1.信息资源的充分共享

在实施审计过程中，计算机网络通过数据传输和数据交换网，利用通信技术将不同地区的计算机连接在一起组成一个有机信息系统，其最大的特点是信息共享性。随着整个世界经济国际化进程的加速，我国企业与世界上不同国家与地区间的贸易来往愈来愈频繁，投资者、债权人及其他相关主体往往分布在世界的不同国家与地区。因此，审计信息和审计报告是他们进行理性决策的必要信息资源。在网络环境下，审计信息可以充分共享，这样可以大大提高审计信息的使用效率。

2.提供智能化服务

在网络环境下，审计人员可以充分利用网络所特有的先进电子服务技术，查找跟踪各网站的审计数据资料，充分利用Web共享这些数据信息资源。网络审计所提供的智能化服务，是面向客户的智能化服务。同时在遇到难以解决、难以形成定论的问题时，也可以邀请国内外审计专家进行网上会议，共同寻找克服难点的途径，以保证给客户提供最完美、最优质的审计服务。

3.大幅度降低费用

在网络环境下，审计领域节约的有关交易费用主要表现在以下几个方面：节约了有关搜寻审计信息、审计证据的电话、电传以及审计资料传递的费用，所有的一切工作都在网上进行；减少了审计人员对审计信息的搜寻、整理、等待成本以及与其他单位、个人的联络费用；节约了有关审计人员的人力，减轻了劳动强度，节约了发生在审计工作中的能源、资源包括商品流、信息流、资金流、人员流的消耗。

4.提供实时审计服务

在网络环境下，审计部门随时对企业进行审查，及时收集掌握被审计单位的最新会计信息和有关经济业务信息，并向有关各方发布，审计的时效性大大提高。审计从事后审计转变为实时审计，并从静态走向动态。

（二）电子审计的程序

随着信息技术的广泛应用，被审计单位的经营、管理普遍采用高效的信息系统，信息化程度非常高。我们所面临的原始资料不再只是手工凭证、账簿等，更多的是具有高度概括性、模糊性、关联性的大数据，故审计人员应牢固树立数据先行的思想，坚持以数据为核心，力求将数据分析和现场核查相结合、相融合，使数据分析工作提前于审计实施，避免数据分析工作滞后于审计工作。

电子审计过程一般可分为六个阶段：数据采集阶段、数据清理阶段、数据分析阶段、审计报告阶段、异议和复审阶段、底稿归档阶段。

1.数据采集阶段

在每个审计项目的审前调查阶段，要把对信息系统的调查作为重要内容，根据审计工作的需要，重点调查了解被审计单位信息系统的使用范围、系统构成、运行流程、管理人员、管理制度等方面的内容。调查可采用被审计单位提供资料和自行了解两种方式相结合的办法。审计组先要求被审计单位提供其使用的信息系统的相关资料，如系统运行情况、历史信息、软件情况、数据流程、管理权限、规章制度等相关资料，在此基础上，再自行了解，通过查阅相关资料，咨询相关单位、人员等方式，对其所使用的信息系统有更深入、更全面的认识。

开展计算机审计工作的一个重要前提条件就是要获取被审计单位的原始电子数据。如何才能高效、准确、完整地取得审计所需的电子数据，是每名审计人员必须面对的课题。在此阶段主要是初步调查和了解被审计单位会计电算化系统的基本情况，以制订合理的审计计划。具体包括以下内容：

（1）对系统进行描述。审计人员可以通过与被审计单位有关人员座谈、实地观察、查阅系统的文档资料等办法，必要时可编制调查问卷，以了解被审计单位会计电算化系统，并将它详细描述出来。现在比较常用的财务软件见附表-1。

附表-1　　　　　　　　　　　比较常用的财务软件

数据库名称	文件名后缀	适用范围
ACCESS	.mdb	单机版财务软件
SQLSERVER	.bak	网络版财务软件
ORACLE	.dmp	网络版财务软件

（2）对系统进行初步评价。审计人员的评价通过控制测试，评价被审计单位内部控制的健全性和合理性。具体来说包括以下内容：

①职责分离的实施情况，是否达到相互牵制、相互制约的目的。

②授权批准的实施情况及软硬件的安全防护措施是否恰当。只有经过授权批准的人才能接触系统的硬件、软件、数据文件及系统文档资料；从安全防护措施来说，包括机房是否具有安全保护措施、设备是否具有保护措施等、数据文件是否具有备份措施等。

③硬件及软件平台是否可靠，以保证系统正常运作。尤其是系统软件中是否具有错误处理的功能、文件保护的功能及安全保护的功能。

④输入控制措施是否严格有效，以保证系统输入信息的可靠性。例如，是否具有凭证的试算平衡控制、凭证的编号是否按顺序设置，有无重复号码等。

⑤凭证的借贷方金额是否相等、对由计算机发现的错误是否拒绝接受并予以提示等。

⑥会计业务处理的控制措施是否适当，以保证会计数据处理的准确性、完整性。

例如，是否只有经过授权批准的人才能执行登账、对账、结账等会计处理操作；系统是否具有防止或及时发现数据出错的措施；对非正常中断是否具有恢复功能；系统是否具有防止非法篡改的功能等。

⑦ 输出控制措施是否适当，是否能保证系统具有完整、准确地输出经处理的会计信息的能力。例如，未经授权批准的人不能接触输出资料，打印输出的资料是否进行登记，并经有关人员检查后签章才能使用或予以保管等。

一般分四种情况：企业很配合您，可以在企业机器上插 U 盘；企业比较配合您，不让在机器上插 U 盘，但是给您备份文件；企业的服务器不在本地，无法插 U 盘；企业不配合您，提供 Excel 版的科目余额表和凭证表。

2.数据清理阶段

在数据清理阶段要注意下列问题：

（1）数据的真实性。数据的真实性指数据必须真实、准确地反映实际发生的业务。有两点需要关注：一是真实，二是准确。真实是指数据中记录的业务必须是真实发生的。准确是指数据对业务的重要属性表述明确，无歧义，不含糊，能够准确地描述所记录的业务。

（2）数据的完整性。数据的完整性可以从两方面解释：纵向上是指数据无重复或缺失，发生的业务没有被重复记录或遗漏；横向上是指数据中关键属性无缺失，能够完整地描述所记录的业务。

（3）数据的一致性。数据的一致性指相关联的各个数据在逻辑上是一致的。其包括概念一致性、值域一致性和格式一致性三个子指标。概念一致性是指在不同的数据中，同一概念所指的事物是相同的。比如价格这个概念，在采购数据和销售数据里可能不一致，一个代表采购价格，另一个代表销售价格。值域一致性是指同一概念的值域范围在不同的数据中是相同的。如在一家大型单位的财务数据中，一些二级单位的财务系统每年设置 13 个会计期间，而其余二级单位设置 12 个会计期间，当这些数据合并到一起时，就出现了会计期间这个概念的值域不一致。格式一致性比较好理解，是指同一概念在不同数据中表达方式是一致的。最常见的是日期/时间类型，可能是在部分数据里用标准的 date 类型，而在另一些数据通过字符串来表示。

（4）数据的自治性。数据的自治性指数据内部必须满足特定的约束。数据并不是孤立存在的，数据之间往往存在着各种各样的约束，这些约束描述了数据的关联关系。数据必须能够满足相互的关联关系，而不能够相互矛盾。比如，往来的总账科目金额数据和应收应付系统的科目金额有关联关系，不能出现不一致的情况。

（5）数据的可用性。数据的可用性指数据的可利用程度。可用性又可以分为几个子指标，其中最主要的是可理解性。数据要有容易理解的存储格式，才能被审计人员正确理解、合理利用。比如，对普通的审计人员来说，中文字段名称比英文字段名称、英文字段名称比字母编号的字段名称要容易理解。

3.数据分析阶段

此阶段的主要工作是根据准备阶段确定的范围、要点、步骤、方法，进行取证、评价，取得审计证据，为形成审计结论、发表合适的审计意见奠定基础。常用的方法有转换和清洗两种。转换，是利用专用软件、SQL语句或编写程序，对数据的存储格式、类型、值域和特殊值等进行转换，提升其一致性和可用性。清洗，则是利用SQL语句、编写程序或人工操作，对冲突数据进行选择，对冗余数据进行清理，对缺失数据进行修补，来提升数据的自治性、可用性和完整性。当数据内部出现不自治时，需要我们在几个互相冲突的数据间作出选择，选择出正确的数据来利用，这就是冲突数据的选择。当出现大量无用数据时，容易分散审计人员的精力和干扰职业判断，对其进行清理可以提升数据的可用性。对缺失数据进行修补是指当数据中缺少关键属性，导致其无法被正确利用时，需要对这部分数据进行修补来提升数据的完整性。

具体来说，本阶段的审计程序主要包括：

（1）对原始凭证的审计。对会计电算化所依据的原始凭证，应采用手工审计方法，对每张原始凭证进行认真细致的阅读和审查，必要时进行调查核对，考核其是否合理合法，是否真实正确，有无涂改现象，是否符合有关财务制度的规定，是否违反了国家的方针、政策和法规等。

（2）对记账凭证的审计。要保证会计电算化的结果正确，对输入到计算机里的凭证进行认真审核是关键。从方法来说，我们可以先审核手工填制的书面记账凭证是否正确，然后，用审核正确的书面记账凭证与输入到计算机里的凭证进行核对审计。若在审核中发现有错凭证，计算机辅助审计即可从此处入手，追踪审计。

（3）对自动转账产生的机制凭证的审计。对于自动转账产生的机制凭证公式，我们应首先审核转账公式的正确性，具体方法是：用手工结合计算机辅助处理，将处理结果与机制凭证进行核对，审核转账公式及机制凭证是否正确；在审计人员的监督下，请被审计单位的会计电算化操作员重新执行一次自动转账，以检测定义过程及公式，看其是否正确；由审计人员另换计算机，用相同的会计核算软件或其他会计软件重新处理，检查其结果，看其是否与被审计单位处理的结果一致，以防止对原程序的修改。

（4）对账簿的审计。对账簿的审计可以采用以下方法：重新处理，即使用被审计单位的会计电算化系统，将其每月记账前的记账凭证备份盘按顺序逐月恢复到会计电算化系统中，并与经过审核无误的书面记账凭证进行核对，然后重新记账，看其结果是否与被审计单位打印的书面账簿相符。采用其他会计核算软件，对凭证数据重新输入处理记账，看其结果是否与被审计单位的结果一致。

（5）对会计报表的审计。对会计报表的审计，首先要审核会计报表软件程序是否正确。其方法是：用原程序备份盘与使用中的核算软件程序进行比较，看其是否一致，以防止使用中的程序被修改等。在确认程序没有被修改的基础上，用一套事先准备好的模拟数据检审、测试核算软件是否正确，如果通过测试，证明其使用中的会计核算软件程序正确；或者用事先准备好的模拟数据，检审、测试其处理结果是否正确。在确定报表软件没有问题的前提下，进一步检查确定会计电算化报表的取数公式是否正确。只有上述两个环节都没有问题，报表数据的正确性才有保证。

本阶段各项检查还将形成电子审计工作底稿。电子审计工作底稿与手工审计工作底稿相同，在此不赘述。

4.审计报告阶段

在对数据进行清理、转换和审计后，需要整理在审计过程中形成和获取的审计工作底稿，并编制审计报告。在审计中往往会形成审计疑点，这些疑点经整理后形成审计证据。在审计工作中，每一名审计成员都需要每天认真编制审计工作日记，详细记录审计工作过程、思路和总结。在审计工作末期，在主审的指导下，各成员协作完成工作底稿的编制，形成审计报告。在编制审计报告时，我们除了要对被审计单位会计报表的合理性、公允性、一贯性发表意见，得出审计结论外，还要对被审计单位的会计电算化系统的处理功能和内部控制状况进行评价，并提出改进意见。

5.异议和复审阶段

被审计单位对审计结论和决定若有异议，可提出复审要求，审计部门或组织可组织复审并形成复审结论和决定。当被审计单位会计电算化系统进行了升级或有了新的改进时，还需组织后续审计。

6.底稿归档阶段

电子审计的最后一个环节是审计底稿的归档，可将编制好的底稿导出，形成脱离电子审计系统的标准 Excel 表格，供底稿归档之用。底稿归档好就意味着本审计项目的结束。

数字化教学资源索引

为了便于读者查找书中以二维码形式添加的 63 个重点、难点的数字化教学资源，特在此标注每个教学资源的具体页码，翻到对应位置，用手机扫一扫即可直接观看。

浙江省高等学校在线开放课程共享平台申请表

基本信息	学校名称	
	账号负责人	
	手机号	
	邮箱	
学校简介		
学校申请	_____学校愿意加入浙江省高等学校在线开放课程共享平台，遵守国家及本平台相关信息安全管理规定，共同推动在线开放课程建设与应用。 盖章（教务处）： 年　月　日	

　　本表由学校教务处填写，纸质版盖章后邮寄至浙江省高等学校在线开放课程管理中心。

　　邮寄地址：杭州市西湖区教工路42号，浙江广播电视大学行政楼810室

　　联系人：胡纯

　　联系方式：15355038051

　　电子版发送邮箱：kf@zjooc.cn

　　校教务处管理员群号：786651479